京杭大运河清口水利枢纽
考古报告

中国文化遗产研究院

南 京 博 物 院 编著

淮 安 市 博 物 馆

文物出版社

图书在版编目（CIP）数据

京杭大运河清口水利枢纽考古报告／中国文化遗产研究院，南京博物院，淮安市博物馆编著. – 北京：文物出版社，2016.12

ISBN 978－7－5010－4503－7

Ⅰ.①京… Ⅱ.①中… ②南… ③淮… Ⅲ.①大运河－水利枢纽－考古发掘－发掘报告－淮安市 Ⅳ.①K928.42

中国版本图书馆CIP数据核字（2016）第000276号

京杭大运河清口水利枢纽考古报告

编　　著：中国文化遗产研究院
　　　　　南京博物院
　　　　　淮安市博物馆

责任编辑：冯冬梅
封面设计：程星涛
责任印制：陈　杰

出版发行：文物出版社
社　　址：北京市东直门内北小街2号楼
邮　　编：100007
网　　址：http://www.wenwu.com
邮　　箱：web@wenwu.com
经　　销：新华书店
印　　刷：北京荣宝燕泰印务有限公司
开　　本：889×1194毫米　1/16
印　　张：28.25　插页：3
版　　次：2016年12月第1版
印　　次：2016年12月第1次印刷
书　　号：ISBN 978－7－5010－4503－7
定　　价：380.00元

《京杭大运河清口水利枢纽考古报告》
编纂委员会

目　录

第一部分　概述

第二部分   京杭大运河清口水利枢纽考古调查

第三部分　京杭大运河清口水利枢纽考古勘探与发掘

第四部分　结语

插图目录

彩图目录

第一部分

概　　述

第一章

淮安地理位置及自然、人文环境

淮安市位于江苏省中北部、江淮平原东部，地处长江三角洲地区，为南京都市圈紧密圈层城市，是古淮河与京杭大运河交点，也是中国优秀旅游城市、全国卫生城市、国家园林城市、国家环境保护模范城市、国家级低碳试点城市。淮安为淮扬菜的主要发源地之一，亦为江淮流域古文化发源地之一。

淮安市东北接连云港，东南接盐城，南接扬州，西南邻省会南京和安徽滁州，西北连宿迁，是中华人民共和国第一任国务院总理周恩来的故乡，中国国家历史文化名城，历史上与扬州、苏州、杭州并称运河沿线的"四大都市"，有"运河之都"的美誉。

一、历史上的淮安

先秦时期

淮安境内有著名的新石器时代文化——青莲岗文化，主要分布在江苏省北部汶、泗、沂、沭诸水与淮河交汇的黄淮地区及山东省中、南部，中心在淮河下游平原地区，因最早发现于淮安市淮安区宋集乡青莲村而得名，年代为公元前5400～前4400年。青莲岗文化是淮河下游新石器时代早期文化，社会发展处于母系氏族社会向父系氏族社会过渡的阶段。青莲岗文化的发现，使得东南沿海地区的原始文化，同中原黄河流域的诸原始文化在地域上连成一片，形成了我国新石器时代文化的完整体系。

吴王夫差于公元前486年在邗城下开挖深沟，引长江水向北入淮河，从而沟通了江淮，是为邗沟（京杭大运河的扬州至淮安区段），以水路运粮运兵，成为春秋战国列强争夺的重要地区，先后为吴、越、楚所有。

秦汉时期

秦统一六国后推行郡县制，淮安境内始置县邑有淮阴（含今清河、清浦、淮阴、淮安四区大部分）、盱眙（今盱眙县城北）、东阳（今盱眙县马坝）。西汉年间，市境又增置淮浦（今涟水县西）、射阳（今淮安市东南）、富陵（今洪泽湖中）等县。

魏晋南北朝时期

淮安境内长期处于战争和对峙的前沿，长年战乱带来的是"江淮之间，赤地千里"的凄惨景象，经济和文化遭到严重破坏。值得一提的是，南齐永明七年（489年），割直渎、破釜以东，淮阴镇下流杂一百户置淮安县，"淮安"之名始见。

隋唐五代时期

淮安境内长期处于安定的环境，其间大运河的开凿和淮北盐场的建滩对淮安的繁荣产生了巨大的作用。隋大业年间，自洛阳至扬州的漕运（供给皇粮的水上运输）要道——大运河凿成，境内则成为漕运重要孔道。自隋至清末，朝廷一直在淮安设置官署，委派大员掌管、督办漕运。唐初，涟水成为全国四大盐场之一。为运销淮盐，垂拱年间开运盐河，淮安盐运又兴。楚州（今淮安市淮安区）、泗州（治今盱眙县城对岸）成为运河沿线的两座名城，其中楚州被白居易誉为"淮水东南第一州"，素有"襟吴带楚客多游，壮丽东南第一州"之称。

宋元时期

北宋年间，淮安境内较为太平，漕运、盐运得到进一步发展。政府鼓励垦殖，修复和增建灌溉设施，引进推广"占城稻"。"黄柑紫蟹见江海，红稻白鱼饱儿女"，正是这一时期的生动写照。南宋和金、元对峙时期，市境再度成为前线，遭受兵火的长期荼毒。经历长期战乱，市境一片凄凉。而由黄河夺淮带来的频繁水灾，又使市境雪上加霜，益加萧条。宋元时期，境内文化在太平之年有所发展，府、州、县学普遍建立，受教育者增多。文化名人也颇多，如著名诗人、"苏门四学士"之一的张耒，主修《奉元历》的著名盲人天文历算家卫朴，开明清写意画先河的著名画家龚开，《画鉴》作者、著名书画鉴赏家和理论家汤垕等。特别值得一提的是盱眙第一山的宋元题刻，其中不乏苏轼、黄庭坚、米芾、蔡襄、赵孟頫等大家的珍品。

明清时期

淮安境内置淮安府，府治于山阳县（今淮安市淮安区）。明永乐年间，淮安漕运又兴，境西北清江浦也随之开始兴起。明中叶以后，黄河全流夺淮，境内水患愈演愈烈，农业衰落，鱼米之乡的盛景不再。明清两朝都委派大员驻淮治河。淮安扼漕运、盐运、河工、榷关、邮驿之机杼，进入鼎盛时期，与扬州、苏州、杭州并称运河沿线上的"四大都市"。淮安城市的繁华带来了人文荟萃的局面，明清两朝仅山阳（今淮安市淮安区）一县就有进士200余人，河下镇还出了状元、榜眼、探花，留下"河下三鼎甲"的佳话。这里还产生了《西游记》的作者吴承恩，著名经学大师阎若璩，"扬州八怪"之一的花鸟画家边寿民，中医四大经典之一《温病条辨》的作者吴鞠通等一批名人。

民国时期

淮安府撤销，府治山阳县更名为淮安县（今淮安市淮安区），清河县更名为淮阴县（今淮安市淮阴区），市境大部始属淮扬道，后属淮阴行政督察区。境内漕、盐、河、榷之利皆失，进一步衰微，而长年战乱又给刚刚兴起的近代交通运输业和工矿业以沉重打击。抗日战争和解放战争时期，境内成为重要的根据地和解放区，中共中央华中局、新四军军部、中共中央华中分局、华中军区、苏皖边区政府等都曾驻节境内，刘少奇、陈毅、黄克诚、彭雪枫、邓子恢、罗炳辉、李一氓等老一辈无产阶级革命家和人民解放军高级将领都曾在此战斗过，淮安人民为中华民族的独立和解放建立了巨大功勋。1948年12月，市境全部解放，1949年5月成立淮阴专区。

二、地理概况

淮安市位于北纬31°43′0″~34°6′0″，东经118°12′0″~119°36′30″，地处黄淮平原和江淮平原，无崇山峻岭，地势平坦，地形地貌以平原为主，只有市境西南部的盱眙县有丘陵岗地，地势较高。盱盱眙县仇集镇境内无名山真高231米，为全市最高点；淮安区博里地面真高仅2.3～3.3米，为全市最低点。境内河湖交错，水网纵横，京杭大运河、淮沭新河、苏北灌溉总渠、淮河入江水道、淮河入海水道、黄河故道、六塘河、盐河、淮河干流等9条河流在境内纵贯横穿，全国五大淡水湖之一的洪泽湖大部分位于境内，还有白马湖、高邮湖、宝应湖等中小型湖泊镶嵌其间。平原占总面积的69.39%，湖泊占总面积的11.39%，丘陵岗地占总面积18.32%，是典型的"平原水乡"。横贯淮安市境内的废黄河故道一线是中国暖温带和亚热带的分界线，因此，淮安市兼有南北气候特征。

三、经济概况

2013年全年实现地区生产总值2150亿元，增长12%；完成公共财政预算收入271.4亿元，增长16.2%；规模以上固定资产投资1450亿元，增长21%；城乡居民人均收入分别达25180元和10870元，分别增长9.5%和10.5%，主要经济指标增幅继续位居江苏省前列，以市为单位达到省定2003版全面小康指标体系要求，比省定时间提前4年，迈出了淮安发展新跨越"一年打基础、两年求突破、三年上水平"的坚实一步。

淮安是新兴的工业城市，全市有各类工业企业近3万家，其中包括淮阴卷烟厂等百户重点企业，特别是台资集聚，台湾富士康集团淮安科技城、明基达方电子、台玻集团、康师傅、旺旺、膳魔师等"大个头"台资企业纷纷来淮投资，正在逐渐形成继深圳、东莞、昆山之后的国内第四大台资高地，全市初步形成了以特钢、电子信息、盐化新材料和食品等四大千亿产业为主体的工业体系。

四、交通运输情况

淮安境内公路、铁路、水路四通八达，已经建成的京沪、宁宿徐、淮盐、淮宿、宁淮5条高速公路在境内交汇，新长铁路纵贯全境，将淮安与盐城、南通这两个沿海新兴城市紧密连接起来，淮宿铁路连接安徽皖北的能源基地，该铁路作为西煤东运的重要能源出海战略通道，对江苏乃至长三角的能源保障具有重要意义。随着苏通大桥、沪通铁路的建设，淮安到上海的时空距离大大缩短，从而更直接的接受上海的辐射，使淮安更紧密地融入长三角经济圈，加快实现区域经济一体化，淮扬镇高铁、徐宿淮盐铁路的规划和立项为淮安经济未来的发展注入了更强的活力。同时，境内水运河道纵横交错，京杭大运河贯穿市境南北，同时辅以盐河航道、淮河入海水道、入江水道等航道，使淮安的水运网络通江达海，实现了淮安由传统的"运河经济"向"海河经济"的转变。已建成的淮安机场进一步巩固了淮安的交通枢纽地位。全市初步形成了一个以高等级公路为主骨架，公路、铁路、航空并举的立体化大交通网络，凸显了淮安在江苏乃至长三角地区的交通枢纽地位。

五、文化遗产保护

2014年，淮安市共有各级文物保护单位200多处，馆藏文物5万余件，已开发或正在开发的旅游景区、景点达50多处。有烟波浩淼的全国第四大淡水湖——洪泽湖，有被誉为"江苏九寨沟"的铁山寺自然保护区，有国家级森林公园盱眙第一山，有农业观光好去处金湖万亩荷花荡。淮安人杰地灵，人文景观众多，文通塔、镇淮楼、韩信故里、水下泗州城、明祖陵等，吴承恩故居、梁红玉祠、关天培祠、周恩来故居、周恩来童年读书处、周恩来纪念馆等历代名人的故居遗迹分布境内。古淮河生态文化园等一批新的景区景点相继建成对外开放。

第二章

历史沿革及现状

第一节 京杭大运河淮安段的变迁及其演进过程

京杭大运河的开凿始于春秋末期，是世界上开凿时间较早、规模最大、线路最长、延续时间最久且如今仍在使用的人工运河，与长城并称为中国古代的两项伟大工程。大运河贯通了海河、黄河、淮河、长江、钱塘江五大水系，自开凿至今，在2500年的沧桑历程中，作为南北交通大动脉，历史上曾起过"半天下之财赋，悉由此路而进"的巨大作用。京杭运河在中华民族的发展史上，为便利南北交通，巩固中央王朝的统治，促进南北之间的经济、文化等方面的发展和交流作出了巨大的贡献。运河的通航也促使沿岸城市迅速的发展和繁荣。

现今的京杭运河在山东济宁以南，经江苏至浙江杭州段850余千米的河道仍在通航（目前山东省已经启动济宁到东平湖段运河河道的疏浚工程，力图实现京杭运河山东段全线通航），并且可经239千米的杭甬运河（又名浙东运河，为京杭运河的延伸段）到达宁波—舟山港，实现河海联运，仍然发挥着重要的作用。

在京杭大运河的发展史上，淮安扼淮牵运，隋唐至明清，这里一直是南北漕运的枢纽。黄河夺淮期间，此地为黄、淮、运交汇处，是治理的关键和总河驻节之所，具有特别重要的地位。

邗沟

淮安地处淮河下游，控扼古今泗水入淮之河口——泗口。麟庆《河口图说》曰："淮水本清，泗犹视淮为清，故有清口之名。"自古即在我国水运交通中占据十分重要的地位。春秋时期，吴国欲北上与齐、晋争霸，吴王夫差为运送军队和辎重，于公元前486年从今扬州附近开挖邗沟，引江水北出武广（今邵伯湖）、陆阳（今高邮南）两湖之间，下注樊梁湖（今高邮湖），东北流至博芝、射阳两湖（今宝应东），再西北至淮安古末口入淮，以通粮道。邗沟长约185千米，沟通了江、淮，这条运河利用当时江、淮之间的潟湖加以联缀而成，运道曲远，史称邗沟东道，也是大运河最早的一段河道。当时因邗沟底高，淮河底低，为防邗沟水尽泄入淮，影响航运，故于沟、河相接处设堰（堰），因地处北辰坊，故名北辰堰（亦名北神堰），后称之为"末口"。

邗沟开挖之初是出于军事需要，周显王四十六年（公元前323年），楚国吞并越国后，邗沟不再用于军事功能。到战国中期，魏惠王十年至三十一年（公元前361～前340年）建成鸿沟水系，末口扼邗沟入淮之口，成为江、淮、河、济四大水系的枢纽，不但是交通运输的要冲，且江淮地区发生战争，必争淮安。此后，很长的历史时期中，淮安一直是"南必得而后进取有资，北必得而后饷运无阻"的军事重镇。

东汉献帝建安五年（200年），广陵太守"陈（登）穿沟，更凿马濑（今淮安市淮安区、宝应县之间的白马湖），百里渡湖"而达于淮。这一路线大体与今里运河线路一致，即自樊良湖直北，穿越白马湖径达末口入淮，不再绕道射阳湖，史称邗沟西道，邗沟首次改为直道。

三国时，邗沟为孙曹兵争之地，运道并不通畅。曹魏时期，沟通江淮的运道有二，其一便为北起淮安南至江都（今扬州市南）的中渎水。黄初元年（220年），魏文帝以舟师伐吴至广陵（今扬州市北），还师过精湖（即津湖，今界首湖），即走此道，时"战船数千皆滞不得行"，说明这条经过东汉广陵太守陈登改造过的邗沟运道已不甚通畅。

东晋永和（345～356年）中，地方官员陈敏在原运河西，又开凿了另一条路程较短而又较直的新运河，穿樊梁湖（今高邮湖）北口下注津湖，向北径达末口的山阳运道，亦称山阳水道。

隋唐运河

《隋书·高祖纪》："开皇七年（587年），开山阳渎以通运漕"。隋文帝从伐陈的需要出发，对邗沟部分渠道作了调整，将入淮水口由淤浅了的末口改到山阳。隋炀帝即位后，政治中心由长安东移洛阳，亟需改善黄河、淮河、长江间的水上交通，以便南粮北运和加强对东南地区的控制。隋炀帝征调淮南民工10多万，以古邗沟故河槽为基础，将淮河与长江间的一些错综分散的水道加以修整疏导，进一步完善了山阳渎。605年开通济渠，又名汴渠，从洛阳到淮口，长约1000千米，工程东段自荥阳县汜水镇东北引黄河水，循汴水经商丘、宿州、泗县、泗洪，在今淮安市盱眙县入淮，连通山阳渎。608年开凿永济渠，610年江南运河开凿，至此，隋唐大运河正式形成，全长2700千米，以洛阳为中心，由永济渠、通济渠、山阳渎和江南运河连接而成，北抵涿郡，南至余杭，把江南、中原、河北及关中地区联结起来，成为贯通南北交通的大动脉。

唐代沿用隋代大运河，并对其进行疏浚整修。唐初，浚河培堤筑岸，以利漕运纤挽，并将通航堰埭改建为单插板门船闸。为了发展生产、确保漕运和灌溉用水，唐元和年间（806～812年），在运河两岸开挖了一系列泄水塘，名归水澳，使水得以重复利用。此间，在今洪泽县周桥附近创置萧家闸。

唐垂拱四年（688年），在涟水开新漕渠，北通海、沂、密等州，南入淮河。这条新漕渠后称盐河，为淮北海盐外运开辟了通道，也为后来淮安的河下镇成为淮盐的集散中心奠定了基础。到清康熙时，河道总督靳辅在清口开下中河，在涟水与盐河交叉，既为分泄黄、淮洪水，又兼利盐运，即今淮安市淮阴区至涟水的盐河。清道光年间（1821～1850年），西坝盐业集散的振兴亦得益于这段盐河。

唐代淮安境内的运河成为南漕北运的重要通道，往来漕运船只千帆相接，四时不断，人流物流空前活跃，带动了淮阴、泗口、洪泽、龟山、盱眙以及楚州、泗州等城市的兴起与繁荣。此时的淮安，在黄河、淮河与长江以至钱塘江间水运枢纽地位得到加强，淮阴、楚州、泗州等城市居南北交通枢纽，藉漕运之利，为中国最繁荣的地区之一。

后周世宗显德五年（958年），伐南唐，欲率领战舰从淮水进入长江，但受北神堰（末口）阻挡，不得渡，于是征发楚州民夫疏通河道，开凿楚州西北的鹳水（老鹳河）来通江、淮，使数百艘巨大战舰直达长江。

宋代运河

北宋初，改末口处的北辰堰为石闸，建南、北斗门，以利转运。北宋时，龟山至山阳北的一段淮河是沟通汴水和邗沟的运道，但河流湍急，舟多覆溺。为保证漕运的畅通，北宋王朝沿淮河右岸开凿运河复线工程，使淮安一带的漕运更加安全。《宋史·河渠志》记载："楚州北山阳湾尤迅急，多有沉溺之患。北宋雍熙中（984～987年），转运使刘蟠议开沙河以避淮水之险，未克而受代。乔维岳继之，开河自楚州至淮阴凡六十里，舟行便之。"刘蟠、乔维岳在现清江浦一带开沙河由磨盘口（在今淮阴船闸上游）入淮，避开了山阳湾之险。《宋史·乔维岳传》又载："维岳始命创二斗门于西河第三堰，二门相距逾五十步，覆以厦屋，设悬门积水，候潮平乃泄。建横桥，岸上筑土垒石，以牢其址。自是弊尽革，而运舟往来无滞矣。"二斗门的设置与现代船闸的原理是相同的，这是现代箱型船闸的雏形。

继开沙河之后，北宋皇祐年间（1049～1054年），江淮发运使许元自淮阴接沙河向西南开渠至洪泽，长49里，称洪泽新河，又称洪泽渠。后来马仲甫将淮阴至洪泽60里河段全部开成人工河道。北宋熙宁四年（1071年），皮公弼重加修浚。北宋元丰六年（1083年），发运使罗拯建议接洪泽河继续向西南开龟山运河，发运副使蒋之奇亦主张自龟山蛇浦至洪泽开复河，神宗皇帝命都水监丞陈祐甫规划执行，"六年正月戊辰，开龟山运河，二月乙未告成，长五十七里，阔十五丈，深一丈五尺。"[1] 随着运河通航条件的不断改善和运输管理的加强，"每年从江南、淮南、湖广路，租籴大米六百万石，在真（今仪征市）、扬、楚、泗四个州设仓受纳，溯流入汴，运抵京畿地区。"[2]

南宋王朝迁都临安后，淮扬运河北段堰闸全毁。南宋建炎二年（1128年），黄河南徙，侵夺了淮河下游河道。以后数百年间，虽不断修筑堤防，堵塞决口，但黄河河道一直分合不一，主流常在颍水、涡水、睢水、泗水等河道间不断变换，汇淮河入海。

元代运河

元朝定鼎北京，但粮秣、财赋及日用百货多仰给于江南，因而，兴建并维修纵贯京师至杭州的南北大运河就成为立朝之根本大计，大运河遂改线由北京直达杭州，称为京杭大运河。

元朝定都大都（今北京）后，将运河裁弯取直，修建了济州、会通、通惠等河。此时，运河南端从杭州到淮安的隋唐运河基本完好，淮安以上原泗水运道虽已被黄河侵占，但舟船可以进入黄河，借黄行运到徐州后再逆泗水运道至鲁桥，还可沿汶、光水道至济宁。

在北方有隋唐时开凿的永济渠，元时新乡以下一直畅通可达天津。为了避免绕道洛阳，元至元十九年（1282年），动工开挖济州河，漕船可由江淮溯黄河、泗水和济州河直达安山下济水。从济水向北至天津的路线有二：一是由济水入海，经渤海湾至天津；二是由东阿旱站（东平北）向北陆运200里至临清入今卫河。元至元二十六年（1289年），自济州河向北经寿张、聊城至临清开会通河，长250里，接通卫河。元至元二十八年至三十年（1291～1293年），从通县到大都开通惠河。

从此，漕船可由通县入通惠河，直达今北京城内的积水潭。至此，今天的京杭大运河路线走向才告初步形成。大运河建成后，因会通航道窄浅，水源不足，年漕运量不到10万石，元代的漕粮仍以海运为主。有元一代，清黄交汇之运口水患不大，加上漕运不多，尚未兴建大型水利工程设施。

明清运河

明洪武三年（1370年），淮安知府姚斌于新城东门外建用于粮货转运的"仁"字坝。明永乐二

---

[1]《宋史·河渠志》。

[2]同注[1]。

年（1404年），平江伯陈瑄又建"义"、"礼"、"智"、"信"四坝，合"仁"字坝为淮安五坝。义坝与仁坝相连，礼坝在新城西北角，迤西为智坝、信坝。由于运河经末口过淮即达山阳湾，水流湍急，时有沉溺之患，为避开这一险段，漕船由仁、义坝登岸，商船由礼、智、信坝登岸，车盘经上马牌坊、下马牌楼，过板闸淮关至清江浦达淮。

明永乐帝建都北京，对元朝大运河进行了扩建，解决了会通河水源问题，并增建节制闸，京杭大运河再次全线贯通。永乐十三年（1415年），平江伯陈瑄督漕，循宋初乔维岳所开故沙河线路缘城西管家湖筑堤，凿清江浦运河，至鸭陈口达淮。从此，漕船商舟，均由清江浦河入淮北运，末口、五坝转运任务大减。沿线置板闸、移风闸、清江闸、福兴闸、新庄闸，五闸扼运河入黄河口门，为避免黄河灌注运河淤积运口，五闸统一管理，依次开闭。每年枯水季节组织大宗粮船通过，在三月末过完后即行闭闸。洪水季节，在新庄闸外暂筑土坝以抵御冲击，洪水退后即行拆除。严格的管理制度，加上明前期黄河多道分流的状况和黄淮交汇在新庄运口以下的河道特点，运口淤积并不明显，航运得以持续。

明嘉靖以后，黄河河道渐渐固定，黄河带来的泥沙淤积对清口一带产生了严重威胁，运口不断南迁，各类水利工程设施也不断建设，加上高家堰大堤的修筑，清口作为运河沿岸黄淮运交汇的重要水利工程枢纽得到朝廷的高度关注。嘉靖初年，大清河淤积，黄河主流改走小清河，其位置在新庄运口的对岸偏上游，又由于运河各闸管理制度松弛，运口日渐淤塞。嘉靖三十年（1551年），总漕应桢请闭新庄闸口，开三里沟至通济桥，使船由三里沟出淮河达黄河。次年，按此建议开通了三里沟河。嘉靖三十二年又在河口建了新闸，对原有新庄闸也进行了整修。三里沟口有通济桥，新闸故名通济闸，在码头镇东南半里，新庄闸在码头镇东北。新运口直接入淮，位于黄淮交汇之上。但是随着黄河淤积，河床抬高，仍未能避免黄水对运口的淤积，黄河大水时，顶托淮水数十里。明隆庆年间（1567～1572年），河道在清河县至通济闸及淮安府城西淤者三十余里，并在大规模疏浚后复淤。

明万历三年（1575年），河臣万恭建议重开新庄旧运口旧闸，汛期防淤仍用关闸的办法。万历四年，河决崔镇，清口淤塞，高堰堤大坏，潘季驯筑堤修浚。万历六年，潘季驯第三次总理河道，提出"束水攻沙"、"蓄清刷黄"方略，坚筑高家堰堤六十里，蓄洪泽湖水专出清口刷黄。移置通济闸于甘罗城南坚实之地，距旧通济闸一里，运河口斜向西南，以避黄趋淮，闸距河口二百十三丈，北至旧新庄闸一里。

通济闸是船只进出咽喉，洪泽湖向运河供水的口门，也是保障运河正常通行的要害。潘季驯改造运口之后，效法陈瑄对运口严加管理。从万历八年起，规定每年阴历六月上旬在通济闸外打坝断航，九月上旬开坝用闸。闭旧新庄闸，于该闸内建坝，作为车盘入黄河的另一条通道。原淮安五坝留智、礼坝，与新庄坝共称车盘三坝，当通济闸打坝断航期间由此三坝通航，官民船只一律车盘过坝。通航期间，通济闸与清江浦各闸不许同时开启，即所谓"递互启闭"，或称"启一闭二"，实行静水行船。这些定例都刻在石头上，立于各闸旁。为扩大通过能力，还调整了各通航闸门间的距离。由于潘季驯对黄淮运进行了大规模综合治理，使得清口航运相对稳定了一段时期。

万历五年（1577年），漕督吴桂芳疏通山阳城西运道，浚土筑堤，自黄浦至板闸七十里，与清江浦运河连通，从此，运道改由城西，即今淮安境内里运河线路。翌年，吴桂芳为了分杀黄河水势，并对山阳湾进行截湾取直，开草湾新河，因工程断面偏小，新河的宽度无法与原有河道相比，未起预期作用。万历十七年（1589年），引河被冲开，黄河夺故道入海，老河槽逐渐淤塞，新河去淮安府城甚远，末口、"五坝"就此不漕。

由于清江浦运河与黄河堤紧紧相邻，万历十年（1582年），河道尚书凌云翼建议开永济河，作为运河备用航线。从武家墩处入马头境，河长四十五里，并建闸3座，其出口仍与通济闸相合。万历十六年（1588年），开淮安诸闸月河。由于黄河的淤积与倒灌，淮水不能冲刷，五坝不能车盘，黄淮间通航只能依靠清江浦运河上的板闸，清江、福兴、通济、新庄各闸则因黄河水大量灌入，淤积严重。隆庆、万历间实行"束水攻沙"治黄方略以来，黄河下游被约束在两岸大堤之内，至清口汇淮河入海，河道淤积加速，开始形成对淮水的顶托和对运河、洪泽湖的倒灌。淮河不能畅出清口故道，洪水时破高家堰东出，泄入运东诸湖，对里下河地区的航运和人民生命财产安全危害极大。

漕运是事关"国脉"、事关国家稳定的要务，为了保证漕运的畅通，明清两朝自潘季驯大修高家堰、创建洪泽湖开始，在以今淮安市淮阴区码头镇为中心，北至杨庄、南至武墩、西到吴城一带，与多泥沙的黄河展开了270余年的较量。直到1855年，黄河在铜瓦厢决口北去，京杭大运河的咽喉因缺水而被切断，清口地区的大规模水利建设才告一段落。无意之中，清口被塑造成为中国历史上水利工程最密集的地区之一[1]。

明末清初，战乱频繁，河工年久失修，水患不断。康熙帝亲政之初把河务、漕运与三藩并列为国家三件大事。清康熙十五年（1676年），高家堰大溃决，淮水迅速下跌，突入里运河，漫流里下河，江南财赋重地被淹，运道受阻，康熙帝下决心对黄、淮、运进行全面治理。运河与黄河、淮河在淮安清口交汇，此地为康熙、乾隆南巡治河的重中之重。黄河含沙量大，常常侵扰淮河、运河，南来北往的漕船每至清口需过淮、穿黄，形势极为复杂。为保证漕运畅通，清政府相继在这里修建了一系列水利工程，清口成为京杭大运河沿线工程最复杂、技术成就最高的水利枢纽。

康熙十六年，康熙帝敕谕安徽巡抚靳辅总督河道，驻节清江浦。靳辅深入各河道水域调查后，提出"筑堤岸，疏下流，塞决口"[2]的一劳永逸、全面修治的方针，大规模的河道治理全面展开。靳辅借鉴明代水利学家潘季驯"筑堤束水，以水攻沙"的理论，提出"筑堤束水与引河放水交相使用"的理论。在遏制了洪水泛滥之势后，又先后完成了改移运口于七里闸、开清口四道引河、疏浚皂河、加挑中运河等工程，于高家堰修建周桥、高良涧、武家墩、塘埂和古沟东西减水坝共六座，治河取得了初步成效。

康熙帝在平定三藩、统一台湾以后，视河务为首要。靳辅治河虽然取得成效，但淮、扬水灾并未明显好转。康熙帝惟恐官员治河失法，遂于康熙二十三年（1684年）举南巡之典，不远万里，亲阅河工。康熙南巡的核心目的是为了治河、导淮、济运。当时，淮安是黄、淮、运三水交汇之地，为黄淮襟要、漕运锁钥，高家堰又是拱卫里下河地区人民生命财产安全的重要屏障。因此，淮安地区是清代治河的关键，康熙帝每次南巡必到淮安视察，指授治河方略。

康熙二十三年十月二十日，康熙帝幸临清口，并登上天妃闸，亲自勘察水情，见水势湍急，命改为草坝，另设七里、太平二闸，以分水势[3]。康熙二十四年，康熙帝谕建双金门闸，双金门闸原为泄黄而建，后改运口于杨庄，则专泄中河之水。

直到清康熙二十六年（1687年）之前，运河自清口北上一直以黄河（泗水故道）做运道。次年河督靳辅开通中（运）河，从宿迁骆马湖张庄运口至清口仲家庄，大运河自成体系，彻底结束了"借黄行运"的历史。自此，漕船出天妃口穿越黄河向西北到仲庄（今码头仲弓）运口进入中运河。康熙三十三年（1694年），移运口于杨庄，固定了今天中运河的格局。

康熙三十三年，修仲庄闸，改名广济，次年建康济闸（在陶庄右）、永济闸。康熙三十五年

［1］张卫东：《黄淮运交会时期的清口》，《淮安考古文选》，南京大学出版社，2009年。

［2］印鸾章著：《清鉴》卷五《圣祖康熙》。

［3］同注［2］。

（1696年），黄淮交涨，高堰六坝圮，运口为陆，是年增筑堤工。康熙三十七（1698年），总河董安国建清口东西束水坝于风神庙前，通过调节束水坝口门的宽度来调节洪泽湖的水位以冲刷黄沙。

康熙三十八年（1699年），康熙帝第三次南巡，再次视察高家堰、归仁堤等处，亲自用水平仪测量水位的高低，四月二十七日，康熙帝乘船出清口，召桑额、于成龙等指示治河方略，具体制定了新的治河方案：深浚河身；筑挑水坝；开陶庄引河；浚直河道；拆除拦黄坝。并亲自沿河勘察，在引河嘴上一里许"订桩立基，谕建挑水坝。"因是康熙亲自"订桩"，便在坝后盖了个亭子，叫御桩亭，谕建的陈家庄挑水坝也改称御坝。康熙四十年（1701年），陶庄引河工竣，分黄水北岸行，使黄河远离清口。漕船出清口，顺流入陶庄引河，再逆黄河入仲庄。

康熙四十二年（1703年），康熙第四次南巡，指示将仲庄（中）运口下移至杨庄，可以免去逆黄行运。至此，短时期内清水畅出，运道为之一新，河工初步告成，漕船一出清口，顺流行七里，即从杨庄运口入中运河，扬帆北上而无溯黄逆挽之艰。

清雍正十年（1732年），天妃运口内的惠济正越闸的位置已固定。

清乾隆二年（1737年），南河总督高斌移天妃运口于旧口之南七十五丈。因惠济闸两端运河与黄河仅一堤之隔，如黄河决堤，运河十分危险，于是自惠济闸北开新河一千零六十八丈，穿永济河头，至庞家湾接入旧河，并建通济、福兴正越闸共4座，连同惠济正越闸，连续三组通航闸串联。正越闸一组可以互为备用，一防事故，一利维修。三组串联，既可防止黄水内灌，又可作为船闸使用，以节水过船。

乾隆四十一年（1776年），两江总督高晋和南河总督萨载主持开陶庄新引河，改黄河主流北行，试图改变清口的不利状况。陶庄改河之后，为保持新河势的稳定，又建了一系列建筑物，主要有堵塞旧河两端，东为拦黄坝，西为顺黄坝。自拦黄坝南坝头起，斜至御坝顺水堤止，筑拦堰一道，长一百四十丈；又自拦黄坝后起，至顺水堤尾止，创撑堤一道，长二百丈；又自拦黄坝北尾起到新河尾止，筑束水堤一道，长八百九十一丈。束水堤就是新黄河的南堤，左邻黄河，右邻清水，成为清黄界线。由于束水堤重要，嘉庆时又筑重堤一道。

乾隆四十四年（1779年），因清水过弱，改建东西束水坝于惠济祠前。乾隆四十六年（1781年），筑东西兜水坝于清口风神庙前，夏展冬接。乾隆四十九年（1784年），分别改名为东西御黄坝、束清坝。但新开的陶庄新河，时间不长，新河到清口的河段，便淤积得几成平陆。清嘉庆十五年（1810年），只得另开一条新河道，名为顺清河。嘉庆九年（1805年），束清坝移建于头坝之南，并在御黄坝下三百八十丈高家码头西岸河尾斜筑挑坝与西岸相望，名新御黄坝。清嘉庆十六年（1811年），于新御黄坝之南添筑御黄二坝。清道光四年（1824年），在新御黄坝外筑束东西绕堤，钳口坝处建草闸一座，以为运口。闸外浅滩两岸又筑堰，名为临黄堰。惠济祠后筑钳口坝，名临清堰。坝闸之间的河道名为塘河。重漕渡黄，先堵草闸，并在闸外土堰，挽重船进塘，继堵拦清堰，即启临黄堰闸，如此轮换灌放约八日即浚一塘。

道光十年（1830年），在塘河内添挑一河，名替河，互相灌放。由于清黄相平，草闸底淤，不能刷跌，在东岸逼近窑汪处建涵洞一座；为泄清落底，又虑黄水过高，不敢启放，在草闸东偏建涵洞一座，引黄抬水。道光十五年（1835年）各添建一座。道光时期的运河水利工程设施均是局部改建，没有从根本上改变运河不畅的现状。道光年间，由于漕政弊病积重难返，河政败坏，漕粮运输日渐艰困。

清咸丰元年（1851年），大水冲开了高堰礼坝，从高、宝湖入江，此为淮水三河入江道。咸丰五年（1855年），黄河在河南兰阳（今兰考）铜瓦厢决口北徙，尽管经此大变，朝廷仍竭力维持漕运。清同治二年（1863年），吴棠任漕督，疏浚张福河口和顺清河，沟通中、里运河。

清光绪年间（1875～1908年），因内忧外患，加之至清末津浦等铁路的建成通车，江南粮赋可由火车运进北京，清廷于光绪二十七年（1901年）颁诏停止京杭大运河的漕运，但淮安段运河一直保持全线通航。

近现代运河

近代中国内外交困，大运河随之衰败，黄河以北全线断航。清末民初，倡议导淮，淮安段运河得到导淮委员会的持续整治。淮阴船闸于民国23年（1934年）开工，25年竣工通航，其直接沟通了里运河和中运河，运河航运不再通过三闸之险，改善了航行条件，船只往来亦不必绕行磨盘大湾，航程缩短，船只过闸仅需一个小时，三闸遂被取而代之。

新中国成立以来，大运河经过多次全面整治改造，1958～1961年，对大运河苏北段进行了大规模的整治，长14千米的京杭大运河淮安绕城段就是在1959年开凿的。1982年起，国家对济宁至杭州的京杭大运河进行整治，苏北运河淮（阴）泗（阳）段按三级航道标准建设。1985～1988年，先后建成施桥、邵伯、淮安、淮阴、泗阳、刘老涧、宿迁、皂河复线船闸8座，彻底改变了苏北运河河窄、水浅、弯多的状况。

2000年9月，江苏省利用世界银行贷款建设京杭运河扩容工程，建设谏壁、解台、淮安、淮阴、宿迁5座大型船闸。其中，淮安、淮阴三线船闸工程总投资3.35亿元，均为二级通航建筑物，船闸规模为260米×23米×5米，设计年通过量5362万吨。淮安三线船闸闸室由于在国内首次使用永久钢板桩加墙后土锚结构等新技术，而被称为"船闸工程新技术应用的博物馆"。两座闸于2000年9月开工建设，2003年7月交工并进行了试运行。淮安、淮阴三线船闸的建成通航，对于消除京杭运河"瓶颈"压力，发挥"黄金水道"的综合经济效益，推动江苏乃至华东地区的经济发展起到巨大的作用。

2004年2月，国家重点交通工程京杭运河两淮段航道整治工程开工建设。京杭运河两淮段从淮阴船闸下游至淮安船闸上游，总长22.22千米，原为三级航道，此次全线改造成二级航道，工程概算总投资3.22亿元，最小航宽90米，最低水深4米，最小弯曲半径800米。2010年1月11日，工程通过了江苏省发改委组织的竣工验收正式交付使用。两淮段航道整治升级后，航道单向通过能力由5000万吨提高到8000万吨。京杭运河两淮段航道整治工程的建成通航，有效缓解了苏北运河通过能力不足的矛盾，改善了运河通航条件，为苏北运河的安全畅通提供了有力保障。

2002年12月，举世瞩目的南水北调工程正式开工建设。南水北调东线工程是从长江下游引水，基本沿京杭运河逐级提水北送，主要解决京沪铁路沿线和山东半岛的城市缺水问题，并为农业和生态环境补水。淮安是南水北调东线工程输水干线的重要节点，京杭运河淮安段沿线规划了多个子项目，这里也成为南水北调工程东线工程最密集的区段。

据2014年1月的新闻报道，404千米的苏北运河，在全国近千座船闸中，2013年再创繁忙程度、船舶通过量、货物通过量等多个"中国第一"，成为世界上最繁忙的内河航道，淮安船闸货物通过量达1.67亿吨，成为全国货物通过量最大的船闸。据了解，全世界最大的船闸长江"三峡船闸"2013年通过量为1.06亿吨。苏北运河即江苏境内京杭运河的苏北段，北起徐州蔺家坝，南至扬州六圩入江口，纵跨徐州、宿迁、淮安、扬州4市14县（区），贯穿沂沭泗流域、淮河流域和长江流域，北连鲁西南煤炭能源基地，南接经济发达的苏南、沪、浙，是江苏及华东地区经济发展的水运大动脉，更是北煤南运、南水北调的主通道，成为全国唯一能与长江干线媲美的内河航道，被誉为"黄金水道"。

京杭大运河作为南北货物运输的重要通道，同时也发挥着水利灌溉、防洪抗旱、南水北调、城市用水、生态保护等重要功能。随着南水北调东线工程的实施，大运河被赋予新的功能，大运河的文明依然会在流淌中得到延伸和发展。这些世纪之交的伟大工程，也将会作为当代的文化遗产传之后世。

第二节　清口的历史沿革及现状

清口这一区域概念的形成，是长期以来自然力和人类活动共同作用的结果。在不同的历史年代，它有着不同的空间范围[1]。淮河水自盱眙而来，经过原淮阴县西，与西北徐州而来的古泗水汇合，泗水的水流甚清，所以这里称清泗口，又称清口，古泗水在今淮安市淮阴区三岔以下形成分支，以不同的角度和线路向东南汇流入淮河。清口北侧为主流，称为大清河，汇淮处称为大清河口或大清口，南侧为支流，称为小清河，汇淮处称为小清河口或小清口。至明嘉靖初年大清口淤塞，黄河主流出小清河，主航道改走小清河，小清口成为黄、淮交汇之处，并逐渐丢掉"小"字，改称"清口"。

明清时期清口地区的空间范围，北界淮安市淮阴区桂家塘北侧，东至杨庄活动坝和淮阴三线船闸一线，南到洪泽湖大堤与太平堆一线，西至中运河三百六十丈越堤和废黄河南岸七堡石工一线，其遗产区面积约为3967公顷，缓冲区面积约为6275公顷。

淮安清口枢纽是运河汇淮、穿黄的关键工程措施，面临极为复杂的自然条件，经过明清两朝多位皇帝的精心治理而逐步形成系统、完整的工程体系[2]，发轫于明嘉靖、万历年间，形成于清康熙年间，完善于清乾隆时期，清嘉庆、道光年间由盛转衰，咸丰五年（1855年）黄河北徙后，漕粮改为海运，清口枢纽失去了黄河水的大势，基本处于瘫痪状态，废弃不用[3]（彩图一、二[4]）。

清口枢纽位于大运河的关键区段，是运河遇到复杂自然环境采取的综合工程措施，为保证运河漕运的正常通行而重点治理的区段，纵观运河全线，最关键者不过清口和南旺两地。明清时期，清口因处黄、淮、运交汇之地，故成为运河南下北上的交通咽喉之地，因黄河多沙，经常淤塞清口，需要及时治理，才能保证漕运的通畅，明清两朝就有"清口通则全运河通，全运河通则国运无虞"之说，清口历来就是运河漕运功能发挥的关键所在，清口作为运河水源供应和漕运转运的枢纽，是运河的咽喉，也是运河发挥其功能的关键。

针对错综复杂、变化无常的自然环境，单单采用一种工程措施孤立实现漕运畅通是不可能的，必须与黄河、淮河的治理综合考虑，进行全面的规划和治理，使清口枢纽工程同时具备御黄、济运、保漕、防洪等综合功能[5]。因而，遗址范围内分布着堤坝、古河道、闸涵、土墩、木龙等工程遗迹，同时因治水保漕衍生出来的诸如古寺庙、古建筑、古碑刻、镇水铁牛、水志等遗迹，遗产点类型十分丰富，但分散得比较零散。目前堤坝类遗产地面基本无存，土质堤坝基本被推平，砖石工类遗迹则被挖砖取石破坏，建筑类遗产同样遭受战争或生产活动的破坏而所剩无几，如顺黄坝存世在地面的已不足200米，天妃坝石工虽埋藏于地下，但完整段已不足300米，惠济祠遗址乾隆时期的房基、铺地砖面只

---

[1] 中国文化遗产研究院大运河淮安段遗产本体调查方法研究课题组编：《大运河清口枢纽工程遗产调查与研究》，第174页，文物出版社，2012年。

[2] 同注[1]，第185页。

[3] 葛以政：《从清口枢纽到杨庄水利枢纽》，《淮安文史活页》，2012年第2期（总2）。

[4] 同注[1]，第175页。

[5] 李倩等：《淮安运河文化遗产现状调查和价值评估》，《淮阴师范学院学报》（哲学社会科学版）2010年第32卷。

少量零星残存，碑刻类遗产大部分被敲碎散落各地，闸涵类遗迹如福兴闸在20世纪50年代挖河工程中被完全破坏，古河道如"U"形河道基本淤塞，遗产点保存状况整体不容乐观。

第三节 清口水利枢纽工程的规划思想

在数百年的时间里，淮安清口枢纽工程随着自然条件的变化而形成、发展和衰落，无不体现着河工治理方略指导思想的交锋与发展。这些规划思想，既是不同治河理念博弈的结果，也有被动应对自然条件恶化的无奈选择。

（一）束水攻沙、蓄清刷黄——水利规划思想的最高水平

为了应对黄、淮、运交汇的复杂自然条件，为了解决运河在清口地区治淤、御黄、济运、通航、防洪等综合工程规划治理问题，实现保运的工程目标，数百年间水工群萃清口，糜帑巨数，修建、改建工程浩繁，形成了运河全程上最为复杂的清口枢纽工程。

明嘉靖后，黄河下游河床的淤积抬升不仅使黄河自身的防洪问题日益严峻，而且又造成对淮河和运河的托顶和倒灌。面对如此错综复杂的局面，曾四次出任河道总督的明代治河专家潘季驯提出了"束水攻沙"、"蓄清刷黄"的全面黄、淮、运综合治理的系统规划思想，代表了当时水利规划的最高水平[1]。

潘季驯（1521～1595年），字时良，号印川，明代乌程（今浙江省湖州市）人。嘉靖二十九年（1550年）进士，授九江推官，擢御史，巡按广东。嘉靖四十四年（1565年），由左少卿进右佥都御史，总理河道。迄万历十九年（1591年），凡四次奉命总理河道，治理黄、淮、运，前后历27年，累官工部尚书兼右都御史，著有《两河经略》、《河防一览》等著作，是我国古代著名的治水专家。

明代初年，为了漕运，在治河策略上重北轻南，采取"北岸筑堤，南岸分流"的措施。到嘉靖末，黄河下游徐州以上河道分汊达13支之多，淤积严重，连年为患。在潘季驯出任总河时，治河官员六年六换，束手无策，宣告单纯消极北堤南分的夺淮保运方策的失败。

万历六年（1578年），潘季驯第三次主持治河以后，在前两次治河实践和吸取前人治河经验的基础上，进一步认识到"黄流最浊，以斗计之，沙居其六"的黄河含沙多的特点，强调治河宜合不宜分，分则水势缓而沙停槽，合则水力强而沙随水去。于是采取主要以束水攻沙的理论来指导治河。在处理黄、淮、运三河关系上，提出"通漕于河，则治河即以治漕；合河于淮，则治淮即以治河；会河、淮而同入于海，则治河、淮即以治海"的规划原则，进行综合治理。

在历次对海口、黄、淮、运等的勘察过程中，潘季驯进一步提出"束水攻沙"、"蓄清刷黄"的治水思想。他提出："淮清河浊，淮弱河强，河水一斗，沙居其六，伏秋则居其八，非极湍急，必至停滞。当藉淮之清以刷河之浊，筑高束淮入清口，以敌河之强，使二水并流，则海口自浚。""分则势缓，势缓则沙停，沙停则河饱，河饱则夺河"，认为筑堤障河，束水归槽，则可以"水合则势猛，势猛则沙刷，沙刷则河深"。"黄不旁决而冲槽力专"；筑堤障淮，逼淮注黄，则可以"淮不旁决而

［1］周魁一：《中国科学技术史·水利卷》，科学出版社，2001年。

会黄力专"。"合黄、淮全河之力，涓滴悉归于海，则力强且专，下流之积沙自去。下流既顺，上流之淤垫自通，海不浚而辟，河不挑而深矣。"

潘季驯在黄、淮、运总体工程实施中，把筑高家堰视为首要之事。万历六年（1578年）九月，派郎中张誉、指挥俞尚志等人率锐士和民夫，动工修筑。他深入险工地段，"冲冒风雪，暴露堰上，与徭夫同辛苦；又与百执事，往来泥淖中，飞涛扑面，砣砣不少休"。堵塞大涧等决口，筑北起武家墩，南至越城，长六十里的高家堰。"堰高一丈五尺，厚五丈，基厚十五丈，大涧口则为月堰，广三十丈"。并"密布桩入地，深浪不能撼。桩内置版，版内置土，土则致自远，皆坚实者"，以拦蓄淮水。万历八年（1580年），又加筑大涧口极洼处石工三千丈，以固高家堰湖堤。由于高家堰大堤的修筑，使堤内原来的万家湖、泥墩湖、富陵湖等洼地，连成一片，极大地扩充了蓄水容积，形成了现在洪泽湖人工水库的雏形。洪泽湖出水口设在高家堰大堤的西北角清口会黄之处，为淮水冲刷黄水的咽喉。潘季驯在清口东西堵塞了朱家、王简和张福三处决口，使淮水全部出清口刷黄。此外，潘季驯在洪泽湖西自桃源（今江苏省泗阳县）孙家湾，抵宿迁县归仁集，筑长达四十余里的归仁堤，截睢水尽入黄河，不使睢、黄入淮；筑桃源与清河两县交界处的马厂遥堤七百四十六丈，堤上设闸，节制黄、淮出入之路，为淮湖屏障；筑桃源、清河两县缕堤，以防黄水南侵。在湖东北清口以下，修筑清江浦至柳树湾旧堤，接筑柳浦至高岭新堤，以防黄、淮南溃。另外，他还"塞崔镇等决口百三十，筑徐、睢、邳、宿、桃、清两岸遥堤五万六千丈，砀、丰大坝各一道，徐、沛、丰、砀缕堤百四十余里"，以防黄水溃决，束水归槽。经过潘季驯的整治，黄河既筑缕堤、遥堤，水无所分，则以全河夺淮、泗；淮水以高家堰为障，以全淮敌黄，出清门，黄、淮合流，出云梯关入海。一时"两河归正，沙刷水深，海口大辟，田庐尽复，流移归业。禾黍颇登，国计无阻，而民生亦有赖矣"。黄、淮安流五六年，收到了一定的效果。

潘季驯"蓄清刷黄"治水方略实施后，黄河河势发生了很大的变化。直到清咸丰五年（1855年），黄河在今兰考铜瓦厢决口北去为止，前后280年，黄河主流基本上沿今废黄河下泄入海；淮河主流至清咸丰元年（1851年）止，基本上流入洪泽湖出清会黄入海。

潘季驯的规划思想着眼于黄、淮下游与运河相互联系的大系统，从整体出发研究各相关河流的内在关系。他抓住全系统中的关键所在，着重于清口和高家堰的治理，力求带动和支持其他水利矛盾的解决。

"束水攻沙"和"蓄清刷黄"是潘氏治河规划的核心。"束水攻沙"关键在于筑堤，即以堤防约束河水，提高河水流速，冲刷河床淤积，增大容蓄能力，从而达到防洪、保运的目的。潘季驯借水攻沙，以河治河，并由此提出系统的堤防设计，显著区别于此前数百年以分流为主的规划思想，同时积极推动其规划思想的实施。其理论的科学性已为近代科学实验所证实。

"蓄清刷黄"方略一反前期的"治河保漕"原则而将保漕寓于黄、淮的治理之中。首先，从治黄的角度看，要想徐邳河段不再决口，必须确保下游河道畅通；要想下游河道不再淤塞，则需确保淮水自清口畅出刷黄；从治淮的角度看，要想淮水不再为害淮扬运河及下河诸州县，亦必须确保淮水自清口畅出北入黄河而非向东宣泄。"蓄清刷黄"在一定程度上减慢了清口的淤积，延缓了清口以下至海口河床抬高的速度，对保证以后200余年间漕运的畅通无阻起过积极作用。为保证这一方略的顺利实施，朝廷每年都在清口一带投入巨额资金，在此修建的工程也越来越复杂。

（二）避黄引淮——水利规划思想的发展

清代初期和中期，特别是在康熙和乾隆两朝皇帝的亲自指挥下，以靳辅为代表的历届河督继承和发展了潘季驯的规划思想，采取多项综合措施，避黄引淮。运河在清口与黄、淮相交，既怕黄河湍急，更恐其淤积南北运口，尤其南运口。对策就是避开黄水，并引淮水入淮扬运河，既为淮水找到一条出路，又借力冲沙防淤，确保淮水充分宣泄，兼刷黄和济运。

靳辅（1633～1692年），祖籍辽阳（今属辽宁省），字紫垣，汉军镶黄旗人。清顺治时为内阁中书，清康熙初自郎中迁内阁学士，康熙十年（1671年），授安徽巡抚。从康熙十六年（1677年）至康熙二十六年（1687年）间连续10年任河道总督，主持治理黄河、淮河、运河。著有《靳文襄公奏疏》、《治河方略》等，为清代著名治河大臣。

明末清初，社会动乱，黄河泛滥，淮、运俱病，水灾严重。在这艰难的时刻，康熙帝毅然下了治理黄河的决心，于康熙十六年调任时任安徽巡抚的靳辅为河道总督。由此，清王朝开始了对黄、淮、运的大规模治理。

靳辅到任不久，即同陈潢详细勘察黄、淮的水势情形、地方状况和水患灾情等。根据实地调查研究，提出了"治河之道，必当审其全局，将河道运道为一体，彻首尾而合治之，而后可无弊也"的主张，并且尖锐地指出河道日坏、河患日多的根本原因是重漕运不重治河，他一日向康熙皇帝上了八道奏疏，系统地提出了治理黄、淮、运的全面规划。

康熙十六年（1677年），为了恢复黄、淮入海出路，在清江浦以下到海口三百里的河道内，采取"疏浚并举"的办法，挑挖洪泽湖口5条引河，疏浚清口至云梯关河道，创筑云梯关外束水堤一万八千余丈，"凡出关散漫之水，咸逼于其中"，以期"冲沙有力，海口之壅积，不浚而自辟矣"。堵塞于家岗、武家墩等大决口16处；第二年，又创建王家营、张家庄减水坝两座，筑周家桥、翟坝堤二十五里，加培高家堰长堤，堵塞安东、山阳、清河三县河堤及湖堤所有决口。康熙二十年（1681年），堵筑杨庄决口，在高邮增建滚水坝8座。经过连续几年的大规模治理，黄河于康熙二十二年复归故道。

为了进一步解决漕运问题，康熙二十五年（1686年），靳辅在张家庄运口经骆马湖，沿黄河北堤的背河，再经宿迁、桃源，到清河仲家庄开一条新河，名曰"中河"。自此，漕河可由清口直渡北岸过仲家庄闸至张庄运口，可避免由黄河漕运一百八十里之险，便利了漕船的往来，"中河安流，舟楫甚便"。

靳辅在中国古代治河理论、治河实践和治河技术等方面均作出了重大贡献，他在潘季驯治河理论的基础上又有了进一步的发展：第一，大大增建了洪泽湖大堤上的减水坝，扩大了宣泄淮河洪峰的能力。第二，提出"黄、淮相济"，让部分黄河水经过低洼地沉淀泥沙，变成清水，然后注入洪泽湖，增加冲刷清口积沙的能力。在海口的疏浚中，他还总结出挖"川"字河的办法，以利迅速冲沙，冲深刷宽河道。在对待海口积沙的问题上，他认为"治水者必先从下流治起，下流疏通则上流自不饱涨"的理论。另外，他主张黄、运分开，创开中运河。他还革新治河技术，在工程上进行了许多创新，如坦坡的修建，作为一项土坝防浪技术，在湖泊水库的治理修筑工程中具有广泛的实用价值。把流量概念运用于减水坝减水，这是定量方法在中国古代水利史上运用的开端。

由于历史条件的限制，靳辅提出的黄、淮、运统筹治理，全面规划、源流并治的主张没有得到彻底实现。受清初推行的"保漕"总方针的制约，他推行的"杀黄济淮"之策也没能从根本上解决淮河问题。但从整体上来说，他的治河思想超越了前人，并奠定了清代治河的成法。在他之后的一些重要治河人物，如张鹏翮、齐苏勒、高斌等都沿用他的主张。他的治河方略和实践，直到今天仍有借鉴和启迪作用。

靳辅于清口垫成平陆之处开张福口、帅家庄、裴家场、烂泥浅引河四道，引清敌黄。为避黄河，又奏言："淮扬运河……出口之处是为清口，离黄淮交会之所不过二百余丈。黄流稍涨即从清口灌进运河，以致运河之底逐渐垫高，岁须挑浅。臣再四筹酌，必须将清口永远闭断，从文华寺淤高之新河迤南挑七里直至武家墩……绕武家墩入烂泥浅……引之上流，下达清口转入黄河。如此则运口与黄淮交会之处相隔十有余里，且河身曲折……运河既不为黄水所灌，则自无垫高之患。"[1]

随后，靳辅"以运道经黄河，风涛险恶，自骆马湖凿渠，历宿迁、桃源至清河仲家庄出口，名曰中河。粮船北上，出清口后，行黄河数里，即入中河，以避黄河百八十里之险。议者多谓辅此功不在明陈瑄凿清口下。"[2]

在避黄引淮思想指导下，经康熙、靳辅、乾隆、高斌等历代君臣经营下，运河在清口地区的枢纽格局基本定型。

（三）灌塘济运——水利规划思想的权宜之计

清乾隆后期至嘉庆初期，随着清口的淤高，汛期，黄河大水南可以倒灌南运口，西可以倒灌洪泽湖口，以致淮水不能出，运口不能开，蓄清刷黄方略已基本不能实现。

嘉庆年间，清口淤浅，漕船受阻。总河徐端将束清坝移于运口以南洪泽湖引河的交汇处，同时将御黄坝向北移至河唇，以更为有力地抵御黄水。但黄河又全行倒灌入湖，湖水涓滴不能出，此时不得不暂行堵闭御黄坝，引清水灌入待高于黄水后，开御黄坝口门处草坝放船渡黄，此举为道光年间实行"灌塘济运"之雏形。

徐端（约1754～1812年），字肇之，德清人。清乾隆四十九年（1784年）起，历任河南兰仪同知、淮安知府、淮徐道、江南副总河、江南河道总督等职。清嘉庆十五年（1810年）十一月，以河患被革职。徐端明习河事，授史程功，赢绌必有所计。在任期间，深入治河工地，调查勘察，与役夫同甘共苦。著有《安澜纪要》、《回澜纪要》，对河防技术与管理环节经验有比较系统的阐述。

灌塘济运"原理与现代船闸相同，以内塘为闸室，以临时坝为闸门"[3]。自清道光六年（1826年）起实施，一直使用近30年，直至清咸丰五年（1855年），黄河北徙，淮扬运河可直通中河，清口已无渡黄问题，塘河遂废。"灌塘济运"的实施，实质拦断了黄河与淮扬运河，意味着"蓄清刷黄"方略的终结。

张井（？～1835年），字芥航，陕西肤施人。进士，由知县历官江南河道总督，为黎世序的继任者。当初，黄河上游各闸坝皆有水志，每值伏秋盛涨，河督为避险计，往往先时启泄，殃及民田。张井上书奏准，水位超过规定水位，方得启放。自此河流刷深，而民得丰稔。道光初年，"借黄济运之议兴，漕船过未及半，率多肤浅。井乃创为灌塘法，无借黄之险，兼省盘剥之费，一时称便"。张井任两河凡10年，加筑高家堰盱眙段大堤，增建滚水坝，改挑扬河普贤墩，精心规划，提高质量，节省费用，每巡视工地，严饬部队从一无所扰。世称其不亚于黎世序云[4]。

[1]（清）靳辅：《治河奏续书》卷三《酌改运口疏》，《文渊阁四库全书》，台湾商务印书馆，1983年。

[2]（清）赵尔巽：《清史稿》卷一二七《河渠二·运河》，中华书局，1977年。

[3] 姚汉源：《中国水利史纲要》，第538、539页，水利水电出版社，1987年。

[4] 引文见（清）吴昆田、鲁蕡：《光绪丙子清河县志》卷一七，江苏古籍出版社，1991年。

第三章

考古发掘缘起与经过

2006年，京杭大运河被国务院公布为第六批全国重点文物保护单位，京杭大运河在社会上引起广泛关注。2007年，中国文化遗产研究院"大运河淮安段遗产本体调查方法研究"立题，此时也正是大运河申遗工作正式列入国家议事日程之时，淮安清口水利枢纽遗址作为大运河沿线重要节点和明清时期关键性水利工程，中国文化遗产研究院专家、学者纷至沓来，开展多学科、宽领域的调查、研究，对淮安清口地区各类遗产进行了细致的调查和梳理，淮安市政协文史委、地方志办公室，淮安市文化广电新闻出版局及淮安市博物馆等多家单位通力配合，全力做好调查和研究工作。

2008年，淮安市明远路工程开工，这条连接主城区与千年古镇——码头镇的交通大动脉穿越了二河西堤、里河（俗称小李河）、天妃坝、关帝庙遗址、张福河东西大堤、顺黄坝、御坝，向西经过旧县遗址，为配合工程建设及保护文化遗产，淮安市博物馆于2008年11月启动明远路考古调查与勘探工作，并对顺黄坝、天妃坝进行了局部试掘，取得了重要成果，此工作持续到2009年1月，在工作期间，中国文化遗产研究院原院长张廷皓先生和南京博物院院长龚良先生多次带队前来视察指导，对考古调查、勘探、发掘所取得的成果给予了高度评价，并结合他们的研究成果给出了指导性的意见和建议。

为弄清古河道变迁、明清治水、治漕相关水利设施的布局、结构以及所反映的古代治水思想，为大运河申遗增添基础性支撑材料，2011年9月，经国家文物局批准，南京博物院作为考古团体资质单位，中国文化遗产研究院王元林博士任领队，中国文化遗产研究院、南京博物院考古研究所、淮安市博物馆组成联合考古队，对天妃坝石工、顺黄坝遗址、御坝遗址、木龙遗址、天妃闸遗址等进行了一系列的考古勘探和发掘工作，考古工作一直延续至2013年8月，历时近两年。这期间，全国政协"大运河保护与申遗"调研组，文化部部长蔡武，国家文物局局长单霁翔、励小捷，国家文物局文物保护与考古司司长关强、副司长唐炜，淮安市市委书记姚晓东、市长曲福田、副市长王红红等领导和专家，到考古工地视察指导。为迎接国际古迹遗址理事会专家的验收，又对惠济祠遗址、天妃坝遗址、顺黄坝遗址、"U"形河道进行了多次考古勘探和发掘，2013年9月，各项考古工作顺利通过国际古迹遗址理事会专家组的验收。

在此次考古工作中我们采用传统的考古工作方法，以考古调查与勘探为先导，通过走访当地群众及地方文史、水利专家，结合历史文献，确定文化遗产点的大致范围和方向，以普探与重点勘探相结合的方式，对各个遗产点进行了仔细的勘探，通过对勘探情况的评估，选择有特色、有亮点、保存状况最好的地点进行考古发掘，在发掘工作中严格遵循《田野考古工作规程》，结合遗产点本身的特点，采取整体揭示与局部解剖的方式，力求在最小损害遗产点的原则下最大限度地揭示文物信息，在考古工作过程中，我们与南京博物院文物保护科学技术研究所通力合作，对脆弱遗迹边发掘边实施保护，在现场我们实施了防水、降水、除菌、加固等多项措施，取得了很好的保护与展示效果。

本次发掘共布10米×10米探方20个，大小不等的探沟8条，解剖河道、堤坝10余处，总发掘面积达3000平方米。参加人员名单如下。

中国文化遗产研究院：张廷皓、于冰、王元林；

南京博物院：龚良、王奇志、林留根、盛之瀚；

淮安市文化广电新闻出版局：杨斌、李倩、严斌、李斌、董记；

淮安市博物馆：孙玉军、王剑、赵海涛、尹增淮、胡兵、刘光亮、祁小东、包立山、褚亚龙、李艳梅、薛玲玲、胡锦文；

陕西省宝鸡市技术工人：刘显谋、王军来、辛春祥、辛吉祥、曾红强、刘强利、邓刚。

第二部分

京杭大运河清口水利枢纽考古调查

第一章
概　述

　　本部分介绍的大运河淮安段文物遗产点主要是结合淮安段运河沿线各区县文物保护机构历年来所做工作、第三次全国文物普查成果以及本次考古调查、勘探、发掘成果的一次总集成，有些成果已经公开发表，有些则是第三次全国文物普查新发现，一些是为配合大运河申遗中国文化遗产研究院所做的大运河清口枢纽工程调查与研究工作，还有此次考古工作的一些新成果，面广量大，能收入此报告的尽量收入。

第一节　调查范围

　　大运河淮安段从历史和现状来看，沿线涉及淮安市淮安区、淮阴区、清河区、清浦区，龟山运河，洪泽湖涉及洪泽县，而与之相关的历史上对其产生直接影响、与大运河的历史变迁息息相关的河道水系如古淮河等又涉及盱眙县、涟水县，高邮湖等涉及金湖县，所以说，从空间地理来看，我们调查的范围覆盖了整个淮安市。

　　从调查的遗产点时代看，本次调查与运河淮安段相关的文物遗产点，时代主要集中在明清时期，既有明代始建的如天妃坝石工、惠济祠遗址等，又有清代沿用并加固加高的天妃坝石工，清代新建的顺黄坝、木龙等，还有民国时期的水闸、涵洞，以及近现代的一些码头、清真寺等遗产点，前后延续近600年，这也从一个侧面反映了大运河生生不息和在历史的长河中始终扮演着的重要角色。

　　从调查对象功能作用上看，涵盖了古堤坝、古码头、涵洞、水闸、运河沿线古建筑遗址、相关碑刻、其他河道附属水工及遗迹，如木龙遗址等的调查，一切与治水、用水、漕运、盐运以及由此产生的信仰方面在物质上的体现等相关联的文化遗产点我们都加以收入，这里所收入的遗产点均为不可移动文物，特别需要说明的是，碑刻方面的文物有些虽已不在原位，散落于其他地方，但其本身从诞生起是有相对固定的位置予以陈设的，因而，本质上它还是属于不可移动文物的类别。

第二节　调查方法

中国文化遗产研究院课题组和淮安市博物馆考古队，在调查中综合运用了传统方法与现代方法的集成，结合文献学、考古学、地理学、地图学、空间地理学等多学科、多领域手段，取得了令人瞩目的成果，而本报告收录的调查成果是以第三次全国文物普查成果为主体，以后续工作新发现为补充，调查方法则以传统方法为主，辅以现代科学技术手段来进行。

本次调查主要以废黄河、古淮河、里运河、张福河等河流及洪泽湖等湖泊为依托，调查的对象是与这些河流有关的古代水利设施、古遗址、古建筑、古河道、古碑刻等相关门类。按照其功能与用途的不同，主要分为河道、堤防、涵闸、码头、古建、碑刻等几大类。其中，河道又可细分为运河河道（包括正河、越河及支线运河等，主要是人工开挖的河道，另有利用天然河道的河段、湖泊等进行航运的水域）、自然河道（与运河相连，对运河的水位和水量具有一定的调节作用）、减河（与运河连接，用于汛期分洪的河道）、人工引河（为解决运河的水源问题而挖掘或利用的河道，其上或建有水利工程控制引水）、护城河与内河（运河流经的城市内，与运河相接并建有工程控制的护城河和城市内部河道）等，堤防有土筑堤坝、砖石堤坝、溢流坝等类型，古建筑有寺庙、祠堂等。

在实地工作中，我们应用多学科相结合的方法，首先参照历史文献与前人研究的成果从宏观上把握我们需要调查的大致范围，再结合现代空间技术、地理学等进一步进行校正。其次是重视点与线的关系，即将闸、堰、坝等水利设施与河道联系起来看，不能孤立和片面，目的是明确各类具体的遗迹点与河道和水系的关系。

调查第一步是与县区文物工作者及地方文史、水利专家反复座谈，结合县区所掌握的材料，以镇为大单位，村为小单位，确定调查线路。第二步是逐镇徒步调查，首先请各镇文化站站长作为向导，由站长请村长，村长则请村里年长者来座谈，先将我们所掌握的线索，我们调查的目的、对象作一说明，然后请知情者告知我们调查对象的大致位置，他所了解的一些奇闻轶事、故事笑谈等信息，最后请人带领到现场作最终确认。上述方法是我们调查最基本的方法，也是最重要、最有成效的方法，在调查中不放过任何信息，通过层层筛选，过滤各类信息，我们总能有意想不到的收获。对已经登录在案或已经是各级文物保护单位的，做到了应登必登，已经消失、损毁的也做了档案说明。

在实际操作中，我们采取3~5人一组的拉网式调查。发现遗迹点后，我们首先将其标注在1：3000的规划地图上，测GPS点，最后对遗迹进行全方位的照相记录。我们专人负责访谈记录、专人填表、专人绘制平剖面图（草图），对大型遗址则用全站仪或RTK进行测绘，专人室内整理材料，做到调查、记录、整理三不误。

第二章

调查成果

第一节　古河道调查

河道是运河最基本的构成，也是运河系统的骨架和运河遗产的主干。运河及相关河道包括[1]：

运河河道：包括正河、越河及支线运河等，主要是人工挖掘的河道，另有利用天然河道的河段、湖泊等进行航运的水域，在广义上也可以视作运河的组成部分。

自然河道：与运河连接，对运河的水位和水量具有一定的调节作用。为维持运河的正常运行，历史上曾在河道上修建水利工程或在岸边组建管理机构。

减河：与运河连接，用于汛期分洪的河道，为古代水利工程或管理机构的涵盖范围。

人工引河：为解决运河的水源问题而挖掘或利用的河道，其上或建有水利工程控制引水。

城河、内河：运河流经的城市内，与运河相接并建有工程控制的护城河和城市内部河道。

淮安地区运河开凿的历史悠久，变化复杂，历史上的河道主要有邗沟、山阳渎、通济渠、沙河、洪泽新河、龟山运河、清江浦河、里运河、中运河、盐河、张福河、洪泽湖引河、护城河（永济新河）等，另有与运河密切相关的自然河道泗水、淮河、黄河。现以做过调查工作的予以介绍，不全之处有待在以后的工作中弥补。

（一）运河河道

里运河

里运河是京杭大运河最早开凿的河段之一，又称淮扬运河，介于长江和淮河之间，北接中运河，南接江南运河，长170余千米，流经江苏省淮安市和扬州市。里运河淮安段南起淮安区南闸镇林南村，北至淮阴区码头镇。在淮安区人民桥测点，地理坐标为北纬33°18′19.3″，东经119°15′15.0″；在市区大闸口若飞桥前测点，地理坐标为北纬33°35′30.8″，东经119°1′2.8″；在淮阴区码头镇泰山村"U"形河道处测点，地理坐标为北纬33°31′43.4″，东经118°56′37.9″。

---

[1] 中国文化遗产研究院、东南大学联合编制：《大运河遗产保护规划编制第一阶段要求》，国家文物局资料，2008年。

其前身为邗沟，后经西汉吴王刘濞、东汉陈登、东晋哀帝等多次裁弯整治，已具一定规模。隋开皇七年（587年），开山阳渎，疏邗沟斜向西北至末口（今淮安市淮安区北）入淮，隋炀帝又发动淮南民众十余万开邗沟，将淮扬运河改道取直，自山阳至扬子（今扬州南）入江300余里，渠宽40步。南宋绍熙五年（1194年），自江都到淮阴筑运河堤360余里。《宋史·河渠志》记载："楚州北山阳湾尤迅急，多有沉溺之患。雍熙中（984～987年），转运使刘蟠议开沙河以避淮水之险，未克而受代。乔维岳继之，开河自楚州至淮阴凡六十里，舟行便之。"刘蟠、乔维岳所开沙河由磨盘口（在今淮阴船闸上游）入淮，避开了山阳湾之险，即明代清江浦河前身。明永乐十三年（1415年），平江伯陈瑄督漕，循宋初乔维岳所开故沙河线路缘城西管家湖筑堤，凿清江浦运河，至鸭陈口达淮。明成化十四年（1478年），筑重堤于高邮、邵伯、宝应、白马湖老堤之东，基本形成里运河，以维持漕运。万历五年（1577年），漕督吴桂芳疏通山阳城西运道，浚土筑堤，自黄浦至板闸70里，与清江浦运河连通。从此，运道改由淮安府城西，即今淮安境内里运河线路。

明清两代，朝廷在京杭大运河的枢纽部位，里运河、中运河与黄河故道（即古淮河）交汇处的淮安府城中心专门设立漕运总督公署和下属庞大的机构，负责漕运事宜。在淮安府城西北30里外，南船北马的水陆要冲清江浦设有江南河道总督部院。

现里运河河道整体保存完好，沿线文物古迹保存较多。里运河淮安区段北自淮城镇板闸村入境，由西北向东南穿过区境，南从南闸镇林南村出境，途径淮城镇、三堡乡、上河镇、平桥镇、南闸镇，境内流程约33千米，最宽处150、最窄处约60、最深处5、最浅处3.5米，其中运东闸以北为复线，西路为1959年后开挖，东路为里运河，宽60多米。沿线与之相关的文物点有末口遗址、总督漕运部院遗址、运河石工堤、板闸钞关遗址等。里运河市区段（清河、清浦两区之间）前身为宋代沙河，明代开凿"清江浦河"，宽约60米，明代清江大闸即位于此段河道，运河南岸有丰济仓遗址、清江浦楼。今里运河淮阴区段沿线与之相关的文物点有码头三闸遗址、淮安清口灵运记碑、惠济祠遗址、龙亭遗址、乾隆御制碑、"天下太平"碑等。

1959年，为满足航运，大运河被裁弯取直，新开挖京杭运河淮安段，里运河留在淮安城区的一段成为一条内城河（彩图三）。现今，里运河仍是煤炭等大宗物资南运的重要通道，航道标准也较高，可通航2000吨级船舶，连同中运河构成整个京杭大运河中等级最高的部分。沿线船闸有淮阴闸、淮安闸、邵伯闸等。

中运河

清光绪《淮安府志》卷七《河防》："中河，一名上中河，即运河。康熙十六年（1677年），河决杨庄，运道阻塞。总河靳辅开中河，自宿迁骆马湖，历桃源众兴集，至清河杨庄闸，以避黄河二百里风涛之险，粮艘称便。三十八年（1699年），总河于成龙以中河南岸低洼，子堤不能久立，将北岸改为南岸，另筑北堤，从中挑河建闸，谓之新中河，而旧中河废。三十九年（1700年），总河张鹏翮以新中河敝坏，河首拗折，不利行舟，三义庙以上三十余里河身浅狭，湖水骤涨，难以容纳。旧中河首至三义庙河身深广甚新河，惟自坝下至仲庄闸河身极浅，南岸湖水散漫，难筑子堤；兼近黄河，防守不易。遂于三义坝筑堤一道，上截旧河入新河，以旧河下截与新河下截合为一河，以行粮艘。又于河之首尾各建石闸，以时启闭。四十二年（1703年），上谕仲庄闸紧对清口，有碍行运，于陶庄闸下挑引河一道，改从杨家庄出口，并建束水草坝三座，其后运道通利。"

清康熙二十五年（1686年），靳辅在骆马湖凿渠，历宿迁、桃源，至清河仲家庄出口，名曰中河，又名中运河。漕船北上，出清口，入黄河仅行数里，即入中河，直达张庄运口，从而避开黄河180里之险。自此，南北大运河与黄河完全分离，此段运河的开辟是大运河凿通以来的又一重大发展。康熙二十七年（1688年），又加挑中河，采取建闸、筑堤等措施，避免或克服了原中河诸多不足，基本达到了完善。此后，通过不断整修防护，使中河成为最好的运段之一，"粮运往来，通行无滞矣。"

虽然中运河并不长，但它标志着同自然水道黄河的完全脱离，使大运河真正成为名副其实的人工运河。正如民国时期郑肇经先生在其《中国水利史》一书所说："康熙间靳辅开中河，南北运河之全局乃定"。

现在的中运河自山东枣庄市台儿庄向南至淮安市淮阴区杨庄，长180多千米，在中运河自北入淮安境处（淮阴区三树镇竹络坝）测点，地理坐标为北纬33°34′31.5″，东经118°55′28.9″。中运河历经民国、新中国的多次疏浚、清淤和拓宽，仍为大运河苏北段重要的水运航道（彩图四）。

盐河

盐河，古称官河，一名漕河，因居中运河之东，又名下中河、外河。位于江苏省东北部，是由淮安清口接中运河向东北经涟水（古称安东），北至连云港（海州）入海的运河，是淮北盐南运的航道，以运盐为主，兼有防洪泄水之利的人工河道。在淮阴区凌桥乡双闸村盐河头测点，地理坐标为北纬33°34′58.4″，东经118°56′7.4″。

唐初，海州漕粮的转运和食盐的运销成为亟待解决的大事。《唐会要》载："垂拱四年（688年）开泗州涟水县新漕渠，以通海、沂、密等州，南入于淮。"这条漕河后称官河，船只由此河在新坝转入涟河、桑墟湖、溯沭河而上可达沂州（今山东临沂）、密州（今山东诸城）。官河南端在涟水县境以东的涟口通入淮河，由淮河入邗沟（今京杭大运河）而南达长江，西至安徽诸口岸。

北宋时期，淮北盐业已具有一定的规模，天禧元年（1017年），海州的板浦、惠泽、洛要三个盐场，每年运销食盐477000余石，这些食盐大部分由盐商以木帆船由官河运出，官河已经成为北宋时期淮北盐运的一条重要航道。元符元年（1098年），江淮发运使王宗望为避楚州沿淮阴至涟州运道的风涛险恶，开支家河，引水入运，赐名"通涟河"，即盐河的前身。

元明以来多有开浚维修，发挥了盐运和转输之利。为保盐运畅通，元代官河进行了多次疏浚。明代也很重视对官河的治理，治理工程一般由盐运使兴办。清初，因淮南盐场逐渐"海远卤淡"，淮北板浦、中正、临兴三个盐场逐渐兴旺，盐运繁盛，官河也因此易名盐河。盐河里"官舫估舶，帆樯相望"，海州三个盐场所产食盐由盐河运往淮阴西坝，再转运安徽、河南、江西、湖南、湖北等销售口岸。

清康熙二十六年（1687年），总河靳辅开中河自宿迁张庄运口起，至清河西仲庄运口入黄河。又自中运河尾开河，平行黄河经安东县城北，迄平旺河，两岸筑堤，河口建双金门大闸，分泄黄河涨水，兼利盐运，取名下中河，后来称盐河或运盐河。康熙四十二年（1703年），改挑清河县中河尾，移仲庄运口于杨庄，随之移盐河口门于杨庄以北的花家庄，建盐闸一座，后又改筑草坝。清乾隆五十三年（1788年），因盐河屡受黄水淤沙壅塞，捞挖稽时，耽搁运额，经两淮盐政全德奏准，在盐河之北，挑浚张家河接入六塘河，另成新盐河一道，与老盐河交替行盐。至清道光六年（1826年），新盐河淤湮废弃，老盐河仍为淮北盐运的惟一干道。

民国时期，也多次修筑盐河。民国11年（1922年）冬，江苏运河督办局因双金闸损坏严重，乃于原闸址东200米处兴工重建双金闸一座，至次年7月竣工。民国20年（1931年）还在盐河下游修建了船闸。

今盐河起于淮安市淮阴水利枢纽，东北行，贯通六塘河、灌河、新沂河、五图河、车轴河、古泊、善后河达于连云港市新浦，汇于临洪河，长175千米。盐航道现为三级航道，成为苏北的"水上高速通道"，可以常年通行标准化、大型船舶，实现京杭大运河、淮河等内河航道和连云港港疏港航道无缝对接，千吨级船舶可从苏北乃至安徽、河南直达连云港出海（彩图五）。

另外，今淮安市清浦区也有一段古盐河河道，其河道北通二河，南至淮安区运东村（水上立交）附近，在武墩镇王桥十四组村北盐河边测点，地理坐标为北纬33°32′25.1″，东经118°57′33.5″。从武墩镇三闸十一组到王桥村十四组约1千米多的河道，被农业学大寨时填河造田，现已看不到河道。其他地方依然可见河道，当地老乡讲，河道原宽七八十米到100米，深约7米，现河面只有10多米宽。这段盐河的历史沿革尚有待考证。

小里河（明代旧运河）

小里河由北至南，途经塘河村、二闸村、泰山村，在里运河以西，关帝庙、惠济祠、甘罗城以东。于甘罗城西100米处，旧运河南端测点，地理坐标为北纬33°32′13.69″，东经118°56′17.88″。

该河道北起中河口，南至惠济闸，长5千米多。基本痕迹已湮没在田野里，原河道及堤现在均为农田，仅在甘罗城西侧一段有明显的河床标志，即两侧原堤段有抬高特征，原河谷为明显的洼地。最早为陈瑄所开清江浦运河的一段，明代随着南部运口的南移而向南沿伸。乾隆时期，在此河东部另开河道并建二闸和三闸。至道光时期，该河逐渐废弃。当地老乡通过他们前辈的传说，尚能指出小里河所经之地。后经考古发掘，与中国文化遗产研究院调查中所画示意图略有差别，更偏西一些。

张福河

张福河位于淮安市淮阴区赵集镇十堡村至王营镇杨庄村之间，在淮阴区与洪泽县交界处测点，地理坐标为北纬33°22′49.1″，东经118°53′12.2″，于码头镇圈堰碎石坦坡处测点，地理坐标为北纬33°31′28.30″，东经118°55′58.23″。清康熙四十二年（1703年），河道总督张鹏翮上书奏请开张福河以泄淮、黄之水。此河原为洪泽湖口诸出水道之一，后其他水道渐淤，独此河水盛，乾隆时期于东岸运口修建新大墩，以调节水流。码头镇段河道两侧的堤岸保存较好，西堤高出水面约5米，为夯土结构，堤坡较陡。现张福河历经民国和新中国成立后疏浚，从杨庄闸至洪泽湖全长28千米，河道宽约100、水深2.5~3米，仍发挥着航运、灌溉和泄洪的功能（彩图六）。

七里闸河

清康熙十八年（1679年），靳辅自文华寺淤高之永济河头起，挑河7里，至七里闸，以七里闸为运口，所挑之河即为七里闸河。该河与自新庄闸西南至太平坝所挑之河并行，互为越河，俱达烂泥浅，分水十之二佐运，十之八射黄刷沙。这样，黄、淮两河尽复故道，运艘及商民船只往来通行安全无险。康熙曾评价道："清口流入运河之水，一由太平闸，一由七里闸，两道分行，水势平缓，甚便漕挽。又使运口去黄稍远，亦无倒灌之虞。此修建之处甚善。"

根据武同举《淮系年表》与现代遥感图像观测，初步判断七里闸河现位于二河东岸，河形可辨。测点一地理坐标为北纬33°32′59.49″，东经118°57′12.47″；测点二地理坐标为北纬33°32′22.06″，东经118°57′39.35″。

塘河

塘河位于旧黄河南岸，是用堤坝围起的一段河道，围堵之后，其状如塘，故名。塘河段北起草闸和御黄坝，南至临清堰，长"五百八十八丈"。该段河道极其特殊，是特殊条件下应对特殊问题而产生，为应对淮水势不敌黄、黄水倒灌运河的问题设计的塘河。

清道光六年（1826年），创灌塘济运法，先在顺清河口以南，从洪泽湖流出的淮河上筑临清堰，又于临清堰南作揽清堰，另建草闸于清口外钳口坝，又于钳口坝外筑临黄堰，并疏浚临清堰和草闸之间的河道，名为塘河。运船通过时，用水车车水入塘，或开临黄堰闸，引黄水入塘，使塘河水位高于黄河，以冲船渡黄。黄河北徙后，淮扬运可直通中运河，清口再无渡黄问题，塘河遂废。

塘河现存1.4千米，南接二河东堤，北接淮阴闸，测点地理坐标为北纬33°33′41.11″，东经118°56′41.64″。塘河中部偏南处有徐淮盐高速公路横跨其上，现塘河明显可分为南北两部分。

南部水体还存在，水面约65000平方米，最宽处约250米。其河道低洼，两岸堤身还在，高出水面2米，称塘河堆。堤上现为村庄，水中长有芦苇，水面正在逐渐萎缩，变成一个坑塘。北侧堤坡种植有杨树林。塘河南岸接二河堤，堤顶宽26米，上有6米宽的水泥路，临二河堤坡部分被开垦为耕地。塘河北段已经干涸，原河道部分被开垦为耕地，两侧坝体依然存在，堤上现为村民住宅，堤与河道部分高差约3米。塘河地段的大多数河床区域为黄色细沙，泥土较少，明显不同于黄河、淮河和运河的河床淤积。部分地方有水，大多数区域已经干枯。

在塘河的两侧发现有夯土堤和多处夯台，夯层清晰。从土质分析有明显的两种夯土层：第一种厚约40厘米，夹杂有大量红褐色泥块；第二种为灰褐色，土质细腻而密实，较为纯净。这两种夯土均比较坚硬，为塘河段典型的夯土。

顺清河

顺清河，指临清堰以北，御黄坝以南不入塘河而直接北入黄河的一段河流，该段河道处于塘河之西，长约0.6千米。

清嘉庆十五年（1810年），在清口御黄坝以南黄河和清口以上河道之间滩地上开顺清河，既可由此引清刷黄，又可与清口两路回空。至道光年间，该段河流成为"灌塘济运"系统的重要组成部分。清咸丰五年（1855年），黄河北徙后，南北漕船从中运河穿旧黄河，由顺清河至码头镇会淮入运河，清口、塘河遂归淤废。

光绪年间又疏通此段河流，至民国很长一段时间，顺清河成为洪泽湖的出水口。洪泽湖水在涨高时，沿张福河（太平河）和顺清河入原黄河河道，再与中运河合流北上。在20世纪20年代的地形图上标有"顺清河"的河段，应包括顺清河以及部分黄河故道。

新中国成立后调查资料显示，运河河道自淮北穿废黄河后，仍走顺清河达里运河。可见清咸丰后顺清河为南北运道所经[1]，至1959年，因开挖二河，绝大部分被毁。在20世纪80年代的地形图上仍可见部分断头河道存在，图上标为"顺兴河"，应是"顺清河"之讹音。现今，靠近废黄河断流处有滩地，基本为农田和林地覆盖，仍可从微地貌中判断当年河道的位置，地理坐标为北纬33°33′38.67″，东经118°56′5.7″处，应为旧河道所经地。

头闸至运口间"U"形河道

该段运河河道从头闸南正河、越河相接处，至张福河运口，总长约1500米，该段河道上有四坝、三坝、二坝、头坝坝址，系古时建"钳口草坝"之地。一坝至四坝以及运口处的水工建筑物，均为重要的水工遗产点。

金沟河

金沟河开挖于唐朝，又名金钗涧河，位于淮安市金湖县金南镇金沟居委会东侧，测点地理坐标（六丘洞北侧150米）为北纬32°58′13.1″，东经119°6′11.4″。北起于三河（黎城镇东7.5千米），经金沟古镇向南拐弯后向东入高邮湖，长约12千米，河面宽约50米，河底深约5米。

金沟河初期由洪水冲刷自然形成，唐太极元年（712年），唐皇派魏静青开挖成河，引淮水至黄土岗，以通扬州。黄土岗在今三河闸处，切开黄土岗后，即疏浚岗下衡阳河（新三河），并疏通开挖境

---

［1］中国文化遗产研究院、东南大学联合编制：《大运河遗产保护规划编制第一阶段要求》，国家文物局资料，2008年。

内的金沟河，下通平阿湖、樊良湖，以达邗沟。宋朝又曾两度疏浚这一河道，明朝曾是扬州到安徽凤阳的漕运交通要道。终因黄土岗地势较高、水量不足，而失去漕运价值。

金沟河历来也是兵家必争之地，清咸丰九年（1859年）四月，太平军与清军高邮湖西之战、1945年新四军抗击日寇以及1947年金沟河东保卫战均发生于金沟河畔。金沟河畔"六丘坟"便是6万太平军将士壮烈的归属地。1969年，淮河入江水道建成，金沟河成为淮河入江水道的一部分。

草泽河

草泽河跨淮安市洪泽、金湖两县，金湖境内从吕良镇丰乐村、孙集北侧至陈桥镇新农集北侧，测点地理坐标（洪泽县大治桥上）为北纬33°11′28.4″，东经119°0′9.3″。开挖于唐长庆年间（821～824年），称竹子泾，当时主要是引淮河水进行农田灌溉。到了明朝，朱元璋为了在他的出生地凤阳东部建中都、皇陵，在泗洲建祖陵，需要把江南的漕米与布帛运去，于是组织大批民工，开河挖港、理通水路，其中一段就在草泽河。由于草泽河本来就窄，历代淤塞，此时只有河床，根本无法行船，便以此为河道重新开挖。

据民国《宝应县志》记载，草泽河开凿于明洪武年间，用于运送江南漕米至皇城凤阳。清康熙三十九年（1700年），大举修筑草泽河堤，并在河道中建起龙王闸一座，南北堤岸各置大涵洞10多道，干旱时可引水灌田，直至清道光三年（1823年），是宝应到孙集、仁和、万集、双沟等地的重要水路交通。草泽河长约30千米，河面宽约60米，是金湖境内三大漕运河道之一。

涂家沟

涂家沟于明永乐年间开凿，位于淮安市金湖县涂沟镇东侧，测点地理坐标（涂沟河金宝南线桥上）为北纬33°3′25.6″，东经119°13′32.1″。北通宝应湖，南连高邮湖，南北长约10千米。民国《宝应县志》明确记载："涂家沟，又名考沟，为明永乐时，派差督开，为运入安徽凤阳之捷径"。漕运水道因经过涂家大庄，便命名为涂家沟。虽说是运送皇粮的古河道，但数百年来，其汛期渲泄洪水，旱时引来甘霖。1969年，淮河入江水道建成后，涂家沟便成了当地乡镇水利河道。

避沉沟

避沉沟开凿于明初，为漕运河道，沟通历史上的洒火湖（现泗湾湖）与白马湖。位于淮安市金湖县吕良镇赤水村至陈庄村排涝站，测点地理坐标（陈庄排涝站东侧3米圩堤上）为北纬33°9′43.7″，东经119°6′38.1″。全长约7千米，河面宽约12米。为了使船只避开高邮湖、宝应湖、白马湖以及洪泽湖地段的沉船风险，明王朝特组织大批民工开凿了此河，并缩短了江南至凤阳的100千米水路，故名避沉沟。

（二）自然河道

淮河

淮安地处古淮水岸边，古淮河本是一条河槽宽深、出路畅通、独流入海的河流，由安徽五河县入境，经盱眙县城西，东北流至龟山，斜穿洪泽凹陷区，达淮阴故城码头镇西，又东北流经清江浦与王营镇之间，转而东南流，经淮安府城北东北流，经涟水（古安东）城南，又东北流，在云梯关入海，海潮一直可以上溯到盱眙县。近100千米的下游主干河道为淮河入海河道，宽有几百米，有的地段约千米，水流湍急。

古代淮河有四通八达的水上交通网，至春秋晚期以前，淮河流域与长江流域的水上交通却是隔绝的。吴王开凿邗沟之前，我国东南地区和中原诸州无自然的水道直接相通，南船北上，系由长江入黄海，由云梯关溯淮河而上，至淮阴故城，向北可由泗水而达齐鲁。这既绕了路，又要冒入海航行的风险。公元前486年，夫差开邗沟，于淮安末口入淮，邗沟沟通了长江和淮河，末口扼邗沟入淮之口，为江、淮、河、济四大水系的枢纽，不但是交通运输的要冲，且江淮地区发生战争必争淮安。

南宋建炎二年（1128年），东京（今河南开封）守将杜充人为掘开黄河大堤抵御金兵，使黄河改道由泗水入淮河、济水，分流入海。金明昌五年（1194年），黄河主流夺淮，古淮河为水患所困扰。明清时期，黄、淮、运在淮安清口交汇，此地成为治河的关键。明弘治七年（1494年），黄河洪水改由泗水入淮，路线基本固定在今天的黄河故道线上。15世纪，淮、黄交汇，淮不入黄。明隆庆四年（1570年），清口（今淮安市淮阴区杨庄附近）淤塞，明万历四年（1576年）曾进行裁弯工程，明万历十七年（1589年），引河决口，黄河夺故道入海，老河槽逐渐淤塞，故曰废黄河。新河去淮安府城甚远，末口、"五坝"就此不漕。

对有关古淮河下游主干水道山阳湾流向，有一种具体说法认为是长30多千米的大"U"形湾，古淮河从码头镇清口，流到王营镇的营东村附近，从承德路西古淮河南岸丁庄，折转向东南，沿安涉桥西、石码头西，从大闸口东转向东南方向，沿草湾从钵池山西，向东南方向流去，在淮城北古末口向东，形成山阳湾，再从山阳湾向东5千米多，向东北方向季桥、南马厂北的冯庄、青龙庵一带折弯向东北方向，流向涟水县南门一带的淮浦湾。

黄河

废黄河即黄河故道，西起河南兰考东坝头，流经豫、鲁、皖、苏四省九市，蜿蜒800余千米，在淮安清口以下与淮河合流，东至滨海县套子口入海。淮安境内废黄河以二河为界分为上下两段，上段起于淮泗交界，止于二河，河长15.5千米，为原泗水故道。下段原为淮河下游故道，起于杨庄闸，向东流经清河区、淮阴区、涟水县、楚州区、阜宁县、响水县、滨海县7县（区），由套子口入海，全长166千米，淮安市境内河长10.1千米。

新中国成立后，政府于1951年在杨庄闸旧址上重建闸坝，从当年的10月开工，到1952年6月完成，历时9个月，投资61.55万元。闸坝相济，既可控制淮沂、泗河泄入废黄河的水量，也可调节中运河的航运水位。闸坝的建成使废黄河由原来的排泄黄河洪水的主航道，逐渐恢复为分洪道，废黄河再没有发生过洪水决口事件，废黄河也由历史上的患河变为"利河"。废黄河由西向东绵延而来，将淮安市城区和淮阴区一分为二，两岸最宽处约1千米，最窄处约250米，于原王营废黄河大桥（今南北分界标志）北侧测点，地理坐标为北纬33°37′10.4″，东经119°0′46.5″（彩图七）。

（三）减河

护城河（永济新河）

护城河为分泄运河水量的一条古河道，今河口位于淮安市清浦区二河东岸石庄村，与二闸隔河相望。测点一地理坐标为北纬33°32′56.44″，东经118°57′20.76″；测点二地理坐标为北纬33°32′24.39″，东经118°59′53.97″；测点三地理坐标为北纬33°33′4.43″，东经119°0′39.12″。

护城河始开于明万历十年（1582年），建成于明天启三年（1623年），用以避清江浦之险，以便通漕。原护城河通过双孔涵洞与"U"形湾河道相接，护城河的西端现被后期开凿的二河所代替，并直接与二河相交。现护城河宽度均匀，大约为20米，往东延伸到淮安市清浦区，仍具有通航功能。距河口约650米的河道上方有宿淮盐高速公路高架桥横跨而过。护城河南北岸皆为大面积的农田，北岸和南岸贴近河道建有大量民房，多为单排。

清同治《重修山阳县志》卷三《水利》载："起山、清交界文华寺，袤八十余里，注入白马湖。康熙中开挑，分泄运河异涨。嗣缘民田数千顷，岁被淹没，经河督高斌改挑运口，于闸外筑堤堵闭，民以为便。乾隆九年（1744年），复建双孔涵洞，异涨方开。先是，清水入运，建有四闸，重重关锁，不致泛涨，兼有竹络等坝（运河西岸，与黄浦闸相对），足资宣泄。自有此洞，往往未遇异涨，亦行开放，漂没田禾。知县金秉祚详请遵原议，非异涨不开。批准敕遵。嘉庆十年（1805年），泰安、世美各乡士民以九年秋湖水漫溢，将太平堤[1]冲决，淹没民田，其西首鱼篮河（即永济河）、东首护城河堤，亦被冲决，急需修理，呈请官堤民修，按亩出夫，分段兴筑。计护城河堤自洪家围起，至南横堤止，长八百余丈。太平堤长一千五百余丈，鱼篮河堤长二千余丈，一律修筑。"该卷"永济河"条下又有："护城河，亦名永济新河，则由文华寺永济闸得名。"据此可知，护城河又名永济新河，与明万历年间所开永济河并非一条河。尽管它们的走向大体一致，源头部分还有重叠的河段，但在文华寺以东、今二河东岸就已经分道扬镳，护城河直接向东，永济河则向西南至武家墩，转而东流。今柴米河所存河段，大体是护城河的一部分。

（四）人工引河

清代为加强对清口的治理，尽量避免黄河对运河的干扰，在洪泽湖尾闾至运口间开挖了一系列引河，以集中利用淮水，增加对黄河的冲刷。因其地淤积严重，故不断挑挖。

引河七道：张鹏翮时期称引河七道，分别为张福口引河、天然引河、张家庄引河、裴家场引河、天赐引河、烂泥浅引河、三岔引河。

引河五道：道光年间有引河五道之称，分别为太平引河、张福口引河、天然引河、张家庄引河、裴家场引河。

烂泥浅引河

清康熙十七年（1678年）开，为清口诸引河中开挖最早的一条。康熙四十二年（1703年）加挑，经久淤闭。

裴家场引河

裴家场引河位于淮安市码头镇南，测点地理坐标为北纬33°31′40.84″，东经118°55′35.36″。现河形已经不存，仅从舆图上可以判断出大体位置。清康熙十七年（1678年）开，道光中长一千七百六十丈。

帅家庄引河

清康熙十七年（1678年）开，张鹏翮于清口开挖七引河后，该河便淤废。

张福口引河

张福口引河，测点地理坐标为北纬33°31′52.96″，东经118°55′34.47″，上口接洪泽湖中，尾闾位于码头镇张庄镇村五组。

清康熙三十九年（1700年）开，自张福口挑引河一道，身长一千五十丈，面宽十丈，深一丈余，或八九尺不等，引清水于黄河口相近处入运河，使之畅达，庶可敌黄。后屡淤屡挑。至道光二十九年（1849年），黄河异涨，存一千二百三十五丈。

---

[1] 参见民国《续纂山阳县志》卷三《水利》：太平堤，在南溪河崔堡镇东，嘉、道间业户王敦乐等请筑，以避南水。

清同治、光绪及民国时期乃至新中国成立后曾多次挑浚，张福口引河渐渐被称为"张福河"，为新开张福河河道所占据，成为新张福河的一部分，长度、深度等不断增加。时至今日，南起洪泽县西顺河镇南洪泽湖边，北迄张福河船闸下游的二河口，为洪泽湖与中运河间小型船只的航道和洪泽湖北侧滩地的区间蓄洪道之一。河道两岸堤防高出水平面4~6米，为夯土结构，堤上有村级道路，堤岸上遍植杨树。

三岔引河

三岔引河，测点地理坐标为北纬33°31′44.45″，东经118°55′39.36″，现已淤平。

太平引河

太平引河，测点一地理坐标为北纬33°31′50.9″，东经118°55′40.63″；测点二地理坐标为北纬33°31′19.02″，东经118°56′17.88″；测点三地理坐标为北纬33°31′10.05″，东经118°56′57.43″。

清康熙三十九年（1700年），河道总督张鹏翮在张福口和裴家场二引河中间的空地上新挖引河一道，会二引河之水，并导烂泥浅引河水汇入。清乾隆元年（1736年）加挑，乾隆中改名太平河，长一千六百四十丈，道光后期淤。

历史上从清水出引河与运口相会处向北至清黄交汇处的一段河道，《淮系年表》中称为太平河。该段古运河自码头南门古运口，即今敬老院北墙处，北至今码头桥止，全长约0.8千米。此河目前仅存河道，从地形的变化上可以分辨出原河道的位置，但是河道已完全干枯，随着新张福河的开凿和通航，原河道已完全废弃，目前已经被村民开垦为耕地。此段除河道外，还有盖坝，新大墩，束清一、二坝等几处运河遗产点。

另在张庄镇村五组测点，测点一为张福河运口处，地理坐标为北纬33°32′5.23″，东经118°55′42.23″；测点二为束清坝位置处，地理坐标为北纬33°31′48.63″，东经118°55′32.10″。

天然引河、天赐引河

清康熙四十年（1701年）开，为七引河之二。张鹏翮开张家庄引河后，裴家场、张福口、烂泥浅、三岔诸引河于河头处相连而出，遇淮水而酾为二河，当地人神之，呼为天然河、天赐河。其中，天赐引河面宽十余丈不等，上接裴家场引河，在帅家庄外。今天然引河南端尚存有部分河道之形。

新天然引河

新天然引河，测点一（河口）地理坐标为北纬33°31′38.14″，东经118°55′22.31″；测点二（河段）地理坐标为北纬33°31′21.00″，东经118°55′10.68″；测点三（河段）地理坐标为北纬33°31′3.93″，东经118°54′55.98″，位于码头镇南。

清道光二十七年（1847年），黄河大涨，吴城七堡缕堤泄黄河水入洪泽湖。道光二十九年（1849年），又于七堡迤上堤泄黄水入湖。清口诸引河只剩太平、张福二河。张福河之西冲成新天然河道一条，称新天然引河。

陶庄引河

陶庄引河自清康熙三十八年（1699年）初开，屡经挑浚，最后于清乾隆四十二年（1777年）借助木龙的威力终于挑河向北。陶庄引河的开挖，不仅可以冲刷黄河两岸及清口处的淤沙，使河道深通，而且避免黄水倒灌，从而使洪泽湖不致淤高，以减轻洪泽湖大堤的防洪压力。

小金河（小新河）

码头镇泰山村一组与七组之间有一条小河，南北向，长约百米，宽约3米，今沟深约1米，水深仅几厘米至几十厘米，长年长有水草，其两侧有平整耕地。当地有"小金河"之称，疑为济运的"小新河"之讹。

（五）城河、内河

淮安府城文渠

淮安府城文渠现位于淮安市淮安区淮城镇勺湖、楼东、鱼市、瞻岱、河下等社区内，测点地理坐标为北纬33°30′21.9″，东经119°8′12.2″。文渠原为淮安城内的通水沟渠，始建年代不详，最初名为"市河"，即城市里的河流。由于历史的沿革，"市河在治城中久湮"[1]。明景泰年间（1450～1456年），淮安知府丘陵、山阳知县刘谆引运河水"疏通行舟"[2]，淮郡人文蔚起，士气民风蒸蒸日上，故士宦民众称之为"文渠"。明嘉靖年间（1522～1566年）修整，引西水关及东南巽关之水，分南、北、西几支，蜿蜒曲折，贯穿老城、新城、夹城（联城），后出北水关入萧湖。为了扩充水源，使文渠的水流畅通，明嘉靖五年（1526年）"自故沙河（乌沙河）开渠三百丈，以达罗柳河水道"，"经河下各地，汇同城内文渠出夹城注入涧、市两河，以成首尾策应之势。"[3]故"盐邑漕粮"、"通泰诸州米盐、萑苇、商贾之舶"[4]均可由涧河经联城阜城门水关停泊于联城屯船坞。

清乾隆三十一年（1766年）秋冬间，"费白金五百余两"[5]重修疏理了文渠。光绪二十九年（1903年），对文渠进行了彻底的整修，挑浚文渠并修砌沟墙，运砌石料修建桂花闸，并于丽正书院前新开文渠八十二丈，名曰玉带河。此时的文渠共长二千五百零五丈，水深最浅处为三尺八九寸，最深处为五尺五六寸，水流畅通，舴艋（小船）来往便利。

旧时的文渠由大八字桥至北水关一段叫"城河"[6]，丽正书院前一段叫"玉带河"[7]，自清光绪三十四年（1908年），淮安三城的河渠通称为"文渠"[8]。文渠流经淮安三城共有水关九处，水关即水门，其作用是控制文渠的进水和出水，以防水患，便利舟楫通行，保持渠水清洁。

文渠宽1.3～3米，两岸砌以砖石驳岸，高2.3米，全长约11.5千米。文渠历史上有桥梁55处，渠中可行舟楫，在20世纪80年代前为城区居民生活用水主要水源。

清江浦文渠

清江浦文渠位于今淮安市清浦区，测点地理坐标为北纬33°35′24.2″，东经119°1′37.0″，又叫文渠河，也曾称文渠沟、文曲河、内城河，是当时清江浦城内唯一的排水河。明永乐十三年（1415年），平江伯陈瑄沿湮没的沙河故道重开了清江浦河，为便于排水，文渠应运而生，以后屡遭淤塞和拓展。清雍正十二年（1734年），为泄清江浦河南岸的积水，将自五孔桥涵洞出口至铜锣墩止，全长一千一百六十丈地段内间断形成的一个个汪塘连接贯通以利排水。清同治十二年（1873年），漕运总督文彬命清河知县万青选挑浚文渠，东至云昙坝起，西过文庙入泮池，然后屡折往西，经内城河，南出西水关，转而东经外城河至文笔峰出水洞，又经锡宁桥、来风桥入白马湖，全长约25千米。

新中国成立后，早在1952年初，苏北治淮指挥部就投资3.5万元，当时的清江市政府组织7个镇数

［1］（明天启六年）《淮安府志》。

［2］同注［1］。

［3］（清光绪二十九年）《重修淮郡文渠志》。

［4］（清顺治十四年）《龙光阁记》。

［5］《重开巽关河道碑记》。

［6］同注［3］。

［7］同注［3］。

［8］（清光绪三十四年）《淮安城市附近图》。

千人，疏浚河道4千米，并建成西涵洞和城西小闸，加快河水更新。1968年又改建西小闸为泵站，调节文渠水位。1978～1986年，经多次挑浚，文渠不少地段已经改变了原来的历史走向，自西小闸泵站引里运河水，经西水关入城，经东水关出城，曲折而东，由高家巷泵站返回里运河，这样，两头都与里运河衔接（彩图八）。

第二节　古堤坝调查

堤坝密集是淮安清口地区的显著特点。"筑堤束水，以水攻沙"是潘季驯解决黄河泥沙问题的主要思想，据此，他在徐州至淮安之间的黄河两岸设计修建了一套由遥堤、缕堤、格堤、越堤等组成的堤防体系。

堤的功能可总结如下："凡堤之名五，有缕，有遥，有越，有格，有戗。临河曰缕。远河曰遥。薄而为重门，曰越，越分内外，因时制宜也。河有变迁，于遥越中预筑以捍，曰格。溜荡堤基，于后挊附，可卷埽可防渗，总谓之戗。"[1] 就筑堤材料而言，则有土、碎石、砖石、埽、草、三合土、柴土、竹络等。

潘季驯筑起系统堤防，黄河被固定于今废黄河一线，主流在清口一带与淮河、运河相交。由于黄河泥沙不断侵扰淮河和运河，从而使三者交汇的清口一带的形势日渐复杂。而为束水冲沙，减少黄河及其泥沙对运河和淮河的侵扰，黄河的堤防又在朝廷的指挥下每年重金加固培修，形成了规模庞大复杂的堤防体系，即使在黄河北徙200多年后的今天，其堤防框架体系仍然可以大致认识。

除黄河堤坝外，淮安境内的淮河及洪泽湖、运河、盐河沿岸也修筑了大量的堤防设施，除在历史上湮没毁坏外，至今尚存部分。另外，还有堰、转水墩、埽工等诸多水工设施，亦属于堤防体系。

（一）黄河堤坝

堡工村废黄河大堤

堡工村废黄河大堤位于淮安市淮阴区吴城镇堡工村，南约50米为龙窝塘，测点（大堤顶中部，东约5米为农业生态园开发地段）地理坐标为北纬33°32′21.2″，东经118°47′28.1″。废黄河大堤为阻挡古黄河及洪泽湖水泛滥而堆筑，大堤底宽约25、顶宽约8米。往西约800米有护堤土堆一座，土堆宽约200、高约4米。因黄河在此急转弯，考虑到水势太猛，故在黄河大堤外加筑一个大护堆以保护大堤安全（彩图九）。

黄河北岸格堤

黄河北岸格堤北起淮安市淮阴区码头镇张庄村，南至大仲工，测点地理坐标为北纬33°33′16.82″，东经118°52′55.07″。清咸丰《清河县志》卷六《川渎》："在豆瓣集，长四十七丈，嘉庆十六年（1811年）筑。"格堤现为高出地表的土梁，残高约1米，与原黄河故道呈垂直关系，土梁呈带状分布。河道已经干涸，并被开垦为农田，格堤上现种植有杨树。

---

[1]（清）丁恺曾：《堤工篇》，《皇朝经世文编》卷一〇一，艺坛书局刻，光绪十八年（1888年）。

黄河南岸束水缕堤

黄河南岸束水缕堤为黄河南岸大堤，东起淮安市淮阴区码头镇七堡村，西至四堡村，测点地理坐标为北纬33°31′59.33″，东经118°53′38.18″。咸丰《清河县志》卷六《川渎》："上自桃南龙窝汛、高家湾交界起，越清口，下至海防上河汛界三岔堤止，缕堤长一万五千二百三十五丈。"现清口处黄河仅余故道，据文献描述以及当地村民的指引，确定该处为黄河南岸束水缕堤。堤一般高出今地面2米多，顶宽约5米，上面种植有杨树林，堤有损毁，形势依然可辨。现状遗存的黄河缕堤呈段状分布，由于黄河在此处已改道多年，原河道均已开垦为耕地或者成为树林，仅从地形的变化上可以辨别出缕堤的位置和形态，多为地面凸起的带状高台。

黄河北岸缕堤

黄河北岸缕堤东起淮安市淮阴区码头镇陶闸村，西至新庄村。测点一地理坐标为北纬33°32′37.46″，东经118°54′16.55″；测点二地理坐标为北纬33°34′4.78″，东经118°55′54.15″；测点三地理坐标为北纬33°33′10.48″，东经118°52′34.30″。咸丰《清河县志》卷六《川渎》："上自桃北黄汛、骆家营交界起，下至山安、安东汛界四浦沟止，缕堤长八千六百四十二丈。"

现存黄河北岸缕堤呈间断分布，由于黄河废弃已久，仅存部分堤岸横亘于田野中，从地形的规则起伏可以判断出其位置。堤顶高出周围地面约2米，顶宽约3米。堤上种植有杨树。

七堡堤工

七堡堤工位于淮安市淮阴区码头镇御坝村至太平村之间，东接御坝，向西延伸至七堡闸，北临废黄河，南有黄河南岸缕堤。在瑶河闸东侧与堤接合部的中间测点，地理坐标为北纬33°32′1.4″，东经118°47′28.1″。现长约2.3千米，底宽60～80、顶宽15～50、高2.5～3米。坝上为一条水泥路，两边是房屋、树木与农田等。据当地群众讲述，堤坝原来的宽度能达到160～200（底宽）、高6～7米。20世纪六七十年代，由于开垦新的土地、建设房屋及烧砖取土等活动，逐渐将堤坝削低、变窄。

七堡堤工的土筑堤坝当为清康熙年间建，迎水坡还有碎石工与埽工。咸丰《清河县志》卷六《川渎》记载："吴城七堡埽工，嘉庆十一年（1806年）后历年接建，有碎石土坝八道，道光二十三年（1843年）建。今按：吴城七堡九遇洪湖异涨，均经开放，当即堵闭。其上游兵六堡迤下，于道光二十九年（1849年）六月黄水盛涨拆开口门，以泄黄入湖。其年堵合埽工，见在修守。又，兵三堡迤上，乾隆四十四年（1778年），河南仪考满溢湖水异涨曾经启放。"据此，碎石护坡的砌筑年代是从清嘉庆十一年之后开始，历经道光年间一直在进行。

仲庄堤工

仲庄堤工位于淮安市淮阴区码头镇仲弓村一组，北为大运河，测点地理坐标为北纬33°33′8.4″，东经118°52′39.0″。康熙、乾隆年间为了抵御黄河的泛滥而修建该堤坝，堤坝全长约7千米，最宽处约200米。在当时发挥了重要的作用，现在已经失去其防洪功能了（彩图一○）。

拦黄坝

咸丰《清河县志》卷六《川渎》记载："拦黄坝，乾隆四十一年（1776年）开陶庄新河，而堵截旧河，以为清黄届坝，即此。"《续纂淮关统志》卷四《乡镇》："新筑拦黄坝。黄水夺淮灌入里河运口，不但有妨漕艘，并惠济祠前险工当冲，关系淮城非浅。乾隆四十一年，督臣高晋、河臣萨载钦承圣谕，于陶庄开挑引河一道，旧河口则筑坝拦截黄水，工程巩固，运口亦无倒灌之虞，漕艘、居民永沾利赖矣。"

拦黄坝在今码头镇张庄镇村一组，张福河西岸，基本为现今的张福河西堤。

康熙御坝

康熙御坝位于淮安市码头镇御坝村一组，为区别于乾隆时期在运口头坝之北建筑的御坝，特称为"康熙御坝"。同样，运口御坝特称为"乾隆御坝"，尚未发现遗迹。康熙御坝南端地理坐标为北纬33°32′18.94″，东经118°54′42.63″；北端地理坐标为北纬33°32′26.20″，东经118°54′48.83″。"康熙三十八年（1699年），圣祖仁皇帝南巡，驻跸于此，相度河势，亲定方所，命筑坝挑黄水北入陶庄引河，不致逼向运口有冲决之患，今称御坝。"[1] 将清口西黄河弯曲处浚直，并将黄河南岸近淮处河堤向东延伸二三里，自此"淮水从清口畅流敌黄，绝无黄水倒灌之患"，河工遂初步告成。

康熙御坝呈北偏东走向，现长60~70米，坝顶高于黄河故道3米，呈一长条状平台。其西、北侧为黄河故道，上有稀疏的杨树林；南侧为乡间水泥路；东接顺水堤；东南角有两座烈士墓。结合洛阳铲钻探和手铲剖析，可知其为夯土建筑，从断面看均为红褐色淤泥筑起的夯土堤，土质结构密实而坚硬，夯层清晰，有大块的红褐色淤泥块夹在其中。其夯土的密实程度大大高于周边的堤坝，大约与其为康熙帝特别授意建筑密不可分。而两座烈士墓前的夯土最为结实，当地老百姓相传其上原有"皇亭"。结合舆图考证，乃定立御桩的"御桩亭"所在。

康熙御坝是康熙治河的重要历史见证，对研究黄河水患及清代河道变迁亦有重要的价值，2003年3月由淮安市政府公布为第二批市级文物保护单位。

顺水堤

顺水堤西接御坝，横穿码头镇御坝村二组东段，东接三组南段，基本呈东—西走向。测点一地理坐标为北纬33°32′22.07″，东经118°55′45.67″；测点二地理坐标为北纬33°32′25.32″，东经118°54′44.83″。其上分布着密集的民居，北侧为开垦原黄河滩地而成的平整耕地，南侧为乡间水泥路。从道路旁挖埋电线杆的坑来看，顺水堤为淤积性夯土建筑。

顺黄坝

顺黄坝北起淮安市码头镇陶闸村，南至御坝村。测点一地理坐标为北纬33°33′28.44″，东经118°56′9.44″；测点二（2009年1月考古试掘点）地理坐标为北纬33°32′52.84″，东经118°55′38.06″；测点三地理坐标为北纬33°32′25.81″，东经118°54′44.78″；测点四地理坐标为北纬33°32′0.64″，东经118°53′38.37″。

咸丰《清河县志》卷六《川渎》："在拦黄届坝外，总河萨载建。又拦堰一道，自拦黄坝南坝头起，斜抵御坝顺水堤止。又撑堤一道，自拦黄坝后起，至顺黄堤尾止。又束水堤一道，在新河南积土之北，自拦黄坝北尾起，至河尾止。又拦黄、顺黄二坝中间空塘，乾隆四十五年（1780年）以后填与堤平。又斜堤一道，自拦黄坝北首起，至新西坝迤上束水堤止。今按：以上诸堰坝皆《续行水金鉴》所载，旧制惟顺黄坝埽工，见在修守，其空塘填平，上建大王庙。"

顺黄坝基本位于今码头镇御坝村五、六组，北侧为黄河故道，南侧为耕地。现保存基本完好，御坝村五组段有民居覆盖，六组段基本完好，个别地段甚至大致保持清代的原始堤形。在堤上长有杨树林，间或有数处乱坟。

天妃坝

天妃坝为里运河入黄淮交汇处抵御激流冲击的保护性堤防设施，历代文献多有记载。乾隆《淮安府志》记载："天妃坝，黄河东岸，自惠济祠起，南接甘罗城，乃黄、淮汇流要害之处。砖石堤工共长四百八十二丈。"乾隆《淮安府志》卷六《河防·各厅工程》："天妃坝石工，万历七年（1579

---

[1]（清）和珅等纂修：《大清一统志》卷六五，鸿宝斋，光绪二十八年（1902年）。

年）建设，十五年加钉排桩，内外用石包砌。康熙二十九年（1690年）修砌石工，三十一年添设鸡嘴坝一座。"咸丰《清河县志》记载："天妃坝石工，万历七年建，康熙三十年重建，乾隆十九年石上加砖，嘉庆十四年加高堤工，通行包筑，石工遂埋于堤内，不可复识矣。"据武同举《淮系年表·两轩存稿》："康熙二十九年重建天妃坝石工……越十岁，向北接建至惠济祠，向南接建至卞家汪，共长三里许。"

经过调查勘探与走访当地群众，现在的天妃坝大体呈南—北走向，所覆盖范围的长约1.6千米，与文献基本吻合。20世纪60年代，当地村民在挖中草药时偶然发现石工，之后开始大规模挖掘砖石，后来在政府的制止下停止，这些被挖出的条石、灰砖及木桩基本被用来盖房屋。天妃坝目前保存完整段不足200米，其余地段在距现地表3～5米深处仍然断断续续残存。遗址所在地面上有错落的房屋、猪圈、菜园、电线杆、厕所以及茂盛的树木。

2008年末和2011年，淮安市博物馆对天妃坝石工进行了试掘和正式发掘，详见后文。

汰黄堤

汰黄堤南起淮安市码头镇二闸村，北至西湖村。测点一地理坐标为北纬33°34′13.97″，东经118°57′11.72″；测点二地理坐标为北纬33°33′25.46″，东经118°56′44.47″。咸丰《清河县志》卷六《川渎》："一名太荒堤，一名太行堤。旧明季民筑。康熙三十八年（1699年）重修。自车路口，至上河汛大荄陵止。今上河汛尚存此名。而清江浦亦有汰黄堤之目，盖民俗相沿。"

现土堤尚存，为高出周边地形的土台，沿堤分布有民居。

分黄南、北堤

分黄南、北堤位于淮安市淮阴区渔沟镇彭堆村（原六里村），分黄南堤测点地理坐标为北纬33°39′50.5″，东经118°53′2.3″；分黄北堤测点地理坐标为北纬33°39′51.8″，东经118°53′1.7″。万历二十三年（1595年），总河尚书杨一魁开分黄支流并筑堤，起自泗阳皇家嘴，东经渔沟浪石南至六里村。现存东西向两道堤，用黄土夯筑，长约3千米，底宽15～20、顶宽约10、高3米。两堤相距220米，现已经基本失去其分黄泄洪的功能，成为一处自然景观。

王营减水坝遗址

王营减水坝俗称西坝，为清代黄河北岸的减水坝，位于淮安市淮阴区王营镇星光村，测点地理坐标为北纬33°37′31.7″，东经119°0′30.3″。

《清史稿》卷一二六《河渠一·黄河》记载："明年（康熙十七年，1678年），（靳辅）创建王家营、张家庄减水坝二。"康熙四十五年（1706年），康熙帝命移建王家营减水坝。乾隆《清河县志》记载，减水坝在蒋家场、王家营之间，清代靳辅所建。

《清史稿》卷三八三《严烺》："由王营减坝至灌河口，可导黄入海"。武同举在《江苏江北水道说》中言："河既自决而又以人工分之，分而北，则以王营减坝为最大；分而南，则以毛城天然峰山为最著"。

昔日堤坝呈东西走向，长约1.5千米，底宽约300、顶宽约260、高3～5米。2003年3月由淮安市政府公布为第二批市级文物保护单位（彩图一一）。

汤城工遗址

该遗址位于淮安市经济开发区广州路街道办事处小堆村九组，测点地理坐标为北纬33°37′21.3″，东经119°8′19.1″。处于原废黄河的险工地段，有月牙形的两道堤坝，紧邻废黄河的当地人叫老堆，南侧弧形的第二道堆叫小堆。建筑弧形的第二道土堆是为防止一旦临黄河的第一道堆决堤后，仍然可以阻挡洪水。据当地老人讲，小堆原有20米宽，3米高，1千米长，东西与老堆相连。当地有"倒了汤城工，淮安影无踪"的说法，足见这段黄河堤坝的重要性（彩图一二）。

月牙堆遗址

月牙堆遗址位于淮安市经济开发区南马厂乡范庄村，濒临废黄河，为原黄河的防洪堤坝。于第三道堆上测点地理坐标为北纬33°37′25.0″，东经119°8′17.3″。紧靠黄河的大堆是洪水的第一道防线，在局部有第二道堆，但断断续续不连贯，第三道堆与第一道堆连接，呈月牙形。第三道堆共计2.5千米长，底宽20～30米，原存2米多高，局部呈"丁"字形堆。

（二）淮河及洪泽湖堤坝

洪泽湖大堤（高家堰）

洪泽湖大堤位于淮安市淮阴区码头镇仲工村至洪泽县蒋坝镇三河闸之间，全长67千米。于淮阴区大堤北起点处测点地理坐标为北纬33°26′28.4″，东经118°55′21.8″；洪泽石工尾处测点地理坐标为北纬33°14′26.9″，东经118°49′12.8″。全部用石料人工砌成，也有称捍淮堰、高家堰、高家长堰、高加堰的，是仅次于都江堰的国内第二大古堰，是2000多年的世界上最早的人工堤坝，也是世界上最古老、规模最大的有坝引水工程。高家堰有时也特指今淮阴区赵集镇高堰村附近的一段淮河堤防。

东汉建安五年（200年），广陵太守陈登为防洪水入侵农田村舍，主持建筑一段30里长的土堤，为高家堰的雏形。唐大历三年（768年）筑唐堰，仍为土堤。明永乐十三年（1415年），河漕督运陈瑄在武墩至周桥之间兴工修堤，将上述两堰填平补齐。

明隆庆以前，高家堰曾兼作交通大道，隆庆六年（1572年）重修。明万历六年（1578年），潘季驯为综合解决黄河、淮河、运河交会的问题，创修洪泽湖水库。以高家堰为主坝，长10878丈，其中3400丈建有排桩防浪工，高约4米，次年七月竣工。自万历八年（1580年）十月起，又包砌石工防浪墙，第一批石工墙长3110丈，高1丈，叠砌10层，厚2层。高家堰北端明万历中顺延至运河边，清康熙中改在今淮阴区码头镇，并从此固定下来。

由于洪泽湖水库的淤积和治理的需要，高家堰及其石工墙不断加高、延长，清代石工墙厚0.8～1.2米，用长100～150、宽50、厚40厘米的条石叠砌。迎水面的长方形条石叠砌为挡浪墙，有17～23层，高7～8米，长曾达60.1千米。石工防浪挡水墙以密桩作基础，临水面以10：1的坡度逐层砌筑，胶结材料为糯米石灰砂浆，墙顶及吃重部位的条石皆用蝴蝶形铸铁扣（亦有人称铁锔或铁钩）扣连加固，石工与坝身之间镶嵌砖柜和三合土心墙，大堤总宽50米左右。至清乾隆年间，洪泽湖大堤方建成，洪泽湖大堤的筑堤成库规划和直立条式防浪墙坝工程技术代表了当时世界的最高水平（彩图一三）。

从明万历八年（1580年）起，到清乾隆十六年（1751年）的171年内，洪泽湖大堤石工墙历经明清两代修砌，使用千斤重的条石及糯米石灰浆砌筑，共用条石6万多块，且规格统一，筑工精细，充分显示了我国古代水利建设的高超技艺。石堤全长百余里，雄伟壮观，蜿蜒曲折共108弯，犹如"水上长城"。

明代高家堰以南10多千米处，原地形较高而且平坦，离城市较远，潘季驯曾利用它作开敞式溢洪道，称为天然减水坝，沿用了100年。高家堰的人工泄洪设施，明代为减水闸，清代用减水坝，口宽约60丈，长约70丈，石工墙护边，密桩铺底，糯米汁三合土作溢流面，并有进口段、溢流段、扩散段、消能段等布置；清康熙十七年（1678年）十一月到次年五月，靳辅在此处筑副坝，其溢洪作用改由人工减水坝代替，高家堰遂向南延伸至今洪泽县蒋坝镇。大堤沿线有许多座减水坝，如仁、义、礼、智、信五坝（其中信坝保存较为完好），另有林坝、新信坝、蒋家坝等。

新中国成立后1953年兴建三河闸。20世纪50年代以后，高家堰的大部分堤段已经改造和加固，北起淮阴区码头镇，南至盱眙县堆头村，全长67.25千米，破圩前可以拦水135亿立方米，破圩后最多可拦水176亿立方米，是苏中、苏北防御淮河洪水的第一屏障。

大堤沿线有众多的名胜古迹，如三国时大将邓艾饮马池遗址、高良涧青龙庵、九龙湾、周桥大塘、乾隆御碑、滚水坝、黄罡寺、镇水铁牛、三河闸等。2006年5月25日，洪泽湖大堤作为汉代至清代古建筑，由国务院公布为第六批全国重点文物保护单位。

吴城临湖段砖工堤

清口至吴城以西，黄河与洪泽湖仅隔一黄河南堤。清乾隆十一年（1746年）建吴城临湖砖工，从四堡至七堡长1000丈，十七年至十八年（1752～1753年），又接建砖工至十堡，长1200余丈。清嘉庆十年（1805年）春，修培桃源以下黄河堤工，加高吴城临湖砖工，接筑碎石坦坡。

临湖堤与碎石坦坡

临湖堤，东起码头镇公义庄，西至七堡村，测点一（堤东）地理坐标为北纬33°31′44.66″，东经118°54′57.65″；测点二（堤）地理坐标为北纬33°31′53.83″，东经118°54′17.87″；测点三（堤西）地理坐标为北纬33°32′0.59″，东经118°53′33.64″。现状为典型平原上高地隆起，堤的典型梯形剖面不明显，大量民居沿堤顶一线分布。

碎石坦坡，测点一地理坐标为北纬33°31′44.44″，东经118°54′56.70″；测点二地理坐标为北纬33°31′59.45″，东经118°53′33.90″。

咸丰《清河县志》卷六《川渎》记载："自运口头坝起，至济运坝止，长千四百七十八丈，乾隆八年（1743年）筑。又，二十四年（1759年），自济运坝东临湖撑堤起，至高堰交界止，接筑长七百七十丈，临湖一面建砖工。又，二十七年（1762年），自济运坝西起，至太平庄止，接筑砖工，长五百九十八丈。又，三十六年（1771年），自砖工尾起，向西接筑砖工，长九十三丈。"

嘉庆十三年（1808年）后，临湖堤上创碎石坦坡，增强洪泽湖大堤抗御风浪的能力。历史舆图上显示的碎石坦坡多从运口起，至高堰石工头止，基本位于今码头镇桃园村境内。

老龙头南堤

老龙头南堤位于淮安市淮阴区码头镇桃园村九组老龙头南，在今洪泽湖大堤北侧有东西向大堤，上为民居所占。疑为康熙时期的临湖堤。

卞家汪石工堤

卞家汪石工堤位于今淮安市淮阴区码头镇码头村张福河以东。这段石工从天妃坝至南盖坝，全长约1.5千米。卞家汪原是古泗水经甘罗城南50米东与淮水会合处，也就是小清口形成之前的第一次淮、泗交会处（今韩信故里门前50米）。元天历二年（1329年），为保护淮阴故城，将泗水入淮处的卞家汪砌石工墙10层，墙面条石垒砌，墙内3米长杉木桩戗抵。从此，泗水从城西向南又向东，与淮水会。

清雍正八年（1730年），加高甘罗城、卞家汪、天妃坝堤工。随着黄河河道不断淤高，水位也不断升高。嘉庆十年（1805年）春加高卞家汪至惠济祠砖工。嘉庆十四年（1809年）整治清口出水河道东岸的堤工，自卞家汪北，经天妃坝至惠济祠，"通行包筑，旧石工埋于土内不可复识"。

信坝（头坝）

信坝，本地村民俗称头坝，位于洪泽县三河镇五里牌村，县城南20千米的洪泽湖大堤东侧。于信坝南坝头中心处测点，地理坐标为北纬33°10′20.9″，东经118°46′17.5″。清乾隆十六年（1751年）建，后毁。清道光十二年（1832年）移建于智字坝北夏家桥，金门口宽60丈，两金刚墙各长30丈。坝底以湖水涨至一丈一尺平，由上迎水，底空高三尺六寸，接砌丁石三级。清代洪泽湖大堤上有仁、义、礼、智、信五座减水坝，又称上五坝，与高邮以南运河东堤上的归海五坝相别。归海五坝称呼为下五坝，与上五坝上下相承，二者结构尺寸大致相同。如今，洪泽湖大堤上五坝中康熙礼坝、乾隆智坝、道光信坝保存较好，而下五坝不知所踪。

信坝现存南北两坝头，各长34、宽12.5、高4.5米，呈倒八字形，坝口宽150米，用长条石垒砌，两侧条石翼墙穿越堤身，保存相对完好。

（三）运河堤坝

淮安五坝

明洪武三年（1370年），淮安知府姚斌于新城东门外建用于粮货转运的"仁"字坝，永乐二年（1404年），平江伯陈瑄又建"义"、"礼"、"智"、"信"四坝，合"仁"字坝为淮安五坝。义坝与仁坝相连，礼坝在新城西北角，迤西为智坝、信坝。由于末口过淮即达山阳湾，水流湍急，时有沉溺之患，为避开这一险段，漕船由仁、义二坝登岸，商船由礼、智、信三坝登岸，车盘经上马牌坊、下马牌楼，过板闸淮关至清江浦达淮。

据《山阳县志》记载：仁字坝、义字坝，以上二坝，俱在新城东门外，自城南引湖水至坝口，外即淮河，遇清江口淤塞，运船经此，盘坝入淮。坝东为纤路，西即城基。礼字坝、智字坝、信字坝，以上三坝，俱在新城外西北，引湖水至坝，坝外即淮河。遇清江口淤塞，运船经此盘坝入淮。

今五坝皆废，经考，仁字坝在今新城东门外，下关西桥北首古濠河（城河）侧，濠河尚有遗迹可辨。义字坝在新城东北拐、海神庙南边北濠河侧。礼字坝在新城西北角淮涟公路西测，原址尚存老桥一座，据附近78岁老人姚春扬讲，他过去亲眼看见牌坊一座，上书"礼字坝"三字。信字坝在今板闸镇新闸村窑汪东60米，汪廷珍祠堂南边，古有"姚沟府"之称，现尚存府前旗杆圆石座两块，石座直径约90、厚30厘米，石座内有孔，直径40厘米。当地群众曾在此刨木桩，桩长4米许，地下有挡土木板、柴草等物。智字坝位置未见具体记载，当在礼、信二坝之间，尚待查证。

礼、智、信三坝原有窑沟与末口连通，据当地76岁老人黄鹤福讲，窑沟很早就淤塞了。据《南河志略》记载："故沙河通智、信二坝。"这段故沙河亦无遗迹可寻。

里运河砖工堤

里运河砖工堤位于淮安市淮安区堂子巷西首南角楼旧址附近里运河东堤上。2011年5月中旬，里运河防洪控制工程施工时发现，在施工区段发现的砖工堤长约400米，除局部损坏外，当时大部分保存完好，后因施工部分被拆除移建。

砖工堤属于明清时期的运河堤防设施，始建于明代天启年间（1621~1627年），清康熙三十八年（1699年）重建。位于里运河东侧迎水面，因后期淤积和河堤不断加土增高埋入地下，而不被人知。该段砖堤整体呈南—北走向，方向190°。顶面有一层厚约30厘米的条石，条石下为砖工，共12~13层，砖工高约1.8~1.9米，其下铺砌4层条石，条石共高约1.4米，再下为密集的基础木桩。砖石之间以石灰和糯米混合的胶浆黏合砌筑。砖工堤包砌单层砖，砖长50、宽18、厚11厘米，即仅在临水面0.5米的范围砌筑砖工墙体，背水面为土堤堆筑。砖工堤靠近堂子巷的位置，发现一座砖石砌筑的码头（彩图一四）。

古运河石堤

古运河石堤位于淮安市淮安区河下古镇里运河东岸，测点（文物保护标志牌北侧）地理坐标为北纬33°31′19.2″，东经119°7′46.3″。明永乐十三年（1415年），平江伯陈瑄开清江浦，导淮安城西管家湖水入淮。河下居管家湖嘴，处黄、运之间，扼漕运要冲，成为咽喉之地。由于这里地势低下，水流湍急，清乾隆十六年（1751年）在此修筑一条长约500米的石工堤，从北角楼到河下湖嘴。石堤高5米，均以条石堆砌，条石宽、厚均约40厘米，长80～120厘米。整体保存一般，部分地段石堤已毁坏，另有部分石堤上后加石头和混凝土垒砌（彩图一五）。

里运河石驳岸

石驳岸于民国26年（1937年）建造，后因抗日战争爆发而停工，位于淮安市清河区里运河北岸，东接清江大闸，西连红卫桥，全长约2.1千米，现有1.5千米仍然保存比较完好。驳岸的护坡用水泥和块石砌筑，石护坡高约2.6～3.2米，现在的水门桥西侧的一段发现有"江北运河工程局淮邳段工程事务所民国二十六年五月建"的题刻（彩图一六）。

济运坝

济运坝通过相时启闭为运河补充水量，其位置在今码头镇郑台村（原桃园村九组）与泰山村一组之间，地理坐标为北纬33°31′28.70″，东经118°56′43.04″，北边是圈堰遗址。现为一个条形高地，脊上有一条连通两村之间的小路，桃园九组东头有一个老鸹窝。

当地老百姓介绍，其下原有一座圆形高台，1960年代平毁。高台底宽约60、顶宽约20、高1米多，长约400米，南北两侧堤横断面圆缓。此处当为济运坝中心区域。桃园九组一部分即压在台基上，台基南距洪泽湖大堤约40米，北距老龙头中心约150米。据老百姓讲，有一条形石块，上书"济运坝"三个大字，收藏在某一村民家中，调查中并未见到。

济运坝，据清咸丰《清河县志》卷一《图说》"康熙四十一年前河口图"及卷六《川渎》："康熙四十一年（1702年），自武家墩北，筑临湖堤一道。堤上建石硪，名济运坝，相时启闭，引三岔河水，由文华寺入运河。寻闭。乾隆十五年（1750年），复奏开泄水。道光五年（1825年），再开济运。"

小里河坝

小里河坝位于淮安市淮阴区码头镇码头村小里河（明代运河）畔，东距明远路2号堤坝133米，明远路从遗址上穿过，测点（与明远路交汇处正中）地理坐标为北纬33°32′42.7″，东经118°56′11.7″。2008年，淮安市博物馆考古队在此进行了考古勘探，遗迹高出周边地势，顶部覆压于黄沙层下，距地表0.8～1.4米。在明远路范围内仅存北部，南部缺失，北部延伸出明远路。坝宽18米，在路基范围内长22～27米，遗迹填土均以黄褐色黏土构成，内含料礓石较多，且块较大，堤身深至3.5米尚未见底，遗迹的性质有待考证。

明远路1号堤坝

明远路1号堤坝位于淮安市淮阴区码头镇码头村，东距通济闸西堤约203米，明远路从遗址上穿过，测点地理坐标为北纬33°32′41.0″，东经118°56′23.8″。2008年，淮安市博物馆在此进行了考古勘探，遗迹呈南—北走向，方向约25°，南北两端伸出明远路外，遗迹东西10米，位于黄沙层下，距地表0.4～1.2米，东西截面中间高两边低，呈弧拱形，均为黄褐色颗粒状黏土堆积而成，至距地表4.8米不见底，遗迹的性质有待考证。

明远路2号堤坝

明远路2号堤坝位于淮安市淮阴区码头镇码头村，东距明远路1号堤坝22米，明远路从遗址上面穿过，测点地理坐标为北纬33°32′41.0″，东经118°56′25.0″。2008年，淮安市博物馆在此进行了考古勘探，遗迹呈南—北走向，方向约25°，南北两端伸出明远路外，顶部覆压于黄沙层下，其下发现石块，距地表0.9～2.7米，遗迹宽18米，由东向西渐深，呈坡形台阶状分布，遗迹的性质有待考证。

通济闸西堤

通济闸西堤位于淮安市淮阴区码头镇码头村东，测点地理坐标为北纬33°32′51.6″，东经118°56′40.0″。

2008年，因明远路工程建设，淮安市博物馆曾在此布方发掘。经解剖，西堤情况如下：西堤位于明远路东端，东临二河，呈南—北走向，东西50米，东西截面呈梯形，上窄下宽，西堤的堆筑方式比较简单，先堆筑中心，使堆坝略呈梯形，然后依次向梯形两边加土堆高加宽。结合地层解剖、出土陶瓷片以及市文史专家的研究成果，推断西堤的堆筑年代为清代初期。

佘家坝

佘家坝又名蛇家坝，当地居民称五坝，位于码头镇头闸南越河东南侧。测点地理坐标为北纬33°31′40.32″，东经118°56′42.42″，佘家坝是为调整河势，即挑东西方向河流往北走而建的挡水构筑物。清咸丰《清河县志》卷五："（按：原奏以为启放，后百龄奏以为溃决。当日宣泄不及，遂成两缺口至百数十丈，与决何异乎）（嘉庆）十三年六月，运河骤溢，开佘家坝，以泄暴涨。"

现北端部分被泰山村居民占据，原坝顶现为乡村马路。南端还保留，与四坝相接，坝体上现为杨树林，林间有不少坟堆。佘家坝东南侧有一片水塘，被称为佘家坝大洼，为历史上佘家坝溃堤之后洪水冲出的洼地。洼地长约630、宽约70~200、最宽处207米，面积约94600平方米，洼地保留良好，水质浑浊，现为村民租用，用以水产养殖。

四坝

四坝位于淮安市码头镇泰山村惠济闸正南700米处，为运河上用于临时拦水的一处建筑，测点地理坐标为北纬33°31′39.01″，东经118°56′23.44″。清乾隆二年（1737年），河工在里运河河口建三坝（包括头坝、二坝、三坝），以抵御黄水倒灌。乾隆十三年（1748年），因大水冲塌，在原址上重建，同时在距第三坝1千米处建了四坝。

四坝由两堤向河道延伸出的坝基与其中临时堵塞河道的草堰组成，两岸现存坝体，可以从半月形拱起的地形判断出来。坝基垂直于河道，为夯土结构，坝顶高出周围地面1.5米，坡度较缓，坝上现为农田。

三坝

三坝位于淮安市码头镇二坝村，测点地理坐标为北纬33°31′39.36″，东经118°56′1.9″。康熙以后，清口地区的泥沙累年淤高，开引河的方式无法向黄河引水，湖水受阻，水位过高有决堤的威胁，运河通行受阻。清乾隆二年（1737年），河工在里运河河口建三坝（包括头坝、二坝、三坝），以抵御黄水倒灌。三坝于此时建成，乾隆十三年（1748年）因大水冲塌，在原址上重建。

二坝

二坝位于淮安市码头镇二坝村，测点地理坐标为北纬33°31′46.46″，东经118°55′48.74″。坝根抵在外侧河堤上，高于河堤，并向河道内侧凸出，仍可辨别。乾隆二年（1737年），河工在里运河河口建三坝（包括头坝、二坝、三坝），以抵御黄水倒灌。二坝于此时建成，乾隆十三年（1748年）因大水冲塌，在原址上重建。

头坝

头坝据称在今码头镇敬老院北墙外水坑处，测点地理坐标为北纬33°31′58.66″，东经118°55′45.31″。新中国成立后，筑洪泽湖大堤时被作为取土区而面貌改变。头坝历史上随运口移动而多次移动，建于运口内"擎拖入运之水"。头坝建于清乾隆二年（1748年），是年高斌奏移（运口）于旧口之南75丈，两岸筑钳口草坝三道，谓之头坝、二坝、三坝。康熙以后，清口地区的泥沙累年淤高，开引河的方式无法向黄河引水，湖水受阻，水位过高有决堤的威胁，运河通行受阻。乾隆二年，河工在里运河河口建三坝（包括头坝、二坝、三坝），以抵御黄水倒灌。头坝由此建成，乾隆十三年因大水冲塌，在原址上重建。

束清坝

束清坝亦名清口东西坝，为重要的蓄清刷黄和抵御黄河的水工建筑物。束清坝建于淮河注入黄河的出口段两岸，用于约束清流，加强水势，系为达到束清刷黄目的而建的夹束流水工程。因当时淮清黄浊，故曰束清坝。束清坝通过人工调节建于东西两岸坝体中的口门宽度，进而调控洪泽湖的水位来冲刷黄沙。自清口东西坝修筑后，洪泽湖水主要至清口宣泄，不仅御黄刷沙更为有力，且下河地区的水灾大为减轻。

束清坝最早建于清康熙三十七年（1698年），风神庙前。自清乾隆四十一年（1776年）开陶庄新河后，将东西坝移下160丈，于平成台处建筑，至四十四年，又移下290丈，在惠济祠前建筑，以逼清抵黄，乾隆五十一年再次向北移建时改称"御黄坝"。

清嘉庆年间又在运口以南建兜水坝名为"束清坝"。嘉庆九年（1804年）和嘉庆二十二年（1817年）建两处束清坝。"嘉庆九年，重筑临清束水堤，移束清坝于运南口，移御黄坝于河唇。二十二年，又于束清坝北、御黄坝南，各添建二坝一座，以为重障。运口南束清东西坝共长一百五十丈，口门十二丈。嘉庆十七年更定束清坝之制"[1]。康熙三十七年束清坝位于风神庙南约200米，地理坐标为北纬33°32′18.872″，东经118°55′55.216″。乾隆四十一年束清坝位于张庄镇村五组，地理坐标为北纬33°32′35.575″，东经118°55′58.194″；乾隆四十四年束清坝位于惠济祠西南约200米。嘉庆时期的两处束清坝位于张庄镇村五组，由两组坝体组成。嘉庆九年束清坝地理坐标为北纬33°32′2.19″，东经118°55′31.31″，测点为张福河旧河道西岸、张庄镇村五组西侧坝址处；嘉庆二十二年束清坝地理坐标为北纬33°32′6.38″，东经118°55′33.55″。嘉庆、康熙、乾隆时的束清坝依次沿张福河自南向北分布。

在太平河道上，因多次移建束清坝、御黄坝，当存留有遗迹。今堤岸两侧多见向河内侧凸出体，地层解剖也可确认为夯土构筑物。但未进行系统地层分析工作，尚无法判断遗迹的时代和性质。今存嘉庆时期的两处束清坝大致呈东—西走向，与张福河故道河堤垂直，现存坝体长约60、宽约20米，坝上现被张庄镇村村民住宅占据，部分开垦为菜地。坝体高于周围地形2.5～4米，两坝之间相距约200米。

盖坝

盖坝位于淮安市码头镇张庄镇村五组，地理坐标为北纬33°32′4.87″，东经118°55′42.08″。系为调节洪泽湖水入运入黄比例与保护里运口而建的挑水建筑，南与新大墩相接，古人称之为盖坝。坝体呈西南—东北走向，盖坝现长20米（自河口至中心至新大墩边界），高约3.75米，坝顶宽6米，坝东坡长约5、西坡长约4米。坝体北接张福河西堤，与现张福河西堤融为一体；南接新大墩，与新大墩一起连成今张福河西堤。坝体东侧为张福河，北侧堤底接水，遗有两条石块，沿河堤方向顺长布置，东侧南端为河漫滩，滩上与坝体均植有杨树。西侧为原张福河故道，现已干涸，为张庄镇村五组村民住宅占据，河道内侧为耕地。现残存南端和北端，中间大部分于1972年张福河改道时被挖掉。

据文献记载，盖坝始建于清乾隆二十六年（1761年），南接新大墩，长五丈五尺。乾隆五十五年

---

[1]（清）吴棠修、鲁一同纂：（咸丰）《清河县志》卷六，咸丰四年（1854年）刻，同治元年（1862年）补刻，1919年再补刻，中国文化遗产研究院藏。

（1790年）接长十八丈八尺，清嘉庆九年（1804年）接筑六丈三尺，嘉庆十五年（1810年）补筑十五丈、接长三丈，嘉庆十六年又接长五丈，并加圆埽长十丈，嘉庆十七年又接长加宽，共二十三丈，嘉庆十八年又接长六丈四尺，嘉庆二十年接长四丈。至道光十四年，盖坝长三十三丈四尺[1]。

御黄坝

御黄坝位于塘河南端，地理坐标为北纬33°33′41.19″，东经118°56′33.11″。原为乾隆年间淮河入黄河处的束水坝，后改称御黄坝。又因其北部又筑"新御黄坝"而被废弃。清道光六年（1826年），又重新修缮作为塘河南端的拦水坝启用。御黄坝的修筑改变了以往任由黄水倒灌入湖的无奈局面，使清口一带的工程格局更为完善。

中国文化遗产研究院调查组根据文献记载和当地访谈的线索，在二河北岸的码头镇新闸村一组，河堤路与河水之间的靳家院落北侧进行了钻探调查。钻探探明呈东南—西北走向（方向293°，北偏西57°）的夯土范围，长约220、宽100米，推测该遗迹为御黄坝遗址的局部。鉴于此段河道内曾先后筑有临清堰、新御黄坝、御黄二坝等其他水工建筑物，尚需进行大范围的考古调查，根据相对位置进一步确认此遗迹的性质。

新御黄坝

新御黄坝位于淮安市淮阴区杨庄镇二坝村塘河北端淮河汇黄河口处，地理坐标为北纬33°34′28.79″，东经118°57′7.22″。咸丰《清河县志》卷六《川渎》记载："旧在福神庵前，嘉庆九年（1804年）黄水倒漾，议于高家马头西岸河尾距旧御黄坝三百八十丈处斜筑挑坝，再于东岸筑对头柴坝，名新御黄坝。"新御黄坝大体沿塘河北段两侧分布，现坝体已无存留，位置处于淮阴船闸所在现代河道中。

御黄二坝

御黄二坝位于新闸村新御黄坝之南，地理坐标为北纬33°33′59.41″，东经118°56′51.5″，修建于清嘉庆十六年（1811年），目的是与同时建立的束清二坝一起加强对清流（淮水）的控制，建成后不久便废弃。

咸丰《清河县志》卷六《川渎》记载："嘉庆十六年于新御黄坝之南百九十丈填筑二坝，旋废。二十二年（1817年），就二坝旧基，添建重坝，以资擎束。又，嘉庆二十五年（1820年），于御黄坝外东岸筑迎水坝。今按，重坝仍名二坝，共长一百二丈五尺，金门宽四丈。"

竹络坝

竹络坝位于淮安市淮阴区三树镇三坝村，测点地理坐标为北纬33°38′18.1″，东经118°45′19.0″。始建于明代，坝身为条石构筑（彩图一七），三孔，全长15、坝高9.5、底宽56、上宽10.5米，为分运河洪汛之用。原有一通石刻和一座碑，1970年前后碑被迁移，下落不明。

中运河南岸纤堤

中运河南岸纤堤东起王庄村，西至六堡村，测点一地理坐标为北纬33°34′16.99″，东经118°55′32.75″；测点二地理坐标为北纬33°33′37.84″，东经118°54′21.6″；测点三地理坐标为北纬33°33′43.46″，东经118°52′37.7″。咸丰《清河县志》卷六《川渎》："自清桃交界起，至杨庄头坝止，长四千九百四十二丈，康熙二十六年（1687年）建。"

该纤堤目前保存完整，堤上现为村庄所占，村民住宅基本沿着堤岸走向布置。

[1]（清）吴棠修、鲁一同纂：（咸丰）《清河县志》卷六，咸丰四年（1854年）刻，同治元年（1862年）补刻，1919年再补刻。

中运河北岸纤堤

中运河北岸纤堤东起盐河村，西至六堡村，测点一地理坐标为北纬33°34′14.04″，东经118°55′20.66″；测点二地理坐标为北纬33°33′44.01″，东经118°54′14.78″；测点三地理坐标为北纬33°33′43.76″，东经118°53′5.77″。咸丰《清河县志》卷六《川渎》："自清桃交界起，至双金闸止，长二千五百九十七丈，康熙三十八年（1699年）建。自双金闸起，至旧钳口坝止，长一千六百九十丈，嘉庆十年（1805年）接筑。自旧钳口坝起，至杨家庄止，长四百四十丈，道光七年（1827年）加培。"

该纤堤目前保存完整。

中运河三百六十丈越堤

中运河三百六十丈越堤位于淮安市淮阴区凌桥乡双闸村，测点（堤坝拐弯处的顶部）地理坐标为北纬33°34′0.9″，东经118°52′2.0″。康熙年间，为了防止运河再次决堤，筑此堤坝，有"三百六十丈"之长，故称三百六十丈越堤。堤坝用黄土夯筑而成，宽50~100米；顶部是一条土路，旁边长满树木和杂草。到现在为止，堤坝一直发挥着阻挡洪水的功能（彩图一八）。

杨庄运口头坝、二坝、三坝

杨庄运口头坝地理坐标为北纬33°34′42.97″，东经118°56′35.68″，位于中运河南侧的杨庄居委会二组。现存坝体已残，高出周围约2米，伸入中运河部分上面杂树丛生，岸上部分已被民房占据。坝体保存情况较差，有些地段基本不存。

二坝地理坐标为北纬33°34′41.88″，东经118°56′29.68″，位于杨庄居委会二组。坝体保存状况较差，坝址所在位置堆有垃圾。

三坝地理坐标为北纬33°34′40.53″，东经118°56′26.99″，位于杨庄居委会一组。咸丰《清河县志》卷六《川渎》记载："在运口内，康熙四十二年（1703年）建。"今遗址尚能辨寻。

（四）盐河堤坝

钳口坝

钳口坝位于淮安市淮阴区凌桥乡双闸村五组盐河头上，地理坐标为北纬33°33′53.9″，东经118°53′5.8″。据地方文史专家介绍，清康熙二十六年（1687年）开挖盐河头，康熙三十一年（1692年）修建此坝，为防止盐河决口对下游居民的侵害。现在堤坝已经基本失去其防洪的功能。

（五）堰

临清堰

临清堰测点地理坐标为北纬33°33′34.96″，东经118°56′20.07″。始建于清道光五年（1826年），在御黄二坝之内，建东西连坝基，共长二百三十五丈，内有钳口坝一道，门口宽四丈[1]。道光六年，在顺清河口以南从洪泽湖流出的淮河上筑临清堰，又于临清堰南作拦清堰，另建草闸于清口外钳口坝，又于钳口坝外筑临黄堰。临清堰所在位置现为二河西堤。

据文献记载和现代地图的比对，在码头镇惠济祠遗址北侧约200米处（最北端村民住户北侧）利用

---

[1]（清）吴棠修、鲁一同纂：（咸丰）《清河县志》卷六，咸丰四年（1854年）刻，同治元年（1862年）补刻，1919年再补刻，中国文化遗产研究院藏。

洛阳铲进行考古钻探，找到呈东—西走向的夯土范围，宽约29米，长百米以上，初步判断为临清堰遗迹，但也可能是历次移动的束清坝遗迹。

圈堰

圈堰别称雀儿堰，建于清嘉庆十三年（1808年），位于码头镇原桃园村九组，现改为郑台村，为一座养鸡场所占，南为济运坝。测点一地理坐标为北纬33°31′31.11″，东经118°56′18.95″；测点二地理坐标为北纬33°31′44.91″，东经118°55′47.27″；测点三地理坐标为北纬33°31′28.31″，东经118°56′14.05″；测点四地理坐标为北纬33°31′28.75″，东经118°56′54.28″。圈堰西起二坝南，东接洪泽湖大堤，原址处现为线性高地长堤，东西全长近2500米，堤顶高于两侧约5米，堤顶现为水泥大路，堰形尚可见。

据《黄运河口古今图说》："嘉庆十三年，湖河并涨。六月，风暴掣通临湖堤。遂于临湖筑柴土圈堰一道，长四百七丈，外以碎石包护。二十年（1815年）至道光元年（1821年），又接前，南至里堰交界，北至束清坝尾，砌碎石坦坡于砖工之外，长一千六十四丈。"

圈堰碎石坦坡

坦坡建于圈堰南侧外围，测点地理坐标为北纬33°31′28.30″，东经118°55′58.23″。圈堰碎石坦坡为圈堰的护坡，现村户中尚可见散落的护坡石块。长同圈堰，近2500米。

（六）转水墩

新大墩（康熙）

名为新大墩的遗址点有两处，分别为清康熙年间和乾隆年间所建。始建于康熙三十九年（1700年）的新大墩，位于码头镇南街17号院西南角，地理坐标为北纬33°32′4.3″，东经118°55′49.9″。乾隆新大墩隔今张福河与康熙新大墩南北相望。大墩处为一座台地，高度与现张福河东堤齐平。东临旧河道，长度、范围不明。其高于旧河道约6米，墩上基本被码头南街居民宅院所占。此大墩功能为转水，平日分流洪泽湖一部分水量进入运河，洪水期又能保证洪泽湖水大势入黄。与康熙运口相连的旧河道目前为一水塘，向北延伸至南街胡同而中断。

据张鹏翮《治河全书》中运河全图所绘，墩上建有皇亭一座，为黄琉璃瓦顶。中国文化遗产研究院课题组在此墩遗址下采集到黄琉璃瓦残片。

新大墩（乾隆）

清乾隆时期的新大墩建于乾隆二年（1737年），与康熙新大墩的形态和功能相仿。其地理坐标为北纬33°32′3.65″，东经118°55′41.36″，位于康熙新大墩西南方向，距康熙新大墩500米。今存新大墩位于码头镇张庄镇村五组东侧，西邻新张福河，与码头镇敬老院隔岸相望。此墩当地老乡称为大墩或头坝头。新大墩今为一座近圆形土台，东西60、南北80、高2.8～3.5米，为人工土筑而成。大墩东临张福河河道，与其北侧的盖坝均成为张福河西堤，南侧原转水河上口与北侧的转水河下口均为张福河西堤封堵，大墩顶部高于南北相连的河堤。张福河故道从圆台中心南侧外80米，先向西，后向西北，再向东至东北环绕大墩，形成半环状涟地。

据当地老乡介绍，大墩原来比现在规模大，大墩西侧有大面积墩体被老乡建房取土或者填河所用，并指出了大墩原来的边缘位置，即大约距离现存大墩西侧外50米之外张福河故道东岸。大墩东侧原来亦达现在敬老院的位置，说明其规模甚大。在原大墩边缘地下曾挖出碎石工，并有铁丝扎制，用于加固的石龙墙（彩图一九）。

从现存大墩夯土台的断面可清楚地看到，上层是水锈斑点很多的黄褐色夯土，土质细腻、密实、坚硬，无红色胶泥块；下层是灰褐色夯土，土质土色较一般堤坝遗址密实而坚硬、比较纯净。

（七）埽工

埽工是我国古代水利工程与治河工程技术的一大发明，具有显著的优点，可用于护岸和堵口。多用于水下工程，但可水上施工，能在水深达20米的情况下施用，常用来构筑大型险工和堵口截流，又可分段施工，使用梢草、土石等散料，但应用更为广泛的是使用绳索桩木等联结固定成整体大埽。使用梢草、秸料使埽工具有良好的柔韧性，便于适应水下复杂地形，尤其是软基，在多沙河上使用，便于泥沙充填进埽体，凝结坚实。用埽工构筑施工围堰，完工后便于拆除。埽工以形状分有月牙埽、鱼鳞埽等，以结构分为卷埽、厢埽等。

顺黄坝埽工

顺黄坝埽工位于淮安市淮阴区码头镇玉坝（御坝）村明远路北侧废黄河东岸。2009年，淮安市博物馆前后两次对顺黄坝遗址进行了发掘，在坝体西侧迎水面发现大面积表面呈灰褐色的芦苇秸秆遗迹，部分秸秆内部黄亮如新，结合文献判断为埽工遗迹。埽有多层，每层之间有土叠压。第一次发掘中依揭示出的遗迹看，埽工有5层：第①层厚3.6厘米，上压6厘米的土；第②层厚4厘米，上压约17.5厘米的土；第③层厚3厘米，其上填压的土最厚处为27.5厘米；第④层厚15厘米，上压4厘米的土；第⑤层厚8厘米，上压27.5厘米的土；第⑤层下未发掘到底。第二次发掘中揭示的埽工面积更大，埽工分层更清晰和明显，并发现有麻绳及木桩。

详见后文发掘报告。

烟墩埽工遗址

烟墩埽工遗址位于淮安市淮阴区王营镇西坝居委会荷花公园对面黄河西路与鞠通路交汇处，处于淮阴卫校西北角古黄河北岸。码头镇以下流经王家营东去的废黄河，在元明清时是淮河、黄河入海的共同河道，有"洪水走廊"之称。黄河夺淮之后，惊涛拍岸，浊浪滔天，泥沙淤浅，河床渐高。洪水决堤，向南冲入运河，向北冲毁村庄田园。咸丰《清河县志》之《川渎·工程》中记载："烟墩埽工，乾隆五十年（1785年）生。"据《王家营志》："烟墩埽工，在今南门一带，乾隆五十年修，光绪中，工艺局修建马路拆用埽石。"烟墩埽工是为保王家营安全而实施的一项工程，当时，王家营是南船北马的重要通道，有"九省通衢"之称（彩图二〇）。

第三节　古码头、渡口、闸、涵洞调查

（一）古码头

表一　古码头一览表

名称	年代	地点	简　介
堂子巷码头	明清	淮安市淮安区堂子巷西首，里运河东岸	2011年因施工被考古发掘，坐东朝西，砖石结构，保存完整。码头呈长方形，东西约3.8、南北约4.48米，分布面积17平方米，由顶面平台、台阶、两侧墙体及底部基础木桩构成。 顶面平台靠近台阶部分平铺一层青砖，在8层踏步台阶中，每层台阶由3～4块长条形青石铺砌，南北3.75米，自东向西逐渐低缓至里运河边缘。在码头中部曾发现有两块长条形青石，东西向并列斜铺在第二至第五层台阶上，下垫碎砖并有淤沙沉积，判断两块条石为里运河水位升高后为便于上下船而铺垫（彩图二一）。
河下御码头	明清	淮安市淮安区淮城镇河下居委会闻思寺南侧，里运河边	地理坐标为北纬33°31′31.2″，东经119°7′38.6″。河下镇位于淮城西北，西带运河，北枕黄淮，贾舶边樯，车马杂沓，凤杭要冲，为旧时运河边上的千古名镇。明正德十四年（1519年），武宗皇帝于御码头舍舟入城。清康熙四十四年（1705年），康熙帝第五次南巡，幸河下。乾隆十六年（1751年），高宗首次南巡，由此登岸，并留有御诗碑。码头建于明初，年久失修，颓坏已久，2003年，淮安区政府重修御码头和接驾亭（彩图二二）。
林家码头遗址	明清	淮安市淮安区林集镇林集居委会新河东岸	位于林集镇南侧新河（此河历史上通里运河）东岸，地理坐标为北纬33°22′25.7″，东经119°7′51.3″。明清至民国时，林集镇曾作为漕运之路，南北货运的集散地。码头由长条石砌成，规模较大。
石码头	清	淮安市清河区里运河北岸，闸口清真寺门前	地理坐标为北纬33°35′44.1″，东经119°1′48.8″。清雍正六年（1728年），曾建石级码头，故名石码头。旧时，清江浦以北的京杭运河，迂缓难行，危险很大，断缆沉舟的事经常发生。因此，明清时期商人行旅凡是由南向北的，一般都是到清江浦石码头舍舟登陆，北渡黄河，到王家营换乘车马；而由北向南者，则到王家营弃车马渡黄河，至石码头登舟扬帆。这种方法速度既快，而且安全，所以石码头和王家营为"南船北马"的交汇之地。乾隆帝南巡，在此登陆，故亦称之为"御码头"（彩图二三）。
古盐河大码头	清	淮安市清浦区盐河镇盐河村，古盐河畔	地理坐标为北纬33°28′11.6″，东经119°4′52.8″，位于古盐河北岸。码头原来用条石砌筑，20世纪六七十年代，当地百姓盖房将条石挖掉，码头遭到破坏。现遗址下仍有条石基址，附近还能采集到明清青花瓷片等遗物。
高家码头	清	淮安市清浦区城南乡新闸村二组	也称高坂头，地理坐标为北纬33°33′46.80″，东经118°57′10.92″，位于淮阴船闸南900米处，塘河东堤以东，中运河和里运河交汇处。清道光年间，灌塘济运后，高坂头堤坝等不断加高加固，一直到清咸丰五年（1885年）黄河北徙，每年有大批次、重漕船停泊于此，等待倒塘渡黄，高坂头因此一度成为商业兴旺的闸市。今高家码头仅剩当年核心地带，高约3米，面积近百平方米。
码头镇古码头	清	淮安市淮阴区码头镇西南，张福河东岸	古码头指码头镇临河码头，也称御码头，处于张福河东岸，安澜街韩侯故里处，今已作古迹改造。
龟山码头	宋、明、清	洪泽县老子山镇龟山村，位于该村的南侧石工墙，紧临淮河岸边。	地理坐标为北纬33°7′14.3″，东经118°32′7.9″。码头均系黑色麻石叠砌，两侧砌石墙，长约200米，石堤上原立有4根系船缆石柱，现已毁。据《盱眙县志稿》卷一七第20页记载："（南宋）建炎元年（1127年）十一月己酉初，上至龟山，而御厨人员贺进等求民间难得之物，所受赃以万计，至是由赦获免……"由此可知该码头曾为南宋皇帝赵构所到之地。码头与石工墙连为一体，保存基本完好。（彩图二四）

（二）古渡口

水渡口遗址

水渡口遗址位于淮安市清河区长东街道越河街社区水韵天城南里运河北岸。明成化年间（1465～1487年），因一次黄河暴涨，浊流倒灌，使清江闸以西的清江口淤塞，运艘稽阻，商旅裹足。遂在今水渡口附近古淮河（黄河）边开辟码头，将淮河、里运河船上的货物全数剥卸下来，用车辆转运，再装船北运或南输。里运河与淮河之间遂形成一条转运的车路，车路与东西横街的交叉处，便叫"车路口"，而这条横街，也就被称为车路口街，是为东长街的最初名称。一时间，车路口成了南来北往的咽喉，喧声不息的闹市，鼎盛时期，车路口街沿淮河堤一直到草湾。所以，以车路口为界，向东、向西又有大、小车路口街之别。为方便货物转搬，明正德六年（1511年），在今水渡口淮河边开清江坝，据正德《淮安府志》卷五："遇清江口淤塞，即经此达淮。"时该坝为软坝，里运河船只可直抵坝口盘驳，免去陆运之艰。通坝河道与车路口街的交汇处必须设渡，于是有"水渡口"地名（彩图二五）。

草湾渡口遗址

草湾渡口遗址位于淮安市清河区水渡口街道果林场村，废黄河南岸，对面为淮阴区草湾村。明代淮北盐场逐渐兴起，产量日增，淮北盐南销，是由板浦运至涟水县的安东坝渡黄，经草湾对岸盐河运往淮安城北河下镇，后再运往安徽、河南各地销售，每年运销正纲盐140余万引[1]。废黄河南岸地势平坦开阔，有停船的船坞、平台。河南岸有运盐的小河道，该地段离盐河最近。

（三）古闸

矶心闸

矶心闸位于淮安市淮安区淮城镇勺湖社区沿河街运河东堤上，地理坐标为北纬33°30′23.0″，东经119°7′46.5″。又名响水闸、兴文闸、鸡心闸或西水关，闸西为里运河，闸东即为老城文渠的源头。由长100～120、宽30～40、厚40～50厘米的火山岩石砌成，闸首在河堤西侧，闸尾在河堤东侧，闸道长40、宽1.6、出口宽1米，闸塘面积约50平方米，呈八字形向东接西水关。该闸是淮安城内文渠从运河取水的源头，矶心闸整体结构保存良好，使用功能依然如初，是古代运河沿线重要的文物遗存之一，至今仍在发挥作用（彩图二六）。

龙光闸

龙光闸位于淮安市淮安区淮城镇楼东社区南巽路东首，地理坐标为北纬33°29′49.2″，东经119°8′38.3″。龙光闸始建于明天启年间（1621～1627年），清雍正四年（1726年）重建，用以控制城中文渠水位。龙光闸由青条石砌筑，闸底深1.5米，闸门宽0.3、长5米，闸身有光绪年间造的"龙光闸"字样。此闸东西跨文渠，南临涧河，闸本体保存较好。2003年，区水利局对龙光闸周围环境进行了整治，闸上新增建一座亭子，四周布置了绿化带（彩图二七）。

清江大闸

清江大闸位于淮安市淮安市区里运河上。始建于明永乐十三年（1415年），陈瑄疏浚沙河故道，

---

[1] 引为盐的计量单位，每引约100公斤。

建造此闸以便利漕运。明万历十七年（1589年），又在大闸西北建越闸，二者相距79.2米。大闸经清代康、雍、乾、嘉、道各朝重修加固，最后将闸口放宽至二丈二尺。

清江大闸用石质为黑麻石（玄武岩）的长方形条石砌筑，以糯米浆拌石灰做粘合剂。由宽7米多的正闸和一座闸身矮、闸门略窄的越闸组成。正闸桥面原是可启闭拉动的木桥，越闸是固定的木桥。正闸前后均有闸塘，迎水的上水闸塘小，出水的下水闸塘大。

清江大闸正闸和副闸（越闸）都是双闸门，双闸槽至今还完整地保留在闸墙上，双闸门的好处是修闸时在两门之间塞上装泥的草包可防止河水渗漏。有附近老人回忆，少年时潜水曾捣到闸底，摸到和闸槽相连的滑溜溜的石头闸槛，闸槛有20厘米宽。从一张清江大闸老照片可以看到，清江大闸上两边各有三根与闸身成一体且相向斜着的长方形粗石桩，这是用来装辘轳吊闸门的，现在已没有。在大闸西边的两旁闸墙上，至今还留着多年来被"绞关"的钢丝缆和"掂船"的缆绳捋出来的多道深深的凹痕。

闸下溜塘深广，水险流急，但却是千里运河漕粮运输所必经之襟喉要道，也是舟船难过的险关。每当运粮季节，万艘漕船和12万漕军"帆樯衔尾，绵亘数里"，蔚为壮观。据《淮安府志》记述："伏秋水溜，漕舟上闸，难若登天，每舟用纤夫三四百人，犹不能过，用力则断缆沉舟。"清初诗人吴梅村曾有诗慨叹清江大闸道："岸束穿流怒，帆迟几日程。石高三板浸，鼓急万夫争。善事监河吏，愁逢横海兵。我非名利客，岁晚肃宵征。"

"清江闸，捷石畚土为楔，横板二丈有奇。工曹司其启闭，闭则下钥，启则怒流……明清江浦户曹二、工曹一，督造粮船。今裁户曹之一，并于工曹。商舟由闸，例征钞若干，梁头若干，给闸票，限十月讫事。如限内虽十往返，无限也。"

清初王士祯曾任工部分司驻淮，于此创浮桥以利行人。并在闸上置活动闸板，船过则开，船去则合。闸板断开时有摆渡往来渡客。淮阴第一次解放后，1946年苏皖边区政府在闸上建造木桥，并命名为"若飞桥"，以纪念在"四八"空难事件中遇难的王若飞烈士。新中国成立以后，又在闸上建钢筋水泥桥面。

此闸距今已有近600年的历史，仍保存完好，岿然屹立，是目前京杭大运河上仅存的明代古闸。它是我国运河史上极为罕见的水利工程建筑，由国务院公布为全国重点文物保护单位（彩图二八～三〇）。

福兴闸正闸

福兴正闸，俗称三闸正闸，地理坐标为北纬33° 33′ 10.441″，东经118° 56′ 52.328″，于1959年开挖二河时拆除，仅残存少部分闸塘，位于淮安市淮阴区码头镇二河西岸岸边。始建于明万历六年（1578年），据《大清一统志》卷六五载："（福兴闸）在清河县清江闸西五里，明万历六年置，后废，本朝乾隆二年（1737年）重建，添设越闸一座，二十七年（1762年）重修"。"乾隆二年建，癸山丁向金门同前[1]。（乾隆）二十五年（1737年）重修，嘉庆十九年（1814年）拆修，道光十四年（1834年）补修。闸上有钳口坝，闸下有束水坝。按府志载，明时故福兴闸在清江浦西五里，陈瑄所建，万历中改建于寿州厂，后亦废。"[2]

[1] 金门同前指同惠济闸，"金门宽二丈四尺"。

[2]（清）吴棠修、鲁一同纂：（咸丰）《清河县志》卷六，咸丰四年（1854年）刻，同治元年（1862年）补刻，1919年再补刻。

福兴闸越闸

福兴越闸，俗称三闸越闸，地理坐标为北纬33°33′7.886″，东经118°57′2.903″。1967年被拆除，闸塘尚存。"乾隆二年建，壬山丙向，金门同前。（乾隆）二十七年重修，嘉庆二十一年补修，道光十九年拆修，闸下越河长三百六十八丈五尺。"[1]。金门同前指同惠济闸，"金门宽二丈四尺"。

通济闸正闸

通济闸正闸，俗称二闸正闸，位于淮安市淮阴区码头镇二闸村，地理坐标为北纬33°32′38″，东经118°16′41″。原通济闸始建于明嘉靖三十年（1551年），多次移建。现通济闸建于清乾隆二年（1737年），黄河北徙后依旧使用。民国初年重修，闸体为条石砌成，规模较小，闸口门宽不足4米。"文革"中该闸被拆毁，仅存遗址。现二闸遗址处修有一条东西向村级公路，路宽约4米，为水泥路面，将闸塘与河道分开（彩图三一）。

通济闸越闸

通济闸越闸，俗称二闸越闸，位于淮安市淮阴区码头镇二闸村，地理坐标为北纬32°33′36″，东经118°16′50″。始建于清乾隆二年（1737年），亥山巳向，至乾隆二十七年（1762年）重修，清嘉庆二十一年（1816年）拆修[2]。1967年被拆除，现地表遗迹不存，闸塘中疑有闸基。当地老乡能指认出原闸闸址，越闸闸墙尚有少量的条石遗存。此处运河河堤基本完好，堤上有数栋民居。

惠济闸正闸

惠济闸正闸，别称头闸正闸、天妃闸，位于淮安市淮阴区码头镇头闸村，地理坐标为北纬33°32′59″，东经118°16′30″。原名新庄闸，又名天妃闸，旧在惠济祠后，明永乐中陈瑄建。明嘉靖中改移于南，名通济。清康熙十九年（1680年）又移烂泥浅之上，即七里旧闸，而改名惠济。康熙四十年（1701年）复移建于旧运口之头草坝。清雍正十年（1732年）移建七里沟，即今处闸，丑山未向，金门宽二丈四尺。按：惠济闸下张王庙前乃雍正年间运道。清乾隆十一年（1746年）、二十三年（1758年）、四十年（1775年）、嘉庆十五年（1810年），清道光二十年（1840年）皆拆修，闸上有升关坝，又有钳口坝，闸下有束水坝[3]。民国年间，改建了惠济闸，装设了活动钢门，使里运河航运用水及里下河区域灌溉用水，都通过惠济闸活动钢门来启闭调节。《淮阴县志》记载："惠济正闸于1973年冬拆尽"。现闸座尚有遗存，闸塘完整。

惠济闸越闸

惠济闸越闸，又称头闸月闸，位于淮安市淮阴区码头镇头闸村，地理坐标为北纬33°31′55.55″，东经118°56′34.57″。始建于清康熙四十九年（1710年），1967年拆除，月闸所在河段尚存，但是原河道已中断，闸体在水面以上无任何遗存，水下尚有闸基存在，闸塘完整。此闸在清晚期地位甚是重要，利用率很高。

咸丰《清河县志》卷六记载："康熙四十九年建，亥山巳向，金门同正闸。乾隆二十七年（1762年）重修，嘉庆十一年（1806年）、道光十四年（1834年）皆拆修。闸下越河长四百六十一丈，闸上有钳口坝，闸下有束水坝。又，张王庙前有托水坝。"

————————————

[1]（清）吴棠修、鲁一同纂：（咸丰）《清河县志》卷六，咸丰四年（1854年）刻，同治元年（1862年）补刻，1919年再补刻。

[2]同注[1]。

[3]同注[1]。

双金闸

双金闸也称双金门闸，在今淮安市淮阴区凌桥乡双闸村二组，中运河北岸，黄庄西，盐河与运河连接的河道上，地理坐标为北纬33°33′4.98″，东经118°53′12.37″。清康熙二十四年（1685年），河道总督靳辅上疏建双金门闸，并挖闸下引河。辅疏曰："洪泽周回数百里，所引上流分黄之水难免倒灌，今于清河县西建双金门大闸一座，并于闸下挑引河一万余丈，如遇黄河十分异涨，立启此闸，分泄归海，则淮黄会合之处又可减黄水一二尺，有裨河道。"双金闸原为泄黄而建，清康熙四十二年（1703年），改运口于杨庄，拆去矶心，改为石裹头，则专泄中河之水。冬春季节，启闸放水，以接济盐河水运。清乾隆八年（1743年），改为柴坝，相机展束，有南北撑堤两道。

今存双金闸为民国11年（1922年）建，民国政府延聘英国工程师莱茵所规划设计，闸底板采用桩基水泥混凝土，闸墙以水泥砂浆砌筑条石，下游防冲底厚1～1.3米，双金闸是在水工建筑史上使用水泥作为胶结材料的起始。该闸为辛山正向，梭头式，两金门各宽7.5米，闸墙高8米，叠石21层，矶心围近60米。出口处建有静水池，使泄流自行削减冲击力。下游增置板桩并护以块石，以抵御冲刷。设钢架木面闸门，建工作桥，安装启闭机，人力轮盘操纵。引河上游钳口坝由厢埽改用水泥浆砌石工，口门宽13.5米。双金闸是请外国人设计，引进西方水利科学技术，使用水泥和钢闸门、机械启闸设备的起始，结构整体性好，强度及耐久性均大大提高，启闭更为灵便可靠。由于引进了新技术、新材料，因此水工建筑技术前进了一大步。20世纪70年代，双金闸被改建为夏家湖南电站。

双金闸有较高的历史、科学价值，对研究清代治黄、导淮、济运方略，民国时期水利事业发展及河道变迁等有重要意义，至今保存完好，2003年由淮安市人民政府公布为市级文物保护单位，现承担周围部分农田的排涝功能（彩图三二）。

草闸

草闸是以草土为主要材料的闸门。此处草闸又叫旧草闸，位于塘河最北端，金门宽二丈四尺，建于清道光六年（1826年），由御黄坝上的钳口坝改制而来。草闸的功能重要，等到塘河内水位与黄河水位相平时，开御黄坝即打开草闸出船，顺大水将船直接冲入中运河。

草闸旧址位于现淮阴三线船闸上游河道中。据当地老人回忆，2002年初，淮阴三线船闸施工，上游修建护岸时，在距闸首约300米、海拔约8米处挖出大量细秆芦苇，秸秆坚硬，黄亮如新，推测是早期的草闸遗址。

新草闸

新草闸位于旧草闸之西，地理坐标为北纬33°34′31.5″，东经118°56′44.81″，金门宽二丈四尺，也有拦河坝一道。清道光二十五年（1845年）春，将塘河向北延伸到杨庄对岸，建新草闸，漕船出闸后可直接进入中运河。闸址位于现淮阴三线船闸上游的河道中。

瑶河闸

瑶河闸位于淮安市淮阴区码头镇御坝村七组，南为洪泽湖，东为张福河。清道光年间（1821～1850年）修筑，当时为3孔。解放后重新修建，现为6孔，在闸的下面，原来的碎石和条石仍保存，现在依然发挥着防洪与灌溉的功能（彩图三三）。

盐闸

盐闸位于淮安市淮阴区王营镇淮闸村，横跨盐河上。清康熙四十二年（1703年）建于杨庄，乾隆二十三年（1758年）移建旧闸西百余米处，嘉庆十八年（1813年）又移至双金闸下新钳口坝内，道光八年（1828年）改建于双孔石闸上600米处。1958年重新拆建，盐闸为进水闸与开敞式涵洞结构，共13孔，每孔净宽3、墩厚0.5米。顶部为便桥，闸身上游有块石砌筑的护堤，长40米，闸身下游设有混合消力池，涵洞有闸门，高4.5、宽3米（彩图三四）。

顺黄堤石闸

顺黄堤石闸位于淮安市淮阴区码头镇御坝村，是清代顺黄堤上的闸，曾经在泄洪和灌溉等方面发挥过巨大的作用。现在是一个较大的池塘，四周树木茂盛，杂草丛生。

陶庄闸

据当地村民及文史专家讲述，陶庄闸建于清代，曾经在分洪与农田灌溉等方面发挥过重大的作用。现在被掩埋在农田之下，20世纪70年代，农民在此曾挖出大量条石。

新庄闸

明初淮南运河水浅，重船车盘过坝入河十分劳苦，为解决通航困难，平江伯陈瑄自淮安城西开清江浦河六十里，改运河由此入淮河。运口建新庄闸，因新庄闸在天妃庙口，故又名天妃闸。沿清江浦河向东同时置福兴闸、清江闸、移风闸，加上后来设置的板闸，五闸根据水势涨落，迭为启闭，节水通流，使河水常平，船易通行。

明永乐中，陈瑄建新庄闸，明隆庆中复开新庄闸，明万历六年（1578年）潘季驯以天妃闸直接黄河，不免内灌，因弃闸为坝，移于甘罗城南，改称通济闸，去旧闸1里。

据调查，其旧址在今码头镇码头村（原二闸村）东北，惠济祠遗址（天妃庙）东南，在文华寺西约30米处。闸体呈东—西走向，砖石结构，长约10、宽约3米。

古盐河二闸遗址

古盐河二闸遗址位于淮安市清浦区武墩镇王桥村三组，据乡镇文化站长介绍，该闸建于清雍正年间（1723～1735年），当时是为调节古盐河水流的涨落。1969年以后逐渐废弃，后来，当地村民盖房将闸上的条石挖走，闸体遭到破坏，现在村里仍可见到一些条石散落在地。在古盐河的二闸遗址处，可以明显看见一处呈椭圆形的闸塘遗址，断面仍有条石等残留遗址。河两岸树木茂盛，芦苇丛生。

（四）古涵洞

据《续纂山阳县志》卷二〇载："为引运河水供其灌溉，于运河东岸凿涵洞，每洞下有渠。旧有头涵洞、二涵洞、三涵洞、四涵洞、五涵洞、六涵洞、七涵洞、八涵洞、九涵洞、十涵洞"，这些涵洞分别建于清康熙三十二年（1693年）至清雍正三年（1725年）。另散见于境内四乡的涵洞有"兴浅洞石洞、三浅二洞石洞、二浅兴洞石洞、二洞、潘宅风水涵洞、三浅四洞石洞、兴文上闸石洞、兴文下闸石洞、兴文头洞石洞、四洞、三浅五洞石洞、三浅三洞石洞、火义洞、双孔涵洞、故沙河下福闸石洞、泾河上闸石洞、五洞、康家涵洞、李宅风水涵洞"。自清康熙至道光年间，兴建涵洞17座、改建1座、拆除1座，加上同治、道光年间兴建的涵洞6座、改建的9座，自清康熙以后的约200多年间，今淮安市淮安区（原山阳县）计兴建涵洞23座、改建10座、拆除1座[1]。

淮安区运河东岸涵洞[2]

1. 永利闸石洞

永利闸石洞位于淮安府城西北老乌沙洞旧址。清康熙二十三年（1684年）建，宽一尺六寸，下入

---

［1］朱学举编著：《楚州水利史话》，中国文史出版社，2008年。

［2］淮安区运河东西岸涵洞资料来源于朱学举编著的《楚州水利史话》，未经全面系统调查，其保存现状有待进一步证实。

故沙河，清嘉庆十七年（1812年）拆修，早已湮废。

2. 永利闸石耳洞

永利闸石耳洞位于永利闸石洞南侧。清同治三年（1864年）建，宽二尺八寸，下入市河，民国20年（1931年），江苏省水利局实测洞底高程4.134米。新中国成立后堵塞。

3. 兴文下闸石洞

兴文下闸石洞位于淮安市淮安区西门大桥南侧。兴文闸，旧名响水闸，又名矶心闸。该涵洞于明嘉靖中建，下入文渠，明末曾因防乱堵塞。清顺治十三年（1656年）复开，康熙四十年（1718年）、五十七年，乾隆三十五年（1770年）和四十八年，嘉庆二十三年（1818年）均经修理，民国20年（1931年）实测洞底高程6.868米。新中国成立后，1978年改建，现行水正常。

4. 涧河耳洞

涧河耳洞通称耳洞，位于兴文下闸南侧。民国20年（1931年）建成，宽二尺八寸，民国18年（1929年），淮安县董事承鼎、魏彬在省参议会上力争通过，带征添建，民国26年（1937年）修理。下有引水渠，送水灌溉，现行水正常。

5. 兴文上闸石洞

兴文上闸石洞位于淮安区化肥厂南侧。明万历五年（1577年）建，宽二尺八寸，下通涧河，清康熙三十九年（1700年）、雍正九年（1731年）、乾隆二十三年（1758年）重修，道光四年（1824年）修补，十六年拆修南墙。新中国成立后1950年改建，行水正常（彩图三五）。

6. 头浅头洞石洞

通称头涵洞，位于头闸第一水电站北侧。建于明代，宽二尺八寸，下通溪河。清康熙四十四年（1705年）拆建。清嘉庆九年（1804年）改建，金门宽一尺八寸，十六年（1811年）加石三层。清咸丰二年（1852年）拆建，清光绪三十二年（1906年）照旧宽、深改建。民国20年（1931年）实测洞底高程4.001米。新中国成立后1958年堵塞。

7. 头浅洞石洞

通称二涵洞，位于淮安市淮安区建淮乡盖桥村斜河东岸。清康熙三十三年（1694年）民建，宽二尺六寸，下通溪河，清乾隆十年（1745年）改木为石，清嘉庆十二年（1807年）拆修，嘉庆十三年加石二层，咸丰二年（1852年）拆造，光绪七年（1881年）照旧坞深三尺六寸。民国20年实测洞底高程4.369米。新中国成立后1982年拓浚斜河时堵塞。

8. 头浅三洞石洞

通称三涵洞，位于淮安市淮安区建淮、马甸二乡交界处。清雍正三年（1725年）民建，宽一尺五寸，下通溪河。清乾隆十三年（1748年）、嘉庆十二年（1807年）、道光三十年（1805年）俱拆修，民国20年实测洞底高程4.38米，现可行水。

9. 头浅四洞石洞

通称四涵洞，位于淮安市淮安区上河镇五洞村西北角。建于明代，宽一尺八寸，下通溪河，清康熙六十一年（1722年）拆修，嘉庆十三年（1808年）加石两层。民国20年实测洞底高程4.099米。新中国成立后，1978年兴建二堡船闸时堵塞。

10. 头浅五洞石洞

通称五涵洞，位于淮安市淮安区上河镇五洞村。建于明代，宽二尺，下通溪河。清康熙五十八年（1719年）拆建，嘉庆十一年（1806年）加石两层，咸丰元年（1851年）拆修。民国20年实测洞底高程5.384米。新中国成立后，1952年被拆修，现可行水。

11. 头浅六洞石洞

通称六涵洞，位于淮安市淮安区上河镇淮运村。清康熙三十三年（1694年）民建，宽二尺，下通溪河，清乾隆八年（1742年）拆修，十年改木为石。清嘉庆十六年（1811年）、清咸丰元年（1851年）俱拆修，新中国成立后1958年堵塞。

12. 二浅头洞石洞

通称七涵洞，位于淮安市淮安区上河镇上河村。清康熙二十六年（1687年）民建，宽一尺八寸，下通溪河。清乾隆十年（1745年）改木为石，嘉庆八年（1803年）、十四年，道光二十九年（1849年）俱拆修。光绪三十二年（1906年），金门改宽二尺五寸，高二尺六寸，坞深一尺六寸。民国20年实测洞底高程4.145米，现可行水。

13. 二浅二洞石洞

通称八涵洞，位于淮安市淮安区平桥镇北首。清康熙三十一年（1692年）民建，宽一尺八寸，下通溪河，清乾隆十年（1745年）改木为石。嘉庆九年（1804年）修理，二十一年接尾长丈三尺，二十二年改接石尾。咸丰二年（1852年）拆修，光绪七年（1881年）坞底落深二尺四寸。民国20年实测洞底高程4.117米。新中国成立后1959年改建为平桥闸。

14. 潘宅风水涵洞

通称九涵洞，位于淮安市淮安区平桥镇九洞村。清康熙三十二年（1693年）民建，一说三十三年建，宽二尺，下接木洞长八丈六尺四寸，下通溪河，清乾隆十三年（1748年）改木为石，嘉庆十年（1805年）修理，道光七年（1827年）改造石洞长八丈六尺四寸。民国20年实测洞底高程3.613米。新中国成立后堵塞。

15. 三浅二洞石洞

通称十涵洞，位于淮安市淮安区平桥镇十洞村。建于明代，宽二尺四寸，下通溪河。清康熙二十三年（1684年）、四十年，嘉庆十一年（1806年）、十九年，道光三十年（1850年）俱修理。民国20年实测洞底高程3.636米。新中国成立后，因洞身损坏漏水，于1977年堵塞。

淮安区运河西岸涵洞

1. 沙家庄程宅石洞

通称程宅洞，位于淮安市淮安区三堡乡沙口村大引江闸处。清乾隆三年（1738年）民建，宽二尺四寸，洞下引河一道，长九百二十丈。清嘉庆十七年（1812年）接换木尾，长三丈。咸丰元年（1851年）拆修。新中国成立后1959年拓宽里运河时被拆除。

2. 二堡刘宅石洞

通称刘宅洞，位于淮安市淮安区三堡乡陈庄村。清康熙三十八年（1699年）建，宽二尺，洞下引河一道，长四百六十一丈。清乾隆十一年（1746年）重修，五十四年（1789年）拆造。嘉庆十九年（1814年）接石尾，长二丈五尺。新中国成立后拓宽里运河时被拆除。

3. 阎宅石洞

位于淮安市淮安区林集平河村。清康熙四十八年（1709年）民建，宽二尺二寸，洞下引河一道，长四百五十六丈。清乾隆二十八年（1763年）、嘉庆十年（1805年）拆修。嘉庆十七年接木尾，长二丈四尺。道光十八年（1838年）拆修，咸丰元年（1851年）复修木尾，同治六年（1867年）修补石洞。新中国成立后1959年拓宽运河时被拆除。

4. 大泾河刘宅石洞

通称刘宅洞，位于淮安市淮安区南闸乡泾河村。清康熙三十三年（1694年）建，宽二尺二寸，本木洞，清乾隆三年（1738年）改木为石，嘉庆二十四年接石尾，长一丈四尺二寸。洞下引河一道，长四百五十八丈。新中国成立后1959年拓宽运河时被拆除。

5. 戴家湾杨宅石洞

通称杨宅洞，位于淮安市淮安区南闸乡戴湾村。清康熙三十五年（1696年）建，宽一尺六寸，本木洞，清乾隆三年（1738年）拆修，二十九年改木为石，宽二尺，五十年拆造。嘉庆十九年（1814年）接石尾，长二尺五寸。洞下引河一道，长五百六十丈。新中国成立后1959年拓宽运河时被拆除。

6. 叶云闸石洞

通称叶云洞，位于淮安市淮安区于南闸乡与宝应县交界线北侧。下通山阳沟河，长四千余丈，新中国成立后1965年改建为北运西闸。

表二　清口地区涵洞调查表

名称	时代	地　点	简　介
大运河月堤涵洞	清	淮安市淮阴区凌桥乡夏家湖村，北侧紧靠三百六十丈月堤	始建于清代康熙年间，1952年重修，现上面全是钢筋混凝土结构，原基址被埋在下面，仍然发挥着灌溉和泄洪的功能（彩图三六）。
二闸石涵洞	清	淮安市淮阴区码头镇码头村，北距二河约300米	据当地老人讲述，石涵洞距现在地表约3米深，洞口方形，用整块条石砌成，推测可能是二闸的涵洞，现位于村民赵泉生与徐超家的宅基地下。
泰山村涵洞	清	淮安市淮阴区码头镇泰山村，北距漂母路约1.2千米。	据当地人讲述，涵洞历史较长，洞口宽约0.2、深约0.8米，1957年经过改造，将洞口扩大，其作用是将头闸与二闸间的农田灌溉水引向二河，用于排涝，现仍然发挥着作用。据说，有一块碑专门记载涵洞，已遗失。
码头太平涵洞	清	淮安市淮阴区码头镇张庄镇村，西距307县道约100米	据本地文史专家讲述，该涵洞建于清道光年间（1821~1850年），目的是沟通太平汪与顺清河（张福河），从而起到防洪、蓄水和灌溉的作用。现涵洞保存较好，依然可以发挥其当年的功能（彩图三七）。
惠济越闸涵洞	清	淮安市淮阴区码头镇泰山村	据地方史料记载和实地勘察，惠济越闸涵洞东通古淮河，西连惠济月闸，当地村民曾在此发掘出土过条石、木桩等遗物（彩图三八）。
双孔涵洞	清	二、三闸闸间河道东堤	测点一地理坐标为北纬33°32′48.38″，东经118°56′47.68″；测点二地理坐标为北纬33°32′47.48″，东经118°56′49.08″。始建于乾隆十年（1745年），其作用在于"盖以新河穿永济河头，隔永济闸于运河西岸，故于东岸复建涵洞，以资分泄也"，位于通济闸下泄入护城河处。
临黄涵洞	清	淮安市清浦区城南乡新闸村	建于清道光十年（1830年）。位于新闸村御黄坝北，地理坐标为北纬33°34′31.48″，东经118°57′19.99″。为几组双孔涵洞，用于堵闭草闸后，引黄河之水，抬高塘河水位，方便过船。遗址在现淮阴三线船闸上游的河道中。
临清涵洞	清	塘河故道东岸村庄里	俗称东涵洞，地理坐标为北纬33°34′0.73″，东经118°57′3.96″。建于道光十二年（1832年），位于塘河东堤蒋家坝北20米处，泄水口在里运河堤上，长50米以上。用于堵闭草闸后，在清水水位高于黄水的情况下，使清水畅出，待塘河水位与里运河持平时，关闭泄涵洞，开拦清坝，以便空船南下。

第四节　其他附属水工及遗迹调查

（一）木龙遗址

陶庄引河开挖初期，屡开屡塞。后来，清口以西的南岸安设木龙导引黄河主流渐趋北岸，"挑溜最为得力"。随着清口一带形势的变化，木龙的结构和位置多次发生变化，数年中陶庄积土刷去大半。

木龙用原木扎排，上下共9层，用竹绳捆扎成立体结构。清代陈梦雷在《古今图书集成》卷二二八中记载："木龙能挑水护此岸之堤，而水挑即可刷彼岸之沙，较之下埽开河事半功倍，防河良法也。"[1]

木龙首创于宋，到清乾隆年间，在治理清口附近的黄河时得以重新利用，获得了良好的效果。乾隆皇帝南巡时，曾多次阅视木龙。鉴于木龙的效果，乾隆一再添置木龙并调整其位置和结构。乾隆三十七年（1772年），因为头架木龙处已经淤滩，吴嗣爵将其移至第五架木龙以下70丈处。次年，又提议将溜势稍缓的第四架木龙减去20丈，只留30丈，再将减去的20丈移建于正对陶庄积土的第五架木龙以下40丈处。据清乾隆《淮安府志》的记载，木龙的位置主要在小清口西南，今码头镇玉坝（御坝）村顺黄坝上。

今韩信故里公园正门前南北向柏油路东侧，与公园大门南缘在一条线上的东西向小水沟，向东约100米的地段，在1967年进行疏浚河道时，挖到大量木桩与埽工，其中有一排南北向的木桩，总长约35米。每根木桩高约4米，有竖立的，还有横置的。

1998年，在今王顺路西侧码头镇镇政府大楼斜对面顺黄坝遗址上，地理坐标为北纬33°32′46.71″，东经118°55′34.6″处，村民建房时就曾挖出一架保存完好的木龙，可惜没做科学记录就回填了。

2012年，淮安市博物馆在御坝村进行考古勘探，未发现木龙位置。

（二）船坞

内容见下表。

表三　船坞一览表

名称	时代	地点	简介
末口屯船坞	明代以前	淮安市淮安区周恩来纪念馆内	周恩来纪念馆内的桃花垠湖面历史上曾是一处船坞。邗沟至末口入淮，由于和淮河之间水位落差较大，南来北往的船只都只能在末口盘坝入淮。这样，地处末口南的一大片积水洼地就被改造成屯船坞。据清光绪《淮安府志》记载："屯船坞，在今夹城，古无城，为漕舟往来停泊之所。"《淮关统志》卷一二《古迹》："屯船坞即山阳联城内地。古无联城，如马路池、陆家池等处，皆粮艘屯积处。既筑城，乃悬空二水门，以便船桅出入，故号其门曰'天衢'。今桃花营，皆昔日歌楼舞馆。"至明永乐十三年（1415年），运道改由城西，行船不再至末口，从而使末口完成了2000多年的历史使命完全关闭，屯船坞也就失去了其作用（彩图三九）。

［1］（清）陈梦雷：《古今图书集成》卷二二八，上海图书集成铅版印图书局，清光绪三十年（1904年）。

名称	时代	地　点	简　介
西坝老船塘	清	淮安市淮阴区王营镇沈渡村一组，北临盐河。	据走访当地百姓，此船塘有300年的历史，最多时可以停靠3000只船，相当于现在的避风港。原来有3道闸，并且具有防洪等功能，现尚存闸塘遗址，面积很大（彩图四〇）。
老子山船坞	清道光十三年（1833年）	淮安市洪泽县老子山镇老子山居委会，洪泽湖商场边，丹山中路西侧。	船坞坐落在老子山的南山和中山之间。清代为了管理河务，道光十三年（1833年）夏，南河总督麟庆泊船老子山实地勘查，认为建坞不在湖心难收救生实效，于是委派守备黄佩（宿迁人）监修。勘得老子山东面有沙路一条（后人称沙垄）环接山根，可作为门户，上加碎石御水，在西面抛砌碎石坝一道以作坞门，素有天然屏障之称。工程花费5000多两黄金，并动用河库救生椿数千根。麟庆查看船坞时当即吟诗一首："风浪浩无垠，行船何处存。好凭沙作障，直藉石为门。月黑孤灯引，帆来万马奔。水衢钱不惜，用戴圣人恩。"老子山建坞以来，一直被后人，尤其是船民、商民传为佳话。当时船坞达千亩以上，现仅存75000平方米，东西250、南北300米。现过洪泽湖的船只数量也在逐年增加，船坞面积已难以容载。
周桥船坞	清	淮安市洪泽县东双沟镇庆祥村，洪泽湖大堤西侧。	船坞东西北端最宽处200、南端最窄处仅50、南北500米，面积约5万平方米，呈不规则椭圆形，船坞西面留一个50米宽的船泊进出口与洪泽湖相通。环船坞外东侧为洪泽湖大堤，堤顶为老205国道，船坞东南的堤顶上竖立有一块高2.5、宽1米用原乾隆御碑改刻的毛泽东题字"一定要把淮河修好"碑刻。船坞的东边是清道光四年（1824年）因溃堤冲出的大塘，俗称"周桥大塘"，大塘四周的石工堤为保存原貌最好的石工墙之一（彩图四一）。
信坝船坞	清	淮安市洪泽县东双沟镇头坝村，洪泽湖大堤信坝遗址北。	船坞因邻信坝遗址北50米得名，船坞东西200、南北250米，面积约5万平方米，呈椭圆形。环船坞一周原石工墙现已全部被后砌的块石护坡掩埋，船坞西面留有一个30米宽的船泊进出口与洪泽湖相通。环船坞一周的洪泽湖大堤顶为老205国道。
礼坝船坞	清	淮安市洪泽县三河镇四坝村，洪泽湖大堤西侧。	船坞东西150、南北200米，面积3万平方米，呈椭圆形，西面留有一个30米宽的船泊进出口与洪泽湖相通。四周存有原石工墙，地上可见5层，5层以下被护坡覆盖，在石工墙的堤顶还镶嵌有石刻遗存2处，礼坝维修工程石碑仍镶嵌在船坞南端的石工墙上。环船坞一周的洪泽湖大堤顶为原205国道。礼坝现俗称四坝，坝体已不存。

（三）水关

水关即水门，文渠流经淮安三城共有水关9处，其作用是控制文渠的进水和出水，以防水患，便利舟楫通行，保持渠水清洁。

文渠水原由淮安府城西门之南的西水关（一名兴文闸，又名矶心闸、鸡心闸、响水闸）引西湖（淮城西边原有湖泊叫西湖，即管家湖。现清浦区黄码乡、盐河乡一带）水入城，并可出入小舟。自明永乐十三年（1415年），"城西管家湖凿渠二十里，运道改由城西，直达于淮"，因而西水关入城水量减小，不复如旧。明天启三年（1623年），知府宋祖舜、知县孙肇兴采纳了"士民公议，凿宝带河水"由巽关入城，"会西水关所来水同赴北水关"，于是"民家之饮啜，园蔬之灌溉，舴艋之来往，一切称便"[1]。北水关在旧城北门稍西，"两墙旧有石槽五层，可以下板"，"以防水患并盗贼也"。

新城水关有二，其一在新城南门西边，另一在新城大小北门之间，"当未筑城时为石闸，古邗沟

---

[1]（清同治十二年）《重修山阳县志》。

由射阳至末口入淮，石闸即古末口地也"[1]，自北辰堰筑后，"末口变为石闸"，自新城建造后，"石闸变为北水关"[2]。

夹城水关有4座，天衢门水关，平成门水关，阜城门水关，"今惟三门通舟，其东南水关亦曰巽关，今塞"[3]。

清江浦东水关

清江浦东水关位于淮安市清浦区闸口街道环城社区老清江浦城东南角文渠之上，始建于清代，主要用于沟通清江浦护城河水与里运河的排水和生活用水，一直沿用至今。用玄武岩条石垒砌而成，条石长80～120、厚25厘米，关口宽2.9、高2.5米，垒砌整齐，现架南北向水泥桥一座（彩图四二）。

（四）水患遗迹

表四　水患遗迹一览表

名称	时代	地点	简　　介
大口子遗址	清	淮安市清河区水渡口大道南，钵池山公园内	北临黄河大堤老坝口旧址，老坝口为治黄的重要水利工程。清乾隆三十九年（1774年），黄河暴涨，老坝口决溢，冲开很大一个决口，本地居民称其为"大口子"。20世纪八九十年代，大口子周围还保持着比较原生态的景象，碧波荡漾，芦苇茂密。2005年，钵池山公园建成，其被改造成公园内的湖（彩图四三）。
小口子遗址	清	淮安市清河区水渡口大道北、国税局南	在大口子北，与大口子同时形成，系清乾隆三十九年（1774年），黄河暴涨，老坝口决溢，冲积形成的水塘。通过桥洞与废黄河和钵池山公园内的大口子湖相连。2014年2～4月，因附近规划建设金融中心大部分被填。
龙窝塘遗址	清	淮安市淮阴区吴城镇堡工村北，距废黄河约500米。	龙窝塘当地传说为神龙发怒，一脚踩出的大水塘，实际为黄河泛滥决堤后冲刷而成，据《清史稿》记载，清康熙帝曾到此视察水情（彩图四四）。
九龙湾遗址	清	淮安市洪泽县三河镇四坝村，位于洪泽湖大堤九龙湾段。	为清康熙元年（1662年）的溃堤遗址。据说当年在堵塞溃堤时，曾采用一种传统迷信的治水方法，用一名叫"九龙"的童子打人肉桩，以祭水神，后在此建庙名曰"九龙庙"，湾称九龙湾。现庙已毁，湾址尚存。
周桥大塘	清	淮安市洪泽县东双沟镇庆祥村，位于洪泽湖大堤东侧。	清道光四年（1824年）农历十一月十二日午后，洪泽湖上西风骤起，天气凛冽严寒，浪之所经，旋时冻结，骇浪如山，使百里长堤在此处决口，洪水直落堤东，冲成近27米深的大塘。后林则徐率民工经6年的维修，于道光十年（1830年），沿大塘周边修筑长750、顶宽33米的内堤，将大塘围住。现为保存最完好的洪泽湖大堤石工墙原貌遗存（彩图四五）。
十三堡大塘遗址	清	淮安市洪泽县西顺河镇洪祥村，二河闸北。	清道光四年（1824年）十一月，高堰十三堡石工墙溃堤决口百余丈。时林则徐调任江苏布政使，翌年九月母亲逝，但朝廷命他戴孝赶赴十三堡决口处抢险。他身先士卒，不分昼夜连着数日，在抢修十三堡决口的同时，还抢修了周桥段溃堤处，工程完工时，因过度劳累而大病一场。

[1]（清同治十二年）《重修山阳县志》。

[2]同[1]。

[3]同[1]。

（五）镇水铁牛

《续纂清河县志》记载，清康熙四十年（1701年）五月五日，由河道总督张鹏翮主持，王国用监造，在码头镇铸"镇水犀"（俗称铁牛）16头，分置高家堰和黄、淮、运等险要地段，藉以镇堤防浪。今仅存7头，淮安境内5头，即高家堰1头、三河2头、高良涧2头，扬州境内2头，其中江都邵伯镇1头、高邮马棚湾1头。铁牛不仅是淮扬地区屡遭水患的历史见证，也寄托了人们降服水患的强烈愿望，1982年铁牛被江苏省人民政府公布为省级文物保护单位。

高家堰铁牛

高家堰铁牛位于淮安市淮阴区赵集镇高堰村三组的洪泽湖大堤上，东临二河，是仅存于洪泽湖大堤原址未作移动的一头铁牛。高家堰铁牛长173、宽83、高81厘米，昂首屈膝伏卧在宽83、厚7厘米的铁板底座上。铁牛与底座连成一体，总重2400千克。铁牛肩部有铭文曰："维金克木蛟龙藏，维土制水龟蛇降。铸犀作镇奠淮扬，永除昏垫报吾皇。"其后有"康熙辛巳年午日铸，监官王国用。"铸造工艺精湛，形象生动，魁形巨首，垂耳抱角，憨态可掬，可惜的是铁牛的抱角已遭破坏（彩图四六、四七）。

三河铁牛

铁牛身长170、宽83、高81厘米，牛作昂首屈膝伏卧状，与长150、宽83、厚7厘米的底板铸为一体，重约2500千克。铁牛肩部铸有阳文楷书铭文："维金克木蛟龙藏，维土制水龟蛇降。铸犀作镇奠淮扬，永除昏垫报吾皇。康熙辛巳午日铸。"和"维金克木，蛟龙远藏，土能制水，永镇此邦。康熙辛巳端阳日铸。"

高良涧铁牛

原有两只，其中一只在20世纪90年代被移到洪泽县城南公园。铁牛位于高良涧闸上右翼墙内，大小如真牛，均作昂首屈膝状，似哞哞欲叫，憨态可掬，横卧在厚约10厘米的联体铁座上，铸工精细，造型生动，重约2500千克。铁牛肩胛上刻有楷书阳文："维金克木蛟龙藏，维土制水龟蛇降，铸犀作镇奠淮扬，永除昏垫报吾皇。康熙辛巳午日铸。"

（六）其他水工遗迹

石工墙救生桩

石工墙救生桩位于淮安市淮阴区赵集镇高堰村。清康熙四十七年（1708年）南巡阅河时，康熙见洪泽湖此地地势险峻，风浪巨大，船只往来经常被撞破，于是命河工在湖边坝边立桩，在条石内打十字形铁架，外凸出一钩，用来钩住船只，类似于抛锚的作用。

高家堰水志

高家堰水志位于淮安市淮阴区赵集镇高堰村。据地方文史专家介绍，清康熙四十五年（1706年），在高家堰关帝庙前立水志，比石工墙高出约3尺7寸，主要作用是测试水位的变化。据当地百姓讲述，水志现被埋在路下面。

第五节　运河沿线古建筑、古城址、古遗址调查

（一）古建筑

1. 官署类古建筑及其附属遗迹

总督漕运部院遗址

总督漕运部院遗址位于老淮安城区中心，北为淮安府署，南为镇淮楼，处于南北中轴线上，地理坐标为北纬33° 30′ 28.8″，东经119° 8′ 17.1″。中国历史上主管全国漕运的最高机构，明代称总督漕运行政公署，清代称总督漕运部院。其主要职能是督察催促漕运事宜，管理南粮北调的筹运工作，驻有大批理漕官吏、卫漕兵丁。此处建筑始建于南宋乾道六年（1170年），为录事陈敏修建的官府建筑。元为淮安路总管府，元至元三十年（1293年）阿思重修。明洪武元年（1368年），淮安知府范中政改建为淮安府署，洪武三年（1370年），知府姚斌改为淮安卫指挥使司，成化五年（1469年），通判薛淮重修，隆庆五年（1571年），知府陈文烛将此重修，万历七年（1579年），都御史凌云翼将淮安府迁往城隍庙东，移总督漕运部院于此。

经过明清两代的不断修葺，总督漕运部院形成了宏大的规模，占地面积约2万多平方米，其布局严谨，画梁雕柱，飞檐翘角，雄伟壮观，气势恢弘，整个建筑群计有房屋213间。门前有宽大雄伟的照壁，右边有票事房；照壁右有吹亭，左有鼓楼，门前两旁有一对两丈多高纤尘不染的巨型白矾石狮。中轴线上建有大门、二门、大堂、二堂、大观楼、淮海节楼。东侧有官厅、书吏办公处、东林书屋、正值堂、水土祠及一览亭等，西侧有官厅、百录堂、师竹斋、来鹤轩等，大门前有照壁，东西两侧各有一座牌坊。

20世纪40年代逐渐被拆除，1945年10月，新四军攻占淮安城，将大堂拆除，木材运到盐城用作武器原料，总督部院旧址则改建为叶挺体育场，只有房基、础石仍存。2002年8月，在旧城改造中发现该遗址，对中轴线上的大堂、二堂、大观楼等遗址进行了发掘，出土元、明、清石柱础、石门墩、石门楣、石灯及琉璃筒瓦、脊瓦等。大堂、二堂、大观楼等墙基仍保存在地下。大堂坐北朝南，东西28.8、南北22.8米，34个石柱础保持原位，在大堂院东南角明清遗迹下3米发现有宋元文化层。遗址已被公布为江苏省文物保护单位，并在此兴建了总督漕运部院遗址公园，在遗址北侧建有中国漕运博物馆（彩图四八）。

总督漕运部院井

总督漕运部院井位于淮安老城核心处的总督漕运部院遗址西侧，淮城镇勺湖社区院西街南侧，地理坐标为北纬33° 30′ 27.5″，东经119° 8′ 15.7″。建于明代，为漕运总督公署使用，井深10米，呈瓮形，井腹直径3.2米，井身为青砖垒砌，砖间榫卯相接，该井是目前我国现存规模最大的古井之一，具有较高的历史、文化和科学研究价值。2002年，围墙巷改造过程中该井被发掘，并对古井进行了保护性维修，添置石井圈、井栏，竖立了古井说明牌。

淮安府衙

淮安府衙位于淮安市淮安区淮城镇东门大街33号，地理坐标为北纬33° 30′ 43.5″，东经119° 8′ 19.3″。始建于明洪武三年（1370年），之后一直设置于此，统治下属数州县，是封建统治政权的实物见证。

原有房屋50余幢600多间，以大门、大堂、二堂中轴线左右对称，气势宏伟。今存大堂、二堂及少量附属建筑。大堂为抬梁式，悬山顶，面阔7间26米，进深6柱14檩18.5米，高10米，居府衙建筑群核心位置。大堂是知府举行重大典礼、审理重大案件、迎送上级官员的地方。大堂北为二堂，二堂为知府处理日常事务之所，东西5间，长22米，南北3间，长11米，脊高8.5米。

辛亥革以后，淮安府衙失去作用，东西两路及中路大门、仪门等建筑逐渐被拆毁。2003年8月，经江苏省文化厅批准，政府投入214万元对淮安府衙大堂、二堂进行了维修及内部陈设。2006年11月，开始对府衙进行二期维修工程，主要包括六科、仪门、东西厢房等主辅建筑，现已对外开放（彩图四九）。

山阳县衙遗址

山阳县衙遗址位于淮安市淮安区镇淮楼西路1号，北依漕运公署遗址，南临文渠，东靠镇淮楼，西接明清步行街，处历史文化名城核心区，地理坐标为北纬33°30′21.2″，东经119°8′13.3″。据清同治《重修山阳县志》载："山阳县公署在中长街西，旧制大门东向，与卫镇抚署相对，明洪武六年（1373年）改南向，有板桥跨水以达亭事⋯⋯"20世纪50年代后期逐渐拆毁，部分建筑遗址存地下。

盘粮厅遗址

盘粮厅遗址位于淮安市淮安区淮城镇华亭村东北侧，地理坐标为北纬33°31′10.2″，东经119°7′45.0″。据《重修山阳县志》载："盘粮厅在北角楼西"，为漕运总督管理漕运的下设机构，原规模较大，今地面建筑已毁，基础仍存地下，有两块乾隆御碑碎片镶嵌于居民墙上。

两淮批验盐引所遗址

两淮批验盐引所遗址位于淮安市淮安区河下古镇西，地理坐标为北纬33°31′49.1″，东经119°7′25.3″。明清时期，淮安乃淮盐集散中心，故设淮北盐运分司及两淮批验盐引所于淮城之北郊，淮北盐商们亦集聚河下镇。两淮批验盐引所设大使和副大使各一名，其职责是检查盐商所运之盐与盐引是否相符，经批验后发往规定的口岸销售。清中叶批验所移至河下大绳巷程氏盐商懋敷堂，前堂后厦，宏深峻丽，后在盐运工人集会顶香请愿时毁于火。原有建筑已无存，部分遗址在地下，地表为菜地和民房。

淮安钞关遗址

淮安钞关遗址位于淮安市淮安区淮城镇板闸村西（里运河边），地理坐标为北纬33°33′0.6″，东经119°5′48.1″。俗称淮安榷关，或淮安关、淮关，设置于明清两朝，于民国时期被裁撤，是中央设在地方的税务机构。淮安钞关是中国"八大钞关"之一，也是全国最大的钞关。

据清光绪《淮安府志》载："关榷之设始于明代，一为户部钞关驻板闸⋯⋯"淮安关是封建王朝财政收入的重要来源，位于板闸镇东街、西街中间，中轴线上有东西辕门、大门、二门、大堂、二堂、后花厅、上房、后花园等。在南街西段的运河边，建有淮关大楼一座，在运河上设有关卡，专门办理船只查验报关和收税。

淮安钞关设有三关十八卡。三关为板闸关、宿迁关和海州关（在今连云港市）。十八卡为上一铺（在今淮安区河下）、下一铺（在今淮安区南角楼）、清江闸、码头、高良涧（在今洪泽县）、顺河集（在今淮安区）、东沟（在今阜宁县）、益林（在今阜宁县）、流均沟（在今淮安区）、车桥（在今淮安区）、老坝头（在今盱眙县）、蒋坝（在今洪泽县）等，以上机构关卡头目、卫队、巡查人员等有千人之众。

淮安钞关于1931年被裁撤，现存一根高17米的旗杆和石堤一段，位于运河东岸，石堤全长400米，全部用火山岩条石呈梯状向上累砌，另有码头3座。2006年，淮安区政府投入资金对其部分石堤进行修复，对周边环境进行了初步整治（彩图五〇）。

流均口旧址

流均口旧址位于淮安市淮安区泾口镇泾口村涧河北岸，地理坐标为北纬33°27′23.4″，东经119°28′56.9″。淮安钞关是明清时期朝廷设在淮安的户部税赋征收机构，其机构庞大，辖区范围较广，有三关十八口。流均口是其中的一"口"，设在涧河北岸，河中设卡，关房有二进，现存一进，面阔三间10米，进深5米，坐北朝南，面临涧河。据《续纂淮关统志》卷五《关口》记载，流均口原设于盐城县属之流均沟，清乾隆二十年（1775年），因该处地势低洼，屡遭水患，移驻于山阳之泾口，住民房六间，距大关八十里，实去流均不远，故其名不易。清末漕运裁撤后，此房屋变为民居（彩图五一）。

江南河道总督部院旧址

江南河道总督部院旧址位于淮安市清浦区清晏园内。明永乐时，此地为户部分司公署，主管"天下粮仓"常盈仓。清代河、漕分治，自清顺治元年（1664年）起，置总督河道部院，治所在山东济宁。康熙十六年（1677年），总河衙门由济宁迁至江苏清江浦（今淮安市）。雍正七年（1729）改总河为总督江南河道提督军务（简称江南河道总督或南河总督，管辖江苏、安徽等地黄河、淮河、运河防治工作），驻清江浦，副总河为总督河南、山东河道提督军务（简称河东河道总督或河东总督，管辖河南、山东等地黄河、运河防治工作），驻开封，分别管理南北两河。黄河北徙后，江南河道总督于咸丰八年（1858年）裁撤。1860年，前来夺取粮仓的捻军攻破清江浦，焚毁总河署和整个城市。同治元年（1862年），漕督吴棠于河署故址建新漕运总督府，兼管河务。现已重建江南河道总督部院（彩图五二）。

清晏园

清晏园位于淮安市清浦区人民南路西侧，地理坐标为北纬33°35′24.3″，东经119°1′21.6″。始建于明永乐十五年（1417年），时为户部分司公署，清代为河道总督部院驻地及其后花园。初名西园，继名淮园，又名澹园、留园，留园之名为即将离任的漕督陈夔龙"于其将去而未去也，因名之曰留园，用以留示后之览者"之意，此"留园"碑石尚存。后名清晏园，含河清海晏之意。清晏园是我国治河和漕运史上唯一一保存完好的衙署园林，有"江淮第一园"之称。

清晏园内的荷芳书院于清乾隆十五年（1750年）建成，十六年正月，乾隆第一次南巡，河道总督高斌就在此接驾。乾隆四十九年（1784年）第六次南巡，河督李奉翰之太夫人在该院跪迎圣驾。书院亦是文人墨客的会友之所，清代文人袁枚曾多次来游，留有脍炙人口的《留别荷芳书院》诗四首。书院在200年的历史中多有修葺，1985年，市政府又拨款按原样翻修，并将地基抬高，两翼连以碑廊。今书院石基高台，青砖灰瓦，单檐歇山顶，四周有回廊，面阔5间17.6米。前置石台，旁植松柏，著名书法家谢冰岩为其提写门匾、楹联。1987年，荷芳书院由淮安市政府公布为第一批市级文物保护单位。

清晏园全园占地120亩，其中水面50亩，属省一级园林，兼山水之胜，具四时花木。园内西北有明末所建关帝庙，面阔3间14.2米，进深7檩8.6米，单檐歇山，斗拱翘角，四周有回廊，殿内置关羽夜读《春秋》塑像一尊，庙前香火旺盛，庙外有红墙，今被并入园中。园南后并入涟漪别墅（又称路家花园），园北荷芳书院后的碑廊存有康熙、乾隆赐给历任河督的御碑10余方，另有石狮7对。2003年，清晏园由淮安市政府公布为第二批市级文物保护单位（彩图五三）。

康熙行宫遗址

康熙行宫遗址位于淮安市淮阴区凌桥乡鑫联村（原为王营镇杨庄金圩村五组，当地人称行宫庄），其东约300米为二河。地理坐标为北纬33°34′50.5″，东经118°54′49.9″。据清咸丰《清河县志》载，其为康熙年间建，康熙、乾隆南巡亲阅河工时驻跸于此。原建筑面积约3万多平方米，房屋99

间，1941年被毁，现地表仍可散见大量砖块瓦砾，现遗址范围东西约120、南北150米。

2. 粮仓

丰济仓遗址

丰济仓遗址位于淮安市清浦区西大街草市口北100米，地理坐标为北纬33° 35′ 25.8″，东经119° 1′ 8.2″。前身为始建于明永乐年间的常盈仓，是南粮北运的中转仓库，也是中国古代 "四大粮仓" 之一。明代常盈仓多次重修，清代沿袭明制，漕仓仍发挥重要作用。道光二十三年（1843年），库道徐泽醇重建，改名丰济仓。咸丰十年（1860年），捻军攻下清江浦，丰济仓毁。同治三年（1864年）春，时任清河县知事吴棠开工筑城，丰济仓原址在南门外，粮食作为重要战备物资，把仓库建在城外很不安全，同治八年，时任漕运总督张之万委派候补知县许佐廷负责建仓事宜，将其移建于城内阜康楼东侧现址。建成库房、马房、住房共500余间，仓库墙基为长条形石块，库房均为砖木结构，一律青砖小瓦，飞檐拱壁，古色古香，典型的明清建筑式样。丰济仓竣工后，同治皇帝曾亲临清江浦视察，足见丰济仓在全国的重要地位。当年，丰济仓可储粮百万石，是全国最大的皇粮储备库，肩负两大重任：一是南粮北运中转库；二是备荒储粮，平时春粜秋籴，遇到灾荒年份，开仓放赈。

民国《续纂清河县志》载："丰济仓有瓦房一百七十三间，草房四十八间；有旱谷田六十五顷，稻田二十三顷零九亩，滩田二十顷，柴田二十六顷十四亩，分别坐落山阳（今淮安区）、安东（今涟水县）、桃源（今泗阳县）、宝应等县。每年可收稻谷两千余石，收谷款三千余元（银元）。"

近代由于海运和铁路发展，漕运衰落，"淮仓所储米麦无几"，丰济仓地位一落千丈。到民国时期，丰济仓已不作粮库之用，改为机关用房，后又作军营、学校、医院。日军占领淮阴城，丰济仓又成为日本侵略军的军营。抗战胜利后，苏皖边区政府如有大型集会都在大院礼堂举行，张爱萍将军曾在这里办过公。解放后，这里成为清江市委机关宿舍大院，部分被市实验小学占用。杨义春先生曾在2005年走访时年80多岁的老人，据讲，当年的丰济仓有上百间房子，几十匹大马，粮仓地面用石块铺成，石块上做成木笼子，约80厘米高，木笼上再铺木板，粮食就堆放在木板上。

如今，丰济仓旧址能够看到的只有大院门楼，还有当年用作养马的7间小瓦平房（现已为居民用房），建筑面积约200平方米，大部分维持原貌，以及大门两旁铺在地上的10余块车痕累累的大条石，条石上清晰可见当年运粮马车辗成的车辙痕迹，有10厘米宽，3～4厘米深，可以想见当年军车运粮、高马长啸、人群繁忙之景象（彩图五四）。

另有石碑一块，现存实验小学院内。碑石由碑顶、碑身、碑座三部分组成，碑顶高55、宽74、厚32厘米，碑顶正面刻有"袁浦丰济仓记"6个大字，雕有龙纹；碑身高160、宽68、厚30厘米；碑座高43、宽83、厚50厘米。据碑文记载，该碑建于清道光二十三年（1843年）十一月十五日，碑文已破损模糊。碑文标题"清河丰济仓碑记"及首句"政以民为本，民以食为天"清晰可辨。

丰济仓遗址修复工程已进行，修复了门楼、养马房以及管理用房等古建筑约800平方米。

淮安板闸清代粮仓遗址

淮安板闸清代粮仓遗址位于淮安市淮安区淮城镇板闸居委会淮关，遗址东西20～50、南北约500米，跨运河大堤内外，面积约20万平方米。2006年，南京博物院考古研究所联合楚州区博物馆对遗址进行发掘，发掘面积232平方米，发掘清代房基2座、灰坑18座、简易粮仓1座，粮仓四面有方形柱洞8个，坑壁见有木板灰痕迹。粮仓内堆积土颜色呈灰绿色，可见少量稻壳。建筑方法是先在地面上挖出一个方坑，将坑底夯实，壁拍实，再在仓的四壁立柱，柱间树立木板。以仓高2米计算，体积有17立方米，可储粮约100石[1]。

该遗址的时代为清代中期，发掘过程中发现了墙基、柱洞、居住面、砖铺地面、灰坑、灶、简易粮仓等遗迹，出土陶器、瓷器、紫砂器等遗物共300多件，还有少量的动植物遗存。该遗址遗迹现象丰富，出土器物种类较多，一定程度上反映了清代中期板闸运河大堤附近人民的生活，对研究清代中期运河沿岸社会生活的发展变迁提供了宝贵的实物资料。

板闸古粮仓遗址应为南北商船在此转运的见证。该遗址的发掘，对研究明清时期的运河漕运史有十分重要的意义，充分证实了运河在古代南北漕运上的历史地位，也窥见到繁华时期的板闸淮关舟楫成群、商贾云集、茶楼酒肆林立的景象。板闸古粮仓遗址的发掘，对研究明清时期的漕运史有重要的意义，也反映了淮安在大运河历史上的重要作用。

3. 楼阁亭台

镇淮楼

镇淮楼雄踞淮安古城中心，为代表性建筑，位于淮安市淮安区镇淮楼东、西路交汇处，北依漕运公署遗址，南临文渠，地理坐标为北纬33° 30′ 22.2″，东经119° 8′ 16.6″。当地人俗称鼓楼，建于宋宝庆二年（1226年），原为镇江都统司酒楼。在元代，淮安"置总管府，用以控制南北舟车转输"，楼上便悬挂"南北枢机"、"天澈云衢"的金字匾额。明代楼上置"铜壶滴漏"，用以报时，故又名"谯楼"。后又置大鼓专司打更、报警，故又称"鼓楼"。

明正德《淮安府志·规制》载："谯楼，一座三间，在仪门（指漕院门）前四十步。台高二丈五尺，宽五丈。宋宝庆二年（1226年）创建，元末张士诚部将史文炳重修，洪武十九年（1386年）倾圮，永乐十七年（1419年），镇守淮安指挥使陈瑄等重建。"清乾隆《山阳县志·城池》记载："谯楼在城中央，原额曰'谯楼'，后改曰'南北枢机'。旧置铜壶刻漏，更筹十二辰、二十四气牌，阴阳生居之，今无。"

淮安"扼江北之要冲，为南北交通之孔道"，纵贯全境的大运河，是当时南北交通的命脉。南粮北运，要从运河穿长江，越淮河，才能北上。船只以到淮安视为安全，无论文武官员、显宦世家、巨商富贾、文人墨客和僧道名流，都要登楼祭酒，以庆幸运。

清代乾隆年间，因水患不断，为震慑淮水，更名为"镇淮楼"。镇淮楼因年深日久，风雨浸蚀，迭遭兵燹，毁坏倒塌，清光绪七年（1881年），知府孙云锦重修后，仍保持原有风格，上方以魏碑体书写"镇淮楼"3个径尺大字，台长约26、宽约14、高8米。从底至上由大渐小，近似梯形。东西台侧砌有砖梯，楼台四周筑有半人高砖砌花墙作为栏杆，中央建有三间两层木结构高楼，歇山重檐，楼四周设有走廊，均安装木格门窗，楼两侧设有耳房。

现镇淮楼经1958年重修，坐北面南，为砖木结构城楼式单体建筑，将楼身放大增高，变木结构为砖木结构，改花墙为实墙。下层为砖砌基台，长28、宽14、高8米，略呈梯形，坚实稳重，基台正中为拱形门洞，宛如城门。上层为两层重檐歇山式楼宇，面阔3间。楼下有花园、回廊。东西两侧砖梯改为直角条石阶梯，东西两端从南北两侧皆可登楼；楼基亦放大加高，仍由砖土筑成，东西36、南北26米，拱顶高3.2、宽4.8米，楼基上建3间两层砖木结构楼宇，东西13.4、南北6.82米，四周回廊宽1.95米。全楼通高18.5米，楼顶为重檐九脊式，四角翘起的龙头双目圆睁直视，大口吞云吐雾，似有腾飞之势，令人惊叹不已。屋脊上塑有两条卧龙（螭吻），顶端镶嵌的4个瓦制龙头玲珑剔透，底层楼的回廊里，20根赭红色柱子的横梁上绘有古色古香的花纹，在横梁和柱子的接头处刻有凤凰、孔雀和麒麟

---

[1] 南京博物院：《大运河两岸的历史印记：楚州、高邮考古报告集》，第85页，科学出版社，2010年。

等动物图案。整个建筑结构敦厚坚实、造型优美，具有浓烈的民族特色，为省级文物保护单位（彩图五五）。

龙光阁遗址

龙光阁遗址位于淮安市淮安区城东乡刘湾村西侧，南临涧河，坐落在淮安古城东南护城岗上，地理坐标为北纬33°29′46.6″，东经119°8′44.0″。漕运总督朱大典于明崇祯丙子（1636年）建，"以壮文峰"，其门西向与西北文通塔相应。清顺治戊戌年（1658年）漕运总督蔡士英对龙光阁修葺。康熙初年，漕运总督林起龙对龙光阁又进行了一次大规模的修缮，至康熙末年倒塌。道光二十三年（1843年）由丁晏、何锦领头复建，时京城都察院左都御史李宗昉亲笔书写"龙光阁"3字巨匾，丁晏撰有《重建龙光阁记》。修复后的龙光阁三层八角，高约六丈，金碧辉煌，雕梁画栋。上下厅房4间皆有走廊，西廊外有月洞门，门外小院有僧舍及厨房3间，中有后门出入，地方名士和各地过客常畅游于此，题咏甚多。此阁抗战时被日军拆毁，部分基础仍在地下。

清江浦楼

清江浦楼位于淮安市清浦区里运河南岸淮阴卷烟厂北侧河堤上。始建于清雍正七年（1729年），楼两层，青砖灰瓦，方形。下层砖砌东西向拱门通道穿堂而过，门宽2.4、高2.1米，东西两侧门楣上各嵌白矾石石匾一块，横刻"清江浦"3字，上款竖写"雍正己酉岁孟秋吉旦"、"道光甲申仲秋吉旦"，下首竖写"管理山清里河督捕理事分府夏□重建"、"钦加府衔山清里河理事分府张栋□重建"。清江浦楼一直为清江浦的标志，1987年由淮安市政府公布为第一批市级文物保护单位（彩图五六）。

平桥迎龙亭遗址

平桥迎龙亭遗址位于淮安市淮安区千年古镇平桥镇西首，紧邻京杭大运河堤，地理坐标为北纬33°22′52.2″，东经119°12′26.3″。清乾隆皇帝卜江南逗留平桥，乡绅林百万建迎龙亭迎驾，以鲫鱼脑、鸡汁制作豆腐羹款待皇上，"平桥豆腐"因此得名。"迎龙亭"毁于战火，现建筑为1992年在遗址上复建。

码头龙亭遗址

码头龙亭遗址位于淮安市淮阴区码头镇张庄镇村，西距王顺路约800米，地理坐标为北纬33°32′23.5″，东经118°55′31.9″。清代康熙、乾隆皇帝屡次南下视察水患路过此地，建亭于此以纪念。亭已毁，基础仍存，系糯米汁、桐油、石灰拌黄沙、碎石砌筑，基础厚约2.5米，平面呈圆形，面积约50平方米，遗址周围曾出土过黄色琉璃瓦构件等。现建筑系1999年重修。

平成台遗址

平成台遗址位于淮安市淮阴区码头镇二闸村，地理坐标为北纬33°32′38.98″，东经118°56′14.54″。始建于乾隆初年，在惠济祠南50丈、天妃坝石工东侧，为祭祀天神之所。乾隆十六年（1751年），皇帝南巡，曾于此召集河臣议事，面授机宜。原有坛庙，颇为壮观，久圮废。现为隆起的高地，种植有小麦，东西约50、南北约90、高出堤岸约3米，其高亢尚可想见当年之景象。原址靠近村级道路处留有乾隆阅河诗碑。

4. 寺庙、祠堂

天妃宫遗址

天妃宫遗址位于淮安市淮安区淮城镇西长街西侧天后宫巷西首，处于月湖之内一座小岛上，西临里运河，测点地理坐标为北纬33°30′4.9″，东经119°7′57.1″。明宣德年间为祷天妃神后保佑漕船平安，改灵慈宫为天妃宫，有君子堂等共10余间，清康熙时又称为天后宫。解放前因战火等原因被毁。

文通塔

文通塔位于淮安市淮安区淮城镇西门大街68号（勺湖公园西南侧），北侧临湖，西靠古运河，地理坐标为北纬33°30′41.9″，东经119°7′53.8″。文通塔，又名尊胜塔、僧伽塔和文峰塔，居城西北勺湖园。始建于东晋大兴二年（319年），重建于唐中宗景隆二年（708年），为木结构楼阁式佛塔，共13层高达40余米，后至宋重修改为7层砖塔。明崇祯时遭遇水患，塔损毁只剩2层，崇祯二年（1629年）重修改为密檐式砖塔，7层高约26米，因塔旁有文通寺，便改名为文通塔。改名文通塔后，也有文峰塔之作用，与城东南所建之龙光阁遥遥相应，"以壮文峰"，兼做淮地风水塔。

塔身镶嵌有一块清咸丰元年（1851年）"重修文通塔记"碑，现文通塔为清咸丰年间重修后的建筑，仍保留明代原貌。该塔为七层八角密檐砖结构，塔身无梁无柱，一层塔身高大坚固，向上各层每层收敛较大，塔体呈现明显的八棱锥形，与其他砖塔区别较大。塔身通体涂成黄色，加上青瓦密檐，在同类塔中也较为少见。塔身一层四面设有佛龛，供有佛像，其余各层层高较低，隔层朝四面八方开有券门或假门装饰。塔顶部八脊翘檐，上为托莲座塔刹，据说有一尊观音菩萨端坐莲座之上。整个文通塔敦坚厚实，古朴端庄。

新中国成立后，政府先后于1958、1966、1979、1997年四次拨款修塔。1997年维修后，塔整体保存良好，塔身为砖结构，近似楼阁式，七层八面，黄身青檐（彩图五七）。

湖心寺遗址

湖心寺遗址位于淮安市淮安区淮城镇公园村，地理坐标为北纬33°31′24.4″，东经119°7′13.4″。亦名佑济寺、十方禅院，北依古运河，"（淮安城）西北五里，背堤面湖"，"当日为淮郡第一名刹"，亦是苏北地区的佛教名寺之一。

湖心寺始建于唐末，原址在城西管家湖（亦名"西湖"）中。湖心寺襟河面湖，烟波浩渺。历经宋、元，以迄于明。由于水灾兵患，其间几兴几废，至明代中期，寺院已被河（黄河、淮河）水冲坏，寺址成为平陆，里人黄週等，咸捐助置祖，议在原址恢复湖心寺。明隆庆年间，淮安知府陈文烛在寺中建招隐亭。至万历十八年（1590年），达观大师易草庵为瓦殿，塑丈六金身及千叶宝莲如来像。后郎目禅师建"普光法堂，次第建三佛中殿门，倚舟堂"（《重建湖心寺碑记》），遂使寺院焕然一新，湖心之名，远震十方。其时易寺名曰"十方禅院"。明末，寺几废矣。到了清康熙年间，寺貌逐渐恢复如初，规模也逐渐扩大。康熙四十四年（1705年），清圣祖玄烨再次下江南巡视，途经淮安，敕赐寺名为"佑济寺"，故湖心寺又名佑济寺。至民国初已成为苏北佛教中心。

寺院东西300、南北约500米，以山门、大雄宝殿为中心，计有130余间房屋，从河下杨家渡至山门建有4座牌楼。今寺庙建筑无存，部分基础仍存地下。20世纪50年代初改为康复医院，60年代改建为淮阴农校，现改为淮安生物工程高等专科学校，西南有淮安盐化厂。

河下清真寺

河下清真寺位于淮安市淮安区河下古镇清真寺巷内罗家桥西隅，西傍里运河，地理坐标为北纬33°31′44.1″，东经119°7′34.7″。占地面积约800平方米，大门朝东，大门上方有白矾石匾额，镌"古清真寺"4个正楷大字。门厅后是大殿，殿门上方有一块栗树制作的匾额，上书"思无邪"3字，系清道光十年（1830年）淮安知府田锐所题。大殿共4间，前三后一，呈凸字形。前三间面阔10、进深6.2米。后一间面阔4、进深3.5米，备阿訇做礼拜之用。殿前置走廊，轩顶，大殿整体建筑均为抬梁式砖木结构。天井北侧是面南的两层小楼，共4间。大殿西北侧有水房3间，供穆斯林祈祷前淋浴之用。整体保存较好（彩图五八）。

板闸三元宫

板闸三元宫位于淮安市淮安区淮城镇板闸村里运河东侧，地理坐标为北纬33°32′58.7″，东经119°5′51.0″。始建年代不详，现为清代建筑，是明清时期板闸镇一处重要的宗教建筑。三元宫的"三元"是根据上关日赐福、地关日消灾、水关日解祸而来。现占地面积约1000平方米，建筑面积400多平方米，存5幢房屋，有大雄宝殿、前殿、山门及南北厢房各一幢，皆为硬山顶抬梁式。其中大雄宝殿面阔5间14.10米，进深九檩11米，檐口高4.2米，脊高8.5米。原大雄宝殿与两侧厢房有廊轩相接，现已改砌成墙壁。板闸三元宫是淮安市保存较完整的一处明清时期的宗教建筑，2006年公布为第四批市级文物保护单位。第三次全国文物普查时，大殿毁坏严重，整体略向东倾斜，屋面已有几处破损，部分木构件腐朽，已成危房（彩图五九）。

青龙庵

青龙庵位于淮安市清河区里运河北岸越河街140号大闸口东，地理坐标为北纬33°35′43.4″，东经119°01′56.7″。亦名青龙禅院，今改名青龙寺。始建于清乾隆二十四年（1759年），在偏房二楼的大梁上有"大清乾隆二十四年八月十五日主持比丘尼通福募建"字样。南望里运河，清代这里南船北马，香火旺盛，人们来庵里烧香祈福。庵内有主殿两层，附属房屋数十间，有古井一口和一棵250多年的古银杏树，银杏树傲然挺拔，枝繁叶茂，其间梅花绽放，翠竹茂盛。"文革"期间，寺庙遭到严重破坏，再加上年久失修，后残破不堪，现已经被修复（彩图六〇）。

陈潘二公祠

陈潘二公祠位于淮安市清浦区闸口东南轮埠路140号里运河南岸，地理坐标为北纬33°35′32.7″，东经119°1′58.3″。该祠原在清浦区大庆路光华化学厂院内，原名陈公祠，建于明正统六年（1441年），用于纪念陈瑄。清乾隆二十二年（1757年），又附祀潘季驯，改今名。陈瑄、潘季驯均为明代治水功臣，陈潘二公祠原存大殿一座，歇山顶、飞檐翘角，面阔5间19.2米，进深9檩12米。有明代圣谕祭祀碑2块及碑趺石赑屃一座。1987年9月，由淮阴市人民政府公布为第一批市级文物保护单位。1997年，淮阴卷烟厂因技术改造需要，经江苏省文化厅批准拆除该祠，但移建工程一直未予落实。后经淮安市文化局修复并移建至轮埠路，并对外开放。

吴公祠

吴公祠位于淮安市清浦区轮埠路141号里运河南岸，地理坐标为北纬33°35′32.5″，东经119°1′59.8″。为祀漕运总督吴棠，于清光绪三年（1877年）奉旨建祠，占地面积约600平方米，祠内现有堂宇2座。其中享堂3间，面阔10.4米，进深6.9米，悬山顶，明间高出0.7米，另起垂脊，墙上嵌有建祠纪事碑石2方。祭堂3间，悬山顶。两堂现已维修完毕。2003年由淮安市政府公布为第二批市级文物保护单位。

清江浦文庙

清江浦文庙位于淮安市清浦区闸口街道石桥社区轮埠路169号，西邻慈云寺，北靠里运河，南望楚秀园。于文庙大成殿孔子像前测点，地理坐标为北纬33°35′34.2″，东经119°1′51.0″。明嘉靖九年（1530年），工部主事邵经济建崇景堂于此，后因河垣驻节，屡加修葺。清康熙三十七年（1698年），始称文庙。道光三年（1823年），总河黎世序移向正南重建，第二年工成。是时大成殿、大成门、东西庑、神库、燎炉、名宦祠、忠孝祠、泮池、环桥、棂星门、东西斋、崇圣殿、藏经阁等建筑鳞次栉比，排列有序。其大成殿龙脊鱼尾、飞檐翘角、黄瓦朱墙、崇台石栏，十分壮观。咸丰十年（1860年）毁于兵燹，同治四年（1865年），漕督吴棠重建大成殿。

文庙现存棂星门、大成门、大成殿、崇圣殿、藏经阁等核心建筑，为苏北地区所存为数不多的典型寺庙建筑遗存。大成殿石基高台、单檐歇山顶、龙脊鱼尾、飞檐翘角，四周有回廊，面阔5间24.6米，进深3间9檩13.7米，通高15米，面积361平方米。藏经阁悬山顶，面阔5间21米，进深3间9檩11米，脊高11米，檐高8米。2002年由江苏省政府公布为第五批省级文物保护单位（彩图六一）。

慈云禅寺

慈云禅寺位于淮安市清浦区闸口街道花街居委会，花街与承德路交汇处，西北部约200米为里运河，南靠文庙。于大雄宝殿门前香炉南1米处测点，地理坐标为北纬33°35′34.0″，东经119°1′44.6″。

该寺始建于明万历四十三年（1615年），原名慈云庵。清康熙十五年（1676年），大觉普济能仁国师南游，于此说偈跌坐而逝。后康熙帝下诏，钦赐"慈云禅寺"匾额，改庵为寺。清高宗两次南巡，皆到寺内瞻礼，钦赐"慧照常园"匾额悬于大雄宝殿之上。有山门、钟鼓楼、金刚殿、大雄宝殿、藏经楼、后殿、斋房、国师殿、观音殿等。鼎盛时，共占地1.6万平方米，成为清江浦六大古寺之首。

慈云禅寺历经沧桑，几度兴衰。今存金刚殿，面阔3间13.8米，进深9.1米，歇山顶。藏经楼面阔5间23.4米，进深13.3米，高13米，歇山顶。后殿面阔22.8，进深11.7米，歇山顶，还有西厢房等18间。1986年，江苏省政府将慈云禅寺列入省重点寺庙名单，淮安市政府拨专款从寺内搬迁走五金仓库。该寺又募资修复了天王殿、藏经楼、国师殿和罗汉堂、客堂，并将原有房屋改建成三圣殿、地藏殿、观音殿、几禅堂、斋堂等。1987年由淮阴市政府公布为第一批文物保护单位。1994年12月15日，修缮一新的慈云禅寺正式对外开放（彩图六二）。

惠济祠遗址

惠济祠又称天妃庙、奶奶庙、铁鼓祠，地处清口黄淮运交汇处。码头镇境内与水运相关的祠庙非常多，用当地老百姓的话说，是"大庙套小庙，一步三个庙。"遥想当年，庙宇相望，不绝于目，钟鼓相闻，不绝于耳。

惠济祠始建于明正德二年（1507年），清乾隆十六年（1751年）重修，原惠济祠"文革"中已毁，遗址位于码头镇码头村三组（原名二闸村，后改为码头村），测点地理坐标为北纬33°33′6.10″，东经118°56′26.84″。现北距二河约500米，地处张福河东岸，里运河西岸。

惠济祠遗址紧靠天妃坝石工堤，系利用河堤高台地营建，其西北侧曾为黄、淮交汇处。遗址高台高出周围地形约3米，遗址被原二闸村居民住宅所占，现已拆迁。有居民家中收藏有原祠上的黄色琉璃瓦当和兽脊，部分居民家的老房屋系用拆惠济祠的砖建造。乾隆南巡时视察河务曾驻跸于此，祠前立有御制重修惠济祠诗碑，保存基本完好，目前为全国重点文物保护单位。

明正德初，道士袁洞明卜地河浒，建太山行祠。武宗南巡时驻跸祠下。嘉靖初，章圣皇太后水殿渡河，赐黄香白金，额曰"惠济"。清即其旧宇，崇祀天后，遂称"天妃庙"。又因庙有铁鼓，故亦名"铁鼓祠"。雍正五年（1727年），敕赐天后圣姥碧霞元君。乾隆十六年（1517年），皇帝南巡，设行宫于祠左，因命重修，仿内府坛庙式，火珠耀日，飞阁凌空，虽在郊原，而有皇居之美。《淮阴风土记》载："祠据重冈之土，地势如脊，其左面及前方皆运河。昔日漕运之时，南漕一百五十余万石，触舻相继，经过此间，望祠三面，乃须三日。故舟抵津沽，恒举以语人，谓'南河有个奶奶庙，东山头到西山头，三天三夜'。"

惠济祠分正殿（又称无梁殿）、篆香楼、三清阁三部分，然均为战火和"文革"所毁，残存者仅有祠门旁所立的一块石碑，乃乾隆皇帝御笔。原建筑规模宏大，仿内府坛庙式，有前殿、行殿、篆香楼、碑亭、回廊等建筑，占地面积约2.5万平方米。民国以后，屡遭破坏，现建筑无存，有石础、石鼓及大量的黄绿琉璃瓦构件等。惠济祠曾为古运河沿岸规格最高、规模最大、香火最旺的一座祠庙，南来北往的船民顶礼膜拜，帝王将相、文人雅士驻足谒览，乡间民人更是至今赶会祈祷。

文华寺遗址

中国文化遗产研究院调查组在2008年调查走访时，认为文华寺遗址在枚乘故里（著名的白果树所在地）西。后经曾在文华寺当过小和尚的80多岁的老杨师傅指认，并经淮安市博物馆2012年考古勘探证实，文华寺位于今淮安市淮阴区码头镇码头村三组（原二闸村）东北，为一片高台地，东侧紧邻二河大堤，西近天妃闸（新庄闸）旧址。2012年考古勘探时证实小里河遗址在惠济祠东侧不远，有泥沙淤积，地势略低，依稀可辨河道痕迹，每至雨季，雨水便汇聚成汪。文华寺遗址与惠济祠遗址隔小里河相望，2002年5月曾于地下挖出青砖砌的墙基。

据当地百姓及文史专家介绍，文华寺始建于宋代早期，是当时淮安地区最大的寺庙，占地面积约4万平方米，两进院落。由于其面积较大，当时有"骑马观山门"之说。南宋时期一部分毁于战火，后黄河夺淮又毁掉一部分，直到解放初期，后大殿仍旧存在，但由于年久失修，自己倒塌，现在是一处遗址。当地老百姓称为"龙华寺"。咸丰《清河县志》卷三《建置》载："在新庄镇，万历年建，嘉庆十六年（1811年）重修。"毁于民国年间，现为一片农田。传说其最后一任住持今仍健在，居于苏州。

明万历九年（1581年），漕抚凌云翼开挑永济河，以备清江浦黄河齿堤之虞，即从文华寺起。清康熙十八年（1679年），靳辅自文华寺淤高之永济河头起挑河七里，至七里闸，以七里闸为运口。康熙三十九年（1700年），张鹏翮开三盆引河，引淮水从七里河至文华寺入运河，用以济运。乾隆二年（1737年），高斌自张王庙前开新河后，于文华寺上下建通济、福兴正越四闸。由此可见，文华寺在明代后期至清代前期黄、运、淮三股势力此消彼长，从而导致运河多次改道中，具有非常重要的地标意义。

关帝庙

关帝庙原址位于码头镇码头村二组（原二闸村），测点地理坐标为北纬33°32′50.47″，东经118°56′20.31″，西侧为码头村水泥路。

据清咸丰《清河县志》卷三《建置》，为明天启五年（1625年）建，清嘉庆二十三年（1818年）重修。原来有正门、厢房、大殿及碑刻，"文革"中毁坏，后存大殿半间，仅有一座断壁残垣的单体建筑，墙有两面，无顶，从其散落的断梁、柱础等可想到当年建筑的坚固。当地老百姓称，庙内有16根石础明柱，均一人难以合抱。

2008年调查时关帝庙尚存局部，原址平面约呈长方形，原庙建筑大多不存，仅存残墙三堵，已经破败不堪，地基尚存，但也有破坏，可见青条石。2009年，因修建明远路恰从其上经过而拆除，后在其西北不远处路边复建。

河神庙

河神庙位于御坝村六组，今张福河西侧，地理坐标为北纬33°32′50.19″，东经118°55′35.07″。据清咸丰《清河县志》卷三《建置》载："在顺黄坝，乾隆四十三年（1778年）建。"此处为明清时的黄河险段，河水常冲决堤坝，倒灌运口，甚至入淮，故所建工程比别处坚固完整，并设立志桩，测量河水高程。建设河神庙是为了祈求河神保佑，后由于黄河河床淤高，河神庙所处成为地势卑下的险工，庙遂废。河神庙遗址曾出土铜菩萨等文物，其近旁有河神庙碑4通，俗称四龙碑，此碑毁于"文革"中。

风神庙

风神庙系张福河东岸的一处古庙宇，推测是运河行船祈祷风神的一处祠庙。其地处于今码头镇北，距离桥头十字路口约250米，在路东，中心位置地理坐标为北纬33°32′22.02″、东经118°56′1.68″。

2008年冬到这里调查，村民尚知其确凿地点。附近群众说：庙门向西，上有"风神庙"匾额。建筑为一字连房，即多间相连的房屋。庙里有神，是男性形象，后被拆毁。庙内原有和尚，现为废品收购站，地表存有少量大青砖。码头街南北主街道皆处于张福河东堤上，堤顶即为道路，当地居民沿道路两侧建房，形成街区。风神庙旧址所在处为一向堤外伸出的平台，台高与堤顶平。

《淮系年表》图一〇注文：风神庙为第一次建束水坝址；风神庙至平成台一百六十丈，其地有一束水坝，东西坝长八十二丈。由此又至惠济祠二百九十丈，其地有一束水坝，东西坝长一百六十八丈。再北三百丈，至福神庵束水坝（后改名御黄坝），其东西坝共长二百五十八丈。

该地点在历史上曾作为运河工程量起算点，由此为基点，可推算出其他古工程遗址地点，故其作为庙宇遗址，除了具有历史文化意义外，还具有特殊的考古研究价值。

大王庙

大王庙即金龙四大王庙。金龙四大王，主管黄河。明清时期，运河沿岸的大王庙分布极为密集，仅今码头镇境内就有顺黄坝、惠济越闸、惠济正闸等好几处。从其分布地点基本反映出黄河、运河的险工地段，大王庙数量之多亦可反映出码头镇在运河上的重要性。

码头镇境内上述大王庙遗址未能探寻到。

淮渎庙遗址

该遗址位于淮安市洪泽县老子山镇龟山村西，胡明江家屋后，地理坐标为北纬33°7′15.1″，东经118°32′7.9″。淮渎庙目前存有一块重修淮渎庙记碑，为明嘉靖庚寅年（1530年）"议大夫督察院右副督御史前总漕运兼抚凤阳等处地方兰溪渔石唐龙撰书"。碑高265、宽115、厚23厘米，碑文柳体楷书，共16行，满行42字，字径6×6厘米，全篇约670字。碑背面有碑记一篇。碑座长150、宽70、高50厘米。碑额已调查发现，待起吊安装。1998年8月，经淮安市文化局、洪泽县文化局和老子山人民政府进行全面维修、清理，重竖于此。

5. 会馆、故居

润州会馆

润州会馆位于淮安市淮安区淮城镇新城社区美食广场北侧，处于老城西北角、居萧湖公园的南岸，三面环水，西傍古运河，地理坐标为北纬33°30′47.7″，东经119°8′28.7″。原为观音庵，清嘉庆年间由镇江寓淮商人改建为会馆，作为聚会联谊和议事之所。现存大厅一座，坐北朝南，青砖黛瓦，带抱厦式勾连搭，前为轩廊，宽1.5米，后为硬山顶抬梁式，面阔3间13米，进深8米，檐高3.8米，正檩书有"大清嘉庆岁次十八年（1813年）癸酉孟冬镇江府丹徒县香烟行众姓人等重新建造成功告竣"。2006年经过大修，保存较好。

江宁会馆

江宁会馆位于淮安市淮安区古镇河下中街，地理坐标为北纬33°31′37.4″，东经119°7′35.7″。具体建造时间和规模不详，现存面东房屋一座，为清代南京商人所建，面阔6间18米，进深7檩7米，硬山顶抬梁式，青砖黛瓦，墙基为大条石垒砌，基高0.6米，门额上方有"江宁会馆"匾额一方，白色大理石料，宽90、高40厘米（彩图六三）。

裴荫森故居

裴荫森故居位于淮安市淮安区河下古镇姜桥巷30号，处于河下古镇中心区域，西傍古运河，南望萧湖，东、北为民居，地理坐标为北纬33°31′38.0″，东经119°7′43.2″。

裴荫森（1823～1895年），字樾亭，江苏阜宁人，自光绪十年（1884年）以后，曾定居淮安。清同治二年（1863年）进士，同治九年（1870年）从湖广总督李鸿章办理营务，光绪九年（1883年）调任福建按察使，后又署理船政大臣。光绪十五年（1889年），归淮养病，寓河下。故居现存厅房、穿堂、堂屋等4进，坐北朝南，共25间，占地面积约800平方米，均为硬山顶抬梁式，青砖黛瓦，清水脊墙，其堂屋面阔3间，本地典型的"一门三塔"，磨砖飞檐，通面阔11.5米，进深7檩7米，檐高3.6米，室内木隔板辅以方砖铺地。第三次全国文物普查时，整体保存一般，部分屋面、墙体破损，主屋后墙略有倾斜，三个天井有少量乱搭乱建物。

6. 古镇、古街巷

河下古镇

河下古镇位于淮安古城西北隅、里运河畔，为古邗沟入淮处的末口，曾名北辰镇，是淮安历史文化名城的核心保护区之一，至今，整个街区仍保持着明清时期的建筑格局。这里曾诞生巾帼英雄梁红玉、大文学家吴承恩等多位历史名人。明清两代这里曾出过67名进士、123名举人、12名翰林，有"进士之乡"之称，文化底蕴十分深厚。

明清时，河下是淮北盐集散地，淮北盐运分司曾设在这里，沿海各地所产淮盐全部运到河下，经检验抽税后再分运各地销售，淮北盐商均萃居于河下，河下为重要的商埠，同时，由于清江督造船厂设于清江浦，河下还是漕船零部件配套加工基地。

据《河下志》载：当年河下有108条街巷、44座桥梁、102处园林、63座牌坊、55座祠庙。明清时期，这里富商的豪宅甲第连云，与扬州盐商的园林相媲美，有名的古迹有状元楼、魁星楼、吴承恩故居、左忠壮（左宝贵）公祠、清真寺、古文楼等。河下镇内还有一批文物保护单位和一批古迹保存完好，有保存较完好的明清风格的名人故居和传统民居及会馆，如汪廷珍故居、吴鞠通故居、夏曰瑚宅等，当年的盐商园林大都已毁。

因运河而兴，因运河而衰，河下古镇鼎盛时有"扬州千载繁华景，移至西湖嘴上头"之美誉。运河经济时代的中国，淮安与扬州、苏州、杭州成为都市繁华的典范，并称"淮扬苏杭"。作为南船北马的交通中枢，淮安鼎盛一时。清末，由于淮北盐的集散中心移至王家营的西坝，漕粮由河运改为海运等原因，河下逐渐败落。

河下80%以上的民居系民国以前的砖木结构，清代以前的建筑占70%以上，石板路面占90%，历史风貌基本保存完好。具有代表性的街、巷、桥有湖嘴大街、估衣街、花巷、茶巷、罗家桥等。2002年，河下被住房城乡建设部和国家文物局公布为全国30个历史文化街区之一，古镇现为全国重点文保单位京杭大运河文物遗存（彩图六四）。

河下石板街

河下石板街位于河下古镇核心区，西南接古运河，东临吴承恩故居，北迄市河，在石板街南侧测点地理坐标为北纬33°31′32.7″，东经119°7′41.1″。河下位于淮安古城西北，濒临运河，明清时为淮盐集散地。康熙年间，安东人程丹林捐银购石板铺路建桥，北起程公桥，南覆运河堤，西至罗家桥，东迄估衣街东首，在主要道路上铺砌麻条石，共长约5000米，条石长100、宽50、厚10厘米。现石板街大部分石板仍然保存，河堤下还有石台阶、石板坡、石桥等遗存。总体保存一般，个别街道的石道不完整，部分条石遗失、毁坏、污染，另几座桥梁的栏杆已不存。

板闸石道街

板闸石道街位于淮安市淮安区淮城镇板闸村，现有石道街西起里运河，东迄翔宇大道，共计约1500米，宽3米，条石长100～120、宽35、厚10厘米，在里运河河堤下还有石台阶、石板坡。在板闸古镇中心处取点，测点地理坐标为北纬33°33′5.0″，东经119°5′50.3″。板闸是位于运河沿线上的古镇，历史上漕运的兴起、关权的设立，使小小的板闸平地崛起，明清两代几百年中，商贾云集，经济发达，市井繁荣。明代因淮安关（钞关）设于此地，建石街道，总体保存一般，周边环境变化较大，两侧为清末民初房屋，街西侧现代建筑增多，个别街道的石板保存不完整，部分条石遗失、毁坏、污染。

码头镇

码头镇最早为秦代淮阴县治所在，濒临淮河，后因运河而兴，为运河沿岸一著名大镇，原称"马头"。"U"形运河河道从东、南、西三面绕镇而过，张福河（古淮河）由南向北从镇里穿过，废黄河横卧于其西北，历史上是黄、淮、运交汇之处。明清时南漕每年150余万石相继经此，为南北漕运之咽喉，故时人将马头称为"码头"。当是时，鄂皖等省沿淮而来的船只必经淮、运二水交汇的码头，而后入运河北上南下；江南诸省进京赋粟纳贡之舟楫必经码头福兴闸、通济闸、惠济闸而北去。当时码头古镇繁华兴盛至极。

镇上保留了六七座民国时期留下来的建筑，其中有两座基本保留了原来的形态、材料、器具和装饰，其他的基本保留了原来的建筑形式，但是更新了建筑材料。镇政府以南保存有传统街道码头官巷和安澜老街。码头官巷长约300米，呈东—西走向，西段建筑多为民国样式，官巷的西尽头即为御码头，仍可使用。与官巷垂直的安澜街，现存长约200米，留有民国时期的牌坊。

码头镇横跨张福河，河上有码头桥将两部分相连。码头桥中心测点地理坐标为北纬33°32′18.65″，东经118°55′54.96″；码头官巷测点地理坐标为北纬33°32′10″，东经118°55′54″。河东为老城区，沿河堤形成长街，街道两侧住宅底层为商铺，河东是小镇的商业服务业集中的地方，以原镇政府为中心。河西为新区，新建有"古楚淮阴"牌坊和仿古样式的龙亭。交通便利，有通向各个乡镇以及淮安城区的汽车。

码头安澜街

码头安澜街为码头镇的南北向主街道，其中，码头桥十字路口到码头中心医院南50米处，长约1500、宽7米段为青石铺砌，为传统的安澜街所在。民国《淮阴风土记》曰："此安澜街者，北起圩门，南讫头坝渡口，虽长不盈三里，而皆依堤结屋，故出地甚高。若自河西望之，崔嵬隐秀，俨然万宝之所聚也。"街道两侧为一家紧挨一家的临街铺面，从古至今一直是全镇最为繁华的地段，历代政治治所均在其两侧。

2008年，为迎接京杭大运河文化节，淮安市淮阴区政府对安澜街进行了大规模的保护和维修建设。

码头官巷

码头官巷位于码头老街，呈东—西走向，长220、宽2.5米，路面以长条青石铺设，石长100、宽38～45厘米。东西两端各立牌坊一座，东侧牌坊上书楷体"官巷"2字，背面书"控引淮泗"4字，行书体。西侧牌坊额书"韩信故里"，背面书"襟带河湖"。两侧建筑经过新建，但是基本采用了仿古样式。官巷西侧尽头为张福河，原有康熙御码头，经重新修建，仍可使用（彩图六五）。

（二）古城址

甘罗城遗址

该城址位于淮安市淮阴区码头镇东北500米的码头村二组，南面有一条水泥路通往码头镇。甘罗城遗址市级文物保护单位立碑处地理坐标为北纬33°32′16.28″，东经118°56′13.34″。

现存遗址面积13万平方米，平面呈正方形，东城垣尚存，地势高于周围地表，西城垣紧靠现张福河（古淮河），文化层厚约2米，曾出土不少陶鬲、罐、壶、盆等文物。宋代学者徐积考察后认为即淮阴故城。城址内曾采集到印纹硬陶片和汉代砖瓦，考古人员推测甘罗城始筑于春秋或战国时期。

由于甘罗城紧扼运口，明清时期，此地则更多地与漕运和水患的治理相关联，文献中多有记载。清代，随着"蓄清刷黄"治河方略的继续实施，甘罗城一带成了防汛要地。

据乾隆《清河县志》载，周长427丈，为秦代天才少年丞相甘罗所建，毁于元泰定年间（1324～1328年）的黄河夺淮变迁。咸丰《清河县志》卷二二《古迹》载："周四百二十七丈……明万历中，于甘罗城掘得古钱、二钟，以铸关壮缪像……其一长寸余，形如风，钟上有孔，下有篆书，俗呼为甘罗钱"。清河人陆坦《甘罗城晓渡》："日气开天地，秋风散大河。人烟栖古岸，崔蓼出渔歌。乱水鸥边去，孤城帆外过。前朝湖市见，未卜岁如何！"

甘罗，战国时楚国下蔡（今安徽凤台）人，秦相甘茂孙，12岁为秦相吕不韦家臣，吕不韦企图攻赵，以扩大燕献给他的河间（今河北献县东南）封地。甘罗自请出使赵国，说赵王割五城与秦，并将赵所攻取的部分燕地分给秦，因功拜为上卿。

淮阴故城遗址

该城址位于淮安市淮阴区码头镇，紧靠张福河，在文物保护标志碑前测点地理坐标为北纬33°32′18.4″，东经118°55′51.8″。秦置淮阴县，西汉、东汉、魏、西晋到元代均为县治之所在。其间还曾经同时作为广陵郡、淮州、淮阴郡和侨置的青、兖、徐、北兖四州和东平郡的治所。

历史上，这里是古泗水入淮口，黄、淮、运三水交汇之地，地理位置十分重要，一直是中国东部南北水陆交通枢纽和军事要冲。地表1.5米以下发现厚约3米的文化层，历年来曾出土大量条石、石础、瓦当、缸、罐等古代遗物。

淮安古城墙遗址

该城址位于淮安市淮安区，旧城东城墙遗址现存于淮城镇楼东社区东长街63号淮安中学东侧，在文物保护标志碑南侧1米处测点地理坐标为北纬33°29′58.3″，东经119°8′40.5″。

据清同治《重修山阳县志》记载，淮安城始建于东晋穆帝永和八年（352年），重建于东晋义熙七年（411年），时为山阳郡治所。隋、唐、宋置楚州，元、明、清为淮安府及山阳县治所。清《淮安府志》记载，元末张士诚部将史文炳守淮安，筑土城，洪武十年（1377年）外包砖，周长3500米，高9米，城设5门，有水门3处。明嘉靖三十九年（1560年），漕运都御史章焕然为抵抗倭寇，在新旧城之间筑东西两面城墙，把新旧城联结起来，称为联城，又名夹城。东墙长850米、西墙长750米、高7米，城设4门，有水门4处。至此，先"旧城"，后"新城"，再"联城"，淮安城形成三城格局。旧城周长6000米，东西及南北均为1.75千米，城高10米，设东西南北4门，有水门3处。新城在旧城北500米。现存旧城东城墙土垣一段，长约400、基宽约20、高约9米。

新城西城门遗址位于淮城镇北门大街北首西侧，地理坐标为北纬33°31′49.6″，东经119°8′8.6″。随同整个淮安城墙毁于1958年，只剩一段城门残垣在居民房屋的东山墙上。

庆成门遗址位于淮城镇老西门大街西首，地理坐标为北纬33°30′24.2″，东经119°7′49.2″。老城原有城门5座，"东曰观风，南曰迎远，西曰望云，北曰朝宗"，在西门稍北一些"旧有门曰清风，元兵渡淮时，守臣孙虎臣塞之"。后来东城门更名为瞻岱门，南城门更名为迎薰门，西城门更名为庆成门，北城门更名为承恩门。四城门匾额皆为清代书法家周木斋所书。庆成门（西门，望云门）为淮安老城的西城门，城门上有城楼，有子城，外有瓮城。子城上有楼一座，曰"举远楼"，为明代漕运总督王宗沐所建。庆成门在1958年因城区改造被拆毁，现存城墙遗址一段，南北50、高2.5米，城墙外侧包大青砖，城砖之间俱为糯米浆勾缝。城墙上部原是日杂公司职工宿舍新砌筑的砖瓦，被改为房屋墙壁。

韩信城遗址

该遗址位于淮安市清浦区城南乡韩城村，北濒里运河与京杭大运河交汇处，在南城垣文保标志碑前测点地理坐标为北纬33°33′48.2″，东经118°58′21.9″。遗址现存面积约50万平方米，1987年公布为第一批市级文物保护单位。

2005年12月～2006年1月、2007年10～12月，淮安市博物馆两次调查勘探并局部发掘。经调查钻探，韩信城四周城墙分内外两道，平面呈"回"字形，与清咸丰《清河县志·图说》描绘的形制相符。两城垣平行对峙，间距相等，相隔约80米。内城外有一条护城河，宽约8、深约4米。外城濠未作钻探。根据钻探实测，外城墙仅存南垣与东垣部分遗迹，底部宽65～68、高约6米。内城墙尚有东、南、西三面残垣，南垣保存较好。东西垣最宽54、南垣最宽72、高约6米。内城垣内外两侧距地表约3米普遍发现包砖墙，墙体内下扎众多的木桩。南外垣与内城东、西垣均有城门（北城门覆盖在河堤下），门道宽15～20米。从东、南、西城门所在位置看，城门不是设在城垣的正中部位，而是偏右侧开辟。根据城垣的布局，内城东西1000、南北800米，外城东西1275、南北1085米，总体面积约138万平方米。以南门向北为中轴线，城址方向为北偏西20°（340°）。

目前，对城池的始建年代尚难作出确切的定论，只能根据现有的考古资料，对内外城垣的建造年代进行初步考证，判断内城垣的建造年代为宋代，外城垣的建造年代基本可以界定在宋末元初。

韩信城在北宋时期或为淮东转运枢纽，遗址出土大量带有铭文的城砖，有"转运司城砖"、"淮东运司"、"高邮城砖"、"镇江中军"、"镇江敢勇军"、"镇江游奕军"、"□□锐军"等。北宋神宗熙宁五年（1072年），淮南路分置为淮南东路和淮南西路，淮东自古就是漕运要津。北宋在地方设转运使和副使，淮南转运使的官署就设在楚州（今淮安），初置副使两员。《宋史·乔维岳传》载："太平兴国中，为淮南转运副使，淮河西流三十里曰山阳湾，水势湍悍，运舟多惧覆溺。维岳规划开故沙河。自末口至淮阴磨盘口，凡四十里"。雍熙年间（985～987年），乔维岳开通了这条两淮段运河。当时，沙河岸上闸坝次第，帆樯林立。韩信城地处运河南岸，西接磨盘口，因其重要的地理位置逐渐繁荣起来，遂成淮东运河的转运枢纽，当时的内城可能就是存放漕运物资的仓储基地。

韩信城在宋金时期为军事重镇。南宋时期，宋金以淮河为界，与韩信城隔河相望的淮泗交汇处清口，时为金人占据，韩信城地处南北双方对峙的前沿。

清河旧县城址

该城址位于淮安市淮阴区码头镇旧县村一组至七组，北距京杭大运河900～1000米，南距废黄河60～80米，遗址南端紧邻黄河北岸缕堤，明远路从遗址的南侧穿过。

历史上的清河县由于战争、黄河水患及政治需要等屡次迁移。南宋咸淳十年（1274年），淮东制置使李庭芝始筑清河县城，及元天历元年（1328年），县尹达鲁花赤又将其迁到小清口西北，因战事需要筑有东、西、北城墙（南面是黄河大堤），三面城墙总长约3500米，此时，县城初具规模。清康熙年间，南岸大堤与东、西、北土城墙屡有加高，但县城仍是"屡圮于水"。清乾隆二十五年（1760年），江苏巡抚陈宏谋上书请求迁移清河县治，于是，在"乾隆二十六年（1761年）……割山阳近浦十余乡并入清河，是为新县治。"由此可见，清河县城的使用时间长达400余年之久。

遗址东西1730、南北470米，面积81万余平方米，原来地面上有墙垣，曾经出土过石狮、砖瓦、旗杆、陶瓷器等文物。调查发现的遗迹有城隍庙，在镇政府院内有从遗址内出土的石狮子一对，其一残。2012年，淮安市博物馆对旧县遗址进行了考古勘探，城址平面呈正方形，勘探确认的遗迹有西城墙、北城墙、遗址中心区域、护坡、护城河、天妃庙及古河道等。

遗址中心区域西距西城墙400米，北至明远路北侧，南至黄河北岸缕堤，东到旧县村三组与五组之间。该区域东西约600、南北约100米，面积约6万平方米。在深0.2～2米处分布着大面积的砖块堆积，有的区域还有比较完整的建筑基址。另外，还有大量生活垃圾和陶瓷片等遗物。

清江浦城址

该城址位于淮安市清浦区，于城址东北角测点地理坐标为北纬33°35′35.3″，东经119°1′20.7″。明永乐十三年（1415年），陈瑄沿旧沙河故道，开凿清江浦河道，由淮安城西管家湖导水，至鸭陈口入淮。从此，江南漕船可以直接到清江浦，既免除陆运过坝之苦，又减少许多风险。后在附近形成集镇，由于漕运的兴盛，成为南船北马的交通枢纽，清江督造船厂和常盈仓均设于此，清江浦逐渐繁荣起来，成为重要商埠，明朝中期人口达54万之多。

清江浦一带原属淮安府山阳县，后作为新县城由山阳县划入清河县，先后为江南河道总督、漕运总督、淮扬道治所在。清乾隆二十七年（1762年），清河县治移至清江浦，县衙署建在运河南。同治三年（1864年），为防匪患，漕运总督吴棠拆高家堰北端石工墙，开工修筑清江城，至次年秋竣工。清江浦城不大，周长只有1273丈余，东西约1500、南北约600米。城垣为砖石结构，有城门4座、水门1座、水关2处、炮台27座。城墙于解放前后被拆除。

2014年7月16日，水利部门在里运河北门桥防洪控制工程施工中发现砖石砌筑的城墙，报告给市文物局，随后淮安市博物馆进行了考古发掘。此次发掘发现城门1座（北门，亦称拱宸门）、炮台遗址1处，另有一段长100米的墙体。城墙外立面为条石砌筑，尚存5层条石，高2米，内侧有砖砌墙体，并填筑夯土。城墙最底层条石下有基础木桩，炮台基址下亦有木桩（彩图六六）。

泗州城遗址

该城址原名泗州故城，位于盱眙县淮河镇城根村和沿河村，在东西主街道中心处测点地理坐标为北纬33°1′54.1″，东经118°28′56.1″。据清光绪《淮安府志》载，唐开元二十三年（735年），泗州自宿豫迁至临淮（即旧泗州城）。宋代有东西夯土城墙，明代初期合二为一，城墙改用砖石结构，周长1600余丈。清康熙十九年（1680年）淹没于黄河夺淮水患，300多年间，黄河夺淮及以后的水患带来的泥沙在遗址上积淀成滩地。1974年，在淮河镇城根小学附近发现城墙石基础，长20余、宽约8、残高1.2米，垒石而成。近几年来，南京大学文化与自然遗产研究所、南京博物院及淮安市博物馆等单位对泗州城开展了局部考古勘探和发掘。

泗州城遗址面积约246万平方米，地形较为平坦，东南临淮河，与盱眙县城隔淮相对，相距约1千米。遗址西北部有一条"扁担河"，东南部为河汊地形，河汊与淮河相通。城根村和沿河村的8个自然村落（组）主要分布在遗址北部、蛤腰路两侧与南部临淮河一带。

（三）古遗址

古末口遗址

该遗址位于淮安市淮安区淮城镇新城村，西望礼字坝，东靠下关，地理坐标为北纬33°31′47.5″，东经119°8′34.3″。春秋时期为古邗沟入淮处，当时因邗沟底高，淮河底低，为防邗沟水尽泄入淮，影响航运，故于沟、河相接处设堰，因地处北辰坊，故名北辰堰（亦名北神堰，堰亦作墈），后称之为"末口"。末口扼邗沟入淮之口，为江、淮、河、济四大水系的枢纽，不但是交通运输的要冲，且江淮地区发生战争，必争淮安。北宋初，改北辰堰为石闸，建南、北斗门，以利转运。元末修筑新城时留此为北水关，今湮塞。明代，在末口两侧相继建仁、义、礼、智、信五坝，进一步提高江淮之间的转运能力。

　　1982年，在此建牌坊一座，单间双柱面阔3.5米，柱高5米，六面体，混凝土质，上部匾额题"古末口"3字。遗址现成为新城之新河一段，北端建有泵站，用于农业生产和排灌，遗址两侧遍植树木和农作物，20世纪曾在地下5～6米处发现大量水工遗迹（彩图六七）。

古清口遗址

　　该遗址古淮河水自西南而来经淮阴区码头镇向东北，到袁集乡桂塘附近折而向东，循杨庄以东今废黄河河道东流入海。古泗水自西北而来，在明代嘉靖（1522～1566年）之前，流经泗阳东南分为两条支流进入淮阴境内与古淮河交汇，北支流称大清河，南支流称小清河，两个交汇点分别被称为大清口（泗口、淮口、清口，在今袁集桂塘附近）和小清口（今码头镇御坝附近）。因黄河灌泗夺淮，大清口于明代嘉靖年间被淤垫成陆，小清口便取而代之成为交通要冲。随着时间的推移，大清口逐渐被人淡忘；"小清口"的"小"字也渐渐不提，于是"小清口"便被称为"清口"。

　　古清口是泗水入淮口。郦道元《水经注》称，淮、泗之会，所谓泗口也。古泗口，因泗水较清，又称清泗，或称清口。南宋黄河夺淮，淮河成了黄河的支流，淮河入黄之口便称为清口。由于水沙变化情势复杂，运口因治理的需要而游移不定，故清口又是黄、淮、运交汇之地的总称。明清时期，清口为运河南下北上的咽喉，在一定的历史时期内，有古清口通则全运河通，全运河通则国运无虞之说，故清口是运河漕运功能发挥的关键。今古清口为里运河、中运河、废黄河、淮沭新河、盐河等多条河流的交汇之处，水利工程众多，自然景色优美，地下遗存丰富。

　　大清口位于淮安市淮阴区袁集乡桂塘村，处于码头镇与杨庄之间，南有杨庄华能电厂，北为桂塘村，在遗址中心位置堤坝筑成的道路西侧测点地理坐标为北纬33°36′13.6″，东经118°56′33.4″（彩图六八）。

淮阴驿遗址

　　该遗址位于淮安市淮安区淮城镇堂子巷西首北侧运河东岸（原植物厂），东靠月湖，地理坐标为北纬33°29′54.5″，东经119°7′45.8″。元代淮安府辖有四个驿站，在山阳县（今淮安区）境内的驿站名为"淮阴驿"，始沿于宋代，设运河东岸南角楼北，城墙脚下。由于明清两代漕运的兴盛，几经重修和扩建，颇具规模。据清同治《重修山阳县志》载："淮阴驿门前，旧有牌楼一座，照壁一道，朝南大门三间。朝东大棚十六间，内砖砌板槽十三张，朝西大棚十间，内砖砌板七张，煮料豆锅两眼。朝南马神殿三间，朝南上房三间，草亭一间，朝南厨房二间；朝东住房七间，朝南住房三间。"到清光绪二十五年（1899年），邮传部设邮政局于山阳，淮阴驿渐失去作用，至今大部分已毁，仅石板坡道保存完整。

河下龙泉窑瓷片埋藏点

　　该遗址位于淮安市淮安区河下打铜巷12号西侧，地理坐标为北纬33°31′43.7″，东经119°7′50.0″。遗址位于地面4米以下，2008年河道施工时发现，江苏省考古研究所和楚州区博物馆进行了发掘，已暴露面积约200平方米，包括1处青砖房址、1处木构仓库遗址和1处大型元明时期龙泉窑青瓷碎片堆积遗址。2008年9月，出土的瓷片装了291麻袋，重达21800千克。同类型遗迹在江苏尚属首次发现，全国亦不多见。

　　河下是淮安古城边的一座千年古镇，历史上商业繁荣，人文荟萃，文化底蕴极其深厚。此处瓷片埋藏点位于河下成河街，北依估衣街，东邻吴承恩故居、沈坤状元府，南接古运河、裴荫森故居，西邻河下中心区湖嘴大街。

　　明洪武二十六年至天顺八年（1393～1464年），龙泉窑为宫廷烧造青瓷，通过漕运送至京城。而淮安是漕运总督衙门所在地，龙泉窑贡品在此检选，其中的精品成为皇宫用品，略有瑕疵者，就地打碑。河下古镇是当年全国闻名的重要商埠，也是龙泉窑产品的集散地之一，出土少量的龙泉窑官器和普通产品顺理成章。经初步统计，这里的瓷片基本出自龙泉窑，除极少数年代为元末外，绝大部分为明代烧制。这批瓷片少量是明代早期龙泉窑为宫廷烧制的官器，虽然在地下埋了500多年，但仍和新烧出的一样，釉色极其润泽。多数质量一般，为普通日用品，器形有碗、盘、高足杯、盏和炉等30多种。

第六节　相关的碑刻、石刻调查

勺湖公园康熙、乾隆御碑

康熙题"雪作须眉"碑为康熙帝第五次南巡时途经淮安，为淮安府山阳县人氏的老臣刘谦吉亲笔题写的，时隔300多年，保存完好（彩图六九）。

乾隆赐杨锡绂诗碑为乾隆二十一年（1762年），乾隆皇帝第三次南巡过淮，亲笔诗书一首，赐予漕运总督杨锡绂，诗文为"转漕由来大政关，得人久任谓卿闲。四星储蓄天容与，千里北南岁往还。革弊深应体民隐，董媮兼欲恤丁艰。奉公尽职诚斯在，扈跸仪文尽可删。"后刻成此碑保存至今（彩图七〇）。

康熙、乾隆御碑位于淮安市淮安区淮城镇勺湖公园碑园内，地理坐标为北纬33° 30′ 48.5″，东经119° 7′ 58.0″。两块御碑较好地保存在勺湖碑园内，其中康熙御碑嵌入碑园东侧墙内，乾隆御碑置于碑园南侧，建有"御碑亭"。

南闸福公堤石碑

该石碑位于淮安市淮安区南闸镇新河头居委会（老镇河村四组），测点地理坐标为北纬33° 18′ 43.0″，东经119° 9′ 27.2″，2007年2月于居民屋基地下发现。此碑为整碑的下半截，残碑宽70、厚16.5、残高70厘米，有碑座。根据残碑内容推测，此碑内容为叙述捐资修建福公堤的经过。另外，在附近村民家中还存有两块残碑。

重修福公堤碑

该碑位于淮安市淮安区范集镇李许村十一组，地理坐标为北纬33° 18′ 49.5″，东经 119° 4′ 56.8″。碑名为"重修运河西福公堤碑记"，刻于"大清光绪三十四年（1908年）"。高200、宽78、厚26厘米。正文有16行，约800字。原碑立于白马湖北岸福公堤上，现被移至村南谷场边，底座无存。

清晏园御碑

清晏园御碑位于淮安市清浦区清晏园内御碑园，地理坐标为北纬33° 35′ 11.0″，东经119° 1′ 9.2″，共有14座御碑，是康熙、乾隆及道光皇帝赐给多位河道总督的，属于市级文物保护单位。多数碑体已不完整，有的缺损碑座或碑额，甚至碑身也残缺不全或断裂。

1. 康熙四十二年（1703年）赐张鹏翮碑，碑身226×90厘米，较完整。无碑额、碑座。

2. 乾隆五年（1740年）赐高斌碑，碑身210×96厘米，较完整。有碑座、无碑额。

3. 乾隆五年赐高斌碑，碑身240×86厘米，较完整。无碑额、碑座（彩图七一）。

4. 乾隆八年（1743年）赐高晋碑，碑身168×88厘米，有三道通裂纹。有碑额、无碑座。

5. 乾隆十六年（1751年）赐高斌碑，碑身下部110×86厘米，上部不存。无碑额、碑座。

6. 乾隆十七年（1752年）赐高斌七十寿辰碑，碑身60×86厘米，下部破损断裂，风化严重。

无碑座、碑额。

7. 乾隆丁丑年（1757年）赐白钟山碑，碑身190×88厘米，较完整。无碑额、有碑座（彩图七二）。

8. 乾隆三十年（1765年）赐高晋碑，碑身210×81厘米，较完整。无碑额、有碑座（彩图七三）。

9. 乾隆四十九年（1784年）赐李奉翰碑，碑身150×99厘米，中部断裂缺损。无碑额、有碑座（彩图七四）。

10. 乾隆赐白钟山碑，碑身上部64×88厘米，下部78×88厘米，缺中段。有碑额、碑座。

11. 乾隆赐李奉翰诗碑，碑身217×112厘米，碑下部风化严重，字迹模糊。有碑座、无碑额。

12. 乾隆赐高斌碑，碑身140×76厘米，风化严重，字迹模糊。有碑座、碑额。

13. 道光六年赐黎世序碑，碑身262×101厘米，为两截碑体。有碑座，无碑额。

14. 年代待考，碑风化无字，无碑座。

重修福兴闸碑

该碑2013年7月被发现，现存于淮安市清浦区城南乡韩城村某村民家，高约100、宽约50厘米。碑文共40个字，内容为"厥闸惟三，济运则一，旧者重新，福兴万亿。道光十有五年副将衔参将张兆知府衔山盱同知朱楹承造。"（彩图七六）据碑文内容分析，应为乾隆时期兴建的福兴闸在道光年间的一次重修。碑文的侧面参差不齐。

明《清江漕船志》记载："闸有五：永乐十四年（1416年），平江伯陈公瑄议设。福兴闸在山阳县北三十八里，去司厂西八里。闸夫四十名，系山阳县每年编送。正德间，减去十名，止存三十名。今复减去六名，止存二十四名。"碑文中承造者朱楹，《清道光朝实录》中有记载："至高堰山盱两厅洪湖大堤。一律帮宽五丈。需项较多。著自明年春间为始。分三年……赏通判朱楹同知衔余升叙有差。"

清口灵运碑记

该碑位于淮安市淮阴区码头镇码头村三组村民薛鹏祥院内，旁边是烈女碑，紧邻张福河东岸，北面有一座敬老院，地理坐标为北纬33°31′48.0″，东经118°56′0.3″。为明代石碑，阳面记载了时年五六月间南旱北霪，淮安清口影响漕运，茂相率漕运官员在大王庙、淮神庙祈祷的情况。阴面镌刻祈祷官员名单等。碑高226、宽169厘米，楷书586字。碑身部分有裂缝（彩图七八）。

示河头碑

该碑位于淮安市淮阴区码头镇仲弓村三组村民李为华院内，地理坐标为北纬33°33′32.6″，东经118°53′0.6″。碑文如下："御……示河头□康熙肆拾贰年改挑中河行运志椿长贰丈碑座与椿顶相平　乾隆叁拾玖年伍月　重立"。碑刻青石质，高91、宽33、厚16厘米。保存较好，部分稍有磨损（彩图七九）。

乾隆阅河诗碑

位于淮阴区码头镇码头村，东约100米为码头村中心路，地理坐标北纬33°32′35.2″，东经118°56′13.8″。此碑原在淮阴故城北平成台龙亭内，后亭毁碑佚。2004年，码头镇修筑公路，此碑出土于二闸村4组。碑体共刻诗文五首，部分地方残损，碑上新建有亭子，2006年公布为市级文物保护单位。乾隆年间，高宗皇帝南巡多次来此巡视水情并题诗。

碑身高2.04米，宽0.92米，厚0.31米。碑额高0.78米，宽1.02米，厚0.34米。碑额镌刻龙蟠云卷，边沿亦刻卷云图案。有草书五律一首："无风更戢浪，时鼓枻不移。屡奉大安渡，均邀明贶垂。豫游良已惬，尊养命从兹。烟树南望渺，民情系我思。乙酉暮春下瀚渡黄河述事，御笔"。

碑身正面为乾隆十六年二月御笔。

诗为："去岁渡孟津，两岸隔五里。今来渡淮安，河惟里许耳。岸宽流则平，河窄流斯驶。南河防塞多，时闻叠浪起。而我时南巡，正逢晴日美。荡桨越溜过，安稳非昨比。天心明锡佑，河伯默相祉。平陵川气黄，纷拥云容紫。翁匎象实雄，訣荡波偏瀰。永念平成功，细度修防理。乾隆辛未春二月渡黄河作，御笔"

碑身侧面题诗：

> "半夜风狂晓略息，登舟五更雨全停。
> 士臣执役喜无比，河伯昭麻信有灵。
> 悦豫慈情欣稳渡，狩巡祖制缅恢型。
> 颖雾清旭全开朗，归蔇长川赞毒亭。
> 浩瀚宏波觇荡檝，配蒸元气护扬舷。
> 孙庄漂缈成彼岸，彭口须叟泊近汀。
> 惠济祠虔瞻庙貌，清黄汇谨度情形。
> 神尧方略贻良范，慎守惟乾冀永宁。
> 乾隆壬午仲春际
> 黄河七言近体八韵御笔
> 河督大臣江南河道总督尚书恭勒"

泰山村乾隆碑

该碑位于淮安市淮阴区码头镇泰山村，石工头标示牌旁边，地理坐标为北纬33°31′16.5″，东经118°56′50.1″。碑文内容为："武家墩迤南湖水已到岸皇考修高堰，为民岹弗笮，迤北岸离湖，筑土仍旧贯，癸酉几致危，易砖筹，预防慎思患，一律属运口，缓急庶几遒，拮劬事下荣，忸怩怀永奠命接筑高堰砖工诗以纪事，隆壬午孟夏月上浣御笔。"仅存碑座，碑身、碑额为2009年复制，置于石工头遗址上，与石工头说明牌相距5米，座下为一块长方形水泥地坪（彩图八一）。

杨庄乾隆碑

该碑位于淮安市淮阴区王营镇杨庄村，西距盐河水电站约700米，地理坐标为北纬33°34′43.1″，东经118°56′12.1″。据史料载，此碑原在杨庄龙亭内。龙亭始建于清康熙四十二年（1703年），位于杨庄三坝北首，亭上覆黄琉璃瓦，中峙三碑，碑列康熙诗两首，乾隆诗七八首，皆为开中河而作。民国12年（1923年），任运河上游坐办的万立钰（周恩来总理八舅）重修杨庄龙亭。抗日战争期间杨庄龙亭被毁，碑亦无存。1958年，开挖淮沭新河时发现此碑，被当地群众埋入盐河南岸。

2010年9月17日下午，在盐河航道"五改三"淮阴杨庄段工地出土乾隆碑，碑身高186、宽85、厚24厘米，碑额、碑座已经不知去向。另，淮安市博物馆院内有一组碑额、碑座，为1991年杨庄盐河水利工程出土，系清代河道御制碑石，极有可能和此碑为一块整碑。仅存的碑身保存较好，碑上龙纹图案及诗文大都比较清晰，只有几个字略显模糊。此碑四面有字，目前可见到的三面诗文分别作于清乾隆十六年（1751年）、二十六年（1761年）、三十年（1765年）。

乾隆十六年，高宗南巡至此，作《阅中河作》诗曰：

> 驻辇过中河，朱栏俯绿波。
> 群歌漕运利，永赖圣谟多。
> 继述夫何有，遵循敢更过。
> 省方得知要，遑复论其他。

乾隆二十六年《仲春上浣阅中河作》诗曰:

> 汶水分南北,皇都转漕资。
> 酌中河性顺,利后圣谟垂。
> 已是阅三度,无能替一辞。
> 守成无所勉,靡不诇惟斯。

乾隆三十年仲春月上浣《阅中河作》诗曰:

> 东西昔屡更,惟此协中行。
> 圣制利千古,时迹仰大成。
> 黄河南汇近,汶水北分清。
> 拟命溯洄访,详观济运情。

移建安淮寺碑

该碑位于淮安市洪泽县老子山镇龟山村村民马德民家房屋北山头,地理坐标为北纬33°7′18.0″,东经118°32′10.3″。清道光年间,由体仁大学士扬州阮元撰文并书写,隶书,竖排,满行16字,计18行,共280余字,字宽4.5、高3.5厘米,由吴郡王廷桂镌刻。碑高250、宽115、厚22米。内容主要为通过回述历代治淮情况,颂扬南河总督麟庆:"决计平淮,消险上下河田,天子亲书淮庙扁……"等功绩。另有碑额,通体满刻蝙蝠祥云,中央竖刻篆书两行"移建安淮寺碑",下有赑屃碑座。1998年8月,经淮安市文化局、洪泽县文化局和老子山人民政府进行全面维修、清理,重竖于此。

圣旨碑

该碑位于淮安市洪泽县老子山镇龟山村村民马德民家房屋北山头偏西,地理坐标为北纬33°7′18.1″,东经118°32′10.1″。圣旨碑立于明代,碑高265、宽115、厚23厘米,弧形碑额,玄武岩材质。楷书,字迹侵蚀严重,内容为"淮工部次使颁布圣旨禁止在龟山采取草木和放牲畜的条令",落款为"淮扬"、"凤阳府"等字。碑由龟山足下淮河边出土,1998年,洪泽县文化局对龟山文化遗址修复时,重竖于此。

陶澍游龟山访禹迹题咏碑

该碑位于淮安市洪泽县老子山镇龟山村淮河岸边,测点地理坐标为北纬33°7′14.9″,东经118°32′8.1″。碑高120、宽35厘米。内容记述了道光年间陶澍等一行由洪泽湖大堤至龟山游访的经过,其中记述了洪泽湖大堤信坝及周桥大塘石工墙的工程记录,《盱眙县志稿》已收录。石碑表面有砸痕,右上角残损,碑现存龟山村村民胡明江家墙壁上。该房屋原为淮渎庙用房,现属私宅。

三河闸管理所碑刻

该碑刻位于淮安市洪泽县蒋坝镇头河村三河闸管理所院内东北角,地理坐标为北纬33°5′1.7″,东经118°44′18.8″。目前存有14块石刻,有黄罡寺碑、林家西滚坝记碑、蒋翟坝茶庵碑、重修耿公祠碑、礼坝补建石工碑、智坝记事碑、乾隆南巡诗碑、新筑草子河堤碑、信坝加固碑、五里牌龙亭碑、永保群众利益碑、"一统万年"石刻、分堂刻"连升三级"石刻、"安澜风定"石刻。

1. 黄罡寺碑:清道光十八年(1838年)制,督河使者麟庆记并书。横式,长115、宽40、厚18厘米。碑文楷书竖写,满行15字,计54行。碑中记述了道光四年(1824年)冬,重修水府都君祠并黄罡寺记及修复湖决高堰十三堡及周桥息浪庵一带堤防及复堤工程的情况。

2. 林家西滚坝记碑:清康熙四十三年(1704年)制。横式,长120、宽50、厚20厘米。碑文楷书竖写,满行20字,51行,计1000余字。内容详细,记述了修筑林家西坝石工堤所耗费人力、物力、财力的耗资情况。

3. 蒋翟坝茶庵碑：清道光六年（1826年）制。碑高120、宽57、厚20厘米。碑文竖写，满行40字，计11行。碑文内容为"特授安徽泗洲盱眙县正堂加拾级记录拾次记大功伍次"等。碑原在蒋坝镇茶庵，"文革"时被移于现址。

4. 耿公祠碑：清道光二十二年（1842年）立。碑方首抹角，方座，碑高140、宽71、厚12厘米。碑文楷书竖写，满行45字，计13行。记述了南宋东平郡耿七公（敕封为康泽侯）为航行于老三河的行船设航标的事迹及重建祠堂内容。

5. 礼坝补建石工碑：清康熙年制。横式，碑长117、宽40、厚38厘米。碑文楷书竖写，满行8字，计9行。记录了礼坝补建石工工程的情况。石碑左边缺失一角，使两行文字丢失，其他保存尚好。

6. 智坝记事碑：清乾隆十六年（1751年）立，石质青白。碑高160、宽86、厚21厘米。碑文楷书竖写，满行30字，计15行。内容记载建造智坝工程的情况。

7. 乾隆南巡诗碑：三面镌刻有乾隆皇帝于十六年（1751年）第一次南巡、三十年（1765年）第四次南巡、四十九年（1784年）第六次南巡时所作的有关黄河、运河及洪泽湖大堤工程的诗三首，均为御笔，分三次刻录。碑身高200、宽80、厚35厘米。诗碑原在淮阴区赵集镇高堰村洪泽湖大堤上，现存于三河闸管理所（彩图七五）。

8. 新筑草子河堤碑：明万历二十二年（1594年）制。现为半截残碑，高190、宽122、厚26厘米。碑文楷体竖写，满行现存39字，共15行。碑文记述了当年在越城新筑草子河堤和具体管理规定及工程的耗资记录。石碑原出土于洪泽县高良涧镇越城村，现存三河闸管理所。据调查，该碑的下半截现掩埋在越城小学院内。

9. 信坝加固碑：清嘉庆十九年（1814年）制，石质泛白。碑长115、宽45、厚41厘米，石面凿长65、宽38厘米字堂，堂内横排竖写加固信坝的工程记录碑7行，满行9字，并有勒石人款。内容：淮，前徐州府，丰北通判，沈如镕分办信字滚坝南首石底并增佑大石簸箕。嘉庆拾玖仲春吉旦。

10. 五里牌龙亭碑：清乾隆十六年（1751年）制，并设"龙亭"。碑体由三部分组成，原碑额满雕双龙图案，"文革"时被改刻成"日出海水"图案，高80、宽124、厚45厘米。碑座现被砌嵌在长250、宽150、厚80厘米的条石底座内，碑身高250、宽112、厚35厘米。碑文行书竖写，满行30字，计9行。碑文详述五座减水坝的作用及宣泄程序。该碑于1968年被錾平，改刻毛泽东书写的"一定要把淮河修好"，重竖于现在的周桥船坞边。1976年防汛工程中，在龙亭遗址处又出土一块断碑（两截），其内容、形制、尺寸与原碑完全相同。

11. 永保群众利益碑：为1945年8月抗日战争时期，苏皖解放区淮宝县人民政府领导军民一边抗日一边抢修黄罡寺险工段大堤时所刻的工程纪念碑，镶嵌在修后的石工墙上。碑高162、宽200、厚31厘米。碑文楷书右起横刻"永保群众利益碑"6字，落款为时任县长方源书。

12. "一统万年"石刻：长80、宽31、厚31厘米，玄武岩石质。石面剔凿两个字堂，上部字堂宽20、高约8厘米，横刻"一统万年"4字，下部刻字堂高58、宽24厘米，竖刻"湖平工稳"4字，字体皆为诸体楷书，镌刻精细，两个字堂四角皆呈如意纹角，下部字堂边为双细纹边。

13. 莲笙三戟石刻：石刻图案是洪泽湖大堤石刻中多次呈现的题材，区别是将物体分别呈现，在一块长101、宽38、厚34厘米的玄武岩条石上，等分凿出3个画堂，自右至左分别为莲花、莲籽、荷叶与水浪纹，中间为一座圆形几托上放置一把竹笙，两边还饰有绸带纹，左图为3支戟，插在一架托上，戟首向上（彩图八二）。

14. "安澜风定"石刻：长84、宽37厘米，石面上四面留边，边框内饰"回"字纹，剔出长57、宽27厘米的画堂，堂内上端右起横刻楷书"安澜风定"4字，下方中央刻一枚宝瓶，敞口，鼓腹，口内插载3支，中央一支正面摆放，两边为侧面摆放，瓶下有三足托座，座足呈倒置鹅冠状，左上侧饰一把竹笙，笙身系有绸。

洪泽湖大堤泗州知州修工界碑

该碑位于淮安市洪泽县高良涧镇杨码社区大堤湖滨浴场南1.4千米，地理坐标为北纬33°16′34.2″，东经118°49′38.2″。碑长100、宽44厘米，石质青白。碑面四边留框，框内满刻缠枝纹，内留长500、宽25厘米的字堂，字堂内竖刻双钩楷书一行，内容为"泗州知州郭承修工叁百丈此界"。此碑虽未署明确年款，但应该为清康熙十九年（1680年）前所刻，因泗州城于康熙十九年被彻底淹没。

礼坝补建石工碑

该碑位于淮安市洪泽县三河镇四坝村洪泽湖大堤礼坝船坞处，地理坐标为北纬33°8′45.7″，东经118°46′10.0″。现存于洪泽湖大堤礼坝船坞处原石工墙上。横式，长90、宽38厘米。内容为"礼坝补建石工：越长玖拾柒丈内，北长贰拾贰丈，计石拾柒层，中长伍拾叁丈，计石拾玖层，南长贰拾贰丈，计石拾柒层。石匠章维新。"（彩图七七）

高堰洪泽湖大堤石刻

该石刻位于淮安市淮阴区赵集镇高家堰村洪泽湖大堤石工上，北约50米为高堰铁牛，地理坐标为北纬33°26′30.3″，东经118°55′20.4″。处于高堰村铁牛西侧向南的石工堤上第二层，楷书两行，字迹模糊不清，能隐约见到"道光贰拾肆年"字样。还有其他石刻条石两块。

四坝洪泽湖大堤石刻

该石刻位于淮安市洪泽县三河镇四坝村洪泽湖大堤礼坝船坞处，地理坐标为北纬33°8′45.7″，东径118°46′1″。四坝处有石刻7处。

花卉石刻：位于大堤礼坝船坞东侧，残石长19、宽25厘米。石刻外边留框，画堂内刻蕙草一株，下边刻如意纹，石质为白色大理石。

柿蒂纹石刻：长105、宽50厘米，面积5250平方厘米，石质青白，镶嵌于礼坝船坞东北角石工堤上层堤坡地。石面满饰柿蒂纹图案，纹饰丰腴简洁，底纹满饰横竖细线，在洪泽湖大堤100余处石刻遗存中，此石刻图案为仅见题材（彩图八三）。

瑞兽石刻：位于花卉石刻北约3米，残石长28、宽26厘米，石刻外边留框，右下角刻一头瑞兽，下部饰祥云，石刻上角刻有拟柿树纹饰，左上角残缺，右半截缺失。

吉祥如意、连升三级图案石刻：长77、宽38厘米，面积2926平方厘米，石面四边留框，中央剔出画堂，堂内上方刻一轮红日，边饰祥云，右下方饰一枚如意，如意腰部系有绸带，呈飘逸状，左边下部前方刻有两把笙，寓意"连升"，笙后的画堂中部刻一个宝瓶，瓶内插有3只戟，整个画面寓意"吉祥如意、连升三级"。石刻构图饱满，器形简练，寓意明确，鋈刻精细。

工尾石刻：位于礼坝船坞东部洪泽湖大堤石工墙顶部，石长75、宽30厘米，面积2250平方厘米，玄武岩石质。在石面上剔出长60、宽25厘米的字堂，沿字堂又刻出线边，字堂上边刻出如意纹堂头（当地俗称），堂内凹刻诸体楷书"工尾"两字。

国泰民安石刻：位于礼坝船坞东偏南处，石长105、宽50厘米，面积为5250平方厘米，镶嵌在堤顶的台坡上。石刻画面横刻，上部横排右起"国泰民安"4个楷书大字，中下部满饰火纹与祥云纹，中央部位刻一枚球状饰品，表面残，不可读识，画面纹饰均匀灵动，极具装饰意味，又具传统风韵。

营门口洪泽湖大堤石刻

该石刻位于淮安市洪泽县西顺河镇街西居委会营门口组西顺河大桥北端，地理坐标为北纬33°23′38.7″，东经118°53′30.1″。在洪泽湖大堤营门口处有石刻32块。

"乾隆乙卯年立"石刻：长80、宽42米，在整块石面三分之一处剔出长32、宽27厘米的字堂，经磨平打光后镌刻题字6行，竖排，内容为"高堰第□分工内第叁段工长拾陆丈陆□□□承办，乾隆乙卯（乾隆六十年，1795年）叁月立"。石刻的其他部位为斜纹凿痕。

封猴图石刻：长90、宽14厘米，石刻四面留边框，主体为一棵松树，在画面上端的松枝下刻一个倒垂的蜂窝，石刻中部及偏下的树干上刻有两只猴子，呈仰卧举臂戏耍状。整体画面活泼、生动，寓意"封猴高攀"，表现了当时修堤人的心理期望。

双龙图石刻：石质青白，长80、宽37厘米。石面上部外边留框，刻长33、宽32厘米的画堂，堂内刻腾跃式蛟龙两条，右上方腾龙呈回首俯视状，左下方跃龙呈回首仰视状。画面下饰姜牙海水纹一组，其余满饰祥云。浮雕画面，祥瑞丰满。画框外下方中央又剔出长17、宽50厘米的字墩，上刻4字，字迹不清。

海水、莲花、三戟石刻：石质青白，长60、宽36厘米。石面四边留框，刻成长47、宽26厘米的画堂，整体画面造型生动，构图饱满，镌刻细微，寓意连升三级。

鞍马、太极、飞鸟、旗、屋石刻：石质青白，长90、宽46厘米。石刻近处左边为一匹配上鞍的马栓扣在一根旗杆上，旗杆上斜挂一面三角形旗帜，旗帜上沿有两穗，下沿呈齿状，旗面中心有太极图，旗杆顶端的杆顶饰物上站落一只鸟，昂首侧目。右边刻有一座门楼，门楼下有门墩石、门槛，门上槛有出榫，门楼翘檐，中央设一个葫芦状饰物，檐角上站落一只鸟，缩颈侧目，与旗杆上的鸟视角一致，侧看正展翅飞翔在空中的一只大鸟。整块石刻构图饱满紧凑，表现细微。

二河闸洪泽湖大堤石刻

该石刻位于淮安市洪泽县西顺河镇街西居委会营门口组二河闸北端，地理坐标为北纬33°21′52.6″，东经118°53′21.4″。在二河闸周围共有38块石刻，有金堤永固类、工程记事类。"苏南厅王承办"工程记录石刻，玄武岩石质，长70、宽55厘米，石面剔出长60、宽30厘米的字堂，字堂上沿框口刻成如意形口（本地俗称）。内竖刻工程4行，内容为"苏南厅王承办拾·堡内石工□段·肆拾叁丈□□尺·道光贰拾肆年（1844年）肆月"字样。该石刻清晰地记录了大堤维修工程的承办单位、承办人、工程地段、工程数量、工程时间等内容，为研究考证大堤的历史等情况提供了翔实的资料。

黄罡寺洪泽湖大堤石刻

该石刻位于淮安市洪泽县东双沟镇邵庄村洪泽湖大堤黄罡寺北，地理坐标为北纬33°12′11.5″，东经118°46′41.5″。黄罡寺遗址处有石刻3处，镶嵌在原大堤堤顶，凿刻时间分别为清、民国和1955年。

"鸣报封禄"石刻：为两块残存，各长约45厘米，其中一块为画面的大部分内容，另一块仅为画面的六分之一。分别遗存在大堤周桥船坞的两处，在我们整理资料时，依据图案内容，感觉有相似处和共同点，经照片资料拼合发现，恰为一块石刻的两块残存，全石长85、宽38厘米，画面内容为在长47、宽31厘米的画堂内，一棵反"S"形的松树主干呈虬龙状，左边及下部为山石纹，上部满饰螺旋纹松针，中央刻有一个蜂窝，在山石的左上端站立一只雄鸡状禽鸟，俯身向下，下部的山石上立一头鹿，身躯向右，回首向左昂头，与之呼应，另在右上部的松干上有一个似猪似猴的动物，呈腾空状，扑向蜂窝，在画面的空白处满饰蕙草。

民国重修石刻：长80、宽50厘米，石质青白，石面剔出长50、宽42厘米的字堂，字堂内右起横排刻4行仿宋字，内容为"江苏省江北运河工程局淮邳段工程事务所民国廿五年重修"字样。字分4行，从右向左横排，仿宋体。这是大堤上发现的两块民国时期的石刻之一。该石刻时间虽晚，但是记录了民国政府曾对大堤进行过维修加固的史实。

拆修工程石刻：水泥混凝土做面，长128、宽86厘米。面上右起竖刻工程记录5行，内容为"江苏省治淮总指挥部·洪湖大堤工程处拆修·一九五五年六月"字样，魏隶书繁体。

渡口处洪泽湖大堤石刻

该石刻位于淮安市洪泽县西顺河镇洪祥村去上海故事度假村渡口处南，地理坐标为北纬33°18′40.4″，东经118°50′33.6″。该段有6处石刻。"加高贰层工头"石刻长90、宽40厘米，玄武岩石质，石面左上方剔出长42、宽20厘米的字堂，字堂竖刻工程记录3行，内容为"捌年陶承办加高·贰层工长柒拾丈·工头"字样。此碑记录正好与侯二门处石工墙的加高现象相吻合，它为考证洪泽湖大堤石工墙原墙和后增高的石工提供了翔实的证据。还有"平成永固"石刻、"老堆"石刻、"风平浪静"石刻，另有工程类石刻两块。

滨湖洪泽湖大堤石刻

该石刻位于淮安市洪泽县高良涧镇湖滨社区洪泽湖度假村员工宿舍墙外，地理坐标为北纬33°18′36.9″，东经118°50′31.2″。有石刻遗存11处。

洪泽湖大堤始建于东汉建安五年（200年），距今1800余年，沿堤遗存有历代维修工程题记、吉祥图案、御题石刻等多种内容。在滨湖村有"江苏省治淮总指挥部拆修工程"石刻、"道光拾陆年"石刻、"回字纹边框金堤永固"石刻、"光绪柒年"石刻、"封侯封禄"石刻、"甲辰年"石刻、"城楼图"石刻、"方正名工头"石刻、兰花鹌鹑石刻、窄边框上角饰柿蒂纹·半截字堂石刻、宽边框饰细横竖纹·剔柿蒂纹头字堂石刻。

拆修石刻：水泥混凝土做面，长128、宽86厘米。面上左起横刻工程记录3行，内容为"江苏省治淮总指挥部·洪湖大堤工程处拆修·一九五五年六月"字样，魏书繁体。

"道光拾陆年"石刻：玄武岩石质，长77、宽37厘米。石面上部刻长43、宽24厘米的字堂，堂内原刻工程记录文字被人为破坏，仅存首行"道光拾陆年□月"字样。

"回字纹边框金堤永固"石刻：石质青白，长98、宽46厘米。石刻四边留边框，中央剔出长68、宽30厘米的字堂，堂内竖刻凸起"金堤永固"4字，字体行楷，丰腴硕状，是洪泽湖大堤石刻调查中发现单字字径最大的题刻，字高15、宽15厘米，字堂外四边满饰"回"字纹。石面上部有被后刻的"TB.J12"字样。

"光绪柒年"石刻：石质青白，长126、宽41厘米。石面碑文竖刻6行，每行2字，内容为"光绪柒年（1881年）贰月开工，陆月告成"字样，字体楷书。石刻镶嵌在洪泽湖大堤第二层，立式镶嵌，面向洪泽湖，这在大堤石刻遗存中仅有两处。"光绪柒年"款石刻仅见此一处，石刻保存良好。

"封侯封禄"石刻：石质青白，长80、宽39厘米。石面中央剔出长50、宽26厘米的画堂，堂内凸刻一棵枫树，树上有一只太平鸟，树梢挂一个蜂窝，树下右侧有一头梅花鹿，左侧有一只猴子，下沿配有山石，寓意"太平封侯封禄"。石面与画堂底面錾刻成芝麻点状，石刻上边缘横刻"金堤永固"4字。画面寓意吉祥，工艺精细，为洪泽湖大堤石刻遗存中仅见。

"甲辰年"石刻：玄武岩石质，长90、宽44厘米。石面中央剔出长50、宽30厘米的字堂，堂内竖刻工程记录3行，中间"甲辰年"3字清晰可辨，其他字迹模糊不清。

城楼图石刻：石质青白，长85、宽38厘米。石面上部剔出宽28、高9厘米的字堂，堂内刻4字，石面中部刻长46、宽30厘米的画堂，堂内左上方刻有一座城楼，城楼双门紧闭，门外似一座拱桥，桥右侧似有人物二三，右上方另有物体。整个石刻人为损毁严重，具体图像不清。

洪泽湖大堤预留段重修石刻

该石刻位于淮安市洪泽县蒋坝镇西堤居委会预留段北500米，地理坐标为北纬33°6′32.8″，东经118°43′37.4″。石刻镶嵌于洪泽湖大堤预留段北首的二级防浪林台上，石质青白，残长50、宽30厘米。石面剔出长28、宽24厘米的字堂，字堂内右起横排刻4行仿宋字，内容为"江苏省·江北运河工程局·淮邳段工程事务所·民国廿五年（1936年）重修"字样。这是大堤上发现的两块民国时期的石刻之一。该石刻时间虽晚，但是记录了民国政府曾对大堤进行过维修加固的史实。

洪泽湖大堤平升三级、事事如意石刻

该石刻位于淮安市洪泽县蒋坝镇西堤居委会大堤预留段北侧的二级防浪林台堤坡处，地理坐标为北纬33°6′32.3″，东经118°43′37.3″。石刻长97、宽45厘米，石面四边留框，中央剔出画堂，画堂四角呈柿蒂纹，画面横刻，左起刻一枚宝瓶，下设托几，瓶内盛长如意兰草，紧临为一棵柿树，树干壮硕虬曲，树上部四丫分部，枝干硕果满挂，树下有一头鹿，呈回首奔跑状。鹿前站立一只鹤，双足立地，柿树、鹿、鹤下满饰山石纹，石刻右边为一枚宝瓶。宝瓶敞口，鼓腹，置于托盏之上，宝瓶内插三支戟。此石刻是洪泽湖大堤石刻遗存中吉祥寓意最为浓郁的一块，有平升三级、事事如意、封禄、长寿、大堤坚固坚实等含义。

第三部分

京杭大运河清口水利
枢纽考古勘探与发掘

第一章
概　况

2008年，因修建明远路，淮安市博物馆对顺黄坝遗址进行了首次考古发掘。2009年，由于明远路西延工程的建设，又对遗址进行了第二次发掘。2011年，伴随着京杭大运河申报世界文化遗产的来临，经国家文物局的批准，在中国文化遗产研究院与南京博物院的指导下，淮安市博物馆对清口水利枢纽遗址进行了一次全面而系统的考古调查、勘探与发掘，并取得了一系列重要的成果。

本次考古工作范围在淮安市淮阴区48平方千米的区域内，主要涉及的是以码头镇和杨庄镇为中心的23平方千米核心区范围内的古清口遗址，考古工作主要分为两个阶段。

第一阶段，主要是收集文献、舆图、地图等与古清口有关的资料，通过走访地方史专家与当地群众，实地调查与运河申遗密切相关的遗产点。

第二阶段，根据调查结果，确定将要勘探与发掘的具体遗迹点，主要有天妃坝遗址、顺黄坝遗址、御坝遗址、里河遗址、惠济祠遗址、文华寺遗址等。

清口地区历史悠久，各类水系错综复杂，又因古代与近现代地貌变化很大，因此我们调查的对象基本上是地面上的，有很多掩埋于地下的河道和水利设施，虽然有历史文献、遥感地图和高空摄影提供了很多线索，但要深入判断其范围、走向、保存状况、时代变迁和属性仍需今后进一步的地质、地理研究和考古勘探发掘的开展。

经过前期的田野调查，我们将北起二河南岸，南止顺水堤南侧，东到二河西岸，西至旧县一组一带面积约150万平方米确定为勘探的区域。为了方便记录我们将其分成5个区域（图一）。

一、惠济祠—天妃坝遗址，北起二河南岸，南止明远路，东到里河西堤西侧，西至安澜路西侧，面积约10万平方米。

二、里河—文华寺—古码头遗址，北起二河南岸，南止明远路，东到二河西岸，西至天妃坝遗址东侧，面积约25万平方米。

三、顺黄坝—木龙遗址，北起废黄河南岸，南止王顺路与顺水堤交汇处，东到王顺路，西至黄河滩一带，面积约10万平方米。

四、御坝—顺水堤—七堡堤工遗址，北起废黄河南岸，南止顺水堤南侧，东到王顺路，西至御坝村一组西侧，面积约24万平方米。

五、旧县遗址，北起惠民渠，南止黄河北岸缕堤，东到旧县六组，西至旧县一组，面积81万余平方米。

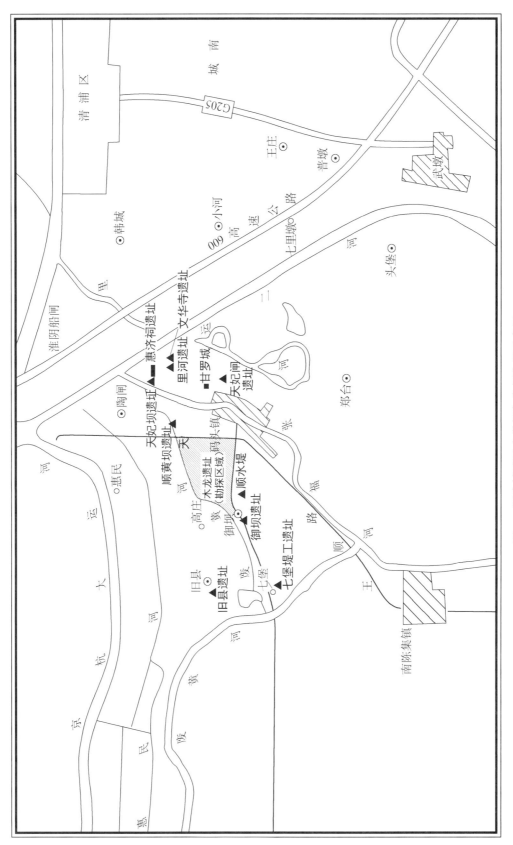

图一　码头镇遗址点勘探与发掘位置示意图

我们采取普探与重点勘探两种方式，具体勘探方法是：将勘探区域按照100×100米划分成若干个正方形，普探按间隔1.5～2米的距离布孔，重点勘探按间隔1米的"梅花式"布孔。由于各类遗址的性质与现状不同，因此，在勘探过程中侧重点也有所不同。

1. 惠济祠与文华寺均为寺庙建筑类遗存，遗址历史久远，文化层堆积深厚，因此，在勘探中，首先，应摸清其建筑的整体格局，其次，要注意各个单体建筑的布局及相互之间的关系，只有这样才能为今后的发掘布方提供有力的依据。

2. 旧县遗址为清河县城旧址，属城址类遗存，遗址占地面积大，经历时间长，文化内涵丰富，文献记载也较为清晰，在勘探中首先要确定城墙的四至范围、城门所在以及有无瓮城和角城、护城河的宽度，最后再对照文献中的舆图寻找城址内的官署、仓廪、宗祠、文庙、广场、古井等各种建筑设施。

3. 顺黄坝、御坝、顺水堤、七堡堤工属于土堤坝遗存，均为抵御黄河而修建，因此，在勘探过程中需要注意的问题是分清楚堤坝属于人工堆筑还是黄河流水淤积形成。另外，在坝体迎水面一侧会发现诸如埽工和碎石护坡等水工防护设施，勘探时应确定它们的范围、厚度、保存状况等。

4. 里河、古码头与通济闸西堤属与运河有关的遗存，注意的问题与土堤坝遗存类似。例如，在里河河道内钻探时发现，地表至3米深处均为黄色砂土层，3米以下至5米大部分变成青色或青黑色淤泥层，水分极大，植物根系和螺类遗骸较多，具备运河河床淤积土的基本特征。通济闸西堤经过钻探发现明显为人工夯筑而成，并且经过两个时期加工，早期堤坝低窄，后期由于防洪需要逐渐加高加厚。

经过前期细致的调查与勘探后，我们确定了埋藏较好、文化层丰富的遗迹点进行了考古揭示。在发掘之前，根据每个遗迹点的情况分别制定发掘计划与方案（此次各类遗迹点面积较大，因此大部分都按照10×10米布探方），在发掘过程中严格按照《田野考古操作规程》进行。在发掘中，每个探方的资料装在一个档案袋中（如探方总记录、发掘日记、遗迹图等），整个遗址发掘的资料装在一个档案袋中（如探方发掘总记录、总平面图等），尽量将资料做到规范化、细致化和条理化。

整个工作从2011年9月发掘天妃坝遗址开始至2013年8月结束，历时近两年。

本次发掘本着"发掘与保护并重"的理念，更加注重对文物本体的保护，一方面为了保持文物的原真性，另一方面考虑到为今后的展示奠定良好的基础。为此，我们做了如下具体工作。

1. 顺黄坝遗址出土的埽工在地下埋藏由于有水分，因此能很好的保存，一旦发掘暴露出来会受到风化、雨淋与暴晒，会使埽工变得干燥与脆弱并且很快会消失。因此，在发掘过程中，尽量减少揭示面积，能做到展示的效果即可，对揭示出来的埽工每天喷水保湿，用地膜覆盖，保持其原来的状态。

2. 惠济祠遗址揭示出来的建筑基址，存在最大的问题就是时间久了会长满茂盛的杂草，每次除草后会减少文化层与遗迹的保存厚度，因此我们在遗址上喷洒除草剂，尽量抑制草木的生长速度，从而保持遗址的完整性与美观性。

3. 天妃坝石工与砖工存在三个突出问题，一是冬天砖上冻，到了春天温度回暖后，砖极易破裂；二是砖工与石工的缝隙中会长满杂草，时间长了不进行清理会使裂缝变宽变大，从而会使整个石工的结构受到影响；三是石工上面的覆土和对面的地层在雨季时极易造成水土流失，特别是暴雨会造成坍塌，对石工的安全也会造成一定的影响。针对这些问题，淮安市文物局聘请南京博物院文物保护科学技术研究所专家对文物本体进行了一系列保护性工程。首先，在遗址上建钢结构大棚，使坝体免受长期的风吹、雨淋与暴晒。其次，清代石工东侧的地层都铺了草坪，其余地层先将加固剂注入土里，然后用木槌逐次捶打，将表面夯实，一定程度上加固了土层抗水流冲击的能力。将惠济祠和天妃坝用栅栏围起来建成一个遗址公园，并派专人管理，定期清理石工上的杂草和坝内的垃圾等，保持堤坝本体的整洁和美观。

第二章

考古勘探与发掘成果

第一节　古河道

里河遗址考古勘探与发掘

（一）概况

里河，即古运河，因明清时期黄河位于运河之外（西北方向），故称外河，而与黄河隔闸坝相望的运河遂称里河，为明清时期使用过的一条供漕运和货运的运河。本文所指的里河在文献中有比较清楚的记载，《明史》卷六一《河渠三·运河上》记载："恭又言：'清江浦河六十里，陈瑄浚至天妃祠东，注于黄河。运艘出天妃口入黄穿清特半饷耳。后黄涨，逆注入口，清遂多淤。议者不制天妃口而遽塞之，令淮水勿与黄值。开新河以接淮河……又使运艘迂八里浅滞而始达于清河，孰与出天妃口者之便且利？请建天妃闸，俾漕船直达清河。运尽而黄水盛发，则闭闸绝黄，水落则启天妃闸以利商船。新河口勿浚可也。'乃建天妃庙口石闸。"[1] 到了乾隆时期，随着惠济闸、通济闸、福兴闸的逐渐形成和完善，新的运河稳定地发挥其漕运与通航的功能，明代运河逐渐废弃不用。

此次勘探与发掘区位于淮阴区码头镇码头村东南。遗址所在的地理坐标（发掘区中心位置）为北纬33°32′46.1″，东经118°56′53.2″。遗址东距二河450米，穿过明远路向南延伸，西距张福河650米，西北距惠济祠遗址200米（参见图一；彩图八四）。

从2012年4月开始，淮安市五河口水产科技有限公司计划投资，将北到惠济祠南侧、东至二河堤、南到明远路、西至灌溉渠的区域规划为"淮安市渔业高科技示范园核心区"，上面修建了大片的鱼塘（彩图八五），目前，其北侧界限已经扩张到文华寺遗址北侧（将遗址三分之二挖掉）。在明远路南侧是江苏淮安航天科普教育及体验基地项目，地表修建了许多蔬菜大棚（由于开挖较浅，因此对遗址本体破坏较小）。

对里河遗址的考古工作先后有两次，第一次是配合明远路的修建，时间为2008年12月1日～2009年

---

[1]《明史》卷六一《河渠三·运河上》，第2091～2092页，中华书局点校本，1977年。

1月15日，其中里河遗址主要是勘探。第二次是为了配合大运河的申遗工作，时间为2011年5月5日～8月15日，历时3个月，主要是考古勘探与发掘（此次勘探与发掘范围南到明远路、东与东北至二河堤、西到安澜路、北至惠济祠遗址）。

（二）地层堆积

此次发掘共分两个区域，第一个区域由于修建鱼塘，我们在挖好的坑壁上解剖了里河的东堤（为了记录的方便，将鱼塘编号为K1）。

东堤K1地层

第①层，后期垫土，厚50～85厘米，黄白色，土质松散，出土植物根系、瓦片及现代垃圾等。

第②层，耕土层，厚15～50厘米，深灰色，土质较软，颗粒较细，出土植物根系、青花瓷片及碎砖等。

第③层，浅黄色砂土层，厚5～100厘米，土质细软，颗粒细小，无包含物。

第④层，深黄色砂土层，厚10～100厘米，土质较第③层稍硬，颗粒较大，无包含物。

第⑤层，褐红色淤泥层，厚8～105厘米，中间夹杂黄砂土块，土质坚硬，含水分较大，无包含物。

第⑥a层，灰褐色土层，厚5～75厘米，土质较硬，颗粒较大，坝体西侧夹杂有少量石块，东侧没有，无包含物。

第⑥b层，灰褐色土层，厚5～60厘米，土质较松软，颗粒细小，坝体西侧夹杂有少量石块，东侧石块较多，出土青花瓷片及硬陶片等。

第⑦层，灰白色土层，厚10～75厘米，土质较软，颗粒粗大，无包含物。

第⑧层，夯土层，黄色，厚15～65厘米，土质坚硬，十分纯净，无包含物。

第⑨层，夯土层，黄色，厚5～45厘米，土质坚硬，十分纯净，无包含物。

第⑩层，夯土层，黄色，厚15～50厘米，土质坚硬，十分纯净，无包含物。

第⑪层，最厚处200厘米，未发掘到生土，东侧有两根木桩。

第⑧～⑪层为坝体部分（图二；彩图八六）。

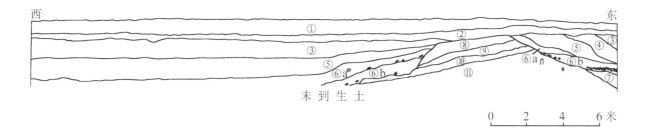

图二 里河遗址东堤K1北壁地层图

（三）遗迹

经过考古钻探与发掘，已经勘探并发掘揭示出的遗迹有里河故道、东堤、西堤及木桩。

里河故道勘探长33、宽80～90、深5～6米，其中，0～3.5米为黄砂土层，3.5米以下多见青灰色或青黑色淤泥。

东堤，勘探长33、宽50米，在运河故道东侧。其中，明远路北侧有一段长2.4、宽1米的石工，距现在地表1.8～2米，为碎石堆砌。鱼塘北壁地层显示，堤坝顶端距地表1～1.25米，为纯净的黄土堆筑。坝体十分坚硬，经过夯筑且有踩踏现象。夯层较厚，揭示出的共分四层，厚0.3～0.7米，全部为平夯。

西堤，勘探长33、宽30～40米。在第二发掘区南侧勘探到埽工，距地表2.2～2.5米，长7、宽0.3、厚0.04米。另外，古码头遗址发掘区域T2西壁地层显示，堤坝顶端距地表2.5米。坝体土质不是很纯净，有黄土灰土和暗红色淤土等。相比较，东堤显得松软，夯层也不是很明显，有人为毁坏的迹象。在其东侧有零星的几根木桩。

木桩，位于鱼塘发掘区内的东堤上，距现在地表2～2.5米，在东西3、南北20米的范围内共清理出15根。木桩分两列分布，很有规律。原来的高度已被机械破坏，现暴露出地表的高15～45、直径10～15厘米，为杉木（图三；彩图八七）。

（四）遗物

遗址发掘出土的遗物主要有木桩与陶瓷器，共计19件。

1. 木桩，共计15根。

标本K1：1，残长192、直径10～15厘米，一端粗，底部呈尖状，为杉木（图四：1；彩图八八：1）。

2. 瓷器，共计2根。

标本K1⑪：1，青花碗底。内底绘两条粗线纹；外底不施釉，用毛笔书写"伍李"两字。胎质黄白，青花发色黑蓝。复原底径5.6、残高2.4厘米（图四：2；彩图八八：2）。

3. 陶器，共计2件。

标本K1⑤：1，青釉灯。盘口，卷沿，上腹较浅，下部为覆盘形，中间为一上细下粗空管连接，残。盘口口径12.4、底径8、高8厘米。器外施青釉，底不施釉（图四：3；彩图八八：3）。

标本K1⑥：1，红陶罐残片，残。敛口，卷沿，圆唇，鼓腹。残长7、宽2.3～5厘米（图四：4；彩图八八：4）。

（五）结语

1. 遗迹时代问题

陈瑄开清江浦运河、建新庄闸，此后经过数百年由于黄河的侵入致使运口不断迁移，运河河道亦几经变化。明万历六年（1578年），潘季驯改天妃闸为坝，运口南移，新建通济闸。清康熙十七年（1678年），靳辅将运口向南移到七里闸，但旧运河仍在使用。

此次在第二发掘区域的里河西堤及东侧天妃闸遗址内出土了大量的瓷片，时代从明代晚期到清嘉庆时期，结合历代文献与运河、黄河图分析，在靳辅将运口南移到七里闸之后，里河河道有逐渐衰败的迹象，但鉴于新运口的建设和绕七里闸的距离较远，多数人还是倾向于从天妃口入黄河，因此，其使用一直可能持续到清代。

2. 发掘的意义

尽管历代文献对运河记载较多，但经过科学的考古发掘还是首次，本次发掘不仅解剖了里河故道，还解剖了里河东、西堤，一方面了解了里河及运口在明代晚期至清代早期的变迁，另一方面还明

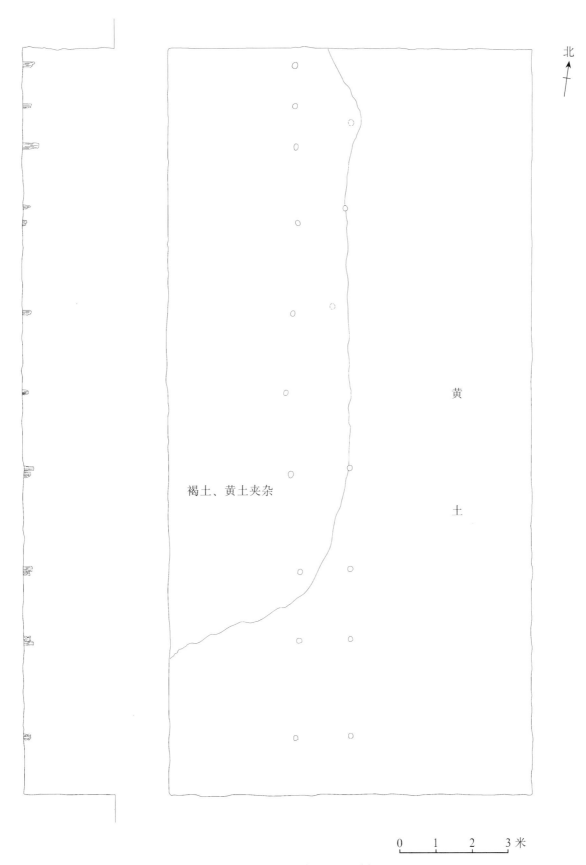

北

黄

土

褐土、黄土夹杂

0　1　2　3 米

图三　里河遗址K1内木桩平、剖面图

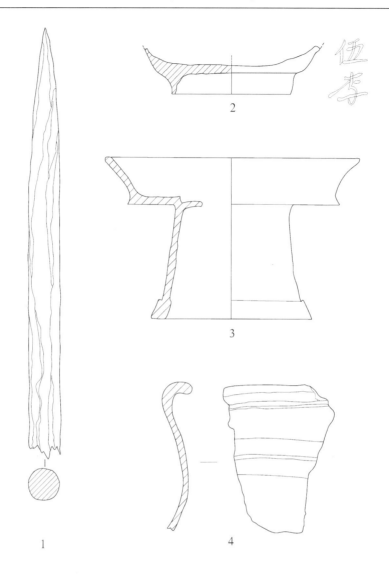

1. 0 10 20 30 厘米   2 ~ 4. 0 1 2 3 厘米

图四　里河遗址出土遗物

1. 木桩（K1：1）　2. 青花碗底（K1⑪.：1）　3. 青釉灯（K1⑤：1）　4. 红陶罐残片（K1⑥：1）

确了里河有比较完善的防护设施，勘探与发掘出的石工与埽工证明了这一点。其发掘不仅使我们对里河的面貌有了初步的认识，而且为大运河申遗提供了重要的考古资料。

第二节　堤坝类

一、天妃坝遗址考古勘探与发掘

（一）概述

天妃坝石工、砖工位于淮安市淮阴区码头镇码头村（原二闸村），是里运河入黄淮交汇处抵御激流冲击的保护性堤防设施，历代文献多有记载。清乾隆《淮安府志》记载："天妃坝，黄河东岸，自惠济祠起，南接甘罗城，乃黄、淮汇流要害之处。砖石堤工共长四百八十二丈。"[1]武同举《淮系年表全编·两轩存稿》记载："康熙二十九年（1690年）重建天妃坝石工……越十岁，向北接建至惠济祠，向南接建至卞家汪，共长三里许。"[2]

康熙时封惠济祠祭祀的泰山碧霞元君为"天妃"，并将"惠济祠"更名为"天妃庙"，后又累封为"天后"。康熙三十年重修的堤坝正好位于天妃庙西侧，因而将其命名为天妃坝。

经过调查勘探与走访当地群众我们得知，现在的天妃坝大体呈南—北走向，北端由惠济祠开始，然后折向东南，之后向南直抵甘罗城遗址，北侧长约1600米，与文献记载基本吻合。

20世纪60年代，当地村民在挖中草药时偶然发现石工，之后就开始了大规模的挖掘活动，后来在乡政府的制止下遂才停止。这些被挖掘出的条石、灰砖及木桩基本被用来盖房屋。

天妃坝目前保存完整段不足200米，其余地段在距现今地表3～5米深处仍然断续残存。遗址所在的地面上是现在码头村村民居住地。

天妃坝遗址先后进行了两次发掘。2008年，为了配合明远路的修筑进行过一次试掘，时间为12月10日～2009年1月15日，历时35天。2011年，为了配合京杭大运河的申遗进行过较大规模的正式发掘，时间为9月22日～11月5日，历时47天。

（二）地层堆积

第一次试掘区域原为宅基地，现在是水泥地坪，东西均邻近房屋，北部为深坑，位于第二次发掘点东南，相距150米。受地形影响，先布5×4米探沟一条（编号2008TG2）。此后，根据发掘的需要向东、西及北部外扩，又布探沟一条（编号2008TG1），长8.4、宽1.3米。TG1与TG2相互垂直，总计发掘面积30.92平方米。此次发掘点地理坐标为北纬33°32′48.6″，东经118°56′43.8″，海拔12米（TG2中部位置）（彩图八九）。

---

[1]（清）卫哲治等修，叶长扬、顾栋高等纂：（乾隆）《淮安府志》，乾隆十三年（1748年）刻本，上海图书馆藏。

[2]（清）武同举：《淮系年表全编》（两轩存稿），1929年，国家图书馆藏。

2008TG1西壁

第①层，耕土层，厚0~10厘米，浅黄色，土质松散，出土有青花瓷片、碎砖、现代垃圾及植物根系等。

第②层，细黄砂夹杂红色黏土层，厚25~238厘米，出土少量碎砖、瓷片等。

第③层，深黄色砂土层，厚15~35厘米，土质细腻且松软，无包含物。

第④层，碎砖层，厚32~40厘米，夹杂有少量石块。

第⑤层，浅黄色砂土层，厚2~18厘米，土质松软，颗粒细小，无包含物。

未做到生土（图五；彩图九〇）。

2008TG2南壁

第①层，耕土层，厚18~34厘米，黄白色，土质松散，出土有青花瓷片、碎砖、现代垃圾及植物根系等。

第②层，暗红色淤泥层，厚7~30厘米，土质较硬，较为纯净，无包含物。

第③层，褐色土层，厚27~34厘米，土质较松软，出土有青花瓷片，红、黑陶片及碎砖等。

第④层，黄砂土层，厚30~40厘米，经过夯打，土质很硬，较为纯净，无包含物。

第⑤层，红色淤泥层，厚23~40厘米，土质致密且坚硬，较为纯净，无包含物。

第⑥层，黑褐色土层，厚10~12厘米，土质较硬，有踩踏面，包含有大量陶瓷碎片、碎砖等。

第⑦层，浅黄色砂土层，厚52~57厘米，土质细腻且坚硬，十分纯净，无包含物。

第⑧层，褐色土层，厚15~62厘米，土质较为坚硬，含有少量陶瓷碎片等。

第⑨层，黄褐色黏土层，厚10~24厘米，土质较为坚硬。

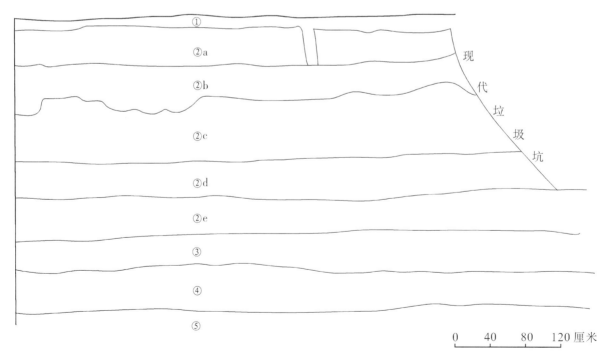

图五　天妃坝遗址2008TG1西壁地层图

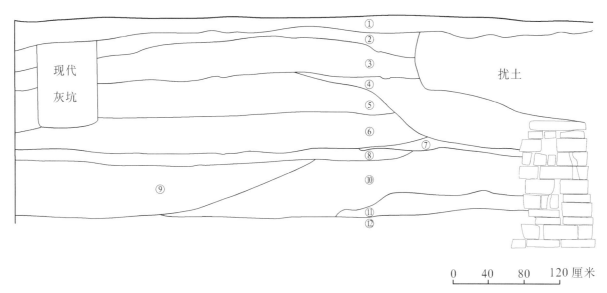

图六　天妃坝遗址2008TG2南壁地层图

第⑩层，浅褐色土层，厚15～? 厘米，土质较硬，含有少量陶瓷碎片等。

第⑪层，褐色土层，厚15～62厘米。

第⑪层，黄褐色黏土，厚10～24厘米。

第⑫层，浅褐色土层。仅发掘暴露出的十几厘米，其下因实际情况没有发掘（图六；彩图九一）。

第二次发掘区域位于惠济祠遗址西侧，地理坐标（发掘区域中部位置）为北纬33°33′2.2″，东经118°56′46.6″，海拔13米，东北距二河150米，西侧紧靠安澜路，西距张福河330米，南距明远路550米。共布40×6米探沟一条（编号2011TG1）、17×6米探沟一条（编号2011TG2，包括扩方）和14×2米（编号2011TG3）探沟一条，总计发掘面积376平方米。其中，TG2位于TG1北侧，TG3位于TG2东北，相距8米。

2011TG1西壁

第①层，耕土层，厚26～55厘米，浅黄色，土质松散，出土有青花瓷片、碎砖、现代垃圾及植物根系等。

第②层，暗红色淤泥层，厚30～230厘米，土质坚硬，较为纯净，出土有青花瓷片和碎砖等。

第③层，深黄色砂土层，厚30～65厘米，土质细腻且松软，夹杂有褐红色淤泥块，无包含物。

第④层，暗红色淤泥层，厚20～60厘米，土质坚硬，无包含物。

第⑤层，浅黄色砂土层，厚10～35厘米，土质松软，颗粒细小，无包含物。

第⑥层，浅黄色砂土层，厚15～115厘米，土质较第⑤层稍硬，夹杂有少许灰土，无包含物。

第⑦层，黄色砂土层，厚50～? 厘米，土色较第⑥层稍浅，土质较为松软，颗粒细小，无包含物。未做到生土（图七；彩图九二）。

2011TG1东壁

第①层，耕土层，厚8～20厘米，浅黄色，土质松散，出土有青花瓷片、碎砖、现代垃圾及植物根系等。

第②层，深黄土层，厚5～22厘米，土质稍硬，较为纯净，出土有青花瓷片、琉璃构件及碎砖等。

第③层，黄砂土层，厚20～40厘米，土质细腻且松软，出土有青花瓷片、琉璃构件等。

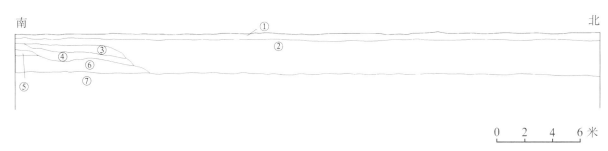

图七　天妃坝遗址2011TG1西壁地层图

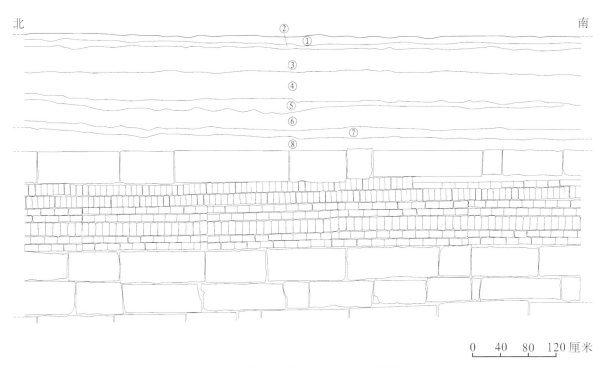

图八　天妃坝遗址2011TG1东壁地层图

第④层，黄砂土层，厚30~50厘米，土质较为松软，出土有青花瓷片等。

第⑤层，暗红色淤泥层，厚2~20厘米，土质致密且坚硬，较为纯净，无包含物。

第⑥层，黄砂土层，厚18~36厘米，土色较第③、④层深，土质松散，无包含物。

第⑦层，暗红色淤泥层，厚10~15厘米，土质坚硬，无包含物。

第⑧层，灰黄土层，厚10~40厘米，土质较为坚硬，颗粒较大，出土有青花瓷片、碎砖等（图八；彩图九三）。

依据地层堆积和包含物，初步分析两次发掘地层堆积成因与年代推测大致有以下几种情况。

2008TG2南壁

第一种情况有第①层，为现代扰土层。

第二种情况包括第②、③层，为清代至民国晚期垫土层。

第三种情况包括第④、⑤层，为清代晚期垫土层。

第四种情况包括第⑥层，地层水平，厚薄均匀，经过夯筑并且有踩踏痕迹十分明显，厚约12厘米。

第五种情况属于第⑥层下，由于客观因素，第⑥层下进行钻探，基本情况是，2.23~4.73米为灰褐色土层，4.73~5.23米为红褐色土层，5.23~5.93米为青泥层，5.93~7.73米为含有砖渣、石灰和水锈等的青灰泥。继续向下，因探铲长度有限，未能钻及。据钻探，第⑥层路土的东部边缘到石工宽15米，土堤护坡最底部距石工38米。

2011TG1西壁

第一种情况有第①层，为现代扰土层。

第二种情况包括第②~⑤层，为后期的垫土。每层均较硬，有明显人为踩踏与夯筑现象，为平夯。

第三种情况包括第⑥、⑦层及以下，为古黄河淤积的泥沙层，年代属清代。

2011TG1东壁

第一种情况有第①层，为现代扰土层。

第二种情况包括第②~⑤层，为文献中记载的嘉庆年间天妃坝覆土。

第三种情况包括第⑥、⑦层及以下，为文献中记载的嘉庆年间天妃坝覆土。

（三）遗迹现象

两次发掘揭示和确认的遗迹主要是砖工、石工和砖墙。另外，在TG1北侧有一个近现代灰坑，将其编号为H1。以下按照探方逐一叙述（图九；彩图九四）。

2008TG1与TG2内遗迹

主要是石工与砖工，共分上、下两段。总高6.66米（图一○）。其中，上段高2.31米，最上面为一层条石，共5块，总长5.33米，规格为86×74.5×18厘米、110×75.5×17厘米、143×40×20厘米、80×60×16.5厘米、114×69×16厘米。石下为砖，共14层；砖墙上窄下宽，宽0.82~1.14米，砖的规格为39×16×10厘米、38×14×9.5厘米、37.5×16.5×10厘米、37×16.5厘米×10厘米。从上至下的砌法是四立砖，然后是一平砖一立砖，此种砌法共计5组。下段石工高4.35米，整体为上窄下宽，条石在外，砖块在内。条石共15层，最上层两块规格为80×44×11厘米、87×53×11厘米。砖共计26层，规格为45×17×10厘米、43.5×16×10厘米、43×17×11厘米、43×16×9厘米、42×17×11厘米。从上至下的砌法依次为8立1平、6立1平、3立2平、2立1平、2立。砖墙最下部宽1.85米。下段石工下面暴露出木桩，为"梅花桩"，木桩直径10厘米（彩图九五）。

0　40　80　120 厘米

图一○　天妃坝遗址2008TG1内砖工、石工结构图

2011TG1内遗迹

揭示的遗迹是石工，长38、宽0.25～1.1、高2.2米，方向11°，整体呈弯曲状。坝体为砖石混合结构，最上面是一层条石，下面是6～9层砖，砖下面又是3层条石（由于该段堤坝以条石为主，因此一般以"石工"称之）（图一一；彩图九六）。

第一层共有40块条石，由南向北从第5块开始共有4组条石砌筑方式为一顺一丁，其余全部是南北向的顺铺。

条石下的砖整体高度在0.8～1.14米，全部是丁砖砌筑。由于第一层条石的厚度不同，因此，在不同地方砖的层数也不同。以南侧的一处空缺为界（呈长方形，长0.88、宽0.6～1米，里面有一些碎砖和泥土，推测应为当时洪水冲击形成），以南的砖为6层，砌筑方式依次为一层竖丁、两层横丁、一层竖丁、两层横丁。"空缺"向北13.4米处，这一段为7层，砌筑方式依次为两层竖丁、两层横丁、一层竖丁、两层横丁。继续向北3.8米处，这一段有8层，砌筑方式依次为三层竖丁、两层横丁、一层竖丁、两层横丁。继续向北7.6米，该段为7层，砌筑方式依次为两层竖丁、两层横丁、一层竖丁、两层横丁。向北2.2米处，该段为9层，砌筑方式依次为两层横丁、两层竖丁、两层横丁、一层竖丁、两层横丁。余下长1.2米的一段又是7层，与上述7层砖的砌筑方式相同。

砖的规格不同，有36.5×17×7厘米、38×18×8厘米和37×16.5×6.5厘米三种。

砖下的三层条石整体上南高北低，其中第一层共有43块条石，北侧5组、南侧6组为一顺一丁法砌筑，其余皆为顺铺。第二层共有39块条石，共三组一顺一丁法砌筑，其余全是顺铺。第三层共有34块，基本都是顺铺。

条石大小不等，长24～180、宽20～75、厚18～48厘米（以20～40厘米居多）。

有的条石修饰工艺较为考究，表面留有工具加工后留下的斜痕，个别条石四周边缘打磨光滑，宽1～1.5厘米（彩图九七）。在第一层靠近南侧的两块条石边缘有一个完整的束腰形凹槽，里面浇灌铁水形成锔钉从而使条石连接得更加牢固（彩图九八）。

条石与砖、砖与砖之间均用三合土粘合，粘合层厚0.1～0.3厘米。

每层砖或条石都比上一层向外（向西）凸出0.1～0.3厘米，目的是增加堤坝的整体稳固性。

靠近北侧部分砖上有"钦工"字样，共有12块，楷体，其中只有一块是由右向左读，其余皆为由左向右读（彩图九九）。

此外，在遗址周围老百姓很多房屋的砖上发现还有"成"、"元"与"古□"等文字，其中尤以"成"字最多（彩图一〇〇～一〇二）。

2011TG2内遗迹

揭示出的遗迹是砖工与砖墙。

砖工由三部分组成，方向11°，由西向东逐渐抬高，呈阶梯状（图一二；彩图一〇三、一〇四）。

第一部分位于最西侧，此次揭露出的长15.5、宽0.75～1、高2.75米。平面呈弧形，中间向外（向西）凸出，两边分别向东北和东南延伸。砖工整体北侧略高，向东南稍低。从北侧一小段看，该部分东、西共有4层砖。其中，靠近南侧一段在两侧砌筑整砖，中间填充大量半截砖（彩图一〇五）。从西侧剖面看，最外侧一层砖共暴露出21层，分为四部分（彩图一〇六）。其中最上面一部分共有4层，是顺与丁交替砌筑；第二部分共有8层，砌筑方式基本是错缝平铺，个别地方是半截砖。第三部分共有2层，为丁砖砌筑，有的竖丁，有的横丁。第四部分揭示出7层，砌筑方式是一顺一丁。这四部分砌筑方式不同，第四部分砖的尺寸明显小于前三部分。砖的规格有48×15×10厘米、50×15×12厘米、

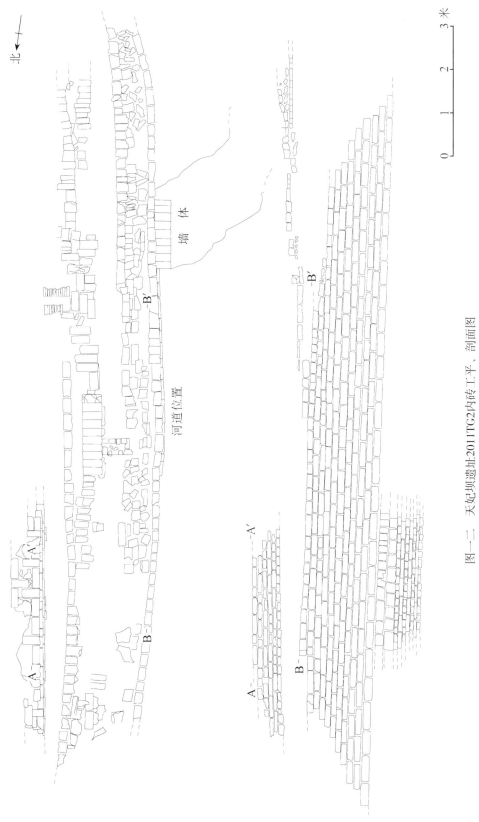

图一二 天妃坝遗址2011TG2内砖工平、剖面图

40×14×10厘米、40×15×7.5厘米四种。

第二部分位于中间，长15.4、宽0.65~1、高0.3米，与第一部分相距0.2~0.5米。从北向南长9.8米的一段砌筑较为规整，东侧砖全是南北向铺砌；西侧是两层东西向铺砌的砖。其中，靠近南侧长5.6米的一段砖都是东西向铺砌，较为凌乱，保存较差。砖大部分是半截，规格有42×10×15厘米、35×10×8厘米两种。在靠近南侧有两列东西向的砖，西侧与该部分衔接，向东延伸进入惠济祠遗址下面，由于未作进一步发掘，故其长度不清楚。砖均为南北向竖立铺砌，其中一列8块，另一列12块。砖的规格为20×9×5厘米。

在第一部分与第二部分中部位置有一段东西向的砖墙，把二者连接起来。长0.6、宽0.35米，由于没有清理到底，故高度暂不清楚。砌筑方式基本是一顺一丁，砖的规格为30×15×8厘米（彩图一〇七）。

第三部分位于最东边，长5.25、宽0.25~0.85、高0.65米，与第二部分相距0.35~0.5米。从北侧剖面看，东、西共有3层。从西侧剖面看，残存6层砖，其中最上一层基本是一顺一丁，第二层基本是两顺一丁，第3~5层基本上是错缝平铺，第6层大部分是丁砖铺砌，砖的规格为45×17.5×10厘米（彩图一〇八）。

砖与砖之间用三合土粘合，粘合层厚0.2~0.5厘米。其中，第三部分砖与砖之间也有用草木灰粘合（彩图一〇九）。其中，第一部分的砖每层比上一层向外凸出0.1~0.3厘米，第三部分的砖凸出0.1~0.15厘米，目的是增强砖工的整体稳定性。由此可以知道砖工的东西剖面为上窄下宽的梯形。

墙体位于砖工西南，长2.5、宽1.5、厚0.45米。表面覆盖一层石灰层，东端暴露出9块砖，砖的长度由于伸入砖工里面不详，宽有10和15厘米两种，总长1.55、宽0.3、厚0.1米。向西南延伸与石工连接，在其下仍有砌筑的砖墙，未做进一步揭示，结构尚不清楚。

2011TG3内遗迹

TG3长14、宽2、深2.2米，方向50°。揭示出一段砖工与一段石工（图一三；彩图一一〇）。其中，砖工位于西侧，西距探沟西壁0.34米，砖工长1.14、宽0.82、最高处0.7米（此次揭示的高度，未到底）。西侧最高处揭示出9层砖，从南侧剖面看，砌筑方式基本是一顺一丁，个别地方用半截砖填充。砖的规格有32×11×7.5厘米、36×12×6厘米两种。砖与砖之间用白灰粘合，非常牢固。

石工在砖工东侧，长11.1、宽0.72~1、高0.07~0.2米。用条石铺砌，整体不甚规整，有的地方为1块，南北向铺砌；有的地方是两块，东西向铺砌；有的地方为三块，北侧两块南北向，南侧一块东西向铺砌。在条石中间空隙较大的地方用砖块填满。条石不像TG内的那样规整，有的甚至边角残损，表面也未经过任何加工。条石长40~102、宽18~50、厚8~19厘米。在石工东端条石上残留一段砖砌墙体，长1.86、宽0.74、高0.4米，从南侧剖面看，残留有4层砖，砌筑方式为错缝平铺，个别地方用半截砖填充，砖的规格有40×18×10厘米和36×16×10厘米两种。砖与砖之间用白灰粘合，十分牢固。条石仅一层，下面是十分纯净的黄砂土堆积，经过勘探，深达3米仍不见底。

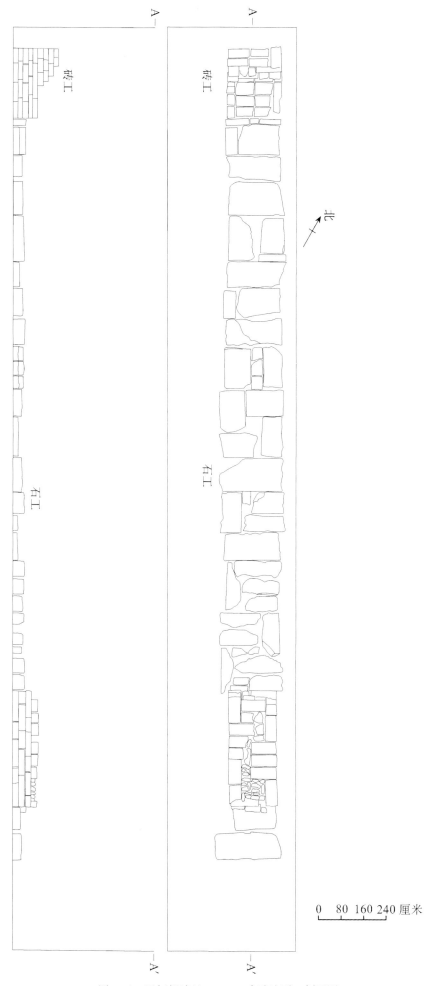

图一三　天妃坝遗址2011TG3内遗迹平、剖面图

（四）天妃坝北侧遗迹的勘探

为了进一步了解天妃坝向北延伸的情况，我们在惠济祠遗址北侧至二河南岸的区域进行了勘探，时间为2012年5月10~26日，历时17天，勘探面积约1600平方米。

该处地势北低南高，原因是二河堤高出地表3~5米（彩图一一一）。发现的主要遗迹现象有土筑堤坝、碎石护坡及埽工等。

土筑堤坝

堤坝距现地表0.3~1.5米，目前勘探确认的坝体长60、宽25米，基本呈南北走向，是较为纯净的黄土，有十分明显的人工夯筑与踩踏现象。

碎石护坡

碎石护坡位于土堤坝西侧，埽工西，高低不平，宽窄不一，宽3~5米，距现地表深度由北向南逐渐加深，且北部部分区域有砖石共存现象。其中，砖区域长约10、宽约2米，分布较为平坦，其性质还有待进一步的考古勘探与发掘。

埽工

埽工位于堤坝西坡上，2.3米以下出现，薄厚不一，厚0.02~0.05米。埽工材质为芦苇，保存状况不尽相同。

（五）出土遗物

天妃坝遗址发掘出土的遗物主要有琉璃构件、陶瓷器和钱币等，共计50件。

1. 琉璃构件

共计3件，有吻残件、勾头和滴水等。

（1）吻残件，1件。

标本TG2⑤：3，残，吻残件。须发飘逸。琉璃釉黄黑色。胎呈黄白色。长11.5、宽7.8、厚1~2.6厘米（图一四：1；彩图一一二：1）。

（2）勾头，1件。

标本TG2⑥：5，仅存瓦当部分，残留一小块。正面是龙的半截身体与一只爪。身上布满鳞片，龙爪为五爪。胎呈黄白色。厚0.5~1.9厘米（图一四：2；彩图一一二：2）。

（3）滴水，1件。

标本TG2⑥：6，仅存一小块滴唇，正面是龙尾与龙爪。尾部弯曲，细长，身上布满鳞片，龙爪为五爪。胎呈黄白色。残长10.2、宽6.5、厚0.7~1.8、边缘宽1.3~1.8厘米（图一四：3；彩图一一二：3）

2. 瓷器

共计41件，有青花瓷、青瓷、仿哥釉瓷、霁蓝等，可辨器形有碗、罐、花盆、盘、瓶、钵、勺子、象棋子、缸、水盂等。

（1）青花瓷，30件。

标本TG1⑤：1，碗。残存半截腹部和底部。外壁为龙纹，画的比较写意，龙鳞的表现是连续三角纹构成。周围环绕云气纹，接近圈足为一周如意云头纹，外底为"乾隆年制"四字篆书款。釉呈白色，胎体细白，青花发色灰蓝。底径3.5、残高2.4~3.3厘米（图一五：2；彩图一一三-1：1）。

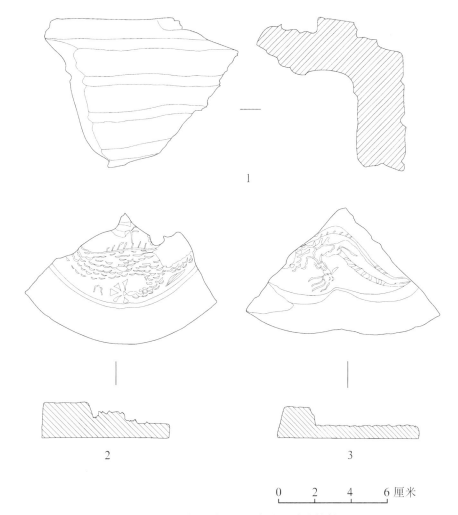

图一四　天妃坝遗址2011年出土琉璃构件
1. 吻残件（TG2⑤：3）　2. 勾头（TG2⑥：5）　3. 滴水（TG2⑥：6）

　　标本TG2⑦：1，碗。残存碗底。内底双圈内绘变体龙纹。外底不施釉，有明显跳刀痕，足根粘砂。釉白中微泛青，胎体灰白，青花发色灰蓝。底径5、残高0.5~1.3厘米（图一五：3；彩图一一三-1：2）。

　　标本TG2⑥：1，盘。残存底部。内底双圈内绘一变体龙纹，龙首微微昂起，颈部较细，身体环绕内底一圈，腿部鬃毛飘逸，周围衬以云气纹。外底双圈内画双鱼啣花纹。釉白中微泛青。胎体坚且白。青花发色灰蓝。底径9.6厘米，残高1~2厘米（图一五：5；彩图一一三-1：3-1、2）。

　　标本TG2⑥：2，盘。残存底部。内底绘龙纹，龙口大张，须发飘逸，双目怒睁，龙身蟠曲，龙鳞用连续三角纹组成。周围衬以云气纹，底足根部露胎，有火石红，外底双方框内画文字花款。外底有较多针孔缩釉痕，有白中微泛青，胎体坚且白，青花发色灰蓝。底径9.8、高0.8~1厘米（图一五：6；彩图一一三-1：4-1、2）。

　　标本TG1⑦：1，象棋子。圆形，胎体灰白，青花发色灰蓝。正面一个圆圈内为一个楷体"俥"字，底不施釉。直径2.9、厚0.7厘米（图一五：11；彩图一一三-1：5）。

　　标本TG2⑥：3，花盆残底。底部露胎，有细麻布纹。釉面青白色，胎体较白，青花发色深蓝。残长9、宽7.5厘米（图一五：14；彩图一一三-1：6）。

　　标本TG2⑥：4，盒。残。子母口，器壁稍向外凸出。外底仿明早期脐状底，外壁绘葡萄纹。釉面白

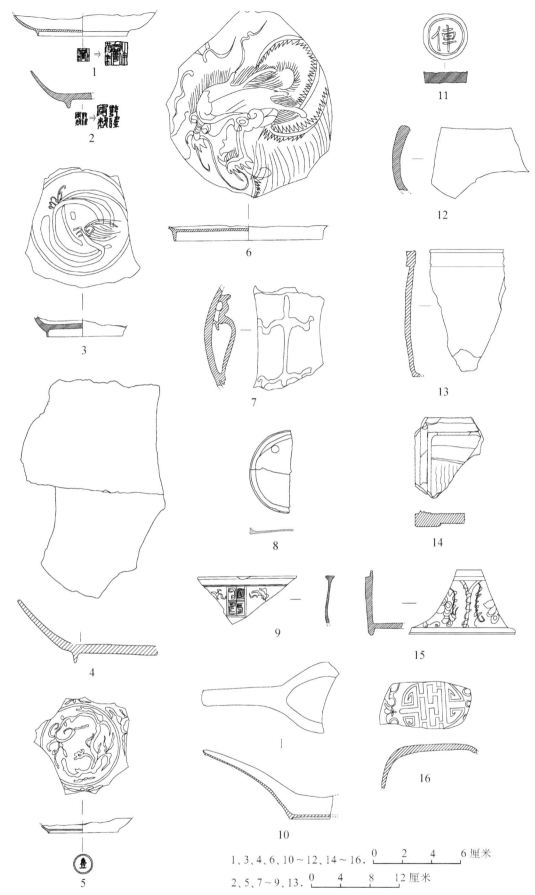

图一五　天妃坝遗址2011年出土遗物

1. 青釉碗（TG1④：1）　　2. 青花碗（TG1⑤：1）　　3. 青花碗（TG2⑦：1）　　4. 仿哥釉盘（TG2⑤：1）　　5. 青花盘（TG2⑥：1）

6. 青花盘（TG2⑥：2）　　7. 仿哥釉瓶（TG2⑤：2）　　8. 绿釉花盆（TG1②：1）　　9. 酱釉罐（H1①：1）　　10. 豆青釉勺子

（TG1③：1）　　11. 青花象棋子（TG1⑦：1）　　12. 霁蓝釉钵（TG1⑤：2）　　13. 酱釉缸（TG2②：1）　　14. 青花花盆（TG2⑥：3）残底

15. 青花盒盖（TG2⑥：4）　　16. 青花盒盖（TG1②：2）

中微闪青，胎体白且坚，青花发色灰蓝。宽1.6~7、残高4.1厘米（图一五：15；彩图一一三-2：1）。

标本TG1②：2，盒盖。残。中间画一个"囍"字，周围环绕如意云头纹。釉面白中稍泛青，胎体较白，青花发色淡蓝。残长6.1、宽3厘米（图一五：16；彩图一一三-2：2）。

（2）青瓷，5件。

标本TG1④：1，碗底。天青釉，器身布满冰裂纹，胎体灰白，外底青花方框内书"大清嘉庆年制"六字三行篆书款。底径5.9、残高1~1.6厘米（图一五：1；彩图一一三-2：3-1、2）。

标本TG1③：1，勺子。残。豆青釉，口沿一周涂酱黄釉。外底用青花画一个"目"字花款。底部不施釉，胎体灰白，残长9.1、宽1~4.5、高4.5厘米（图一五：10；彩图一一三-2：4）。

（3）仿哥釉，3件。

标本TG2⑤：1，盘，残存1/4。敞口，弧腹，圈足较矮且涂一周酱黄釉，器身布满铁线纹，器底有7个大小相同的酱釉支钉痕，胎体为香灰胎。复原底径14.6、高4.1厘米（图一五：4；彩图一一三-2：5）。

标本TG2⑤：2，瓶，仅存颈部与一蟠螭纹耳。器身布满铁线纹，胎体为香灰胎。残长12、宽8.4~9厘米（图一五：7；彩图一一三-3：1）。

（4）霁蓝釉，3件。

标本TG1⑤：2，钵，残存口沿。敛口，口部施一层粉白质釉，胎体灰白。宽1.5~4.8、高4.6、厚0.5~0.8厘米（图一五：12；彩图一一三-3：2）。

3. 陶器

共计4件，有绿釉和酱釉，可辨器形有花盆、罐和缸等。

（1）绿釉，1件。

标本TG1②：1，花盆，残留底部。接近底部有一周凸棱，底内凹且不施釉，底部有一个圆孔。胎体灰黄且夹砂，器外施绿釉。复原底径14、残高2.1~2.2厘米（图一五：8；彩图一一三-3：4）。

（2）酱釉，3件。

标本H1①：1，罐，残存口沿及半截腹部。红胎，平沿，圆唇，器壁稍向外鼓，外壁模印花卉纹与回纹，器内外施酱釉，口沿不施釉。残高6厘米（图一五：9；彩图一一三-3：3）。

标本TG2②：1，缸，残存口沿及半截腹部。平沿，斜直腹。口沿外凸出一条宽2厘米的宽带。器内施满酱釉，器外上半截施釉。胎体发红，含砂砾。宽2~9.6、残高15.4、厚0.8厘米（图一五：13；彩图一一三-3：5）。

4. 钱币

共计2枚，其中，乾隆通宝1枚、嘉庆通宝1枚。

（1）乾隆通宝，圆形方孔。正面书"乾隆通宝"，上下直读，楷体。背面为满文"宝源"（图一六：1）。

标本TG2⑥：7，直径2.4、厚0.1、方孔边长0.6厘米。

（2）嘉庆通宝，圆形方孔。正面书"嘉庆通宝"。背面满文，字迹模糊不清。

标本TG1④：2，直径2.3、厚0.1、方孔边长0.6厘米（图一六：2）。

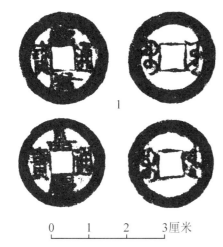

图一六　天妃坝遗址出土钱币拓片
1. 乾隆通宝（TG2⑥：7）　2. 嘉庆通宝（TG1④：2）

（六）结语

1. 关于遗迹时代问题

咸丰《清河县志》记载："天妃坝石工，万历七年（1579年）建，康熙三十年（1691年）重建，乾隆十九年（1754年）石上加砖，嘉庆十四年（1809年）加高堤工，通行包筑，石工遂埋于堤内，不可复识矣。"（图一七）根据记载我们分析砖工为明万历七年所建。石工为清康熙三十年重建，此次清理共暴露出3层条石。乾隆十九年在条石上加砖。嘉庆十四年可能在乾隆时的砖工上继续增高，即现在的6～9层砖工，然后在砖上用一层条石通行包筑，并用土掩埋。T1东壁石工上的地层有夯筑现象。西壁第七层为砂土，应为古黄河淤积层，而第一至六层土质杂乱，部分地段亦有踩踏与夯筑现象，这也从另一个侧面反映了在嘉庆年间石工被包筑而后埋于地下不可复识的事实。

砖工与石工之间是一道砖砌的墙体。结合文献，这种墙体叫戗堤，它将两道堤坝连接起来，起到加固的作用。

2008年发掘的天妃坝，下段外部为条石砌筑，上段在条石上砌砖，最上面一层亦为条石，高2.31米，而此次发掘暴露的高度是2.2米，二者相差甚小，对比二者再结合文献记载，可以判断，2008年发掘的上段为乾隆时期修建，下段全为条石，与此次发掘相同，应为康熙时期修建。

TG3内的一段石工初步分析与TG内的砖工相连接，在最西边全部用砖砌筑，向东一段用条石砌筑，上面铺砖，笔者分析，可能是东侧原本地势较高，当时的建造者利用了地势，从而减少了很多建筑材料所致。另外，据当地群众回忆，环绕惠济祠一周曾经都有石工与砖工砌筑的墙体，目的是保护惠济祠不受洪水侵蚀，因此这段应该是其中的一段。

2. 建筑材料与文字

首先，堤坝所用的建筑材料能够反映出当时黄、淮、运水势的相关情况。查看明清文献与舆图可知，在明代万历、清代康熙与乾隆初期三个时期内，正是黄河直抵惠济祠，有随时侵入淮、湖、运之危险的时期。万历年间，修筑砖工所使用的砖尺寸较大（45×17.5×10厘米）。阶梯状的三层是对水势上涨最好的证明。明末清初，政权更替，清口一度疏于管理，明代修筑的天妃坝逐渐废弃。清初，康熙三十年重修天妃坝，所用材料全部是上好的条石，而且层数达15～18层。乾隆十九年，在石上加砖反映出水势的进一步异涨，到了乾隆五十一年（1786年），经过三代帝王的精心治理，清口一带黄、淮、运的局面为之一新，清口枢纽工程已臻完备。洪泽湖水位在一定程度上得以控制，陶庄引河又导引黄水北趋，从而远离清口。因而，在嘉庆十四年只需稍稍加高堤工，通行包筑，不使湖水满溢惠济祠即可。而再往后的道光年间，由于实行"灌塘济运"，天妃坝逐渐失去其曾经的功能，遂湮没于人们的视线之中。

坝体所用条石全为青石，淮安本地不产这种青石，笔者分析这些石料应来源于距离淮安较近且是运河沿线的城市。所用灰砖应该是就近烧制。笔者走访当地群众，在距天妃坝不远有一处窑址，是否是这些砖的来源地目前还不甚明确，有待进一步考古勘探与发掘。

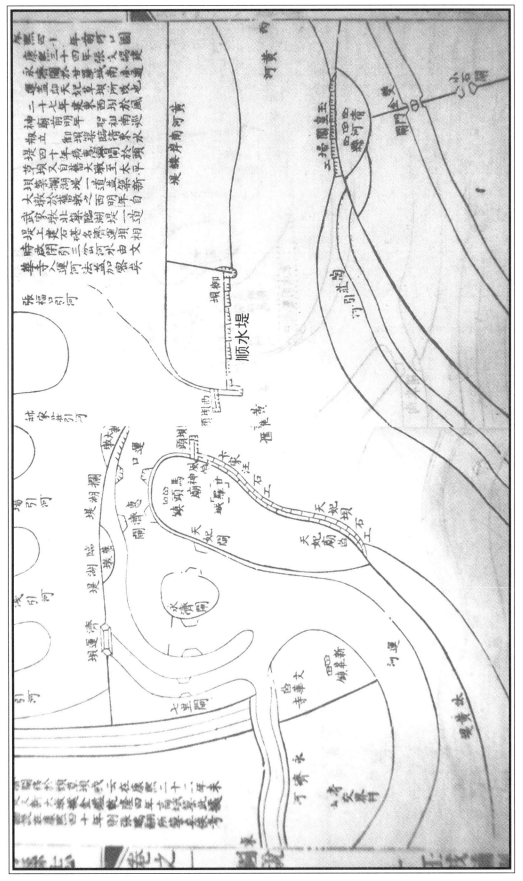

图一七　咸丰《清河县志》中天妃坝的位置

砖上有四种文字，分别是"成"、"元"、"钦工"、"古□"。其中以"成"最多。"成"与"元"应为窑厂窑主姓名，类似于今天的商标。"钦工"集中出现在清代堤坝的砖上，也从侧面证明了天妃坝的重要性，是皇帝派人督办的重要工程。

3. 发掘的意义

天妃坝的发现对于水利史、水文地理以及判断相关水工设施的年代，确认古运河河道、运口位置变迁，了解黄河、淮河淤积深度等方面的研究具有重要意义。

此次揭示的清代石工保存完整、结构清晰，长达38米，再结合2008年的发掘成果，这两者为我们全面认识天妃坝石工在清代的建造、修缮及掩埋等一系列问题提供了翔实的资料。明代砖工为首次发现，对于认识明代天妃坝砖工的建筑材料、砌筑结构等方面提供了第一手资料。这两处水利遗址的发掘成果为大运河申遗淮安段提供了重要的考古资料。

二、顺黄坝遗址考古勘探与发掘

（一）概况

顺黄坝遗址位于淮安市淮阴区码头镇御坝村与民族村境内，整体呈东北—西南走向，西南与御坝遗址连接，向东北穿过王顺路与明远路后延伸至二河河堤西岸（图一八）。经过实地调查，坝体整体保存较差，大部分坝体在20世纪70年代被当地村民烧砖取土破坏，近年来又因基本建设而被整体推平，仅残存长约190、宽50~90、高2.5~4米的坝体，几次考古工作均围绕着此段残存坝体展开。现坝体上分布着密集的房屋，生长有茂盛的树木（彩图一一四）。

（二）顺黄坝遗址的考古工作情况

2008年底至2009年1月，为了配合淮阴区明远路的修建，我们对顺黄坝遗址先后进行过两次试掘，采取布探沟（编号08TG4、09TG5）局部解剖的方式进行，地点均位于明远路路基范围内。

为了配合京杭大运河的申遗，由中国文化遗产研究院、南京博物院考古研究所、淮安市博物馆组成联合考古队，对清口枢纽5处遗产点进行了考古勘探和发掘，顺黄坝遗址就是其中的一处发掘点。2012年开始，考古队在之前的工作基础上对顺黄坝遗址进行了更为详细的调查与勘探，并选择保存状况较好的地点进行了发掘。发掘工作从当年3月开始，至6月结束，历时3个月。

发掘区域位于淮安市淮阴区明远路北侧，北距废黄河20米，西距王顺路185米，东距张福河450米，地理坐标（发掘区域中心位置）为北纬33°32′54.7″，东经118°56′3.3″，海拔12米。共布30×6米探沟1条（编号12TG1），11×12米探方1个（编号12TF1），探沟及探方均未按正北方向布方，而是与坝体垂直作横向揭示，发掘面积总计312平方米（图一九）。现将发掘情况介绍如下（部分参考2008、2009年的资料[1]）。

---

[1] 胡兵、刘光亮、祁小东：《淮安明远路考古勘探》，《大运河清口枢纽工程遗产调查与研究》，第310~321页，文物出版社，2012年。

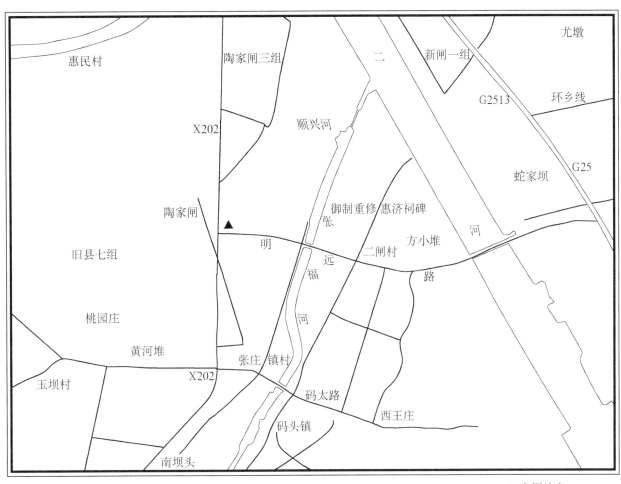

▲ 发掘地点

图一八　顺黄坝遗址发掘位置示意图

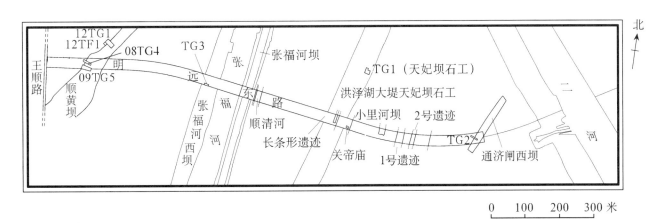

图一九　顺黄坝遗址发掘遗迹分布图

（三）地层堆积

此次发掘的主要目的是揭示顺黄坝埽工面，对揭示出来的遗迹不作进一步的解剖和发掘，因而埽工面的堆积层次以及埽工面以下坝体堆筑情况不明，下面以2012TG1西壁为例说明（图二〇）。第①层为现代耕土层，第②～⑥层为淤积层，与坝体无关，第⑦～⑪层为堤坝本体，其中第⑦、⑩层下均出现埽工。

第①层，耕土层，厚8～20厘米，浅黄色，土质较为疏松，颗粒细小，出土有青花瓷片、植物根系及现代垃圾等。

第②层，黄砂层，厚5～65厘米，浅黄色，土质十分松软，颗粒细腻，夹杂有棕色与深黄色小土块，出土有青花瓷片等。

第③层，暗红色淤积层，厚5～20厘米，土质坚硬，黏性很大，含水分较大，夹杂有细小的褐色斑点，包含物十分少见。

第④层，浅黄色砂层，厚4～50厘米，土质松软，颗粒较细，部分夹杂有深黄色或者褐色块，含有少量细碎瓷片。

第⑤层，暗红色淤积层，厚5～15厘米，土质坚硬，黏性大，含水分较大，含有少量细碎瓷片。

第⑥层，黄砂层，厚5～45厘米，土质松软，颗粒较细，夹杂有暗红色淤泥块，含有少量细碎瓷片。

第⑦层，黄砂层，厚25～70厘米，土质松软，颗粒较粗，夹杂有暗红色淤泥块较第⑥层多，含有少量细碎瓷片。

第⑧层，黄砂与灰褐土相混合层，厚10～25厘米，土质较为松软，无包含物。

第⑨层，红褐色黏土，夹杂黄砂性土，土质较致密，无包含物。

第⑩层，黄褐色黏土，土较致密，夹杂有浅黄色砂层，无包含物。

第⑪层，红褐色黏土，土致密，含有少量砂性土，无包含物。

（四）主要遗迹

2012年考古发掘所揭示出的遗迹现象主要有埽工、碎石护坦，未发现此前考古发掘中发现的篾揽及木桩迹象。篾揽与木桩在加固埽工、稳固堤坝方面具有重要的作用，是顺黄坝构筑工艺不可分割的一部分，以2009年的发掘成果作一介绍。

1. 埽工

从几次发掘情况看，埽工整体由堤坝迎水面向黄河倾斜铺垒，基本形态是埽工与黄砂土交替相互叠压。埽工薄厚不均，堤坝近水面的地方最厚，并且几层埽工叠压在一起，埽工上的芦苇等物大部分已经碳化，有的还可以辨认出芦苇秆的模样。本次发掘在第⑦、⑩层下均出现埽工，没有往下揭示。

2009年的发掘地点位于明远路路基范围内，因地表及以下被工程推平后填垫石灰层，叠压在埽工层之上的坝体土层无法了解，我们对埽工层进行了解剖。埽工层堆积厚达10层，每层之间有覆土，埽工层与覆土厚薄不均，因长期浸泡于水中，有些埽工层之间粘连在一起，无法分辨层次，第⑤、⑥层之下均出现碎石，碎石堆积又叠压在第⑦层之上（图二一；彩图一一五）。

第①层厚2～6厘米，距地表1.25米；第②层厚5～10厘米，上面覆盖厚15～80厘米的土层；第③

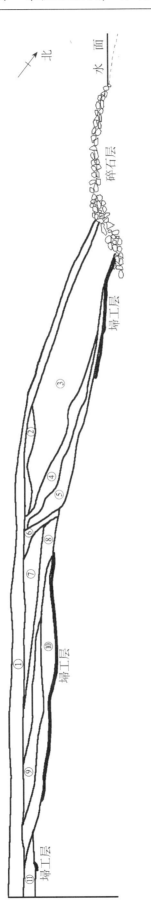

图二〇　顺黄坝遗址2012TG1西壁剖面图

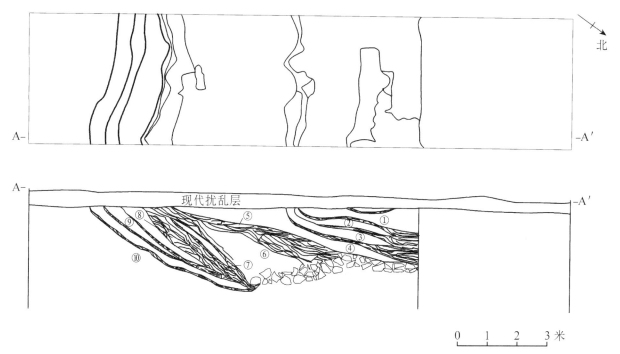

图二一 顺黄坝遗址2009年发掘埽工平、剖面图

层3～35厘米，土层厚4～25厘米；第④层厚2～45厘米，土层厚3～40厘米；第⑤层厚3～25厘米，土层厚5～75厘米；第⑥层厚12～75厘米，无土层，与第⑤层叠压在一起；第⑦、⑧层叠压在一起，分别厚5～25、10～60厘米，中部有覆土，厚5～25厘米；第⑨层厚2～20厘米，上面土层厚6～35厘米，中间夹杂土层厚5～30厘米；第⑩层厚5～15厘米，其上土层厚10～25厘米。

2. 碎石护坦

此次清理的石工位于12TG1北侧和12TF1内，整体呈不规则形分布，位于埽工之下，近水处其上没有埽工，直接迎水。揭示出的石工遗迹长16、宽3～7.5、高0.2～0.5米。由碎石堆放而成，西高东低，分别向两侧延伸。石头颜色、大小各异，颜色有黑、绿、红及白色等。（图二二；彩图一一六、一一七）

3. 篾揽

篾揽遗迹位于09TG5第⑥层下，共发现5根，残断，长短不一。篾揽均用芦苇编成，牢固捆扎埽工，呈麻花状（编号a～e），具体为a：长64、直径5～7厘米，b：长65、直径3～5厘米，c：长117、直径4～8厘米，d：长110、直径2～6厘米，e：长136、直径3～5厘米（图二三）。

4. 木桩

木桩微倾斜打入埽工内，固定在埽工上，防止埽工因水流的冲刷而滑落，起到加固的作用。此次发现的木桩位于09TG5内，一般为杉木（为了叙述方便，将它们按字母排列）。

A：长23、直径6厘米，向东北倾斜；B：长22、直径7厘米，向北倾斜；C：长18、直径6厘米，向东倾斜；D：长65、直径8厘米，向东北倾斜；E：长125、直径6～8厘米，垂直于埽工面；F：长98、直径4～9厘米，已断为两截，呈"⌐"形，一截置于第⑤层上，另一截向北倾斜；G：长87、直径5.5厘米，向东倾斜；H：长90、直径6厘米，向西倾斜；I：长112、直径6厘米，向东北倾斜；J：长53、直径5.5厘米，向东倾斜；K：长87、直径5厘米，呈"⌐"形，向西倾斜；L：长55、直径5.5厘米，向

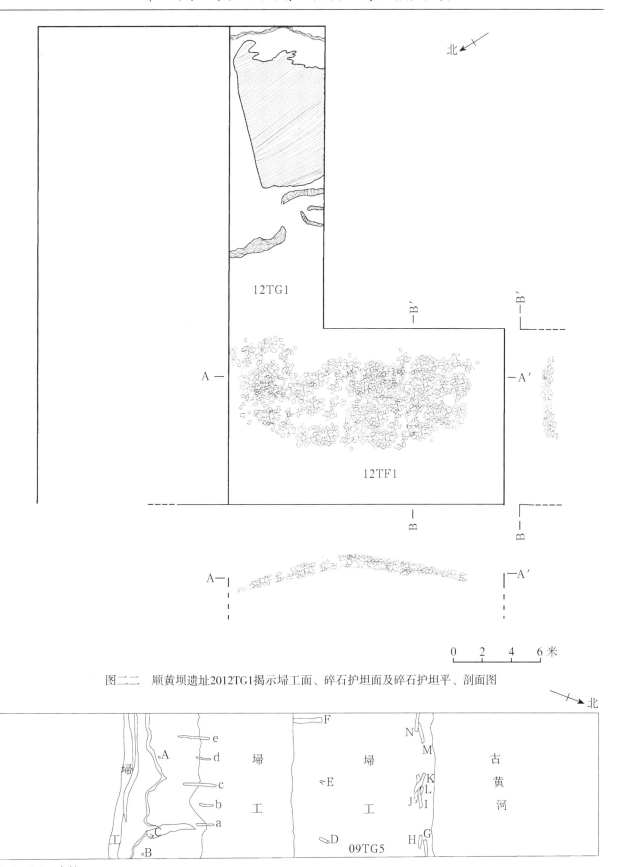

北

12TG1

—B′　　　　—B′

A—　　　　　　　　　　　　　　—A′

12TF1

B—　　　　　　　　　　B—

A—　　　　　　　　　—A′

0　2　4　6 米

图二二　顺黄坝遗址2012TG1揭示埽工面、碎石护坦面及碎石护坦平、剖面图

北

F

e
A
d
埽

N
M

埽

古
黄

c

E
K
L
J I

河

b

工

工

a

D

H G

09TG5

T
B

1. A～M：木桩
2. a～e：草绳（俗称"篾揽"）

图二三　顺黄坝遗址2009年发掘木桩与草绳分布示意图

东倾斜；M：长89、直径5.5厘米，向西倾斜；N：长103、直径6厘米，向东倾斜。

其中，D、E、F基本在一条线上，之间距离相等，为17.5米。G与H、I与K、J与L、M与N这8根木桩两两成一组，共分三组，每两根呈"×"形，每组之间距离相等，为75厘米（彩图一一八）。

（五）出土遗物

出土遗物标本较少，类型有陶瓷、骨器、铁器等，以陶瓷残片为主，有青花、青瓷、霁蓝、仿哥釉及紫砂等，器形有碗、壶、器盖、盘、钵等。

1. 瓷片

（1）碗，15片，可修复的有3件。

标本TG1①：1，敞口，弧腹，矮圈足，青釉，胎体洁白，釉质有玻璃质感，器口施一周黄釉。高3.7厘米（图二四：1；彩图一一九-1：1）。

标本TG1⑦：1，白瓷，胎体较白。外底青花双圈内为"大明成化年制"3行6字款。高3厘米（图二四：2；彩图一一九-1：2）。

标本TG1⑧：1，敞口，弧腹，宽厚斜圈足。胎体较白，器内施淡青釉，外壁施霁蓝釉，外底不施釉。底径2.8、高3.8厘米（图二四：3；彩图一一九-1：3）。

（2）盘，5片，均不可复原。

标本TG1②：1，胎体较白，青花发色深蓝。其外用"S"形的弧线将空间分隔成几部分，在每个空格内画一朵花。器内纹饰相同，只是分为上下两层。高3.2厘米（图二四：4；彩图一一九-1：4）。

（3）壶，1片，不可复原。

标本TG1⑥：1，紫砂。胎体夹砂，斜直腹，假圈足，外底有印章款。残高5厘米（图二四：5；彩图一一九-1：5-1、2）。

（4）盒盖，2件，不可复原。

标本TG1⑤：1，胎体较白，夹杂有黑点状杂质，釉面白中泛青，青花发色灰蓝。子母口，盖顶画一朵盛开的菊花。残长2.6～7、宽5、高2.2厘米（图二四：6；彩图一一九-2：1）。

（5）钵，2件，不可复原。

标本TG1④：1，仿哥釉。胎体为香灰胎，底不施釉且内凹，器身布满金丝铁线。残高1.5厘米（图二四：7；彩图一一九-2：2）。

2. 骨器

标本TG1⑤：2，长条形，上宽下窄，头部刻4道直线，分成两格，里面刻竖道，将每两条线之间分成7个小格。在顶端雕刻一个动物，呈蹲坐状。在动物外侧有一个孔，孔径0.2厘米，用于穿绳悬挂。长9.3、宽1.3～1.5、厚0.25～0.5厘米（图二四：8；彩图一一九-2：3）。

3. 铁器

标本TG1③：1，呈钩状，表面锈蚀严重，长7.5、宽0.7～1.4厘米，用途不明（图二四：9；彩图一一九-2：4）。

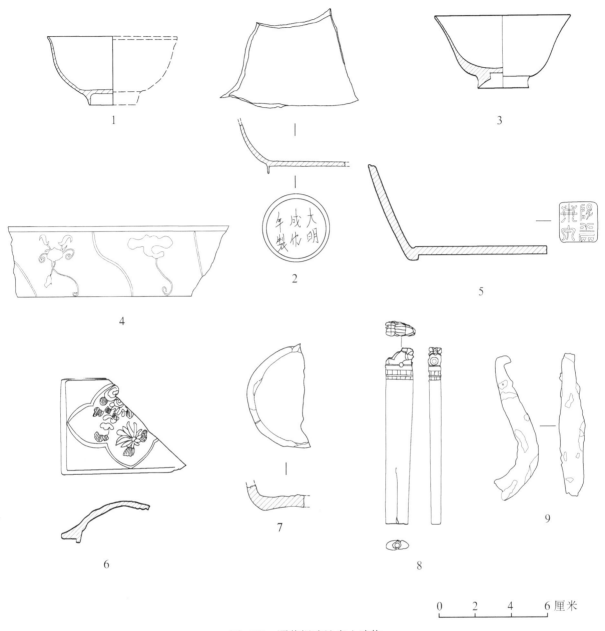

图二四　顺黄坝遗址出土遗物

1. 青釉碗（标本TG1①：1）　2. 白瓷碗（标本TG1⑦：1）　3. 霁蓝釉碗（标本TG1⑧：1）　4. 青花盘（标本TG1②：1）
5. 紫砂壶（标本TG1⑥：1）　6. 青花盒盖（标本TG1⑤：1）　7. 仿哥釉钵（标本TG1④：1）　8. 骨器（标本TG1⑤：2）　9. 铁器
（标本TG1③：1）

（六）顺黄坝在清口水利枢纽遗址体系中的重要地位

清口水利枢纽体系中的堤、坝、墩、闸、引河等是一个有机组合复杂的工程格局体系，它们在明清两朝"蓄清刷黄，济运保漕"总体治水思想下均发挥了重要作用，而顺黄坝的构筑在整个工程体系中又起到了关键性的作用。清代在清口修建的顺黄坝、束水坝和御坝成为重要的抵御黄河水的水工建筑物，不仅御黄刷沙更为有力，且下河地区的水灾也大为减轻。顺黄坝的修筑，使得黄河水远离运口，避免了凶猛的黄河水直接冲击运口，引导黄河水沿东北入淮河尾闾经涟水进入东海，从而保证了运口的安全和漕运、盐运的通畅。

明嘉靖十三年（1534年），刘天和治河、浚河运淤积，修筑堤防，"筑缕堤以防冲击，置顺水堤以防满溢"[1]。民国赵尔巽《清史稿·河渠志》："（高）晋等言：'臣晋在工二十余年，历经倒灌。惟有将清口通湖引河挑挖，使得畅流，汇黄东注，并力刷沙，则黄河不濬自深，海口不疏自治，补偏救弊，惟此一法。'又言：'清口西所建木龙，原冀排溜北趋，刷陶庄积土，使黄不逼清。但骤难尽刷，宜于陶庄积土之北开一引河，使黄离清口较远，至周家庄会清东注，不惟可免倒灌，淤沙渐可攻刷，即圩堰亦资稳固，所谓治淮即以治黄也。'""顺黄坝，原冀排溜北趋，刷陶庄积土，使黄不逼清。"[2]民国武同举《淮系年表全编》："康熙三十八年（1699年），阅视河工，开陶庄引河，在孙庄建挑水坝，又在清口外建挑水大坝，始竣称御坝，在东坝筑顺水堤至束水西坝。四十二年，又自清口外，挑御坝迤东，接顺水堤到御坝。乾隆七年（1742年），在南岸积土之外，筑束水堤891丈，又在拦黄坝迤上加筑顺黄坝130丈。"[3]上述记载都反映了明清两朝在治理水运方面的根本问题是解决黄河问题即治黄，黄河水不倒灌清口，不冲击运口，黄河水所带泥沙不淤塞河道，那么就能保证漕运的安全和通畅，而要安全和通畅还必须尽量少走黄河河道，避免黄河水的正面冲击，所谓"避黄趋淮"，在黄、淮、运三水系中，黄河水强于淮河水，淮河水强于运河水，黄河水位高于淮河水位，淮河水位高于运河水位，处在黄、淮、运交汇处的运口，始终处在黄河水的高压态势之下，既有水势的凶猛冲击，又有大量泥沙淤塞的威胁。康熙十一年（1672年），黄、淮交汇口，黄河水直逼运口，南面由洪泽湖而来的淮河水也被挤压形成倒灌，下行不畅[4]。康熙二十六年（1687年），河工图上已经修筑卞家汪石工，四十一年（1702年），又在卞家汪石工北筑天妃坝石工，在黄河南岸筑御坝，同时在洪泽湖开多条引河，加快淮河水流下泄力度，从图上看，上述举措收到了一定的效果，黄、淮水势状况稍有缓解，黄退而淮进。位于黄河南岸的顺黄坝的修筑以及陶庄新河的开凿，人工将黄河水北移，逐渐将黄河水逼离南面的运口，这样保证从运口出来的船只能顺风顺水北上进入淮河，乾隆四十二年（1703年），顺黄坝已将黄河入淮的旧河河道完全阻断，使得黄河水进入陶庄新河（彩图一二〇[5]），乾隆五十一年（1712年）的河口图上，黄河旧河河道完全不存，黄河水沿新河道远离运口一路北上，整个清口水利枢纽达到完美巅峰（彩图一二一）。清康熙中运河的开凿，漕船从运口至中运河，中途只需短暂进入水势凶猛、水流湍急的黄河河道，之后迅速西行进入中运河，而后风平浪静，一路平安北上。黄河水的北迁也大大减轻了运河河口淤塞的危险，黄河水带来的大量泥沙是导致运口闭塞的主要原因，而黄河水的北徙将这一威胁基本解决。清代几朝皇帝均认识到顺黄坝的重要作用，不断的堆筑加固，使得顺黄坝不断延长和加高。

纵观整个清口水利枢纽，坝、闸、转水墩、引河等工程措施都是围绕着明代潘季驯的"束水攻沙，蓄清刷黄"思想展开的。在这一工程体系中，顺黄坝的修筑，抓住了治理黄河水这一关键问题，一旦黄河问题解决，其他问题均将迎刃而解，其修筑既保证了运口河道的通畅不再淤塞，又保证了过往船只的安全，应该说是该思想的完美体现。当然顺黄坝工程不是单一的工程，与之配套的比如洪泽湖引河、陶庄新河的开挖、御坝、东面的天妃坝石工以及中运河的开凿，它们构成了有机的整体，共

---

[1]（明）刘天和：《问水集》，《文渊阁四库全书》本。有学者认为"顺水堤"即初期顺黄坝。

[2]（清）赵尔巽等编：《清史稿》卷一二六《河渠志》，第3730页，中华书局，1974年。

[3]（清）武同举：《淮系年表全编》，民国17年（1928年）刊行。

[4]中国文化遗产研究院：《大运河清口枢纽工程遗产调查与研究》，第204～207页，文物出版社，2012年。

[5]同注[4]，第149～150页。

同发挥作用，成为清口水利枢纽体系中关键的工程措施。

（七）顺黄坝考古发掘的收获与认识

1. 关于遗迹时代问题。

顺黄坝的建筑年代文献记载比较清楚，其前身顺水堤始建于明嘉靖十三年（1534年），清乾隆时期加筑顺黄坝130丈[1]，此后不断加长、加高、加固，嘉庆、道光时期一直沿用至后世。2008年试掘的顺黄坝一段，在碎石坦坡中部发现大量钱币，其中以清代的"康熙通宝"、"乾隆通宝"、"嘉庆通宝"数量最多。顺黄坝在清代不断加固、加高，而抛洒钱币的位置据水利专家介绍，应该为最为险要的工段，钱币时代集中在康乾及嘉庆时期，这与文献反映的乾隆、嘉庆时期修筑及加固顺黄坝的情形一致，钱币的抛洒寄托了古人当时渴望河堤稳固、河运通畅、平安无灾的美好愿望。此次考古发掘，出土器物标本十分少见，部分标本是在洪水泛滥带来的泥沙形成的淤积层内发现的，对坝体的修筑年代的判断意义不大。根据部分器物腹片釉色、纹饰风格，除有几片明代早期及清早期标本外，大部分为嘉庆、道光及以后的产品，结合文献所载顺黄坝从乾隆时期修筑到后世多次加高、加固，坝体堆土中出现各个时期陶瓷片也就不足为奇了。

2. 顺黄坝的堆筑及建筑材料在水利治理方面的意义。

从几次考古勘探和发掘看，清代构筑堤坝主体以砂性土为主，其间夹杂黏土，辅助材料则是大量的埽工、碎石、芦苇、草绳、草席、铁钩、木桩等物。我们几次揭示均没有完全解剖到坝体的最早堆筑状态，不能完全复原当时的堆筑情况，推测是先堆土到一定高度，其上铺设埽工，埽工之上覆土，覆土之上再铺埽工，如此反复，堆积达10多层，埽工之间用草绳、铁钩、木桩固定，以此牢牢护住坝体，其上堆土、压实，不断加高，上窄下宽，在堤脚又抛洒大量碎石，形成碎石护坦，碎石护坦上再行加筑埽工与堆土，部分碎石护坦直接面水，成为抵御河水冲刷的第一道防线，正因为无规律的抛洒，不同形状的碎石巧妙地化解了来自洪水的压力，而以芦苇、柴草编织而成的埽工芦苇、柴草间的缝隙恰到好处，在水的作用下牢牢护住覆土，又能缓解来自河水的直接冲击力。埽工本身具有良好的柔韧性，便于适应水下复杂的地形，尤其是软基，在多沙河流上使用，便于泥沙填充进埽体，凝结坚实，通俗来讲，这有点以柔克刚的意味，同时用埽工构筑施工围堰，完工后亦便于拆除，古人在没有现代大型机械、高强度钢筋、水泥、混凝土的情况下，能想到用如此高明的方法来护岸保堤，抵御洪水，使得存世几百年的顺黄坝至今仍屹立于世而岿然不动，是我国古代水利工程与治河工程技术的一大发明，具有显著的优点，充分体现了古人高超的技艺和杰出的智慧。

清康熙年间，治河名臣靳辅认识到需要设立专门的管理机构来管理芦苇采割，他说："至滨海柴荡，随河东涨，有日广之势，其有裨于料，必宜设专官理之。"[2]可惜的是，靳辅任期内没有完成这一任务，其后的河道总督于成龙正式设立苇荡营[3]。康熙三十八年（1699年），随着沿海滩地的不断淤积，芦苇数量逐渐增多，于成龙奏请于江南省海州、山阳两处地方设苇荡营，"掌采芦苇，以供修筑堤埽之用"[4]，"专司樵采，不与杂役"[5]。至雍正九年（1731年）调整后，其主要职责仍旧是负

[1]（清）武同举：《淮系年表全编》，民国17年（1928年）刊行。

[2]（清）靳辅：《治河方略》卷九，《故宫珍本丛刊》，海南出版社，2001年。

[3] 李德楠：《"续涸新涨"：环境变迁与清代江南苇荡营的兴废》，《兰州学刊》2008年第1期。

[4]《皇朝通典》卷三三，《四库全书》本。

[5]《乾隆钦定大清会典》卷七四，《四库全书》本。

责芦苇的采割、运输。

自苇荡营创立以后，采割芦苇数量不断增加。据《钦定大清会典则例》记载，康熙三十八年（1699年），苇荡营刚创立的时候，每年采割芦苇量为118万束，至雍正四年（1726年），在原有基础上再增加30万束，总数达到150万束。自雍正十二年（1734年）起，又题准在原额150万束基础上再增加20万束，总数达到170万束。到了雍正十三年，总数更是达到了225万束[1]。嘉庆十四年（1809年），两江总督百龄上任以后，芦苇采割数量进一步增加，左右营采割数量加起来比原估数量增采约429.9万束，几乎是定额245.48万束的两倍[2]。由此可见，苇荡营不断增加的芦苇采割量，源源不断地供应到抢险第一线，保证了各类水河工设施的顺利实施。这一方面说明了当时各地河工段险情不断，另一方面说明了埽工因其在护堤抢险方面的独特效力而被广泛大量运用着。

三、御坝遗址考古勘探与发掘

（一）概况

御坝遗址位于淮安市淮阴区码头镇御坝村一组境内（参见图一）。咸丰《清河县志》卷六《川渎》记载："康熙间，黄河直抵惠济祠前始折而东，逼近清口，易于倒灌，屡开北岸陶庄引河，未能奏效。三十八年（1699年），圣祖临视，指授方略，令侍卫肩桩订立，即于其处筑挑水坝，土人至今称为'御坝'……"[3]（参见图一七；彩图一二二）。（由于此地当时名叫陈家庄，挑水坝又叫陈家庄挑水坝。该处御坝有别于乾隆时期在运口头北坝之北建筑的御坝，因此，一般称为"康熙御坝"）。

现在的御坝呈北偏东走向，西、北为废黄河故道，南靠太平汪，东接顺水堤，向西南有七堡石工与吴城缕堤（彩图一二三）。现长60～70、高2～3米，呈平台状。坝体南侧是一条水泥路，北侧是密集的房屋、茂盛的杨树及成片的农田等，东南角有两座墓，分别是民国35年（1946年）立的李振江同志之墓和20世纪70年代立的汪英烈士墓。地理坐标为北纬33°32′18.94″，东经118°54′42.63″（御坝南端）；北纬33°32′26.20″，东经118°54′48.83″（御坝北端）。历年的人为活动，例如烧砖取土、平整农田及宅基地建设等对堤坝本体有不同程度的破坏。御坝遗址于2003年由市政府公布为第二批市级文物保护单位。

（二）勘探情况

御坝的勘探从2012年6月29日开始，至8月29日结束，历时60天。勘探范围西至汪瑛墓西侧，东到王顺路东侧。此次勘探范围大、时间久，目的是多方面的，第一，弄清楚御坝与顺水堤的范围与埋藏情况；第二，确定御坝、顺水堤与七堡堤工等的相互关系；第三，寻找木龙可能存在的区域。

经过细致的勘探，我们确定御坝基本都是由暗红色淤泥和黄土堆筑而成，土质结构致密而坚硬，其夯

---

[1]《乾隆钦定大清会典》卷一二三，《四库全书》本。

[2]（清）贺长龄辑：《皇朝经世文编》"清理苇荡以济工需疏"，中华书局，1992年。

[3]（清）吴棠修、鲁一同纂：（咸丰）《清河县志》，咸丰四年（1854年）刻，同治元年（1862年）补刻，1919年再补刻，中国文化遗产研究院藏。

土的坚硬度大大高于周边堤坝。而两座烈士墓前的夯土最为坚实，当地老百姓传说其上原有"皇亭"。结合舆图考证，乃订立御桩的"御桩亭"所在（参见彩图一二二[1]）。发现的遗迹主要是埽工。

埽工

位于坝体北侧偏东的缓坡上，长20、宽6、厚0.2~0.7、距地表深1~1.8米。埽工材质与顺黄坝相同，都是芦苇。

（三）发掘情况

1. 地层堆积

发掘工作从2012年12月4日开始，至2013年1月17日结束，历时43天。发掘区域位于汪英墓东侧50米（彩图一二四）。布探沟一条，编号为TG1，东西10、南北60米，发掘面积600平方米，方向355°。

2012TG1北壁

第①层，耕土层，厚5~15厘米，土质疏松，浅黄色，出土有植物根系、碎砖及现代垃圾等。

第②层，砂土层，厚5~25厘米，土质松散，深黄色，出土有植物根系、现代垃圾等。

第③层，暗红色淤泥与褐色土混合层，厚12~40厘米，土质稍硬，颗粒较粗，夹杂有石块和植物根系。

第④层，砂土层，厚5~15厘米，土质疏松，浅黄色，无包含物。

第⑤层，淤泥层，厚15~22厘米，暗红色，土质较硬，呈块状，中间夹杂有细带状黄色砂土层，无包含物。

第⑥层，砂土层，厚20~40厘米，土质较第④层硬，明黄色，中间夹杂有带状黑灰土层，无包含物。

第⑦层，砂土层，厚25~60厘米，土质较第⑥层稍硬，黑黄色，无包含物。

第⑧层，砂土层，厚6~25厘米，土质较第⑦层稍松软，土色较浅，无包含物。

第⑨层，淤泥层，厚3~9厘米，浅褐色，土质松散，中间夹杂有深黄色斑块或斑点土，无包含物。

第⑩层，淤泥层，厚3~10厘米，浅褐色，土质较第⑨层稍硬，呈块状，无包含物。

第⑪层，砂土层，厚2~10厘米，深黄色，土质松散，无包含物。

第⑫层，淤泥层，厚7~15厘米，暗红色，土质较第⑩层稍硬，呈块状，中间夹杂有黄色砂土块，无包含物。

第⑬层，砂土层，厚25~30厘米，黄灰色，土质较硬，呈块状，无包含物。

第⑭层，淤泥层，厚15~25厘米，暗红色，土质稍软，中间夹杂有少许黄色砂土块，无包含物。

第⑮层，砂土层，厚45~5厘米，深黄色，土质坚硬，中间夹杂有条状黑灰土淤积层，无包含物。

第⑯层，淤泥层，厚12~18里面，暗红色，土质较硬，无包含物。

第⑰层，砂土层，厚4~7厘米，灰黄色，土质较第⑮层稍松软，无包含物。

第⑱层，淤泥层，厚5~12里面，暗红色，土质较第⑯层稍软，黏性较大，含水分大，无包含物。

第⑲层，砂土层，厚5~10厘米，深黄色，土质较第⑰层松散，无包含物。

第⑳层，淤泥层，厚20~8厘米，深褐色，土质坚硬，中间夹杂有块状与带状黄色砂土层，无包

---

[1] 天津图书馆藏《治河全书》中《运河全图》"清河县御坝"部分，选自《水道寻往》，中国人民大学出版社，2007年。

含物。

第㉑层，淤泥层，厚22～40厘米，浅褐色，土质较硬，中间夹杂有灰黄色土层，无包含物。

第㉒层，淤泥层，厚35～50厘米，浅褐色，土质较第㉑层稍硬，黏性较大，水分大，无包含物。

第㉓层，淤泥层，厚度不详，灰黑色，土质松散，颗粒细小，含水分很大，未清理到底，无包含物。

从地表至探沟底部深6米，继续向下钻探，至1.5米处仍为淤砂层，且是流沙，基本为灰黑色甚至是黑色（图二五；彩图一二五）。

2012TG1南壁

第①层，耕土层，厚10～22厘米，土质松散，黄白色，出土有植物根系、碎砖、青花瓷片及现代垃圾等。

第②层，现代扰乱层，厚10～24厘米，土质松散，灰黑色，出土有植物根系、现代垃圾等。

第③层，现代扰乱层，厚10～22厘米，土质较硬，深黄色，出土有植物根系和碎砖等。

第④层，砂土层，厚24～52厘米，土质疏松，黄色，无包含物。

第⑤层，砂土层，厚56～74厘米，土质较硬，颗粒细小，无包含物。

第⑥层，淤泥层，厚22～32厘米，土质稍硬，暗红色，黏性较大，含水分大，无包含物。

第⑦层，砂土层，厚10～40厘米，土质较第④层稍松软，浅黄色，含水分较大，无包含物。

第⑧层，淤泥层，厚16～36厘米，土质较第⑥层稍松软，暗红色，无包含物。

第⑨层，砂土层，厚24～36厘米，土质松散，灰黄色，无包含物。

第⑩层，砂土层，厚10～24厘米，土质较第⑨层稍硬，土色较第⑨层稍深，无包含物。

第⑪层，淤泥层，厚2～6厘米，土质稍硬，暗红色，黏性很大，含水分较大，无包含物。

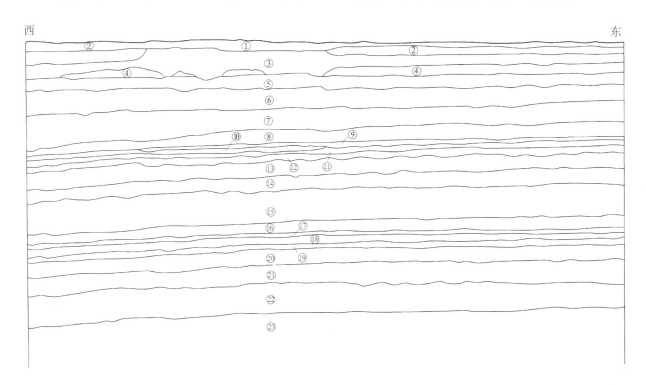

图二五　御坝遗址2012TG1北壁地层图

第⑫层，砂土层，厚48～76厘米，土质较第⑩稍硬，灰色，无包含物。

第⑬层，砂土层，厚10～22厘米，土质较第⑪层稍硬，灰色，黏性较大，含水分较大，无包含物。

第⑭层，淤泥层，厚2～6厘米，土质较硬，深褐色，黏性大，水分较大，无包含物。

第⑮层，淤泥层，厚12～22厘米，土质较第⑭层稍松软，灰色，坚硬，黏性较大，含水分较大，无包含物。

第⑯层，淤泥层，厚18～30厘米，土质较第⑮层稍硬，深灰色，中间夹杂有青黑色土块，黏性较大，含水分较大，无包含物。

第⑰层，淤泥层，厚14～32厘米，土质较硬，浅褐色，黏性较大，含水分较大，无包含物。

第⑱层，淤泥层，厚2～10厘米，土质较第⑰层稍松软，浅褐色，黏性较大，含水分较大，无包含物。

第⑲层，淤泥层，厚7～22厘米，土质较第⑰层松软，浅褐色，有的地方夹杂有青色淤积层，黏性很大，含水分较大，无包含物。

第⑳层，淤泥层，厚8～36厘米，土质较第⑲层松软，浅灰色，部分地方夹杂有青灰色淤积层，黏性较大，水分很大，无包含物。

第㉑层，砂土层，厚12～30厘米，土质较第⑳层稍软，浅褐色，部分地方夹杂有青色淤积层，黏性很大，水分很大，无包含物。

第㉒层，砂土层，厚30～54厘米，土质较第㉑层稍硬，浅灰色，部分地方夹杂有青色淤积层，黏性较大，含水分大，无包含物。

第㉓层，砂土层，厚度不详，土质较第㉒层软，灰黑色，部分地方有青色与灰色淤积层，黏性较大，含水分较大，未清理到底，无包含物（图二六；彩图一二六）。

2. 河滩淤积现象

位于黄河故道中，文献中又称"涨滩"，指的是黄河泛滥所带来的大量泥沙经年累月不断淤积沉淀，使原本低洼或者较浅的区域逐渐抬高或垫平，待到黄河改道后成为高于周围的"涨滩"。此次勘探的范围，东到王顺路西侧，南至顺水堤，西至御坝，北止陶闸黄河北岸缕堤，总长1050米，由坝体北侧到废黄河南岸宽540～780米。其堆积自然倾斜，南高北低，勘探至3米全是黄砂土淤泥层，含水分很大，并有较多螺壳等水生生物残骸。现地面上为农田，长满水稻、黄豆和玉米等（彩图一二七）。

（四）结语

通过对御坝遗址的发掘和文献资料的研究，初步有以下几点认识。

1. 堤坝的形成

御坝遗址所在的位置（北距小清口约100米）在明清时期向南是洪泽湖与淮水，东面是惠济祠、运河和运口，如果不能把黄河主流向北逼入陶庄引河进而入海，就会致使黄河倒灌洪泽湖，侵入运河，危及惠济祠，造成洪泽湖水位抬高，运河淤垫，从而危及洪泽湖大堤、里下河地区等严重的后果。鉴于此地的重要性，康熙皇帝亲自指示在此处筑挑坝挑水。

挑黄北去不是一次可以完成，因而堤坝的堆筑也不是一日之功。康熙皇帝订立桩基，只是开始，之后，御坝坝尾向南土堰直抵黄河南岸缕堤，长346丈。康熙四十二年（1703年），又自挑坝至御黄西坝接筑顺水堤。雍正八年（1730年），在御黄西坝西，沿顺水堤筑头、二、三道挑水坝，挑黄溜向北岸，以保护清口。

东　　　　　　　　　　　　　　　　　　　　　　　　　　　　　　　　　西

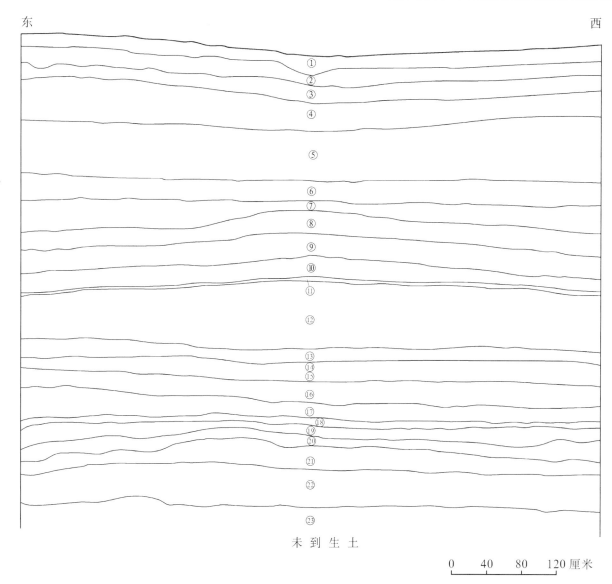

未　到　生　土

0　　40　　80　　120 厘米

图二六　御坝遗址TG1南壁地层图

因为康熙御坝名气很大，以至于后来有的文献和土人都把顺水堤和雍正时期所筑堤坝称为"御坝"。

此次发掘所布探沟向南并未发掘至堤坝本体，原因是堤坝上是御坝村村民居落，上面有成排的房屋。此次发掘所揭示出的是黄河带来泥沙的淤积层，从地表至探沟底部，地层堆积基本上都是一层黄砂土一层暗红色淤泥层相互叠压，特别是越往下这种地层越均匀，而且土层都十分致密坚硬，潘季驯治河的基本理论"束水攻沙"与"蓄清刷黄"的目的是要把河床中的泥沙冲走，其最重要的措施就是在黄河两岸筑缕堤和遥堤，而为了保护遥堤堤根不受洪水冲刷，又在两堤之间筑横堤，名格堤。后来，在实践经验中发现，"水退，本格之水仍复归槽，淤留地高，最为便宜"[1]。这就是利用泥沙进行淤滩固堤的最初形态，之后，潘季驯主持在徐州房付至宿迁峰山的遥、缕二堤之间修了7道格堤，作为淤滩固堤的措施，并计划在南岸继续增筑，在北岸也要照此办理。

后来，这一认识在实践中又有发展。他指出，在宿迁以南只有遥堤没有缕堤和格堤同样可以达到

［1］（明）潘季驯：《河防一览》卷三《河防险要》。

淤留岸高的目的。因此，于万历十九年（1591年）向朝廷正式建议："放水淤平内地（遥、缕二堤之间滩地），以图坚久，"把淤滩固堤作为利用泥沙治理黄河的一条重要措施。具体办法是，先检查遥堤是否坚固，做到万无一失，然后根据地形地势选择缕堤的适当位置开口，放水内灌。水进则沙随而入，沙淤则滩随之增高。这一措施，符合黄河"大水挟大沙"、"大水淤滩"的客观规律，对减少主槽淤积，巩固堤防，作用显著。到了清代，这种方法得到了进一步实践，一度形成放淤固堤的高潮。御坝作为清口地区一处重要的堤防设施，就是这种方法的典型代表和集中体现。

2. 与其他水利设施的关系

明嘉靖初年以后，大清口淤塞，黄河改道小清河，于是小清口成为黄、淮、运的交汇之处。由于黄河河道摇摆不定，变化无常，随时威胁到洪泽湖、里运河及运口的安全，于是，围绕小清口由朝廷修建的河防设施纵横交错，比比皆是。

御坝北临废黄河，北距小清口遗址约100米，向北800～1000米为黄河北岸大堤（东起陶闸村，西至新庄村，总长8642丈）。御坝的修筑只是个开始，康熙四十二年接筑顺水堤至束水西坝，这样就将清、黄分开，避免了黄河南下侵入洪泽湖的威胁。之后，又筑御坝坝尾向南土堰直抵黄河南岸缕堤，长346丈。御坝向西南为七堡堤工，也接至黄河南岸缕堤上。乾隆时期，为了进一步逼黄河大溜远离清口，在拦黄坝之外又筑顺黄坝，从而形成双重堤防（两者都接筑至临清束水堤上）。现在的顺黄坝在御坝村委会与顺水堤相接然后向东北延伸至二河西岸。

这样，在小清口这一区域内，由御坝、顺水堤、七堡堤工、坝尾土堰、黄河南岸缕堤、黄河北岸缕堤、临清堤、束水堤、顺黄坝及拦黄坝等共同组成一个复杂的多重堤防系统，再加上陶庄引河与清口东西坝的有效管理与使用，从而有效地阻挡了黄河向南与向东的泛滥与入侵，使其逐渐远离清口，有效地保障了里运河与运口的安全，也就保证了漕运的安全。

3. 发掘的意义

考古揭示的地层堆积对于黄河与淮水在古清口地区的水文史、淤积深度、河道变迁史以及二者之间的关系等都具有十分重要的研究价值，同时，进一步充实了古清口研究领域的内容，拓展了研究的范畴，加深了研究的深度，也为大运河申遗积累了一定的科学资料与第一手的考古数据。

四、顺水堤遗址考古勘探

（一）概况

顺水堤遗址位于淮安市淮阴区码头镇御坝村二组至六组境内，整体呈东—西走向，西接御坝，向东至现张福河西堤，南边是农田、新建的蔬菜大棚及房屋等，北侧是黄河故道、树林和农田等（彩图一二八）。坝体中间是一条水泥路，路北侧是御坝村二组至六组村民的房屋，沿坝体也呈东—西向排列。水泥路至御坝分成两支，一支向西北可通往旧县，一支向西南可通往吴城（彩图一二九）。在御坝村四组，水泥路南侧有淮安市人民政府于2003年3月竖立的第二批市级文物保护单位标识碑。测点一地理坐标为北纬33°32′22.07″，东经118°55′45.67″，测点二地理坐标为北纬33°32′25.32″，东经118°54′44.83″。由于历史上当地人们的生产生活，例如烧砖取土、平整农田及宅基地建设等对堤坝本体有不同程度的破坏。

（二）勘探情况

顺水堤主要是勘探，与御坝同时进行，由于堤坝上是房屋和公路，因此没有发掘，本次勘探的目的是寻找御坝和木龙，时间为2012年6月29日～8月29日，历时60天。勘探范围东到王顺路西侧（御坝村六组），西至汪瑛墓，南到堤坝南侧，北止废黄河南岸。现在将勘探的地层堆积与发现的埽工遗迹介绍如下。

（三）地层堆积

这里介绍的地层都是堤坝北侧缓坡上的，目的是了解堤坝的南北界限、堆筑情况及其他相关情况等。

1. 御坝村三组东侧约50米处（此处位于顺水堤中部位置，南侧是房屋，北侧是树林和废黄河，东西两边都是坝体）

第①层，耕土层，距地表0～0.25米，浅黄色，土质松软，含植物根系、碎砖及明清青花瓷片等。

第②层，暗红色淤泥层，距地表0.25～0.5米，土质坚硬，水分很大，无包含物。

第③层，浅黄色砂土层，距地表0.5～0.75米，土质松散，无包含物。

第④层，深褐色淤土，距地表0.75～1米，土质坚硬，淤层分明，每层厚0.2～0.5厘米，无包含物。

第⑤层，浅褐色土层，距地表1～1.5米，含水锈，且1米以下有一层厚15厘米的淤砂层，无包含物。

第⑥层，浅灰色淤砂层，距地表1.6～3米，土质松散，水分很大，无包含物。

2. 御坝村二组南北水泥路向西约50米处（此处位于顺水堤西侧，西距御坝村委会30米，东侧是一条南北向水泥路，北面是农田，南面是东西向的水泥路）

第①层，耕土层，距地表0～0.3米，浅黄色，土质松软，含植物根系、碎砖、明清青花瓷片等。

第②层，深褐色土层，距地表0～0.7米，土质松散，含植物根系、碎砖等。

第③层，黄砂土层，距地表0.7～1.5米，土质松散，无包含物。

第④层，深褐色土层，距地表.15～2.5米，土质坚硬，结构致密，包含物较少。

第⑤层，灰色淤砂土层，距地表2.5～3米，土质较软，水分较大，无包含物。

第⑥层，青灰色淤泥层，距地表3～4米，土质松软，水分很大，无包含物。

（四）遗迹

发现的遗迹主要是埽工，其分布从坝体起点至终点都有埋藏。埽工位于坝体北侧缓坡上，其材质都是芦苇。埽工在不同区域所埋藏的情况不同。总体距地表深1～1.8米。这里选取两处埋藏较好的地点作一介绍。发1. 御坝村二组南北水泥路向西约50米，向东至御坝村五组东侧

该区域埽工整体比较稀薄，长460、宽7～8、厚0.2～0.7米。埽工距地表深1～1.8米。

2. 御坝村五组与六组交界区域

该区域埽工非常厚实，长75、宽7～8米，勘探至2米深仍未到底。埽工距地表深1～1.8米。

（五）结语

咸丰《清河县志》卷六《川渎》记载："康熙间，黄河直抵惠济祠前始折而东，逼近清口，易于倒灌，屡开北岸陶庄引河，未能奏效。三十八年（1699年），圣祖临视，指授方略，令侍卫肩桩订立，即于其处筑挑水坝，土人至今称为'御坝'。四十二年（1703年），又自挑坝至御黄西坝接筑顺水堤，以平顺黄流。雍正八年（1730年），于坝下接筑头坝、二坝、三坝。"[1]《淮系年表弁图乙·淮系历史分图九·清口三》记载："顺水堤自御坝至束水西坝长四百八十丈五尺"[2]（参见图一七）。

经过勘探，顺水堤现长1680米，高约1.5～2.5米，其西侧起点在御坝发掘区（TG1～TG3）向东10米处，即与御坝相连接处，南北都呈缓坡状，顶宽30～50、底宽60～80米。勘探到的顺水堤长度与文献记载基本吻合。

根据勘探，顺水堤坝体为黄土夯筑而成，现地表向下1～2.5米仍为堤坝本体。堤坝北侧的地层堆积主要是暗红色淤积层和黄砂土层，与御坝发掘的情况基本相似，可以初步认为北侧也是由黄河经年累月带来泥沙淤积所形成的，即清代人延用潘季驯淤滩固堤治河思路的又一成功范例。

对顺水堤的考古勘探尚属首次，确定了堤坝范围、堆积状况、埽工的分布情况等。这些成果不仅使我们对顺水堤有了一个全新的认识，特别是明确了御坝与顺水堤的位置和相互关系，同时，对于今后进一步开展考古发掘、文物保护与规划工作等都有十分重要的指导意义。

五、七堡堤工考古勘探与发掘

（一）概况

七堡堤工位于淮安市淮阴区码头镇御坝村至太平村之间（参见图一），东接御坝，向西延伸与吴城缕堤相接，北临废黄河（彩图一三○），南边是黄河南岸缕堤，现长约2300米（到七堡闸），顶宽15～50、底宽60～80、高2.5～3米（彩图一三一）。坝上为一条水泥路（码头通往吴城），两边是房屋、树木与农田等。据当地群众讲述，堤坝原宽（底宽）160～200、高6～7米。20世纪六七十年代，由于开垦土地、建设房屋及烧砖取土等活动，逐渐将堤坝削低、变窄。

（二）考古勘探

勘探于2012年8月29日开始，至9月25日结束，历时26天。由汪瑛烈士墓开始向西勘探，以农田里的一排电线杆为基线，每两根电线杆之间相距50米（电线杆上有数字编号，从042号到011号），勘探区域长1500、宽85米，面积约12万余平方米。

---

[1]（清）吴棠修、鲁一同纂：（咸丰）《清河县志》，咸丰四年（1854年）刻，同治元年（1862年）补刻，1919年再补刻，中国文化遗产研究院藏。

[2]（清）武同举：《淮系年表弁图》，1927年，国家图书馆藏。

经过勘探确定，在土堤坝与废黄河之间，除局部区域被破坏仅存零星碎石外，其余都有石工分布。石工整体呈弯曲状，宽5～15米，距地表深度不等，基本为1～2.5米。石工都是碎石堆砌而成。以下选择埋藏好的地段介绍。

041～040号之间，向北38～40米是土堤坝的边缘。

037～036号之间，向北30～32米处，石工南北6～10、距地表1～2米。

029～028号之间，向北18～26米处，石工南北3～12、距地表0.9～2.2米。

027～026号之间，向北18米处，石工南北8～15、距地表1～2.2米。

024～023号之间，向北16～30米处，石工南北15、距地表1～1.7米，其中023号处宽5米。

023～019号之间，向北5～16处，石工南北5～15、距地表1～1.8米。

016～015号之间，电线杆两侧有石工与埽工，向南延伸3米，向西延伸4.5米，南北7.5、距地表3.5米。电线杆之间的石工与埽工南北3米，距地表1.5米，向西一直延伸到014号，距地表2.7米。埽工在石工的南边。

014～013号之间，向北7米，石工南北15、距地表0.3～1.8米。其中，014号向北14米处，宽7、距地表0.5～3.5米；013号向北石工保存较差，仅有零星碎石。向北2米处有埽工分布，南北6、距地表1.9米。

013～012号之间，向北6米的区域内，石工宽6、距地表2～3米。其中，013向北石工保存较差，仅存零星碎石。

012～011号之间，向北8～30米的区域内，石工宽3～8、距地表1～1.8米。011向北5米出现石工，宽5、距地表0.6～1.2米。

另外，根据我们的调查，向西到七堡闸都有石工分布。在20世纪六七十年代的农业生产活动中，平整农田将一部分石工挖掉。在2008年建设西气东输天然气管道的过程中，也挖到了石工。石工有5～10层，有的地方高度达1米。

（三）考古发掘

发掘工作从2012年12月10日开始，至2013年1月20日结束，历时40天，位于太平村二组，即019～020号电线杆之间的区域，布南北向探沟一条（编为TG1），探沟长50、宽5米，发掘面积250平方米，方向346°。

1. 地层堆积

2012TG1北壁

第①层，耕土层，厚18～24厘米，灰黄色，土质疏松，颗粒细小，出土有植物根系、现代垃圾及青花瓷片等。

第②层，后期扰乱层，厚20～30厘米，深黄色，中间夹杂少许暗红色淤泥块，土质较松软，出土有植物根系、碎砖及青花瓷片等。

第③层，后期扰乱层，厚45～55厘米，浅黄色土与暗红色淤泥层相混杂，土质较松软，出土有碎砖与青花瓷片等。

未做到生土（图二七；彩图一三二）。

2012TG1南壁

第①层，耕土层，厚20～24厘米，浅黄色，土质疏松，颗粒细小，出土有植物根系、现代垃圾、青花瓷片等。

　　第②层，后期扰乱层，厚20~30厘米，深黄色，土质疏松，出土有植物根系、现代垃圾、青花瓷片等。

　　第③层，浅黄色砂土层，中间夹杂有暗红色淤泥块，厚36~48厘米，土质疏松，颗粒细小，无包含物。

　　第④层，暗红色淤泥层，厚36~42厘米，土质板结，含水分较大，无包含物。

　　第⑤层，黄色砂土层，厚10~14厘米，土质疏松，颗粒细小，无包含物。

　　第⑥层，浅黄色砂土层，厚18~22厘米，土质松散，颗粒细小，无包含物。

　　第⑦层，淤泥层，厚30~？厘米，土色较第④层深，土质较硬，含水分较大，出土有青花瓷片与硬陶片等。

　　未做到生土（图二八；彩图一三三）。

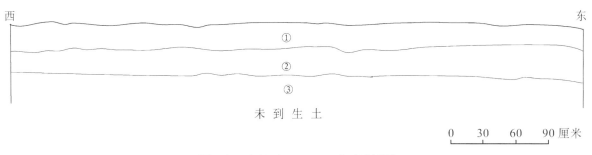

图二七　七堡石工2012TG1北壁地层图

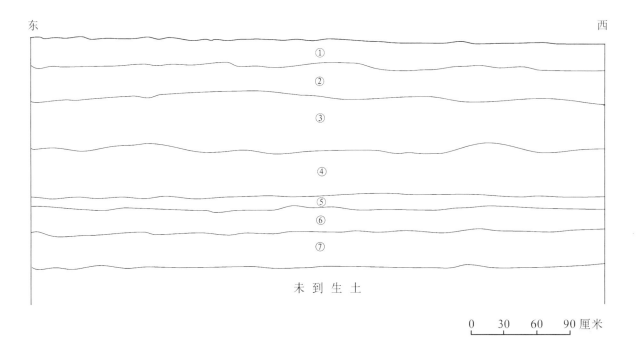

图二八　七堡石工2012TG1南壁地层图

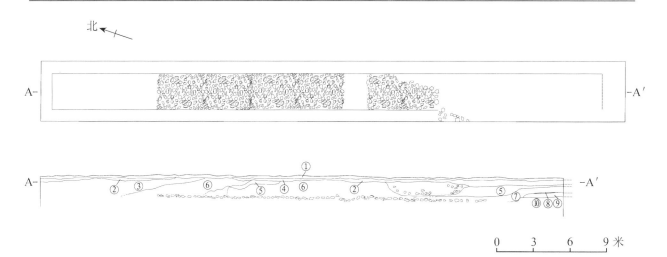

图二九　七堡石工2012TG1内石工平、剖面图

（四）遗迹现象

遗迹主要是石工。

位于TG1中部，第四层下出现，总长28、宽4、高0.5米。全部由碎石堆砌，高低不平，共有一层（图二九；彩图一三四）。石块大小不一，质地也比较杂乱。靠近石工南侧有一处空缺，东西2.8、南北0.5米（彩图一三五）。

据当地百姓讲述，在20世纪60年代，由于平整土地将土堤坝降低了约3米，石工被挖掉5～10层。

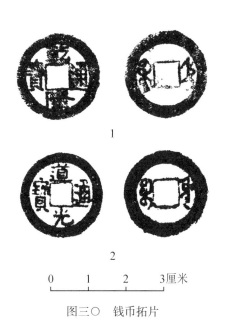

图三〇　钱币拓片
1.乾隆通宝（TG1⑦：1）　2.道光通宝（TG1⑦：2）

（五）遗物

发掘出土遗物较少，有2枚钱币。其中有乾隆通宝1枚、道光通宝1枚。

1.乾隆通宝，正面书"乾隆通宝"，上下直读，楷体。背面满文是"宝直"。

标本TG1⑦：1，直径2.3、厚0.1、方孔边长0.6厘米（图三〇：1）。

2.道光通宝，正面书"道光通宝"，上下直读，楷体。背面满文是"宝源"。

标本TG1⑦：2，直径2.3、厚0.1、方孔边长0.5厘米（图三〇：2）。

（六）结语

1. 石工的时代问题

七堡堤工为土筑堤坝，在濒临黄河南岸堆筑着用于加固与抢险的碎石护坡，七堡石工因其地而得名。碎石护坡是众多水工技术中的一种，一般堆砌在埽工的前面，与埽工共同组成抢险设施。咸丰《清河县志》卷六《川渎》："吴城七堡埽工，嘉庆十一年（1806年）后历年接建，有碎石土坝八道，道光二十三年建。今按吴城七堡九遇洪湖异涨，均经开放，当即堵闭。其上游兵六堡迤下于道光二十九年六月黄水盛涨拆开口门，以泄黄入湖。其年堵合埽工，见在修守，又兵三堡迤上。乾隆四十四年，河南仪考满溢湖水异涨曾经启放。"[1]

我们分析，从现今土堤坝至TG1内碎石最南端应该是康熙时期最初堆筑的堤坝本体。之后，由于黄河不断溢涨，人们在迎水面不断培高培厚堤坝，并于嘉庆和道光年间继续加筑堤坝并堆筑碎石（参照顺黄坝碎石护坡、出土遗物以及乾隆年间清口一带水势情形，我们推断七堡堤工的碎石坦坡有可能在乾隆时期就已经开始修筑了）。

2. 关于土堤坝

结合文献，特别是舆图分析，土堤坝西南其黄河南岸缕堤，向东北与御坝相接，其堆筑年代应该在康熙时期，目的是挑黄溜北去，远离清口地区。

堤坝由十分纯净的黄土筑成，经过简单的夯打与踩踏，较为坚固。其形成是随着黄河水的涨异，冲决和满溢而不断加宽与加高。探沟第⑩层与第⑤、⑥层均呈向北倾斜的缓坡状，是两个不同时期的堤坝。第③、④层的堆积是后期扰乱层，这与当地群众的说法一致，即20世纪六七十年代，在开垦新的农田时，从堤坝顶端将土顺着斜坡一层层推到堤坝底端。

六、洪泽湖大堤信坝遗址考古勘探

（一）概述

信坝遗址位于洪泽湖大堤207县道高良涧至蒋坝K40处向南约30米，为清代减水坝（图三一）。为宣泄洪泽湖的伏汛，自明嘉靖元年（1522年），开始在大堤上建减水坝，至清道光元年（1821年），有记载的减水坝有26座，其余基本都被洪水冲毁。清乾隆十六年（1751年），乾隆皇帝南巡洪泽湖大堤工程，谕天然坝永禁开放，六月，河督高斌遵旨建智、信二坝，至此洪泽湖大堤形成五座滚水石坝，称"山盱五坝"。清嘉庆二十二年（1817年）至咸丰元年（1851年），仁、义、礼坝相继被洪水冲毁，唯信坝保存至今。乾隆年间高斌所建信坝后毁坏，道光十二年（1832年）移建于智坝北，即今信坝遗址，此次勘探的为道光时期的信坝而非乾隆年间的（图三二）。

2012年7月，为配合中国文化遗产研究院设计的头坝（信坝）环境整治与展示工程，据国家文物局的批复意见，需对局部进行考古勘探，弄清楚护坦石和溢流坝面原有的铺装高度，并探查翼墙具体深

---

[1]（清）吴棠修、鲁一同纂：（咸丰）《清河县志》，咸丰四年（1854年）刻，同治元年（1862年）补刻，1919年再补刻，中国文化遗产研究院藏。

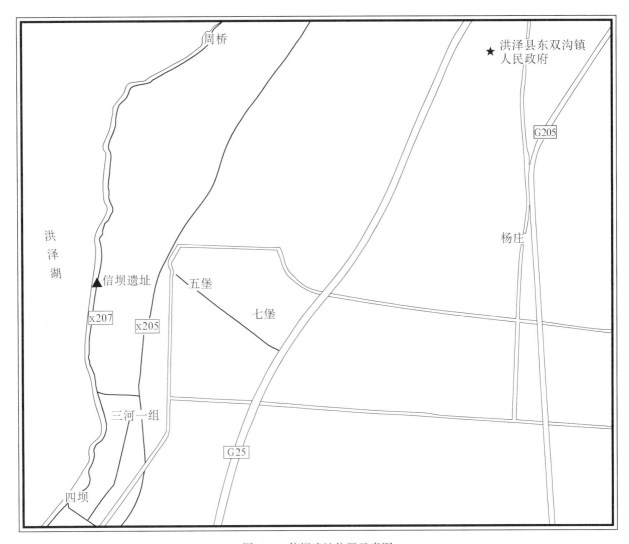

图三一　信坝遗址位置示意图

度和结构构造，及与溢流坝面、护坦石的关系，为局部复原展示提供依据（图三三）。

　　淮安市博物馆考古人员于7月21日带领两名陕西探工进驻蒋坝，7月22日正式进行勘探，至8月1日结束（彩图一三六）。

（二）勘探情况

　　现将此次考古勘探的情况和收获报告如下。

　　我们将勘探区域分为两个区，即溢流坝面区和条石护坦区，分别予以介绍。

1. 溢流坝面区

　　该区域地势西高东低，从公路向东呈坡状逐渐低缓至条石护坦区。中部为大面积杨树林，仅在南北两侧翼墙附近有小范围的草地。此次勘探，主要集中在北侧翼墙以南的草地范围。

　　沿信坝北翼墙南侧布孔，间距4米，局部加孔密探。从西向东连续10孔钻探到条石，从现地表向下深4.5、3.5、3.6、3.3、3.2、3.1、2.4、2.5、2.6、2.6米。以探孔K4为例，介绍该处的地层堆积情况。

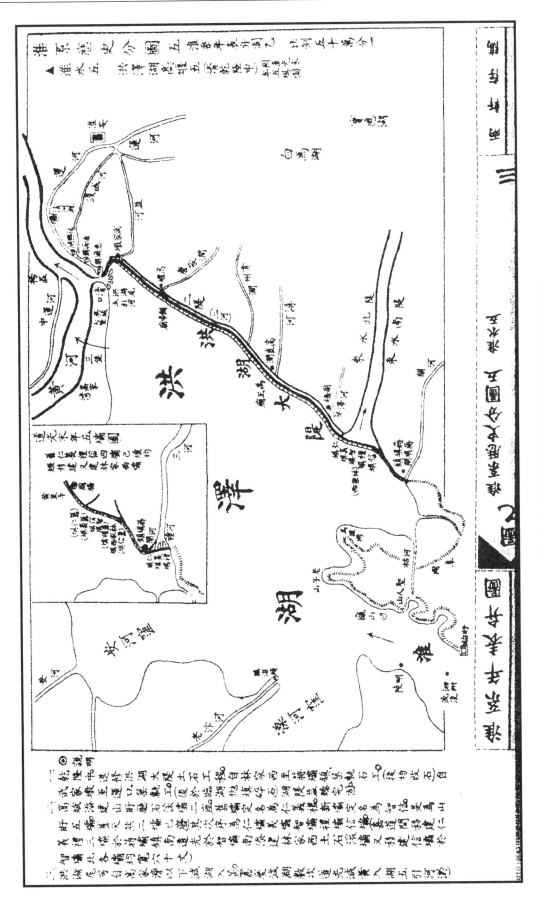

图三二　《淮系年表分图》中清乾隆及道光年间信坝位置示意图

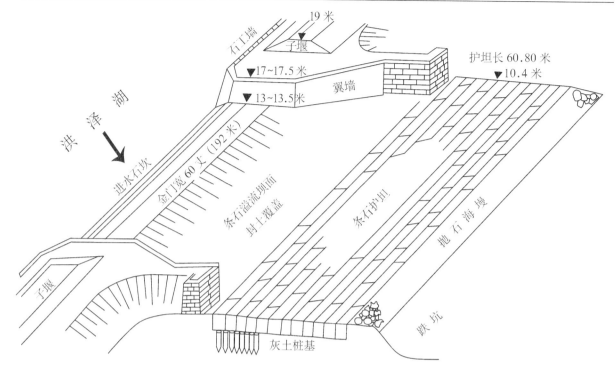

图三三　信坝结构示意图

①表土层，地表向下0.2米；

②黄褐色土层，0.2～0.7米，土质较硬，含有砂礓石；

③红土层，0.7～3.3米，土质较软，含有贝壳；

④条石层，厚度不详。

其他各孔土层类似，只是深度不同，第11～12孔未发现条石，沿从公路向东的水泥小路北侧4米，布一排东西向探孔，间距3～6米，连续8孔探到条石，深4、3.6、3.2、3、2.4、2.3、2.6、2.6米。

从翼墙向北转折处，即先前未探到条石的第11～12孔，向南勘探，在东西4～5、南北约13米的范围内未发现条石，推测该处的条石后期被拆除移走。但在2.6米深出现灰土，灰土结构严密，比较坚硬。

在南翼墙东侧和北侧钻探，北侧2.5～2.6米深探到条石；东侧离墙0.2米钻探，2.8米深发现灰土，未见条石。在南北向水泥路两侧钻探，0.2～0.6米出现灰土，灰土较硬。

（2）条石护坦区

该区域西部为坡地，东部为开阔的草地，较平坦，从西向东地势略有下降。

裹头东侧的砖砌展示槽中部，距石工墙0.2米处，掏出铺砌的砖块，打一个3.5米深的孔，未发现下有条石，0～1.8米为黄褐色土，含砂礓石，土质较硬；1.8～2.2米为红褐色土，土质较松软，含贝壳；2.2～3.5米为青灰色土，土质较硬。后把周围的几块砖都撬起，在砖铺面0.25米下，即见石工墙底部，底层条石下为木桩。石墙从上至下共15层条石，高共计6.05米。在裹头北侧钻两孔，另在裹头东北角钻两孔，一孔在0.7米深发现条石，一孔在1.4米深发现条石。

沿条石护坦区南北向水泥路两侧布孔勘探，有多孔在0.1米深发现白灰土，灰土结构严密，很坚硬，推测为石灰加糯米混合物，部分探孔在0.2～0.3米深发现石灰。另外有一孔在0.6米深发现木桩，两孔在0.7米深发现木桩，两孔在1.4米深发现木桩，一孔在1.4米深发现石块。

在信坝遗址简介说明碑附近有东西15.5、南北9米的砖铺地面，无法勘探。我们在铺砖区的北侧布一排东西向探孔，据勘探情况看，有多孔在0.3米深发现白石灰，其中一孔在0.6米深发现白石灰。从水泥路向东6.4米处有条石，深2.1米，范围较小，条石上有一层很薄的白灰，条石向南1米处有木桩，深1.6米。继续向东钻探，局部有石块，深1.7米，面积很小，不成平面，再向东，1.1米深有木桩。

在铺砖区南侧约10米处，另布一排东西向探孔，向东直至抛石海墁区（碎石护坦）。多数孔在0.3～0.6米，发现石灰，有一孔在0.6米处发现木桩，一孔1.4米处发现木桩。地层堆积情况，0～0.2米表土层，0.2～0.6米灰土层，0.6～1.2米为土质较硬含有砂礓石的黄褐色土，1.2米以下为土质较硬的青灰色土。

条石护坦区东西约82米。其与碎石护坡交界处尚存两块斜铺的条石，条石长约80、宽约43厘米。再向东13.4米为碎石，略平，稍有倾斜。向东便呈坡状倾斜下去（长5米，落差约1米），碎石坡11米东为水塘（图三四）。

在207县道路西布两排东西向探孔，在深1.3、1.4、1.7、2.4、2.6米发现条石，再向西是现代砌石堤防，无法钻探。

（三）结语

1. 溢流坝面和护坦石的铺装高度

溢流坝面：沿北翼墙南侧布孔，间距4米，局部加孔密探，从西向东连续10孔钻探到条石，从现地表向下深4.5、3.5、3.6、3.3、3.2、3.1、2.4、2.5、2.6、2.6米。沿从公路向东的水泥小路北侧4米，布一排东西向探孔，间距3～6米，连续8孔探到条石，深4、3.6、3.2、3、2.4、2.3、2.6、2.6米。此深度排除受现在的坡状地形影响，亦能反映溢流坝面本身的倾斜度。

护坦石：探孔普遍在0.1～0.3米深度发现坚硬致密的石灰，我们判断0.1～0.3米之上即为护坦石铺装面。此深度也与我们在翼墙东侧展示槽撬开地面铺砖后，在0.25米下即发现翼墙的基础木桩印证（展示槽内铺砖地面高出东侧地表约0.1米）。

2. 翼墙深度、结构及与溢流坝面、护坦石的关系

此次在翼墙外局部小范围下挖约0.2米深，探查到翼墙底部，翼墙高共计6.05米，从上至下共15层条石，底层条石下为基础木桩（彩图一三七）。因被拆掉，我们未能在翼墙底部看到护坦石，但可判断翼墙底部与护坦条石不存在错砌，否则，条石之间的叠压使临近翼墙底部的护坦石不可能被拆除，故其结构相互独立。未能见到溢流坝面与翼墙底部的结合处，推测其与翼墙的关系与护坦石与翼墙的关系一样，结构上相互独立。

七、里运河淮安段明清砖工堤与码头考古发掘

（一）概述

2011年5月中旬，在淮安市楚州区（现改为淮安区）堂子巷西首南角楼旧址附近，里运河防洪控制工程施工现场，挖掘机在作业时挖出一段由条石和砖砌筑的墙体，经考证这是一段明清时期里运河东岸的砖工堤（图三五）。随后淮安市文物局责成淮安市博物馆，进行抢救性考古勘探及发掘。

经发掘，砖工堤的范围不断向南北扩大，并新发现一座码头，砖工堤与码头均为砖石混合砌筑，下部有密集的基础木桩，其外有埽工遗迹及多排护堤木桩。并解剖了里运河东、西堤，揭示了河堤的

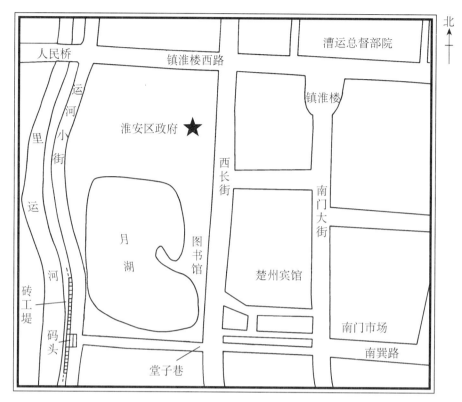

图三五　里运河砖工堤与码头位置图

堆筑情况。发掘了局部河道，河道中出土了一些陶瓷器、钱币和其他生活类器物，以及部分船上用具和大量船钉等。此次考古发掘为研究大运河及运河申遗提供了重要的新资料。

（二）地层堆积

在里运河东堤，开挖了一条东西向的探沟，编号为TG3，长20、宽2米，以横剖河堤，了解堆筑情况，后因连续暴雨塌方，此次未能发掘至生土层（彩图一三八）。根据堆积情况，地层可合并为5层，每层又分若干子层，现以探沟南壁为例逐层介绍如下。

第①层，表土层，厚4～20厘米，东侧坡面有水泥，其余为灰褐土，被挖机破坏。

第②层，黄沙土，可分为2层。②a层，厚5～30厘米，黄沙土，土质细腻、松软，包含有植物根系、青花瓷片等。②b层，厚27～41厘米，黄沙土，土质细腻松软，含少量褐色胶泥块。

第③层，深黄色沙土与灰褐色土混杂，可分为9层。③a层，厚23～45厘米，深黄色沙土与灰褐色土夹杂，前者松软、细腻，后者较坚硬，出土有灰砖。③b层，深黄色沙土与灰褐色土夹杂，厚12～46厘米，西侧灰褐土较多，东侧两种土夹杂。③c层，灰褐土与红软泥混杂，厚20～55厘米，较上一层松软，出土有青花瓷片等。③d层，灰褐土和黄沙土混杂，厚0～49厘米。③e层，深灰褐色土包含有少量黄沙土，厚0～36厘米。③f层，黄沙土夹杂有少量灰褐土，厚12～0厘米。③g层，深灰褐土含有少量黄沙土，厚16～45厘米。③h层，灰褐土含有少量黄沙土，厚0～46厘米，局部少量黑土，在该层发现一块蓝色车牌。③i层，黄沙土夹杂有少量灰褐土，厚0～38厘米。

第④层，灰土夹杂黄沙土，可分为4层。④a层，浅灰褐色土，厚10～25厘米，土质疏松，出土有少量青花瓷片。④b层，由西到东，黄沙土逐渐变为深灰软土，厚13～45厘米。④c层，浅黄色土，东侧夹杂灰土，厚18～29厘米，土质松软。④d层，黄沙土，西侧黄沙土为淤积，且叠压在砖工堤顶层条石上，东侧夹杂少量灰土，厚13～50厘米，有一层烧土灰烬。

第⑤层，可分6小层。⑤a层，黄土，较上层土色较深，亦有少量灰土，厚0～54厘米。⑤b层，黄土层与灰土层夹杂，厚0～32厘米，土质松软。⑤c层，黑灰色土，厚0～70厘米，土层较松软。⑤d层，灰褐土，厚0～60厘米，夹杂有少量黄土，土质较松软。⑤e层，黄土，厚0～123厘米，土质较软，夹杂有灰褐土。⑤f层，灰土，厚15～95厘米，土质较硬，中部发现两三排木桩，斜插入堆土中，木桩直径6～10厘米，为筑堤时分入土层，以加固河堤（图三六）。

（三）遗迹现象

1. 砖工堤

砖工堤位于里运河东侧迎水面，因后期淤积和河堤不断加土增高埋入地下而不被人知。该段砖堤整体约呈南—北走向，方向190°。顶面有一层厚约30厘米的条石，条石下为砖工，共12～13层，砖工高约1.8～1.9米，其下铺砌4层条石，条石共高约1.4米，再下为密集的基础木桩。砖石之间以石灰和糯米混合的胶浆黏合砌筑。

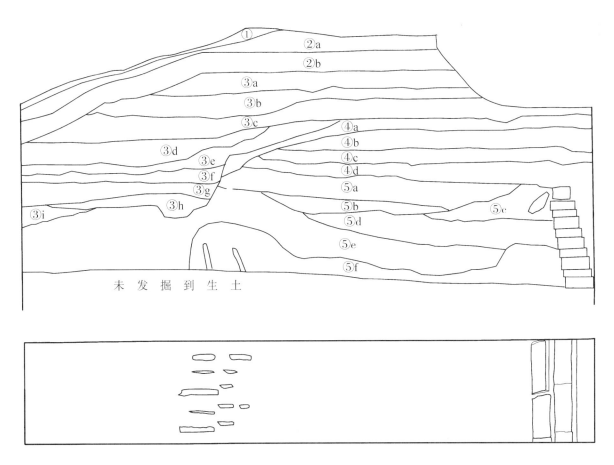

图三六　里运河东堤剖面地层图（TG3）

在码头向北70米内，顶面条石局部有缺失，砖工保存较好，为12层，从上至下砌法为一丁一平。再往北，砖工因滨临城区境域，受后期侵扰和破坏严重，保存不如南侧完整，仅残存基础条石和其上的几层砖工。码头南侧的砖工有13层，从上至下，砖工的砌法为一丁一平，第11~13层，因地段高度的差异，砌法为一丁二平或二丁一平。码头南侧的砖工墙体在长约13.2米的范围内，因受机械施工影响出现坍塌，除此之外的150米保存完整（彩图一三九、一四〇）。

在坍塌断层部位发现有4根木桩斜插在土堤内，木桩的规格（长×直径）为70×（7~3）、100×10、80×（9~4）、70×（7~3）厘米，这些木桩为筑堤时夯入土堤中，作加固之用。沿砖工坍塌部分，我们开挖了一道东西向的横断面，以期弄清砖工堤的建筑结构。据断面观察，砖工堤包单层砖，砖长50、宽18、厚11厘米，即仅在临水面50厘米宽砌筑砖工，其余为土堤堆筑。继续向下发掘到底，底部条石东侧也有木桩，但不如迎水侧密集。

为解剖砖工堤的结构，在码头北侧4米与南侧3米处的砖堤外侧，各挖一条探沟，编号为TG1、TG2。TG1长约2.5、宽1.5米。条石下的基础木桩直径为10、12、13、15、18厘米，为杉木，基础木桩外嵌有两根水平横挡木桩，为防护基础用，发掘时露出泥土的部分长130、125厘米，全长应该在约200厘米，直径均为11厘米。西侧外围有6根木桩，直径7、8、10厘米，因未发掘到底，露出部分高约29厘米，这些木桩作加固基础之用。TG2长6.1、宽1.7米。探沟北侧3.3米向下一直挖到木桩，南侧2.8米发现埽工遗迹后未继续向下发掘。

现以TG2为例，从上至下详细介绍砖工堤的结构。顶部为一层厚约30厘米的压顶石，由两块条石

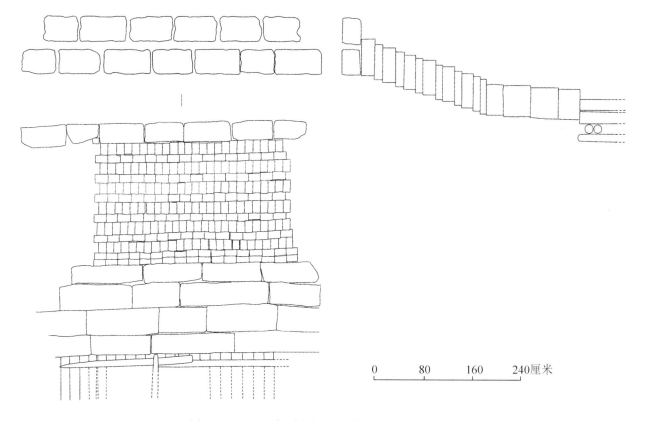

0　　80　　160　　240厘米

图三七　里运河砖工堤平、立、剖面图（据TG2绘）

铺砌，宽60~80厘米。压顶石下有13层砖工，共计1.9米高，从上至下砌法为一丁一平，第11~13层为一丁二平或二丁一平。其下为4层条石，高约1.4米，因宽无法得知，条石规格（长×厚）为129×34、93×24、97×40、113×34、90×34、83×35、68×37厘米。条石下基础木桩直径12、14、16、18厘米。其外侧横挡有两根木桩，并有小木桩加以固定，当为防护基础木桩之用。北侧的木桩完全暴露，长206厘米，粗端直径7厘米，细端截面呈三角形，直径约5厘米，南侧木桩直径9厘米，长度未完全展露出来（图三七；彩图一四一）。

在TG2西侧东西0.85、南北1.62米的范围内（因西端被压在施工便道用的水泥板下，向西的范围并未全部暴露出来），堆放着几排砖，应为历史上砖工堤砌筑时堆放的剩余材料。其中一块砖的侧面有阳文"宝造"二字，长43、宽17.4、厚11.4厘米，其他砖大小基本相等，长42.8、宽17.5、厚11

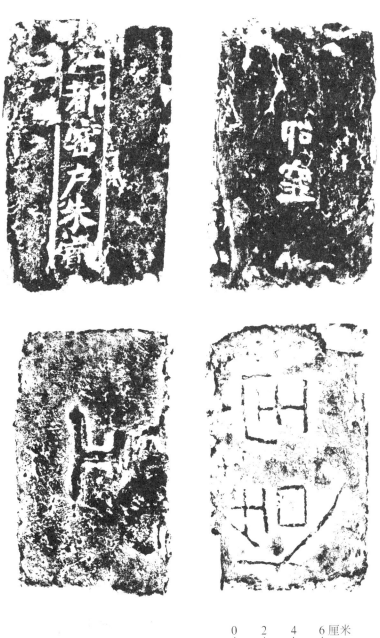

0　2　4　6厘米

图三八　里运河砖石铭文拓片

厘米或长43、宽18、厚11厘米，砖的侧面有两道至十几道不等的细划槽，应是烧造时为使粘贴砌筑牢固而刻划。

在石工的部分条石上发现刻有铭文，如"元文"、"工"、"泸州"、"十"、"廿十"、"三十"。砖上发现有"邙窑"、"江都窑户朱宾"、"宝造"、"工"、"○"等文字和符号（图三八；彩图一四二）。

2. 码头与石阶

该码头位于堂子巷西首，里运河东堤上，坐东朝西，为砖石结构，保存完整，被晚期填土覆盖，为此次考古勘探后被发掘清理出来。码头呈长方形，东西约3.8、南北约4.48米，分布面积17平方米，由顶面平台、台阶、两侧墙体及底部基础木桩构成。

顶面平台靠近台阶部分平铺一层青砖，砖的规格为54×18×12、53×18×12厘米。在8层踏步台阶中，每层台阶由3～4块青石铺砌，南北3.75米，自东向西逐渐低缓至里运河边缘。第一层台阶由条石和砖共同铺砌，台阶处为条石，长98、96厘米，宽29～42、43厘米，厚12厘米，局部现已缺损，部分条石下垫有一层小砖。第二至第八层台阶由条石砌筑，台阶高21～33、宽27～42厘米，条石长40～150厘米。在码头中部曾发现有两块长条形青石东西向并列斜铺在第二至第五层台阶上，下垫碎砖并有淤沙沉积，判断两块条石为里运河水位升高后，为便于上下船而铺垫（图三九；彩图一四三、一四四）。

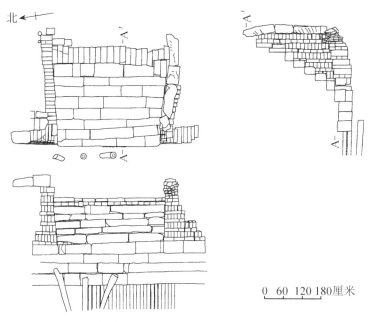

图三九　里运河码头平、立、剖面图

码头南北两侧与砖工堤相接，顶部为一层条石，其下为砖砌墙体。北侧墙体顶层条石被破坏，在砖墙东端，发现两根木桩嵌入墙内，一根露出部分高42、直径5～7厘米，一根露出部分高12、直径10厘米。南侧墙体顶部现存三块条石，宽35～40、厚约25厘米，长90、70、90厘米，总长2.5米，东部被破坏约1米，推测南墙总长约3.5、高2.1米。

码头底部的木桩直径与砖工堤下木桩类似，均为杉木，木桩排列紧密。在码头外侧挖了一条长2.8、宽1.7米的探沟，发现有5根直径20厘米的木桩，另有埽工遗迹，有部分木桩被埽工用的芦苇围绕、叠压着，另发现有竹篾编的绳索缠绕固定着木桩（彩图一四五、一四六）。

此外，在码头北侧，离砖工堤顶面条石西侧边缘约0.6米处有一排南北向间隔约1米的木桩，埋入土堤内，直径约10厘米，高出砖堤顶石0.4米多，推测是否为揽系、固定船只的锚桩。因码头南侧砖工堤倒塌，不确定是否有类似的木桩。

码头东侧有共计50层的石阶，约呈东—西走向，方向100°，正对着码头，垂直于砖工堤。石阶现存部分宽约2.84米，北侧尚存35厘米宽的垂带石，斜长共计约18.9米，水平长约17米。石阶用条石铺筑，每层台阶踏步高9、10、11、12厘米，条石宽33、35、37厘米，长短不一，长50、65、90、115、128、135、156、177厘米，最长的230厘米，厚约15厘米。垂带石长128、135、137、140、160、180厘米，宽33～35厘米。条石大都为麻石，局部有少量青石。自明清到民国以至建国后，石阶随运河堤的增高而不断抬升（图四〇；彩图一四七）。

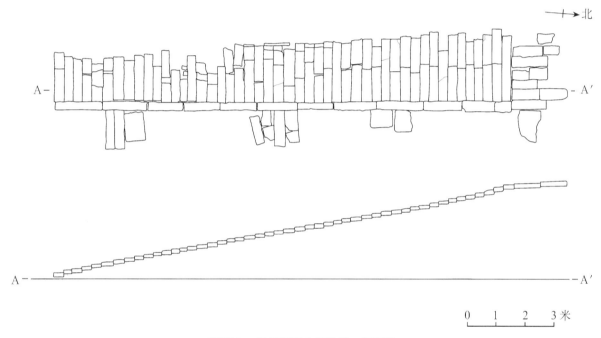

图四〇　里运河码头石阶平、剖面图

3. 埽工遗迹

在TG2内发现了埽工遗迹。埽工是中国古代的一种水利工程技术，以梢料、苇、秸和土石分层捆束成的河工建筑物，可用于筑坝、护岸和堵口等。此处埽工是以芦苇、树枝加土构筑，苇草层现厚约6厘米，树枝直径3厘米。遗迹略呈南—北走向，仅发掘出长条形一块，长2.9米，北端宽43、南端宽26厘米。在埽工遗迹的中部，有一排南北向的木桩，起固定埽工的作用，直径5～10厘米，发掘露出部分高11、23、29、32厘米（彩图一四八、一四九）。

码头外侧的埽工遗迹，前文已有部分描述，因临近砖工堤的河床上大范围堆放着水利工程施工用的长条形水泥板，一定程度上起着支护砖工堤、防止塌方的作用，但却阻碍了我们弄清埽工遗迹的全貌，在此仅就局部揭露出的内容作补充。

在码头南，坍塌的砖工堤西侧河床，埽层密集，树枝和苇草层厚的有30厘米，薄的有12厘米或5厘米，中间填土，呈倾斜状向河道延伸至7米外，7米外的埽工遗迹深度已低于砖堤底部最下层条石2.8米。

另外，还发现多达8排的木桩，呈南—北向排列，各排东西向间距在0.4、0.5或0.7米，每排南北间距多为1米，也有不太规则的，六七根成束。木桩直径多16～18厘米，为杉木，亦有直径6～8厘米的细木桩，推测细木桩为固定埽工，粗木桩为加固河床及巩固砖工堤基础。拔取2根木桩，一根长370、直径15~22厘米；一根残断，现长310、直径16~18厘米。

4. 里运河东、西土堤

现里运河东堤的顶面宽约7.5米，从顶面向下挖至4.75米深，据发掘可知，古河堤底部宽约18米。由发掘及地层堆积情况看，运河东堤临水面为砖工、石工混合结构，背水面由土堆筑，土堤历代随河床的淤积和水位的上涨而不断加高。由于在③h层发现现代遗物（蓝色车牌），判断河堤在③层以上为现代堆筑。里运河河堤在20世纪80年代，曾经有一次大规模的增筑加高。第④层底部有黄沙淤积，且覆盖在砖工堤之上并延伸至河道，故第④层的年代要晚于砖工堤。里运河西堤，在挖掘机取土的断面，我们向下做了一个剖面，该段未发现砖工、石工，均为土堤。

（四）河道及出土遗物

里运河一直为蓄水河道，因此次防洪控制工程建设，南北两侧筑坝，中间水被排干，河底才得以暴露。因前期河道已被施工机械大范围清淤，加之河道已架筑塔吊且堆砌大量水泥石板，受此限制，本次考古只在局部做了些工作，未能系统全面揭示河道沉积堆积情况。

据测量，从东侧河堤砖工到西侧土堤，古河道宽约73米。在河道的淤积层内，曾有人发现木质沉船痕迹，船体较小，船板有腐烂，已被施工破坏，未能见其形制，出土了一些船钉。另出土有部分陶瓷器及瓷片、钱币、骨器、铜器、铁器等，为日常生活用器物或船上用具，现择有代表性的介绍如下。

1. 陶瓷器7件

灰陶小罐，1件。卷沿，鼓腹，平底。口径4.5、底径3.4、高5.5厘米（图四一-1:1；彩图一五〇:1）。

褐彩花草纹瓷碗，1件。敞口圆唇，弧腹，矮圈足。腹下及圈足部分无釉。口沿内外壁和腹部各两道弦纹，外壁饰红褐彩花草纹，碗底刮釉一圈。口径15.5、底径6.6、通高5.9厘米（图四一-1:2；彩图一五〇:2）。

青花碟，1件。敞口圆唇，浅圈足，弧腹，底部中心微下鼓。口沿内外饰弦纹，底部饰两道弦纹，足上饰一道弦纹。口径12.8、底径7.4、高2.5厘米（图四一-1:3；彩图一五〇:3）。

青花碗，1件。侈口，鼓腹，圈足，部分破损，可修复。口沿内部饰一圈菊花纹，碗底饰菊花，口沿外壁和圈足各饰两道弦纹，两者之间满饰菊花纹。口径16.4、底径7.1、高8.4厘米（图四一-1:4；彩图一五〇:4）。

青花小酒碗，1件。侈口，圆唇，直壁，腹底斜收，厚圈足，碗底局部破损，可修复。壁外饰上下两列变体六字真言纹，碗口内饰两周线纹，内底饰两周线纹，内底中饰一变体六字真言纹。口径5.6、底径2.4、高3、胎厚0.15厘米（图四一-1:5；彩图一五〇:5）。

白瓷杯，1件。侈口，鼓腹，底微弧起。杯底及腹部有鞢裂纹。口径4.1、底径1.3、高3厘米（图四一-1:6；彩图一五〇:6）。

青花小罐，1件。敛口，折肩，平底，钮残，外壁饰卷草纹。口径2.6、底径2.5、高2.5厘米（图四三-1:7；彩图一五〇:7）。

河道里还出土大量的瓷片，时代上以明末清初为主，也有部分宋代的陶瓷器，年代下限为清代道光年间，釉色上以青花居多，另有少量白瓷、青瓷、粉彩等。纹饰上可分为人物纹、动物纹、花卉纹、年代款、斋堂款、文字款等（图四一-1:8~10；彩图一五一-1~3）。另外，河道还出土有一部

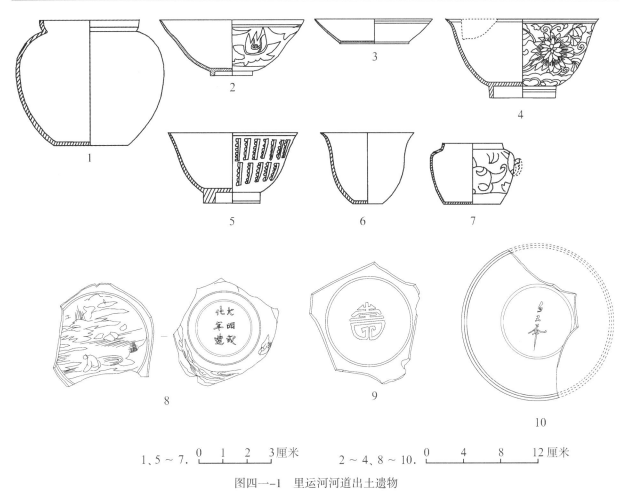

1、5～7. 0　1　2　3厘米　　2～4、8～10. 0　4　8　12厘米

图四一–1　里运河河道出土遗物

1. 灰陶小罐　2. 褐彩花草纹瓷碗　3. 青花碟　4. 青花碗　5. 青花小酒碗　6. 白瓷杯　7. 青花小罐　8~10. 瓷片

分牛马等动物的骨头。

2. 钱币约200枚

此次出土钱币以北宋为主，又以崇宁重宝和崇宁通宝居多，品相较好，也有唐、南宋和明清钱币，详情如下。

开元通宝，1枚。直径2.4厘米，背月，略有残缺。

天禧通宝，1枚。直径2.4厘米，真书；熙宁重宝2枚，直径3.2厘米，隶书，品相不佳；元丰通宝4枚，直径2.4、2.8、3厘米，行书；元祐通宝1枚，直径2.4厘米，行书；绍圣通宝1枚，直径2.4厘米，篆书；圣宋元宝2枚，直径2.4、3厘米，行书；崇宁通宝27枚，直径3.3、3.4厘米，均为铜钱；崇宁重宝164枚，直径3.15、3.2～3.6厘米，隶书，均为铜钱；大观通宝1枚，直径2.4厘米；政和通宝1枚，直径2.4厘米，篆书，略有残缺；庆元通宝1枚，直径2.8厘米，楷书，铁钱（图四二）。崇祯通宝13枚，直径1.6、1.8～2、2.3厘米，真书；顺治通宝1枚，康熙通宝3枚，乾隆通宝和道光通宝各1枚（彩图一五二）。

3. 骨器2件

骨簪，2件。其中，一件长13、宽0.3～1.1、厚0.2～0.4厘米，呈黄色，细端为尖头，粗端弧起，一侧带卷沿。簪身两面用行书刻有“常伴青丝（丝）髪（发）围”和“存心”（图四一–2：1；彩图一五三：1）。一件略细，残存9厘米，形制类似，呈棕黄色。

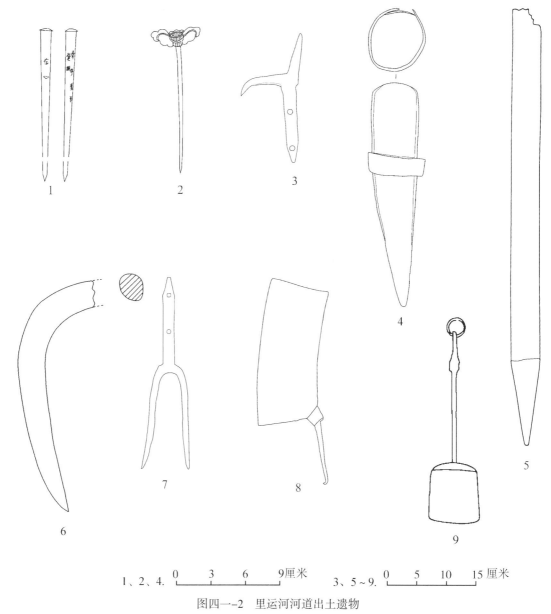

1、2、4. 0　3　6　9厘米　　3、5~9. 0　5　10　15厘米

图四一-2　里运河河道出土遗物

1. 骨簪　2. 铜簪　3. 铁钩　4. 铁篙头　5. 铁篙　6. 铁锚爪　7. 铁叉　8. 菜刀　9. 铁铲

4. 铜器2件

铜烟袋，1件。通体铜铸，长21厘米，管径0.6~0.9、烟嘴直径1.9厘米（彩图一五三：2）。

铜簪，1件。长12.2、厚0.15、簪身宽0.2~0.4厘米，簪头为蝙蝠形（图四一-2：2；彩图一五三：3）。

5. 铁器7件

铁钩，1件。长20、宽8.8、厚0.4~1厘米，钩身中部有上下两个圆孔，孔径0.7厘米（图四一-2：3；彩图一五三：4）。

铁篙头，1件。长20厘米，上宽下尖，上部宽4、尖头径0.5、壁厚0.4~0.7厘米。上部有圆形箍，环径5.3、宽2.5、厚0.2~0.3厘米（图四一-2：4；彩图一五三：5）。

铁篙，1件。篙头长13.5、木柄残长55.5厘米，篙头接木柄处直径4.8厘米。（图四一-2：5；彩图一五三：6）

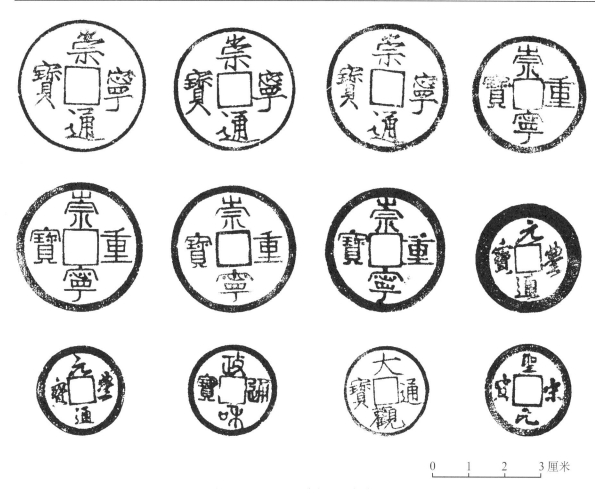

0　　1　　2　　3厘米

图四二　里运河河道内出土钱币拓片

铁锚爪。铁制，残断，仅发现一爪，形似牛角，长43厘米，上端粗，截面略呈椭圆状，径5厘米，下部尖（图四一-2：6；彩图一五三：7）。

铁叉，1件。全长30.2、叉柄长13.6厘米。叉身有两个孔，上孔似方形，孔径0.6厘米；下孔圆形，孔径0.8厘米（图四一-2：7；彩图一五三：9）。

菜刀，1件。全长30.5、刀身长20～23、宽9.5厘米，刀把可装木柄，刀背厚0.2～0.6厘米（图四一-2：8；彩图一五三：8）。

铁铲，1件。全长31.5厘米，铲柄为铁制，柄长21.7、厚0.8～1厘米，柄末端下部为卷形钩，内套小圆环，环径3.2、粗0.2～0.3厘米（图四一-2：9；彩图一五三：10）。

（五）结语

本次勘探发掘只限于里运河防洪控制工程建设范围内，该段砖工堤上部覆盖着较厚的晚期堆积层，根据勘探测量情况可知，在整个运河东堤施工范围内都有砖工堤，长约400米。

关于此段河堤，明代朱国盛在《淮上石堤记》中有详细的记载："淮海道宋公喟然日：城欲沼矣，须厚筑堤以捍之方可……闻有砖石兼砌法，费可减十之三……谓：淮无泥土为料，俱取诸扬属，其途颇迂，县大令复议加灰米，为百世计永利，稍益其资。于是分委官属，预备物料，瓜洲主采木，仪令主采石，清河铄石宏，山、清、江、高、宝五州邑，各陶砖料。既具构数，厂木工治桩，砖工镕垩，厮养粉秫，百度齐举，然后主木以引绳，就户以分价，析料以属居民，计直以给工匠，量才以任河属。筑堤之法，下埋石四层以固其根，中布砖十二层以坚其身，上覆石二层以胶其面，里凑石二层以饱其腹。一自包家围洋信港，一自西湖嘴至许家闸，除旧石砌堤并新砌样工，凡一千五百二十六丈四尺二寸。措料有方，给直有法，动众弗扰，人思自卫，以故不督而劝成。凡历四旬而工竟，时天启甲子仲冬也。"[1]《淮安府志》载："淮安西门石工：天启间曾筑护城石工，自西湖嘴自包家围，砖石相间，后俱倾废，康熙三十八年重建今工。"[2]《淮安水利志》记载："康熙三十八年，重建西门护城石工，长386丈，砌石11层，加高矶心闸南石工、砖工共786丈。"[3]

　　结合文献看，在北至河下西湖嘴南至城南包家围，都有石工或砖石结合的堤防。此次发现的砖工堤只是其中的一段，考古情况与文献记载吻合，属于明清时期的水工遗存。

　　此次发现的砖工堤，位于淮安古城南角楼遗址附近的里运河东堤，即堂子巷西首。明清时期沿运河往来的商旅船舶，在该处码头停泊靠岸，由码头穿过堂子巷，即可到达淮安南城门。西城墙外曾有土圩子，清代在附近设置淮阴驿。民国年间及解放初期，该处仍为里运河渡口。

　　此次考古基本弄清了该段砖工堤的保存现状及结构，并发现了一座明清码头，又对里运河东西两堤做了解剖。除砖工、石工外，还发现埽工遗迹，河道里也清理出一些陶瓷器、钱币、及大量瓷片和其他生活类文物，是运河之都淮安历史繁华的重要见证，对研究漕运史和中国古代水利工程技术、运河文化提供了有价值的考古资料。砖工堤及码头的发现，为大运河申报世界历史文化遗产提供了重要的实物资料。

第三节　涵闸类

天妃闸遗址考古发掘

（一）概况

　　天妃闸遗址位于淮安市淮阴区码头镇码头村东南，东距二河400米，西距张福河510米，南距明远路240米，西北距惠济祠遗址150米（参见图一）。遗址所在的地理坐标为北纬33°32′33.5″，东经118°56′49.4″，海拔8米（遗址中心区域）。

　　该区域历史文化遗存十分丰富，东侧有里河故道、里河东堤和文华寺遗址，东南距清代通济闸遗址（二闸遗址）600米，西侧有天妃坝遗址和里河西堤，西北是惠济祠遗址，南侧距甘罗城遗址750米。遗址东、西和北面长满茂盛的树林，西边从北向南为码头村村民居住区（彩图一五四）。南边2012年由淮安市五河口水产科技有限公司投资规划的"淮安市渔业高科技示范园核心区"，目前已修

[1]（民国）王光伯原辑、荀德麟等点校：《淮安河下志》卷一《水道·运河》，淮安市地方志办公室编：《淮安文献丛刻（四）》，第24~25页，方志出版社，2006年。

[2]（清）卫哲治等修：（乾隆）《淮安府志》卷六《河防·百八》。

[3]淮安市水利局编：《淮安市水利志》，第344页，中共党史出版社，2001年。

建了大片的鱼塘。

此次考古勘探与发掘同时进行（勘探还包括里河和文华寺遗址，勘探部分由于发现遗迹不是很明显，故不在这里介绍），于2011年5月8日开始，至8月26日结束，历时3个月。

（二）地层堆积

此次发掘区域位于里河故道西侧，布10×10米探方2个（编号为T1和T2），发掘面积200平方米，T1方向214°。

T2北壁

第①层，耕土层，厚17～105厘米，灰白色，土质松散，出土植物根系、瓦片、青花瓷片、现代垃圾等。

第②层，现代扰乱层，厚5～105厘米，灰黄色，土质较软，颗粒较粗，出土植物根系、青花瓷片、碎砖、现代垃圾等。

第③层，现代扰乱层，厚12～90厘米，灰黄色，土质松散，颗粒较粗，出土青花瓷片、碎砖、现代垃圾等。

第④层，现代扰乱层，厚30～175厘米，黑黄色，夹杂灰色土块，土质较软，颗粒较大，出土植物根系、瓷片、现代垃圾等。

第⑤层，现代扰乱层，厚8～180厘米，深黄色，土质松散，出土植物根系、瓷片及砖等。

第⑥层，黄色土层，厚25～？厘米，土质松散，颗粒较粗，出土青花瓷片、青瓷片等。

第⑦层，浅黄色砂土层，厚5～45厘米，土质松软，颗粒细小，出土少量植物根系、瓷片等。

第⑧层，黄白色砂土层，厚30～60厘米，土质松软，颗粒细腻，无包含物。

第⑨层，深黄色砂土层，厚40～75厘米，土质松散，颗粒细小，无包含物。

第⑩层，灰白色砂土层，厚10～？厘米，土质松散，颗粒细小，出土有瓷片等。

第⑪层，黑灰色土层，厚度不详，土质松散，出土有青花瓷片、灰砖、石头屑等遗物。

未做到生土（图四三；彩图一五五）。

T2东壁

第①层，垫土层，厚40～60厘米，黄白色，土质松散，出土植物根系、瓦片、青花瓷片、现代垃圾等。

第②层，后期垫土层，厚45～60厘米，灰黄色，土质较软，颗粒较粗，出土植物根系、青花瓷片、碎砖、现代垃圾等。

第③层，后期垫土层，厚65～160厘米，黄白土与深黄土混杂，土质松散，颗粒较粗，出土青花瓷片、碎砖、现代垃圾等。

第④层，淤泥层，厚30～95厘米，浅红色，土质较硬，含分水较大，无包含物。

第⑤层，深黄色砂土层，厚55～70厘米，土质松散，颗粒细小，水分较大，无包含物。

第⑥层，淤泥层，厚15～40，浅红色，土质坚硬，含水分较大，无包含物。

第⑦层，黄土、黑土与淤泥层相混合层，厚25～65厘米，土质松软，出土有青花瓷片、青瓷片、砖、木桩等。

未做到生土（图四四；彩图一五六）。

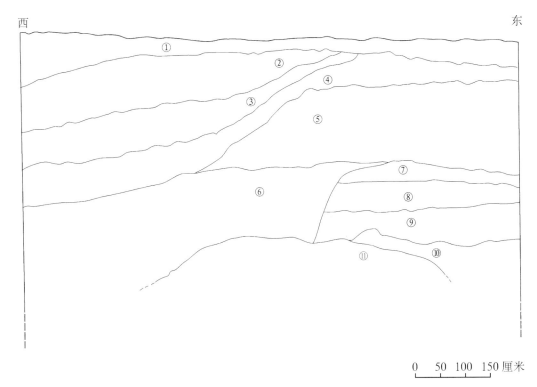

图四三　天妃闸遗址2011T2北壁地层图

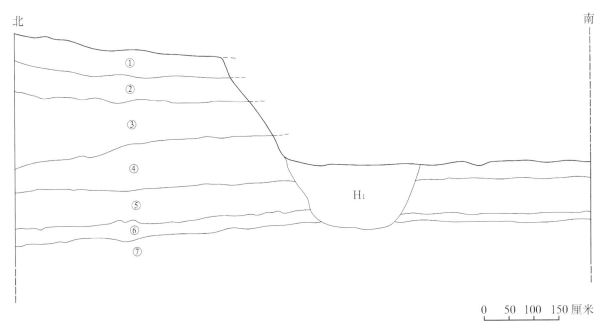

图四四　天妃闸遗址2011T2东壁地层图

（三）遗迹

发掘确认的主要遗迹有条石堆积、三组砖块和木桩，另有一座现代扰坑（图四五；彩图一五七）。

石块堆积

共清理出14块，其中T1内10块，T2内4块。T1内靠近东南角有8块集中堆放在一起，十分凌乱，有倾斜、竖立、横置等几种状态，有2块位于北侧靠近中间位置，呈南北向放置。T2内的3块位于南侧中部位置，南北向放置，基本呈一条直线，向东侧倾斜（彩图一五八）。

条石为青石，长50～150、宽30～55、厚25～40厘米，条石上残留白灰。

砖块

共清理出两组，位于T2内。其中，最北侧的一组距北壁0.25米，长1.05、宽0.75、高0.2米。中间一组距第一组3.5米，长0.75、宽0.5、高0.3米。最南侧一组距中间一组3.15米，距南壁1.25米，长0.8、宽0.6、高0.35米。每组砖用三合土粘合在一起，十分牢固。砖的砌筑方式都是一顺一丁。其中，第一组有10层，第二组有5层，第三组有5层。砖的规格有50×10×7厘米、35×10×7.5厘米两种。

木桩

共清理出43根。T1内有26根，其中，有4根平置于探方内，其余皆插入土中，特别是靠近北壁的一组，排列成南北向两行，非常有规律。T2内有17根，靠近东侧有9根排列成一行（彩图一五九）。木桩直径在10～20厘米，为杉木。

（四）出土遗物

遗址发掘出土的遗物有建筑构件、砖雕、陶瓷器和钱币等，共计201件。

1. 建筑构件

共计3件。

勾头，共计3件。

标本T2③：2，残。瓦当正面是龙戏火珠纹。龙身上布满鳞片，龙爪为四爪。瓦当残长6.2、直径11.7、壁厚1.4厘米（图四六：1）。

标本T2②：2，残。瓦当也残缺。正面双圈内是一变体"寿"字。长8.2、壁厚1.8厘米（图四六：2）。

2. 砖雕

共计1件。

标本T1⑥：2，长方形，残断为两截。正面模印"双溪"二字，楷体。长23.2、宽9.6、厚3.5厘米（图四六：3）。

3. 瓷器

共计177件。类型有青花、青釉、仿哥釉、白釉、粉彩、霁蓝等色釉，可辨器形有碗、盘、笔筒、钵、花觚、花盆、笔架和器盖等。

（1）青花瓷

共计150件。

标本T2⑩：1，碗底。内底双圆圈内绘一变体龙纹。外底施釉，可见跳刀痕。足根部不施釉，釉白中微泛青，胎体较白，青花发色灰蓝。底径5.6、残高3.6厘米（图四七-2：1；彩图一六〇-1：1）。

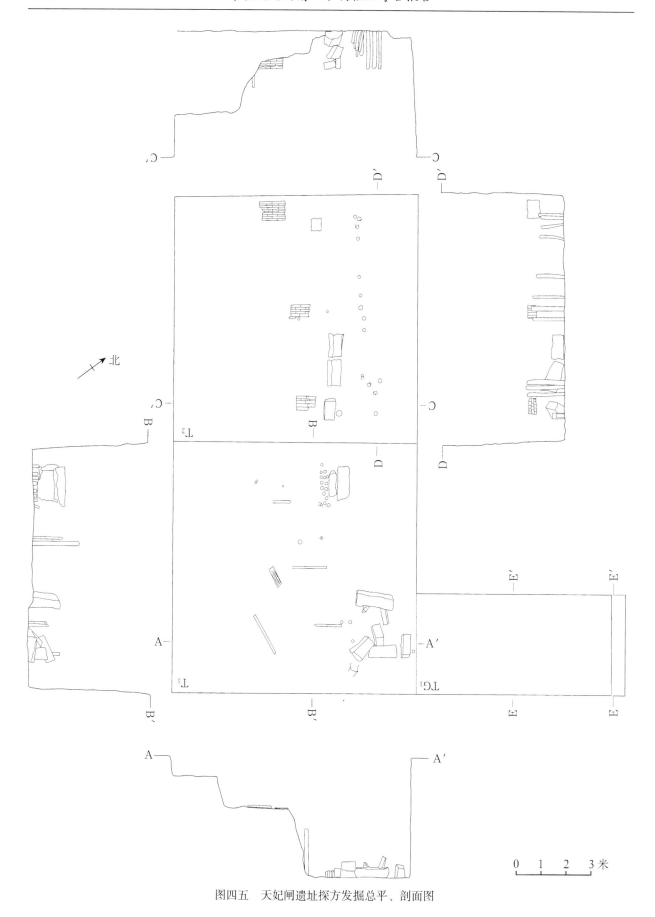

图四五　天妃闸遗址探方发掘总平、剖面图

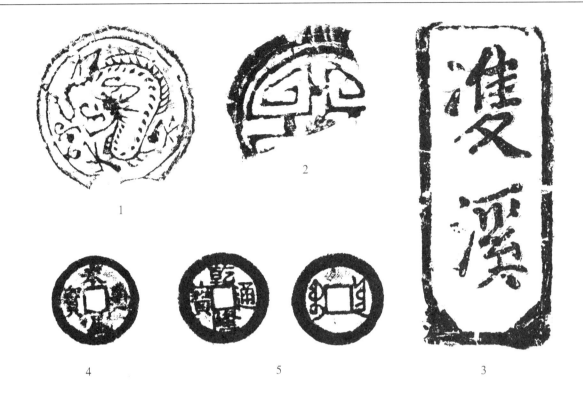

1~3. 0　2　4　6厘米　　4、5. 0　1　2　3厘米

图四六　天妃闸遗址出土遗物拓片

1. 勾头（T2③：2）　2. 勾头（T2②：2）　3. 砖雕（T1⑥：2）　4. 康熙通宝（T2⑩：3）　5. 乾隆通宝（T1⑦：2）

标本T1⑩：1，花觚，上腹残缺，腰部稍外鼓，下腹外撇，二层台底。纹饰分三层，中间用上、下如意云头和宽带纹分成两部分，每部分在回纹地上绘一个兽面纹。上、下腹绘蕉叶纹。腰部与腹部中间用3道弦纹和连续卷云纹分隔。外底绘2个同心圆，有棕眼。釉呈白色，胎体洁白，青花有浓淡分层现象。残高12.6、底径5.8厘米（图四七-1：1；彩图一六〇-1：2-1、2）。

标本T1⑨：1，盘，残。敞口，弧腹，圈足。内底绘怪石、树，旁边为一个牧童骑牛吹笛。外壁绘竹枝纹，外底和足根部不施釉，外底有制作时留下的弦痕，釉白中泛青，胎体洁白，青花发色淡蓝。复原口径29、底径16.4、高6.3厘米（图四七-2：2；彩图一六〇-1：3）。

标本T1⑤：5，盏，残。侈口，弧腹，小圈足。器外壁绘两组桃花（有果实与叶子），在靠近底部为一周仰莲纹。胎体洁白，青花发色深蓝。口径5.2、底径2、高3.7厘米（图四七-2：3；彩图一六〇-1：4）。

标本T1⑨：2，盘，残。侈口，口沿向内倾斜，弧腹，圈足。内底中心绘一朵宝相花纹，四周环绕花果纹。外侧为3个同心圆。内壁一周绘5个宝相花纹，之间绘花果纹。口沿绘一周卷云纹。外侧口沿与腹部交接处绘一周垂幔草纹。外壁绘5棵树。外底双圈内书"大明宣德年制"2行6字楷书款。足根部不施釉，胎体洁白，釉白中微泛青，青花发色灰蓝。口径19.2、底径11、高4.2厘米（图四七-2：4；彩图一六〇-1：5）。

标本T1⑪：1，佛像，头部缺失。中空，平底。背后有一个小孔。半跏趺坐，右手执宝杵，左手执莲花，襟带系于腰间在腹前垂下。胎体灰白，釉白中微泛青，青花发色灰蓝。宽3.1~4.9、厚1.2~3.3、高5.2厘米（图四七-1：2；彩图一六〇-2：1）。

标本T2⑦：2，碟，残。敞口，斜直腹，小圈足。内底中心绘一朵宝相花，内壁绘3组宝相花，外壁绘3组树叶纹。外底方框内书"大清年制"四字篆书款。口径9、底径4.3、高2.6厘米（图四七-3：1；彩图一六〇-2：2）。

标本T1①：1，勺子，残存柄部。内壁绘缠枝花卉纹，胎体较白，釉呈白色，青花发色深蓝。残长5.4、宽1.6~3.8厘米（图四七-3：2；彩图一六〇-2：3）。

标本T1⑧：2，笔筒，残。直腹，底稍内凹。外壁绘怪石、树木与野草纹，外底有一圈窑黑，胎体较白，外底不施釉。底径9.6、高3.6厘米（图四七-3：3；彩图一六〇-2：4）。

标本T2⑦：4，瓶，残存部分腹部。束颈，腹向内稍收。外壁纹饰分六部分，颈部蕉叶纹。颈部与上腹部有一道突棱，上面两道细弦纹，下面一道粗弦纹，中间为垂幔纹。上腹部一周梅花纹，下腹部梅花纹为地，中间开光内是"囍"字纹。胎体洁白，釉白中泛青，圈足根部不施釉，青花发色翠蓝。残高16.4厘米（图四七-4：2；彩图一六〇-2：5）。

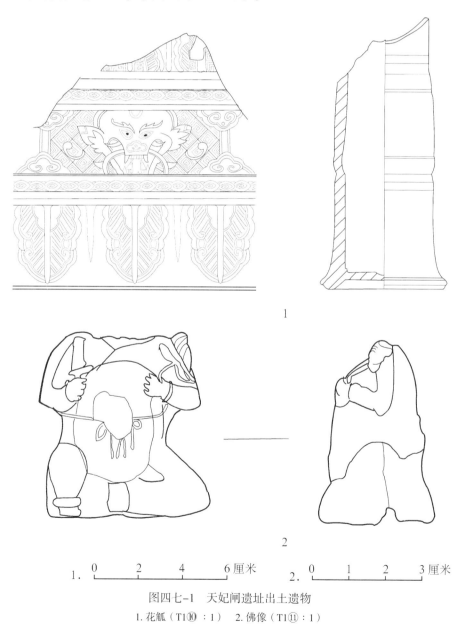

1

2

1.　0　　2　　4　　6厘米　　　　　2.　0　　1　　2　　3厘米

图四七-1　天妃闸遗址出土遗物
1.花觚（T1⑩：1）　2.佛像（T1⑪：1）

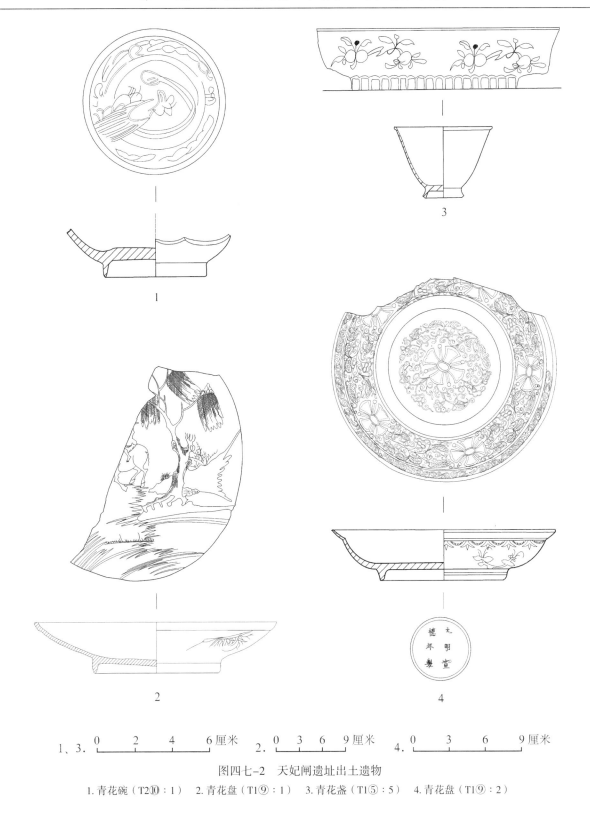

图四七-2　天妃闸遗址出土遗物

1.青花碗（T2⑩：1）　2.青花盘（T1⑨：1）　3.青花盏（T1⑤：5）　4.青花盘（T1⑨：2）

标本T2①：1，鸟食罐，残。撇口，束颈，鼓腹，小圈足。口沿外侧，腹部底部和圈足处为弦纹。外壁绘卷云、花果和蝴蝶纹，胎体较白，釉呈白色，青花发色黑蓝。高4厘米（图四七-4：3；彩图一六〇-2：6）。

（2）青瓷

共计6件。

标本T1⑥：1，高足杯，残存足和底部。天青釉，足根部与内侧不施釉，胎体灰白。底径4.2、残高5.8厘米（图四七-4：4；彩图一六〇-2：7）。

标本T2②：3，碗，残存底部。内壁釉呈青白色，胎体灰白，外底书"大清嘉庆年制"3行6字篆书款。底径5.6、残高3.4厘米（图四七-4：1；彩图一六〇-2：8）。

（3）仿哥釉

共计7件。

标本T1⑧：1，笔筒，残。直腹，圈足较浅。胎体灰白，外底不施釉，器身布满"金丝铁线"纹。残高3.5厘米（图四七-4：5；彩图一六〇-3：1）。

（4）白釉

共计3件。

标本T1②：1，瓶，残。小口，圆唇，束颈，腹向下逐渐内收，平底。胎体较白。底径2.4、残高4.6厘米（图四七-4：7；彩图一六〇-3：2）。

标本T2②：1，碗，残。敞口，弧腹，圈足。外壁印花，有莲花、兰花和木槿等花卉。内底在双圈内绘三叶草，外底绘盘长纹，胎体洁白。口径16.4、底径6.2、高6.7厘米（图四七-4：6；彩图一六〇-3：3）。

（5）粉彩

共计4件。

标本T2③：1，盒，残。直口，平沿，直腹，圈足较矮。外壁在靠近口部施一道弦纹，靠近底部有两道弦纹，在弦纹之间用红、绿彩绘缠枝花卉纹，胎体较白。高3.8厘米（图四七-5：1；彩图一六〇-3：4）。

（6）霁蓝釉

共计5件。

标本T1⑩：2，碗，残。敞口，曲腹，底稍向内倾斜。外壁施蓝釉，内壁青白釉，圈足不施釉，胎体洁白。口径11.6、底径4.8、高5.8厘米（图四七-5：2；彩图一六〇-3：5）。

（7）红釉

共计2件。

标本T1⑤：3，笔架，山形，在器座上有4个柱状体，边缘是一个椭圆形槽，有残墨痕迹。长9、宽0.4～2.3、高1.5～3.7厘米（图四七-5：3；彩图一六〇-3：6）。

标本T2⑩：2，碗，残。敞口，弧腹，小圈足外撇。外壁施红釉，有3个圆形开光，里面绘竹叶纹。内壁施白釉，口沿涂一周酱黄釉，外底青花方框绘横竖线纹。釉呈白色，胎体洁白。口径10、底径3.1、高3.6厘米（图四七-5：4；彩图一六〇-3：7-1、2）。

4. 陶器

共计14件。陶类有红陶、酱釉和紫砂等；可辨器形有盆、虎子、器盖、钵、灯等。

（1）红陶

共计2件。

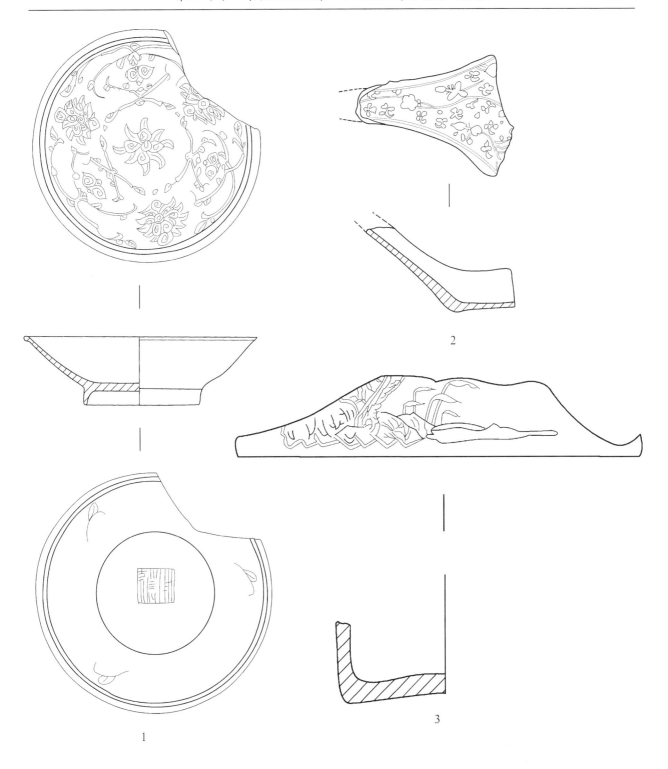

1、2. 0　1　2　3厘米　　　3. 0　2　4　6厘米

图四七-3　天妃闸遗址出土遗物

1. 青花碟（T2⑦：2）　　2. 青花勺子（T1①：1）　　3. 青花笔筒（T1⑧：2）

图四七-4　天妃闸遗址出土遗物

1. 青釉碗（T2②：3）　2. 青花瓶（T2⑦：4）　3. 青花鸟食罐（T2①：1）　4. 青釉高足杯（T1⑥：1）

5. 仿哥釉笔筒（T1⑧：1）　6. 白釉碗（T2②：1）　7. 白釉瓶（T1②：1）

标本T1③：1，钵，残缺。敞口，沿向内倾斜，斜直腹，平底。内壁有制作时留下的数道弦痕。复原口径10.2、底径7.2、高7.8厘米（图四七-5：5；彩图一六〇-4：1）。

（2）酱釉

共计6件。

标本T1②：2，盆，残存腹片。大口，平沿，尖唇，弧腹。内外皆施釉，外壁中间施酱釉，绘龙纹。残高14.8厘米（图四七-5：6；彩图一六〇-4：2）。

标本T2⑦：1，罐，残存一半。小口，平沿，直颈，鼓腹，底稍内凹。颈部与上腹部有残留两个系（推测应有4个）。接近底部与底不施釉，器内施釉，胎体浅黄色。复原口径5.8、底径6.4、高10.8厘米（图四七-6：1；彩图一六〇-4：3）。

标本T2⑦：3，虎子，残存顶部。直口，折腹，顶平滑，条形提梁，酱釉发黑。残长12.6、宽12.5、高4.8厘米（图四七-6：3；彩图一六〇-4：4）。

（3）紫砂

共计3件。

标本T1⑦：1，器盖，完整。字母口，顶上有一个提手，中心有一个小孔，与内部不贯通。直径3.8、高1.2、提手直径0.7厘米（图四七-6：4；彩图一六〇-4：5）。

标本T2③：4，壶，残存流、半截底部和腹部。复原底径12.6、残高14厘米（图四七-6：2；彩图一六〇-4：6）。

5. 石质

共计2件。

标本T1⑤：1，砚台。一面由外向里内凹，深0.2～0.5厘米，有残墨痕迹；另一面在顶端有一个椭圆形槽，周围雕刻云气纹。长10.2、宽7、厚1.1厘米（图四七-6：5；彩图一六〇-5：1-1、2）。

6. 木质

共计1件。

标本T1⑤：4，笔杆，残损。表面有裂纹，上粗下细。残长13.5、直径0.9～1厘米（图四七-6：6；彩图一六〇-5：2）。

7. 水晶

共计1件。

标本T1⑤：2，镇纸，残损。器身较多裂纹。长10.4、宽6.3～6.5、厚0.6～0.9厘米（图四七-6：7；彩图一六〇-5：3）。

8. 钱币

共计2枚。其中，乾隆通宝1枚，康熙通宝1枚。

（1）康熙通宝，正面书"康熙通宝"，上下直读，楷体（图四六：4）。

标本T2⑩：3，直径2.4、厚0.1、方孔边长0.5厘米。

（2）乾隆通宝，正面书"乾隆通宝"，上下直读，楷体，表面鎏金。背面是满文"宝云"（图四九：5）。

标本T1⑦：2，直径2.5、厚0.1、方孔边长0.5厘米。

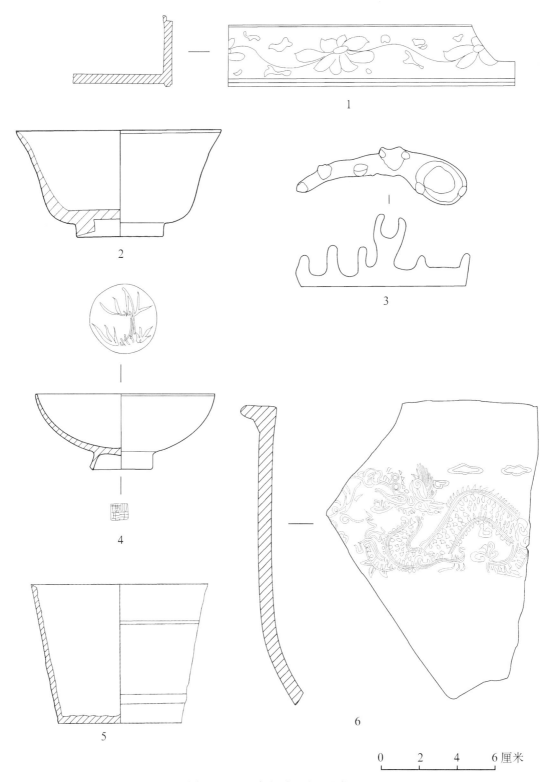

图四七-5 天妃闸遗址出土器物

1. 粉彩盒（T2③：1） 2. 霁蓝釉碗（T1⑩：2） 3. 红釉笔架（T1⑤：3） 4. 红釉碗（T2⑩：2）

5. 红陶钵（T1③：1） 6. 酱釉盆（T1②：2）残片

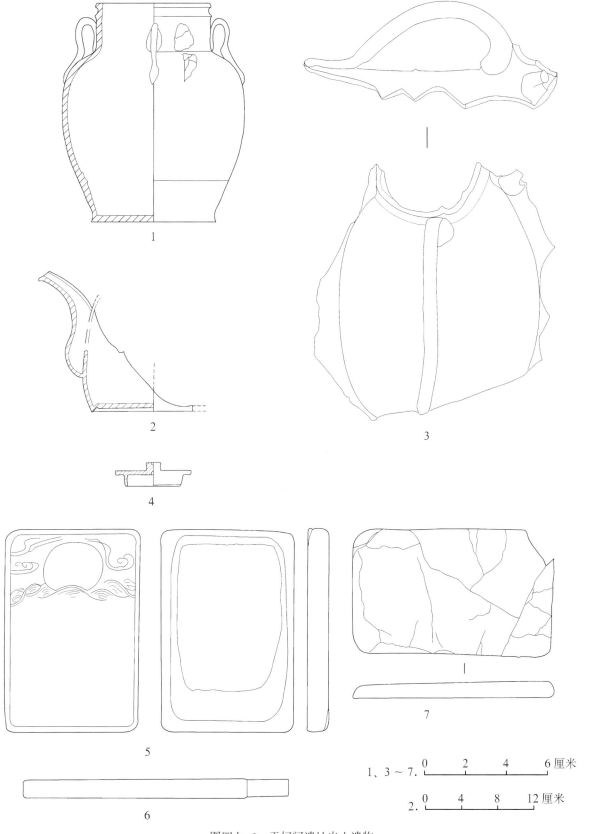

图四七-6 天妃闸遗址出土遗物

1. 酱釉罐（T2⑦：1） 2. 紫砂壶（T2③：4） 3. 酱釉虎子（T2⑦：3） 4. 紫砂器盖（T1⑦：1） 5. 砚台（T1⑤：1）

6. 笔杆（T1⑤：4） 7. 水晶镇纸（T1⑤：2）

（五）结语

1. 出土遗物分析

在出土的大量遗物中，瓷器占绝大部分，按照发掘时地层的归类和后期的鉴定结果，我们从以下几个方面分析。

（1）时代

瓷器时代最早为明代中晚期。例如，有5件青花碗和一件青花盘，底款都是"大明成化年制"，另有一件青花碗底款是"玉堂佳器"。最晚到清代嘉庆与道光时期。比如，有较多的青花碗、青花盘、青瓷碗或盘与粉彩碗底款都书"大清嘉庆年制"，且都是3行6字篆书款。

（2）数量

明代中晚期较少，约占10%；清代康乾时期较前者略多，约占40%；清代嘉庆与道光时期最多，约占50%。

（3）纹饰与制作工艺

康乾时期的虽然数量不多，但在质量上属上乘。例如，T1出土的一件花觚（T1⑩：1），时代为康熙，纹饰分三层，上下绘蕉叶纹，中间用宽带纹分隔成两区，每区在回纹地上绘一个兽面纹，仿商代纹饰。青花发色翠蓝，分五色，浓淡相宜。

有几类纹饰较多，第一类是内外分上下两区，每区又用S隔成6～8个小区，每个小区里绘一朵花；第二类是外底不施釉，内底绘一朵花；第三类是外壁满绘"ⅢⅢ"纹。这几类纹饰基本都绘在碗和盘上，其时代从明代晚期至清代晚期都有，尤其以清代嘉庆道光时期最多。

在一些祭蓝釉和白釉器的口沿涂有一周酱黄釉，这种制作手法时代特征较为明显，通常流行于明代晚期至清代早期。

从出土遗物判断，在明代晚期到清代早中期，这一带曾有过较多人类的生产与生活活动。本次发掘点西北是惠济祠，东侧为文华寺，由于漕船与商船在运河东侧要向南再向西进入黄河，而黄河汹涌澎湃，常发生溺船事件，因此过往的人们会去惠济祠烧香祈福，保佑他们平安渡河，久而久之，遗留下大量生活用品也不足为奇，出土的陶瓷片就是最好的证明。

2. 遗址的认识

此次对遗址发掘揭示的面积较小，没有继续向南、北和西扩展，发掘获得的遗迹现象较少（只有杂乱的条石、倒塌的砖和几十根插在地上的木桩），关于天妃闸的基本结构、与里河的连接关系及与里河堤坝和惠济祠、文华寺的衔接关系等问题都没有在发掘中弄清楚。因此，我们对遗址是否为闸目前难以进行定性，有待今后进一步的考古发掘。

本次发掘T2东壁地层第4～6层为历史上黄河淤积层，厚达2米，在T1东侧里河TG3内1～3层也是黄砂土，向下勘探至5～6米深才达到青灰色淤积层，这反映出运河距西部的黄河很近，黄河涨水会冲进运河，造成河道垫高淤浅，这也是万历时期将运口南移并建通济闸的原因（万历年间，因永乐天妃闸口逼近黄河，难免倒灌，于是移建通济闸于甘罗城南，泰山墩北，仍名天妃闸）。

3. 发掘的意义

此次对天妃闸遗址进行科学的考古发掘还是首次，虽然出土的遗迹现象很少，但是仍对于我们寻找和了解天妃闸提供了一定的线索。今后如果继续向南、北发掘，可能会更清楚地了解此地与里河西堤的关系，向西发掘也会厘清此处遗址与里河和天妃坝的关系，也就能搞清楚与黄、淮的关系，从而对确定这一带黄、淮、运及河流与闸坝的关系有非常重要的意义。

第四节　古建筑

一、惠济祠遗址考古勘探与发掘

（一）概况

惠济祠遗址位于淮阴区码头镇码头村（原二闸村），其历史最早可以追溯到明代正德初年。咸丰《清河县志》引刘良卿《惠济祠碑》云：“正德初，道士袁洞明卜地河浒，建太山行祠，及章圣太后又黄香白金之赐，改名惠济；于是士女香灯，远近和会；益构杰阁，征文记事。”[1] 在第三卷“建置”中记载：“惠济祠在运口……旧志即天妃庙，在新庄闸口，明正德三年（1508年）建。武宗南巡，驻跸祠下……雍正五年（1727年），敕赐天后圣姥碧霞元君……”[2]

又据《淮阴风土记》记载：“乾隆十六年（1751年），高宗南巡，建行宫于祠左，因命重修惠济祠，仿内庭坛庙样式……”[3] 乾隆二十二年，高宗第二次南巡，谒惠济祠，即兴赋诗一首，后勒石成碑，即御制重修惠济祠碑，立于祠门左侧（彩图一六一）。

惠济祠前的古清口是黄、淮、运三水交汇之地。明清时期，这里不仅是国家的漕运咽喉、盐运要冲，驿道重关，亦是治河的关键之所在。由于惠济祠“居重岗之上，地势如脊”，因此承担着保护漕运畅通、护佑船民安全的职司，正如乾隆《御制重修惠济祠碑》所说：“灵孔昭时，孚应若响，过祠下者，典礼荐牢，靡敢弗敬。”因而惠济祠常年香烟萦绕，香客不断。道光以后，由于漕运转衰与河道变迁的缘故，运河地位逐渐下降，惠济祠逐步淡出朝廷的视野。

惠济祠原有山门、大殿、篆香楼、三清阁、碑亭、回廊等建筑，后因水患，惠济祠的北侧最先开始损毁；1946年，由于战乱，其中一部分建筑被毁；右侧碑于1958年被雷电击毁；大部分建筑在“文革”中被彻底毁坏，只留下左侧的御制重修惠济祠碑。之后，惠济祠遗址一直处于荒芜与废弃的状态，直到80年代初当地村民陆续开始在遗址上面建房与居住，时间持续了30年左右。为了配合大运河的申遗工作，从2011年10月上旬开始，在码头镇政府的支持下，村民陆续将遗址上的建筑拆迁与清理完毕（彩图一六二～一六五）。

惠济祠仅存的御制重修惠济祠碑在1982年被公布为淮阴县文物保护单位。2003年3月被市政府公布为第二批市级文物保护单位。2006年5月25日，“京杭大运河·江苏段——御制重修惠济祠碑”由国务院公布为全国重点文物保护单位。2011年3月29日，大运河保护和申遗省部级会商小组原则通过了《大运河申报世界文化遗产预备名单》，其中在“清口枢纽”的范围内，就包括“御制重修惠济祠碑”。

勘探前遗址北缘距二河110米，西北角有一个池塘，西侧距安澜路2米，往西是房屋、稻田和树林等，东部边缘呈缓坡状，地面是树林和稻田，坡的边缘距二河400米，南距明远路550米。发掘完成

---

[1]（清）吴棠修、鲁一同纂：（咸丰）《清河县志》，咸丰四年（1854年）刻，同治元年（1862年）补刻，1919年再补刻，中国文化遗产研究院藏。

[2]同注［1］。

[3]张煦侯著，方宏伟、王信波整理：《淮阴风土记》，方志出版社，2008年。

后，将北侧的池塘填平，用铁质栅栏将遗址围起来，其中，御碑南侧是硬化路面，东廊庑东侧至栅栏是草坪，草坪上建有一座展示厅（展示惠济祠复原模型和历史阶段的照片等）；围绕建筑基址和天妃坝一周铺设木质栈道以供游人参观。

遗址主要经过勘探与发掘两个阶段。其中，勘探先后共有两次，第一次于2011年9月15日开始，至9月26日结束，历时12天。第二次于2011年10月20日开始，至11月20日结束，历时30天。

发掘工作于2013年5月2日开始，至6月26日结束，历时56天。下面将两个阶段所取得的成果介绍如下。

（二）勘探情况

第一次勘探

本次勘探的目的是协助淮安市文物局对惠济祠遗址进行文物保护规划项目，主要任务是弄清楚遗址的四至范围、原有建筑分布位置和重要遗迹的埋藏情况等，由于时间有限，故勘探不够全面。

此次勘探的遗址东西65、南北135米，遗址地势高于周围0.5～1.5米。文化层堆积深厚，可达1.5～3.5米。能确定的遗迹是东西墙基和6处建筑基址（图四八）。

1. 东墙基。上面是长条形青石，青石上的墙体用灰砖砌筑。墙基残长64、宽1.2米、深约1.3米。

2. 西墙基。墙垣的砌筑方式与东墙垣相同，残长29、宽1.2、深1.2米。

第二次勘探

此次勘探，遗址上的房屋已拆迁完毕，在第一次勘探的基础上，范围有所扩大，东西70、南北160米，发现的遗迹就是后来的3～5号建筑基址。

（三）地层堆积

由于考虑到建设遗址公园的规划（御碑向南30米后来为硬化路面；东廊庑向东50米至栅栏区域为草坪和展示厅），因此，发掘的范围北至3号基址北侧，南到御碑，共布10×10米探方1个，10×5米探方1个，共发掘面积1250平方米。地理坐标为北纬33°33′8″，东经118°56′47″（御碑所在位置）。海拔13米。

1. 西墙垣地层堆积

该区域地层堆积简单，第①层为现代扰土，灰黄色，厚10～15厘米，有植物根系、碎瓦、石子、现代建筑的水泥地坪等。第②层为黄砂土，厚50～75厘米，土质细腻，十分纯净，经过夯打，分析应是清代嘉庆年间天妃坝的覆土。

在墙垣以东，1～1.5米为后期扰乱层，土色杂乱，含大量砖、碎石、瓦砾、瓷片、建筑构件等。

2. 2号基址地层堆积

由于惠济祠遗址在近现代被扰乱得较为严重，因此上面的堆积较为简单，下面以T0104西壁为例来描述（图四九）。

第①层，耕土层，厚10～20厘米，浅黄色，土质疏松，出土有植物根系、陶瓷片、碎砖、琉璃构件、现代垃圾等。

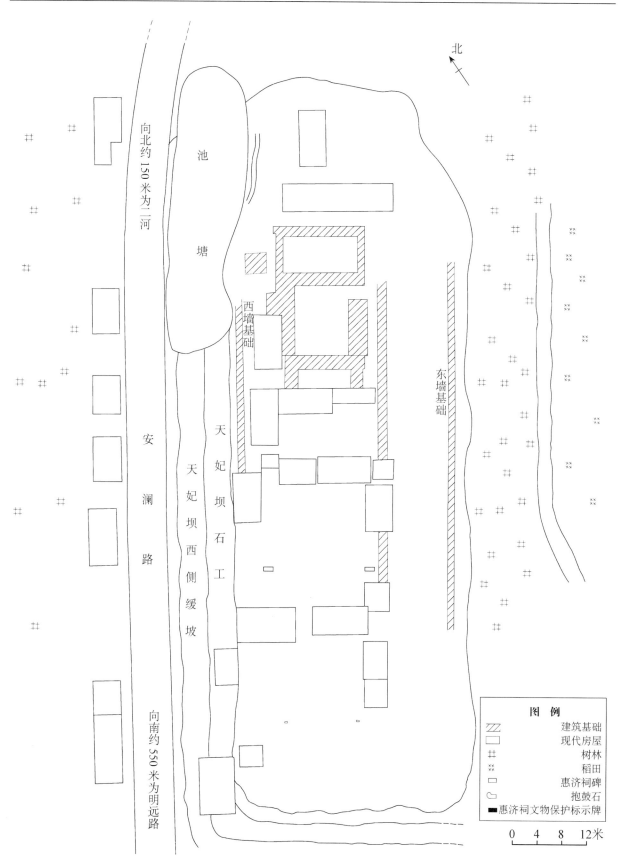

图四八　惠济祠遗址勘探遗迹平面图

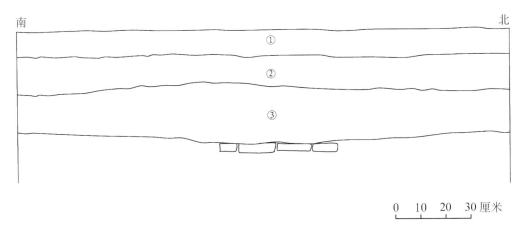

0 10 20 30 厘米

图四九　惠济祠遗址2013T0104西壁地层图

第②层，扰乱层，厚5～15厘米，灰黄色，土质松散，含有一层碎砖瓦，另有陶瓷片、琉璃构件及现代垃圾等。

第③层，扰乱层，厚15～25厘米，灰白与灰黄色，土质松散，出土有陶瓷片、琉璃构件、现代垃圾等。

第③层下出现2号基址西侧的"┏"形基址、北墙与西廊庑。

3. 东廊庑地层堆积

堆积较为简单，下面以T0203南壁为例来描述（图五〇）。

第①层，耕土层，厚10～15厘米，黄色，土质疏松，出土有植物根系、陶瓷片、碎砖、琉璃构件、现代垃圾等。

第②层，扰乱层，厚15～20厘米，深黄色，土质松散，出土有陶瓷片、琉璃构件、现代垃圾等。

第②层下出现砖铺地面，即东廊庑。

（四）遗迹现象

遗址东西70、南北180米，方向北偏西40°。发掘确认的遗迹有5处建筑基址、甬路、院落和御碑基础（图五一；彩图一六六）。

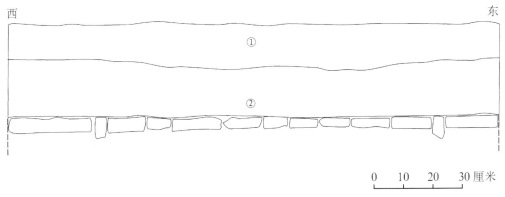

0 10 20 30 厘米

图五〇　惠济祠遗址2013T0203南壁地层图

1. 发掘遗迹

（1）1号建筑基址

分为主体建筑与抱厦两部分，位于遗址南端，南距御碑21米，东距东甬路0.52米，西距西甬路0.33米（彩图一六七）。

主体建筑

平面呈长方形，东西13.55、南北7.75米，现存东侧部分墙体、西侧墙基、室内部分、后檐廊、后门道和两个磉墩（图五二）。

东侧保存的墙体残长1.9、宽0.9、高0.32米，为灰砖砌筑。从平面看，东西两侧的砖呈东西向铺砌，南北两侧的砖呈南北向砌筑。中间没砖的地方填满白灰浇浆层，十分坚硬。从剖面看，西侧残存5层砖，砌筑方式基本上是一顺一丁。北侧残存5层砖，砌筑方式为二顺一丁或三顺一丁。砖的规格大小不一，有30×14.5×9厘米、24×10×6.6厘米、22×9×5厘米三种（图五三；彩图一六八）。

其余墙体仅存痕迹，宽与东墙体相同，即0.9米。

西侧墙基为条石砌筑，残存有两层，其中，下层3块、上层2块。下层3块条石长分别为143、83、80厘米，上层2块条石的规格分别为127×15×44厘米、49×54×45厘米。在下层条石靠近南端铺一层砖，南北长与上层第一块条石相同（彩图一六九）。再往下由于未做进一步解剖，结构尚不清楚。

室内是一座夯土台基，平面呈长方形，东西11.05、南北5.95米，高出南面院落0.25～0.35米，高出北面建筑基址0.15米；东侧有一块遭到后期破坏，已缺失。通过在台基东侧解剖得知，该台基地面为一层三合土层面（是白灰与糯米汁夹杂细小碎砖屑混合而成），厚3～5厘米，在这层下还有一层地面，也是三合土面，厚2～4厘米。这两层下的垫土是十分纯净的黄土，厚20～25厘米。

后檐廊东西11.8、南北1.45米，低于室内地面0.1～0.15米，中间被门道隔开。地面部分区域残留石

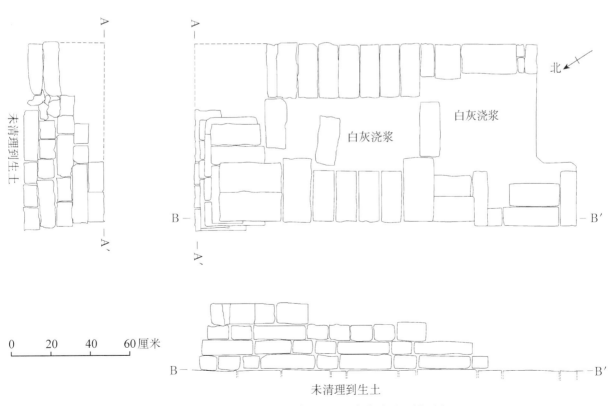

图五三　惠济祠遗址1号建筑基址残存东墙平、剖面图

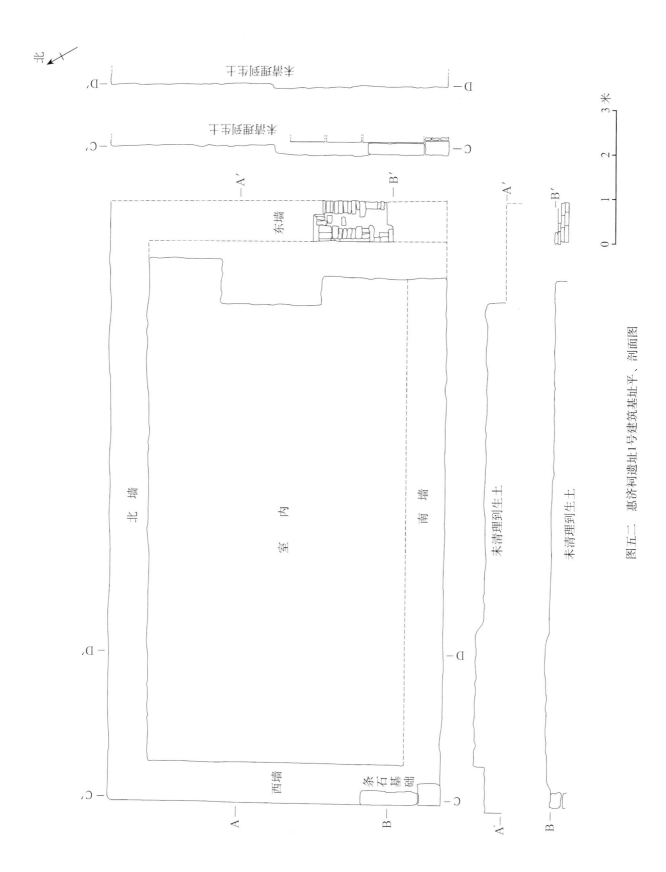

图五二　惠济祠遗址1号建筑基址平、剖面图

灰基础，继续向下未做进一步解剖，结构尚不清楚。

后门道位于台基正中，东西2.6、南北1.45米。中间残留一块石灰地面，向下未做解剖，结构不清楚。

在门道两侧东北角和西北角有两个放置柱础石的磉墩。其中，东北角的东西0.82、南北0.5米。表面为一层石灰，下面结构未做解剖不清楚。西北角的呈上小下大的梯形，由于客观原因，只清理了部分。按照最上面一层砖来计算，其东西0.65、南北0.62米。西侧凸出0.11米，共清理出4层砖，其中，第一层为4块整砖与2块半截砖丁铺。砖的规格有30.5×14×7厘米、31×12×8厘米、31×13×6厘米、30×13×6.5厘米、11×9×6.5厘米、20.5×9.5×6.5厘米。其他三层均为一顺一丁砌筑。砖的规格有30×11×7厘米、31×13×8厘米两种。由于未清理到生土，故其底部结构与尺寸不清楚。砖与砖之间用石灰黏合，十分坚固（图五四；彩图一七〇）。

抱厦

东距东廊庑3.35米，西距西廊庑3.3米。平面呈长方形，东西7.8、南北3.5米，地面是较为纯净的黄土，未做进一步解剖，下面结构尚不清楚。

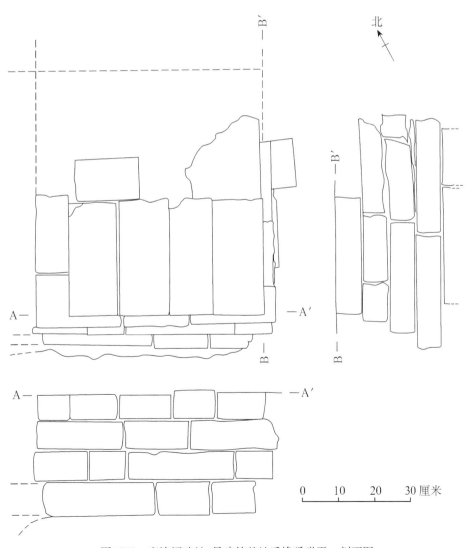

图五四　惠济祠遗址1号建筑基址后檐磉磴平、剖面图

（2）甬路与台阶

位于1号基址与2号基址之间，起到连接两座建筑和东西甬路的作用。

1号甬路

连接1号基址和2号基址之间的通道，东西2.55、南北5.5米，从台阶西侧残存的铺地砖看，甬路高出3号路面0.16米，基础是由黄土、白灰和碎砖屑组成。从西侧剖面看，残存3层砖。第一层残存18块，全是半截砖。最东侧残存3块整砖，为南北向铺砌，规格有40×17×7厘米、28×11×5厘米、22×10×5厘米三种。

台阶

西与1号甬路相连，东与3号甬路相接，形制为垂带踏跺，共有3级。材质为青石，表面较为光滑。其中，第一级残存2块，尺寸分别为长45、宽28、厚7厘米和长47、宽37、厚12厘米；第二级条石长140、宽35、厚13厘米，已断为两截；最下面一块为燕窝石，长210、宽30厘米，已断为三截，厚不详，在燕窝石两端各有一个凹槽（垂带窝），长0.33、宽0.24、深0.01米，目的是安放台阶两侧垂带巴掌。现仅存北侧垂带石，走闪严重，残长85、宽33、厚24厘米（彩图一七一、一七二）。

2号甬路

位于台阶西，连接1号甬路与西甬路，仅残留北侧一段铺地砖，东西1.05、南北0.5米。铺砌方式为东西向，均是残砖。

3号甬路

位于台阶东，连接台阶与东甬路，东西5.8、南北2.9米。其中，中间部分从燕窝石至5号甬路，东西3.9、南北2.2米，其铺砌方式为中间5列砖东西向，两侧砖南北向，每行5～7块砖，有的地方用半块砖填砌，大部分砖已经残破。砖的规格有35×8×5厘米、33×11×5厘米、25×9×5厘米、22×9×5厘米四种。北侧的铺地砖从残存情况分析，向西延伸至第一级台阶，向南缺失。砖均为正方形，边长34厘米，表面较为平滑（图五五；彩图一七三）。

（3）2号建筑基址

平面呈长方形，东西13.35、南北7.3米，残存两处条形基址、一段墙体与两处正方形基址。

条形基址

平面呈南北向长条形，西侧的东西0.75、南北1.9米，东侧的东西0.65、南北1.5米，由于没有进一步向下解剖，其结构与用途不甚清楚。

墙体（基础）

南距台阶4.65米，东距5号甬路2.5米，西距4号甬路2.8米。东西8.1、南北0.69米。未向下解剖，故其结构不清楚。靠西侧残存一段墙体，长1.35、宽0.69、高0.05～0.52米。从南侧剖面看，暴露的砖共有6层，最上面2层为横丁，以下4层全是竖丁，其中第6层最东侧两块为顺铺。砖的规格有24×10×7厘米、23×7×5厘米、28×13×7厘米三种。从北侧剖面看，暴露出的砖有5层，第一层为横丁，以下4层皆为错缝平铺。砖的规格有24×22×4.5厘米、23.5×9.5×3.5厘米、29×13×5厘米、32×15×4.5厘米。其中，砖的基础是一座高台，是白灰、碎砖屑和碎石子等混合物（图五六；彩图一七四、一七五）。

方形基址

东侧的呈正方形，边长1.7米。西侧的呈长方形，东西2.1、南北1.75米，二者相距4.2米，距墙体0.15米。从清理出的表面观察，基址内填碎砖屑、黄土和白灰块等混合物。以下未做进一步解剖，结构不清楚。

北

向东连接东廊庑

泥土、碎石、砖屑混合层

0　20　40　60厘米

图五五　惠济祠遗址台阶与3号甬路平、剖面图

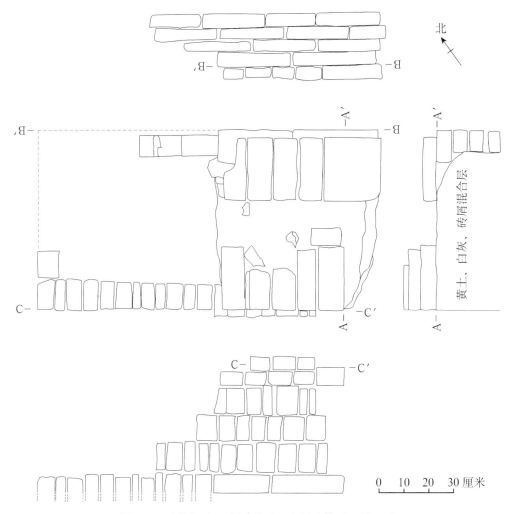

图五六　惠济祠遗址2号建筑基址北侧墙体平、剖面图

（4）3号建筑基址

平面呈长方形，东西4.35、南北10.85米。西侧保存一段白灰浇浆面，宽1.8~2、厚0.3米，十分坚硬。东侧仅存墙体痕迹，宽1.1米。室内部分是十分纯净的黄土。

（5）4号建筑基址

平面呈长方形，东距3号建筑基址9.8米，东西4.4、南北11米。东侧保存的白灰面宽2.2~2.5、厚0.33米，西侧白灰面宽1~1.25、厚0.3米。室内是纯净的黄土。

（6）5号建筑基址

平面呈长方形，东西17、南北7.35米。四周都残存白灰面，其中，北侧宽2、厚0.28米，南侧宽3.25、厚0.33米，东侧宽1.5、厚0.28米，西侧宽1.7~2、厚0.3米。白灰面南侧与3、4号建筑基址相连接，厚0.35~0.4米（图五七；彩图一七六）。室内的垫土是十分纯净的黄土。其中，明间东侧区域有一个现代扰坑，呈不规则形，东西2~2.2、南北3.8米，未做解剖，从表面看有碎砖屑、石块及白灰渣等。

（7）东甬路

位于遗址中部偏东侧，起于3号建筑基址，向南延伸至1号基址东南墙角然后向西转折，再向南延伸与1号基址前的庭院相连。与东墙垣相距13.6米。

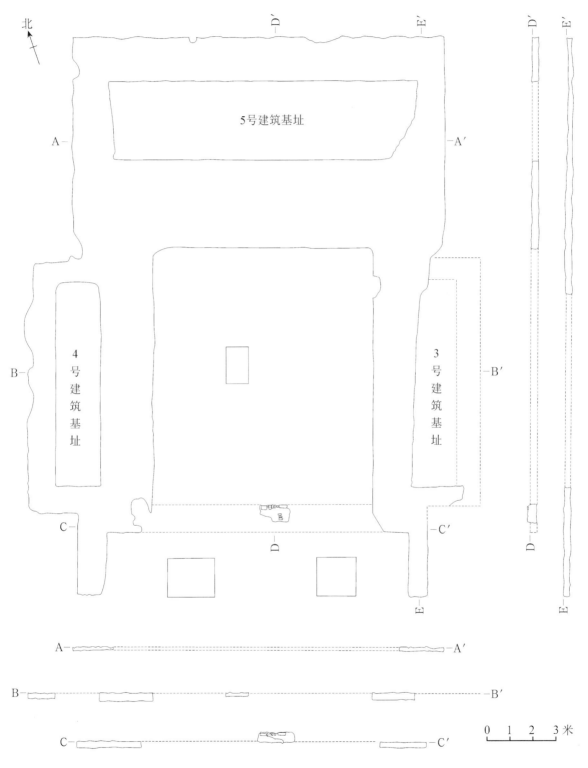

图五七　惠济祠遗址3～5号建筑基址平、剖面图

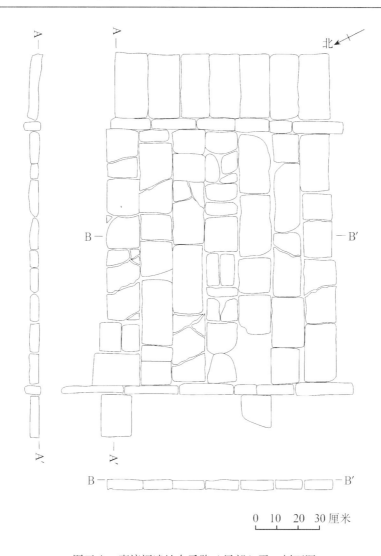

图五八　惠济祠遗址东甬路（局部）平、剖面图

　　甬路南北24.25米，北宽南窄，北侧靠近3号基址处宽2.34米，在连通2号基址处向南宽均为1.8米（图五八；彩图一七七）。

　　甬路为砖铺地面。北侧有一段不存，东西1.1、南北1.2米。向南3.45米有一段不存，东西0.95、南北0.9米。南边在1号台基转折处有一处残缺，东西3.72、南北1~1.8米。其余铺地砖基本都保存完好。

　　地面中间高、两侧略低。其铺砌方式共分三种，中间部分为错缝平铺，每排5~6块，有的地方是3块整砖夹杂2块半砖。砖的规格有29×13.5×4厘米、30×15×4厘米两种。两侧各有一块砖竖铺，砖的规格有18×7.5×5厘米、25×9×5.5厘米两种。最外侧各有一块砖与中间砌筑方向一致，规格为28×15×5厘米。其中，廊庑最西侧横铺的一排砖从北端开始处至转折处都已缺失。由于年代久远，大部分砖都磨损严重，有的甚至断为几截（彩图一七八）。

　　在甬路北端，残留两块条石，上面一块长75、宽35、厚30厘米，表面一半修整得较为平滑，另一半残留较多钎刻斜痕。下面一块残长25、宽30、厚25厘米，表面较为光滑。目前其用途不明（彩图一七九）。

（8）西甬路

位于遗址中部偏西侧，起于4号建筑基址，向南延伸至1号台基西南墙角后向东转折，再向南延伸与1号基址前的庭院相连，与西墙垣相距8.8米。

甬路南北24.25米，北侧靠近4号基址的一段宽2.4米，在连通2号基址处向南至1号基址西南墙角的一段均为1.8米，从1号基址西南墙角至前面院落的一段宽2.5米（彩图一八〇）。

甬路的砖铺地面保存较差，仅保存三段，北侧段东西0.5～0.9、南北1.25米，向南第二段东西0.5～1.75、南北5.5米，第三段从1号基址西南墙角至前面院落，东西2.5、南北5米。

地面中间高、两侧略低。其铺砌方式与东廊庑相同，只是中间连接院落的第三段每排有5～6块砖，不满的地方用半截砖填砌。北侧的两段由于保存较差，不能判断每排砖的数量。

砖的规格与东甬路相同。由于年代久远，大部分砖都残破不堪。

从最北侧一段与第二段北侧剖面看，铺地砖只有一层，下面是石灰层，厚0.5～1.5厘米，再下面是黄土，中间夹杂碎砖等。

（9）院落

位于1号基址与碑亭之间，东西15米。基本铺砌方式是中间为南北向，两侧是东西向。由于铺地砖磨损严重，亦未进一步解剖，因此其结构与面积不甚清楚（彩图一八一）。

（10）御碑基础

平面呈长方形，东西2.5、南北1.7、高1.14米，由四部分构成。最下面是一层石灰层，厚5～10厘米。上面是一层条石，从北侧剖面看，共有4块，规格分别是106×40×12厘米、110×28×12厘米、100×30×14厘米、80×35×14厘米。条石表面凹凸不平，条石上砌有砖（图五九-1；彩图一八二）。从东侧剖面看，共有5层，砌筑方式只有第二层可看出是一顺一丁，其余不甚规整，有的地方用半截砖砌筑。砖的规格有40×18×9.5厘米、41×20×10厘米两种，有的砖侧面有几道竖划痕（图五九-2；彩图一八三）。砖上是一块整青石，平面呈长方形，长164、宽76、高42厘米。青石上半部分的表面有工具修整后留下的道道钎刻斜横。砖与砖、砖与条石之间用石灰粘合，青石上放置御坝碑座。

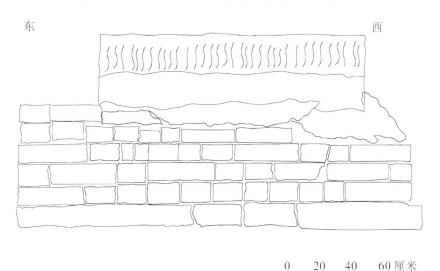

东　　　　　　　　　　　　　　　　　　西

0　20　40　60厘米

图五九-1　惠济祠遗址御碑基础正视图

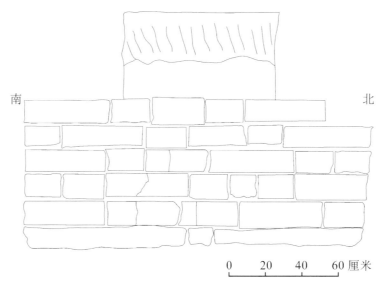

南　　　　　　　　　　　　　　　　　　北

0　　20　　40　　60 厘米

图五九-2　惠济祠遗址御碑基础侧视图

（五）遗物

惠济祠遗址发掘出土和采集的遗物主要有建筑构件、陶瓷器、钱币等。其中，建筑构件又可分为琉璃构件、其他构件、柱础石、抱鼓石等，共计224件。

A. 发掘出土遗物共计81件。

1. 琉璃构件

共计16件。脊兽类有正吻构件、走兽，瓦类有筒瓦、板瓦等。

（1）脊兽

共计2件。

正吻构件，共计1件。

标本T0104③：1，残。正面为一龙腿与龙爪。腿蜷曲，鳞片层次分明。龙爪为四爪，锋利无比，脚趾有"V"形、横线和圆圈等纹饰，右下方有一长条形斜向凹槽，背面不施釉露胎，胎呈黄白色，釉局部有脱落现象。高38、宽42.5、厚4厘米，凹槽长4.5、宽2、深3厘米（图六〇-1：1；彩图一八四-1：1）。

走兽，共计1件。

标本T0203③：2，头部缺失，中空。颈部微向后仰。身上布满鳞片，并有火焰纹，背部有鳍。前腿直立在腹部前侧，后腿蜷曲，尾部上翘，整体呈蹲坐状，有底座。残高25.2、宽5～14厘米（图六〇-1：2；彩图一八四-1：2-1、2）。

（2）瓦类

共计13件。分为筒瓦、板瓦两类。

筒瓦，共计8件，均残。

标本T0104③：2，右下角残缺，横切面为半圆形。露明处施釉，脱落较多。内壁不施釉，胎呈白灰色。长34、宽4.2～13、高6.4、瓦壁厚2厘米（图六〇-1：3；彩图一八四-1：3）。

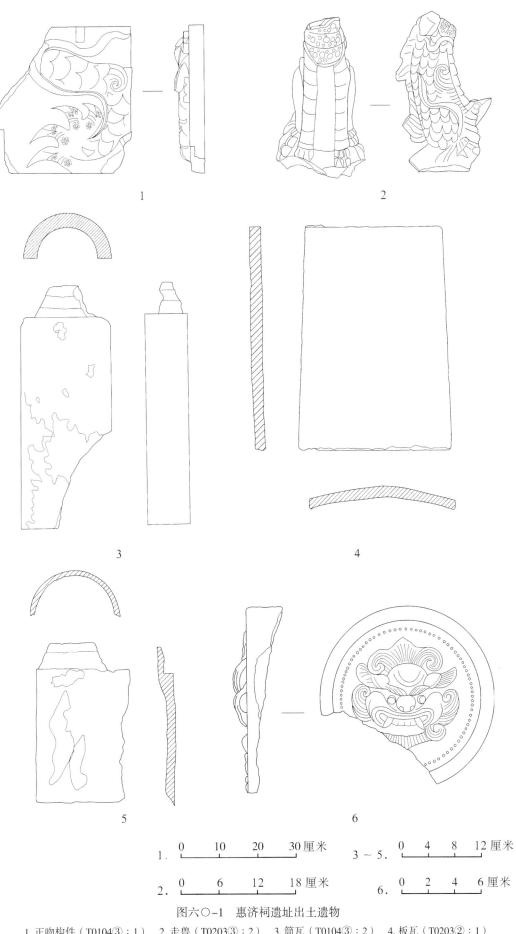

图六〇-1　惠济祠遗址出土遗物

1. 正吻构件（T0104③：1）　2. 走兽（T0203③：2）　3. 筒瓦（T0104③：2）　4. 板瓦（T0203②：1）

5. 筒瓦（T0202②：1）　6. 勾头（T0301②：2）

板瓦，共计5件。其中一件完整，其余均残。

标本T0203②：1，完整。头端稍微上翘，露明处施釉，内壁不施釉并有布纹，胎呈黄白色。长31.2、宽20～22.2、高3.4、瓦壁厚1.5厘米（图六〇-1：4；彩图一八四-1：4）。

2. 其他构件

共计8件。、

（1）兽

共计1件。

标本T0301②：1，残，泥质灰陶。边饰是一周几何纹，内侧为鸟类的羽毛纹饰。长9.5、宽5.8、厚1.5～3厘米（图六一：1）。

（2）瓦类

共计7件。

筒瓦，共计3件，均残。

标本T0202②：1，横切面为半圆形，瓦舌完整，内壁有布纹。长22.2、宽6.6～13.2、高6.4、瓦壁厚1厘米（图六〇-1：5；彩图一八四-1：5）。

勾头，共计1件。

标本T0301②：2，仅存瓦当部分，左下角残缺。正面在边缘内是一圈联珠纹。中间是一兽面，如意额头，双耳微上翘，双目狰狞，口大张，犬齿外露，两侧与嘴下胡须上卷。直径13.5、长2.8、边缘宽1厘米（图六〇-1：6；彩图一八四-1：6）。

滴水，共计3件，均残。

标本T0106③：1，滴唇一侧残缺。如意形滴唇上是一朵盛开的莲花与莲叶纹。残长11.5、上边残宽16.5、高8.5、厚0.8～1厘米（图六一：2）。

标本T0106③：2，滴唇完整。如意形滴唇上是花草纹。滴唇最宽16.6、高9.8、厚0.7～1.2厘米（图六一：3）。

3. 瓷器

共计52件。有青花瓷、青瓷、粉彩、白釉、霁蓝釉、哥釉青花等。可辨器形有碗、盘、勺子、盅、盒、器盖、钵等。

（1）青花瓷

共计40件。

标本T0103②：1，碗，残。敞口，曲腹，圈足。内底中心是一重环纹，内壁分上下两层。下层分6个区域，每个区域内绘一朵花。上层分8个区域，每个区域内绘一朵花。外壁上也分两层，各为8个区域，纹饰与内壁相同。花朵有两种，在每个区域内交替出现。外底在双圈内画一花款，足根部不施釉，胎体洁白，青花发色深蓝。口径14.3、底径7、高7.3厘米（图六〇-2：1；彩图一八四-2：1）。

标本T0203③：1，盘，残。侈口，曲腹，矮圈足。内底中心是一朵花，外侧为一菊花纹。内壁分上下两层。下层分6个区域，上层由于缺失具体区域不详。每个区域里是一朵花卉纹。外壁亦分成若干区域，里面为一朵花卉纹。外底双圆圈内是一花款，足根部不施釉，胎体较白，青花发色灰蓝。底径11.3、高3.4厘米（图六〇-2：5；彩图一八四-2：2-1、2）。

标本T0305①：1，勺子，残缺。矮圈足，内壁绘石榴图案，圈足不施釉，青釉，胎体较白，青花发色灰蓝。长9.1、最宽处5.1厘米（图六〇-2：2；彩图一八四-2：3）。

标本T0202②：2，器盖，残缺。子母口，捉手残，折腹，尖唇。外壁绘叶片、方块和圆点纹。折

图六〇-2　惠济祠遗址出土遗物

1. 青花碗（T0103②：1）　2. 青花勺子（T0305①：1）　3. 青花器盖（T0202②：2）

4. 青花碗（T0206③：1）　5. 青花盘（T0203③：1）　6. 青花盒（T0306①：1）

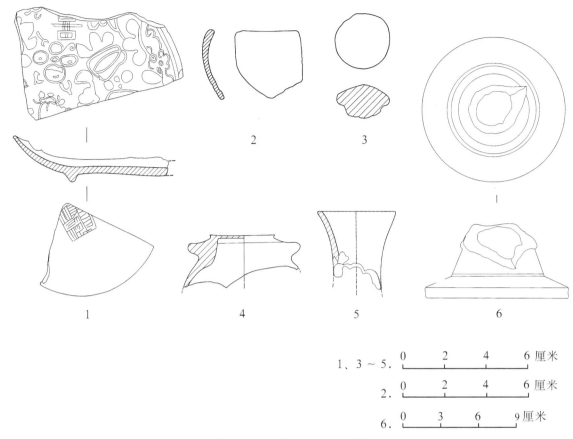

1、3 ~ 5. 0　　2　　4　　6 厘米

2. 0　　2　　4　　6 厘米

6. 0　　3　　6　　9厘米

图六〇-3　惠济祠遗址出土遗物

1. 粉彩盘（T0104①：1）　2. 青釉钵（T0306②：1）　3. 祭蓝釉捉手（T0207②：1）　4. 哥釉青花瓶（T0304①：1）

5. 酱釉瓶（T0307①：1）　6. 绿釉器底座（T0206③：2）

腹处为3道弦纹，弦纹下有一周弧线与圆点组合纹饰，内壁子母口突圈处不施釉，釉呈灰白色，胎体灰白，青花发色深蓝。直径8.1、高2.6厘米（图六〇-2：3；彩图一八四-2：4）。

标本T0206③：1，碗，残。小圈足。内底圆圈内是一朵盛开的莲花，外底书"上品佳器"四字楷书款，圈足根部不施釉，釉白中泛青，青花发色深蓝。复原底径4.2、残高2 ~ 3厘米（图六〇-2：4；彩图一八四-2：5-1、2）。

标本T0306①：1，盒，残。子母口，直壁，矮圈足。外壁绘缠枝花卉纹，子母口沿与圈足根部不施釉，青白釉，胎体洁白，青花发色深蓝。残长3.3、宽6、高2.2厘米（图六〇-2：6；彩图一八四-2：6）。

（2）青瓷

共计3件。

标本T0306②：1，钵，残。敛口，圆唇，弧腹。外壁施淡青釉并有小开片纹，口沿与内壁施乳白釉，胎体洁白。宽6、高6.2厘米（图六〇-3：2；彩图一八四-3：1）。

（3）粉彩

共计4件。

标本T0104①：1，盘，残。敞口，弧腹，圈足。内壁绘花卉与倭瓜图案并有"囍"字，外口沿有两道青花弦纹，外底青花方框内画竖线纹，釉白中微泛青，圈足根部不施釉。胎体较白，粉彩有红、黄两种。高2.2厘米（图六〇-3：1；彩图一八四-3：2）。

（4）雾蓝

共计3件。

标本T0207②：1，捉手，完整。通体施雾蓝釉，胎体较白。最大直径3、高1.8厘米（图六〇-3：3；彩图一八四-3：3）。

（5）哥釉青花

共计1件。

标本T0304①：1，瓶，残。敞口，束颈，内外壁布满金丝铁线纹，外壁绘青花树叶纹，口沿施一周黄釉，胎呈白色。底径3.6、残高3~3.6厘米（图六〇-3：4；彩图一八四-3：4）。

4. 陶器

共计4件。分酱釉、绿釉两类，可辨器形有瓶、器底座等。

（1）酱釉，共计2件。

标本T0307①：1，瓶，残存口部。小口，斜窄沿，尖唇，束颈。泥质红陶，外施酱釉。口径3.2、高2.6厘米（图六〇-3：5；彩图一八四-3：5）。

（2）绿釉，共计2件。

标本T0206③：2，器底座，残。泥质红陶，外施绿釉，釉脱落较为严重。底径11.3、高6.4厘米（图六〇-3：6；彩图一八四-3：6）。

5. 钱币

共计5枚。

（1）乾隆通宝3枚。有两种规格，圆形方孔。正面书"乾隆通宝"，上下直读，楷体。背面满文皆是"宝源"。

标本T0104③：3，直径2.5、厚0.1、方孔边长0.6厘米（图六一：4）。

标本T0104③：4，直径2.3、厚0.1、方孔边长0.6厘米（图六一：5）。

（2）嘉庆通宝2枚。规格相同，圆形方孔。正面书"嘉庆通宝"。背面书满文，字迹模糊不清。

标本T0304①：2，直径2.5、厚0.1、方孔边长0.6厘米（图六一：6）。

B. 采（征）集遗物

在遗址上及以外的区域采集和征集的遗物共计143件，主要包括琉璃构件、其他构件、陶瓷器、柱础石、抱鼓石、钱币等。

1. 琉璃构件

共计63件。

脊兽类有正吻和正吻构件。脊筒类有花脊。瓦类有筒瓦、板瓦、瓦当和滴水等。

（1）脊兽

共计4件。

正吻，共计3件，形制相同。

采集1，稍残损，表面琉璃局部磨损。龙口大张，獠牙显露，尾部上翘，鳞片层次分明，龙须飘逸，背部有孔，用来插箭把。正面口部下方有一个圆孔。背面无釉，胎呈黄白色。高39.3、宽34.8、厚14.7厘米（图六二-1：1；彩图一八五-1：1）。

正吻构件，共计1件。

采集2，残，仅存鼻部与额部，表面有磨损。长22.8、宽8、高15厘米（图六二-1：2；彩图一八五

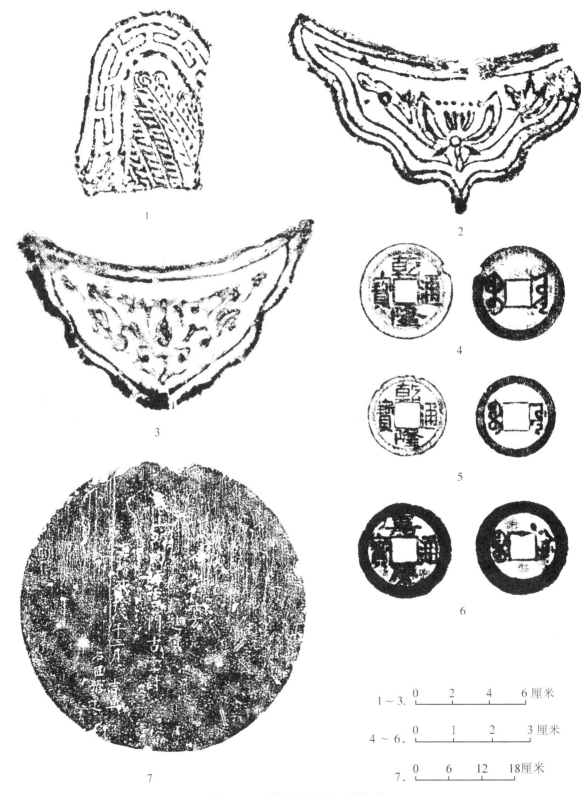

图六一　惠济祠遗址出土遗物拓片

1. 脊兽（T0301②：1）　　2. 滴水（T0106③：1）　　3. 滴水（T0106③：2）　　4. 乾隆通宝（T0104③：3）

5. 乾隆通宝（T0104③：4）　　6. 嘉庆通宝（T0304①：2）　　7. 抱鼓石（采32）

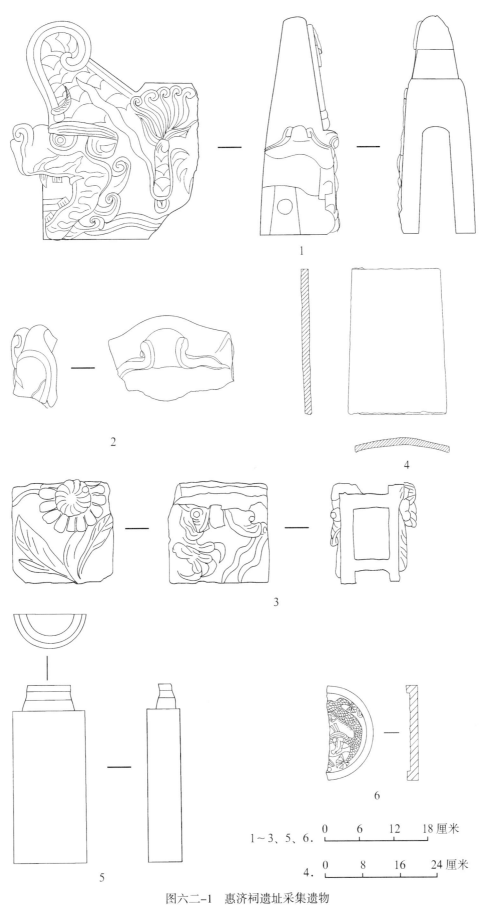

图六二-1　惠济祠遗址采集遗物

1. 正吻（采1）　2. 正吻构件（采2）　3. 脊筒（采3）　4. 板瓦（采4）　5. 筒瓦（采5）

6. 勾头（采6）

－1 : 2）。

（2）脊筒类

共计1件。采集3，残。正面为一朵盛开的花朵，背面为花叶，中空，胎呈灰白色。残长18.9、宽16.2、高18厘米（图六二–1 : 3；彩图一八五–1 : 3–1、2）。

（3）瓦类

共计58件。分为板瓦、筒瓦、勾头、滴水四类。

板瓦，共计45件。其中，完整38件、残7件。

采集4，完整。头端稍微上翘，露明处施釉，内壁不施釉并有布纹，胎呈黄白色。长31.2、宽20～22.2、高3.4、瓦壁厚1.5厘米（图六二–1 : 4；彩图一八五–1 : 4）。

筒瓦，共计10件。其中，完整5件、残5件。

采集5，完好，琉璃稍有脱落。长32.4、宽13.8、厚2.4厘米（图六二–1 : 5；彩图一八五–1 : 5）。

勾头，共计1件。

采集6，仅存瓦当部分且是半截。边缘内是单圈，里面为龙的上半身，龙首高昂，龙爪张开，为五爪。复原直径14.4、厚1.3～1.8厘米（图六二–1 : 6；彩图一八五–1 : 6）。

滴水，共计2件。

采集7，残存半个滴唇。正面是一写意龙纹。正背面施釉，局部脱落，胎呈黄白色。最宽9.8、高12.2、厚0.6～1.5厘米（图六二–2 : 1；彩图一八五–1 : 7）。

采集8，残存1/3滴唇。正面是一鸟的翅膀和云纹，背面不施釉，泥质红陶，表面施一层黄白色化妆土。最宽8.7、高15.8、最厚3厘米（图六二–2 : 2；彩图一八五–2 : 1）。

2. 其他构件

共计11件。分为脊筒、瓦类、其他三类。

（1）脊筒

共计2件。

采集9，残。正面是一朵盛开的莲花，背面无纹饰，中空，侧面有一个圆孔。残长25.6、宽22、厚2.4～4.8厘米（图六二–2 : 3；彩图一八五–2 : 2–1、2）。

（2）瓦类

共计7件。有筒瓦、滴水两类。

筒瓦，共计5件。其中2件完整，其余均残。

采集10，完整。横切面为半圆形，内壁有布纹。长22.8、宽6.4～12.8、高6.2、瓦壁厚1厘米（图六二–2 : 4；彩图一八五–2 : 3）。

滴水，共计2件。

采集11，稍残，如意形滴唇面上是花草纹。长16.8、宽17～19、高11.8、瓦壁厚1.3厘米（图六二–2 : 5；彩图一八五–2 : 4）。

（3）脊兽

共计2件，均为正吻残件。

采集12，弯曲状，上窄下宽，两侧各有5道鳞片纹饰。残长18.2、宽4.2～7.6、厚4.4～5.6厘米（图六二–2 : 6；彩图一八五–2 : 5）。

采集13，一侧为双弧形突起，一侧有鳞片。残长11.6、最宽7.1、最厚4.9厘米（图六二–2 : 7；彩图一八五–2 : 6）。

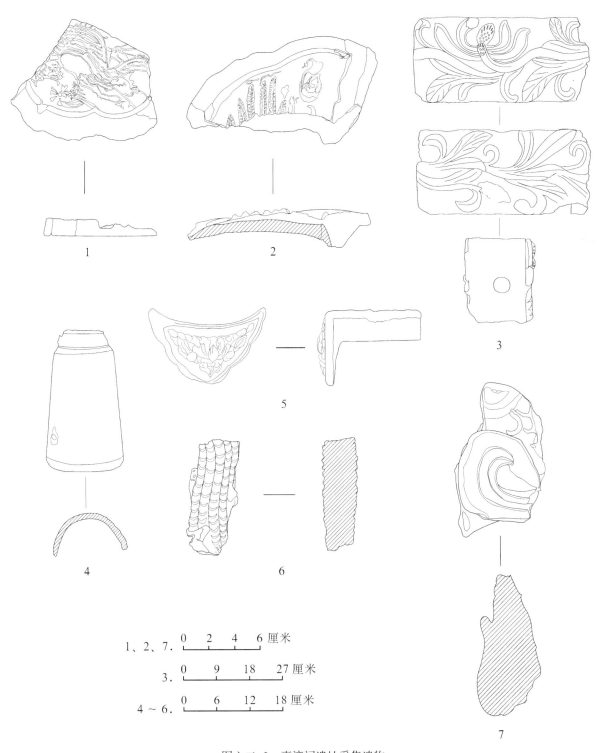

图六二-2　惠济祠遗址采集遗物

1.琉璃滴水（采7）　　2.琉璃滴水（采8）　　3.脊筒（采9）　　4.筒瓦（采10）　　5.滴水（采11）

6.脊兽（采12）　　7.脊兽（采13）

3. 瓷器

共计50件。有青花瓷、霁蓝釉、粉彩、白釉瓷及红釉等，可辨器形有碗、盘、勺子、花盆、盏等。

（1）青花瓷

共计40件。

采集14，残留碗底。圈足。内底中心绘一朵花，外面是一朵菊花环绕。菊花外的内壁分成6个区域，里面分别绘一朵花。外壁与内壁纹饰相同，外底在双圆圈内画"弧线与斜线"花款，足根部不施釉，胎体洁白，青花发色深蓝。底径7.7、残高2.6~4.2厘米（图六二-3：1；彩图一八五-3：1、2）。

采集15，碗，残。敞口，曲腹，矮圈足。内底双圆圈内绘一个变体"寿"字，口沿内外各有两道弦纹，外壁满绘竖线与横线相交纹饰，外底双圆圈内是"弧与斜线"花款，圈足根部不施釉且有火石红，釉呈青白色，胎体灰白。复原口径15.2、底径6.6、高7.2厘米（图六二-3：3；彩图一八五-3：2-1、2）。

采集16，碗，残存底部与半截腹部。内底画一变体花朵。外底不施釉，有明显跳刀痕，墨线画双圆圈。胎体灰白，青花发色黑蓝。底径6.8、残高1.8~6.2厘米（图六二-3：2；彩图一八五-3：3）。

采集17，盒，残，方形。外底边缘不施釉，外壁方框内画卷云纹，胎体灰白，青花发色深蓝。残长6、宽5.8、高2.7厘米（图六二-3：4；彩图一八五-3：4）。

采集18，碗底。内底绘一花朵，外底呈鸡心凸起并画双圆圈，圈足粘砂较多，胎体灰白，青花发色黑蓝。底径7、残高2.6~6厘米（图六二-3：5；彩图一八五-3：6）。

采集19，盘底。内壁绘缠枝花卉纹，外底书"大清道光年制"3行6字篆书款，圈足根部施一周黄釉，釉白中微泛青，胎体洁白，青花发色淡蓝。残高1.8厘米（图六二-3：6；彩图一八五-3：5-1、2）。

采集20，勺子，残存舀部。矮圈足。内底绘水草纹和鱼纹，圈足根部不施釉，胎体较白，青花发色深蓝。残长6厘米（图六二-3：7；彩图一八五-3：7）。

采集21，香炉，残存口沿及腹片。侈口，圆唇，束颈。唇部涂一周酱黄釉，口沿外壁至束颈之间绘弦纹。腹部绘龙戏火珠纹，周围环绕云气纹。釉白中微泛青，胎体较白，内壁有许多棕眼。高6.8厘米（图六二-4：1；彩图一八五-3：8）。

（2）霁蓝釉

共计3件。

采集22，碗，残存1/2。敞口，弧腹，玉璧底。底不施釉，口沿有一周粉白质层，胎体灰白，发色灰蓝。底径3.2、高3.6厘米（图六二-4：2；彩图一八五-3：9）。

（3）粉彩

共计2件。

采集23，碗底。内底绘牡丹、月季与蝴蝶等纹饰，外底用红彩绘盘长纹，胎体较白，釉呈乳白色。底径6.8、残高1.2厘米（图六二-4：4；彩图一八五-4：1-1、2）。

采集24，碗底。内底青花双圈内用红与淡黄彩料绘桃、石榴、佛手瓜，残存的外壁绘花卉倭瓜等纹饰，外底用红彩绘盘长纹。底径4.6、残高1.7~3.5厘米（图六二-4：5；彩图一八五-4：2-1、2）。

（4）白釉

共计2件。

采集25，碗底。弧腹，圈足。外底青花书变体"大清年制"4字款。圈足根部不施釉，胎质较白。底径2.7、残高1.1~4厘米（图六二-4：3；彩图一八五-4：3）。

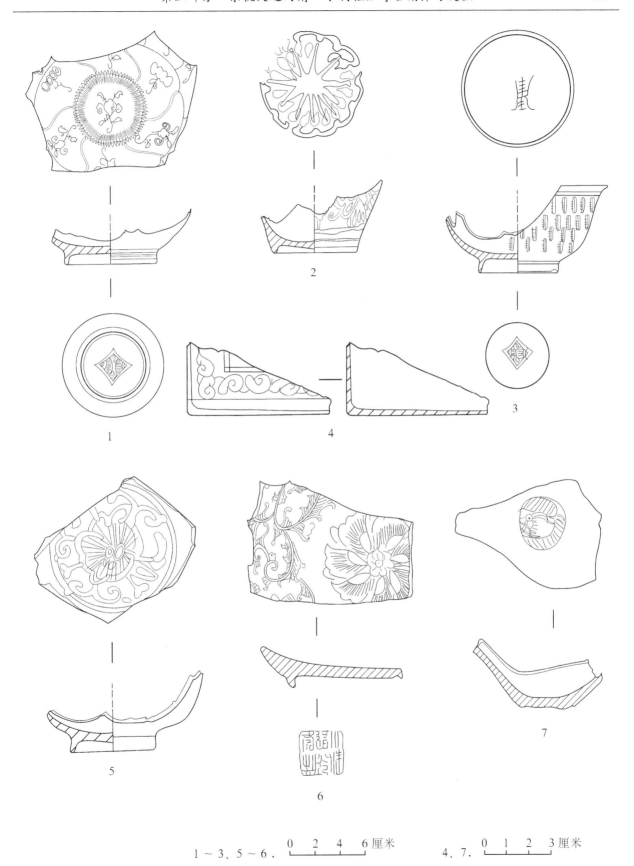

图六二-3 惠济祠遗址采集遗物

1. 青花碗（采14）　2. 青花碗（采16）　3. 青花碗（采15）　4. 青花盒（采17）　5. 青花碗（采18）　6. 青花盘（采19）

7. 青花勺子（采20）

（5）红釉

共计1件。

采集26，碗底及部分腹部。内底绘一青花双圆圈。外底书"大清嘉庆年制"3行6字篆书款，外壁靠近圈足画一周花瓣纹，腹部为蝙蝠与"寿"字交替纹饰。釉呈青白色，胎体洁白。底径4.8、残高3.4~5.8厘米（图六二-4：6；彩图一八五-4：4）。

4. 陶器

共计3件。有酱釉、紫砂等。

（1）酱釉，共计2件。

采集27，器盖，残存一半。外部有大小两个同心圆。内圆中间为盖纽，已残。外圆与内圆之间是龙纹与祥云，外圆到边缘之间是一周花瓣纹，盖内壁布满均匀的凸圆点，胎体黄白。复原直径18.3、高0.5~1.6厘米（图六二-5：1；彩图一八五-4：5）。

（2）紫砂，共计1件。

采集28，壶流。胎体夹细砂。流内侧与壶身衔接处有上下3个小孔，用于出水，孔径6厘米。长11、宽1.5~2.5厘米（图六二-5：2；彩图一八五-4：6）。

5. 柱础石

共计9件，共有两种形制，均为青石质。

（1）共计8件。

又可分为两类，第一类有管脚，共6件；第二类无管脚，共2件。

采集29，正方体，边长73、高37、鼓镜直径43、管脚直径9.5、深6.5厘米（图六二-5：3；彩图一八五-5：1）。

采集30，正方体，边长44、高25、鼓镜直径27、管脚直径8、深5厘米（图六二-5：4；彩图一八五-5：2）。

（2）套柱

共计1件。

采集31，正方体，边长36.2、高15厘米。中间为一个方孔，上下贯通。鼓镜边长20、高3.8、方孔边长11厘米（图六二-5：5；彩图一八五-5：3）。

6. 抱鼓石

共计2件。一件散落在遗址南缘，一件在距地表0.3米的地下被挖出。

采集32，石质。下端一侧残缺，高100厘米，大鼓直径55、厚24厘米。前侧有一周鼓钉，鼓面刻字，内容为："徐州信士方崑/进贡/泰山奶奶□宫门古壹对/嘉靖贰拾八年三月　吉旦/石匠张连"（图六一：7；彩图一八五-5：4）。

采集33，石质。下端残断，长110、高98.5厘米，大鼓直径57、厚23厘米，鼓枕宽37、高25厘米。前侧有一周鼓钉，鼓面无文字（彩图一八五-5：5）。

（六）结语

1. 建筑基址以及时代问题

张煦侯在《淮阴风土记》中记载："……入山门，既观左右两碑亭，黄瓦覆之，盖不待扪读……大殿之前有门，金书'碧霞元君祠'五字，门穹而深，故有无梁殿之名。正殿奉天后圣母像，相传为

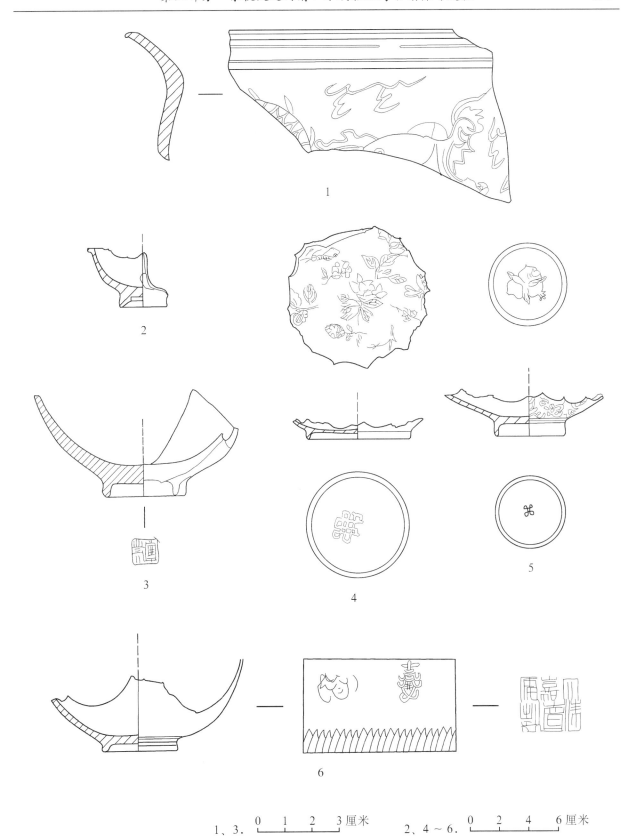

图六二-4　惠济祠遗址采集遗物

1.青花香炉（采21）　　2.祭蓝釉碗（采22）　　3.白釉碗（采25）　　4.粉彩碗（采23）
5.粉彩碗（采24）　　6.红釉碗（采26）

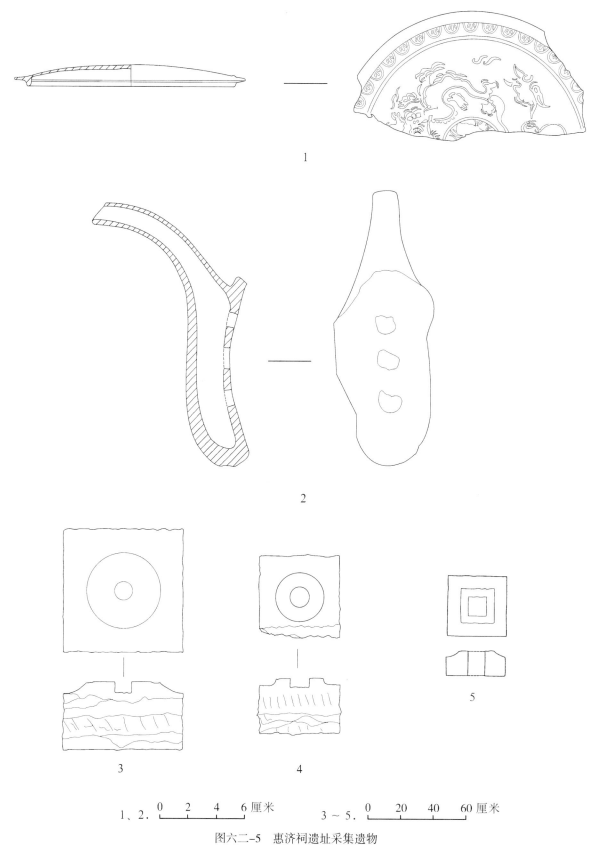

1、2. ⊢0　2　4　6厘米⊣　　3～5. ⊢0　20　40　60厘米⊣

图六二-5　惠济祠遗址采集遗物

1. 酱釉器盖（采27）　2. 紫砂壶流（采28）　3. 柱础石（采29）　4. 柱础石（采30）　5. 套柱（采31）

泰山之女，所谓碧霞元君也……寝宫在殿后篆香楼上，有坐像睡像。坐像在正中，两旁帖子满壁……睡像在房内……再后为三清阁，地高风烈，在夏季则为寻凉佳处，两河帆影，三闸涛声，到此完全领取；惠济之胜，亦至此而穷……"[1]

再结合《乾隆南巡盛典》中的惠济祠全图，我们初步认为，此次考古发掘所揭示的1号基址是正殿，2号基址是篆香楼，3号和4号基址是东西配房，5号基址是后罩楼即文献中记载的三清阁。1号和2号基址之间有道路相连，向东西分别有踏跺通向东西甬路。

御碑基础与2~5号建筑基址表面都处于一个水平面上，基本可以确定基址的时代是清代乾隆时期。

2. 遗物的价值

遗址出土与征（采）集的遗物较多，但最有特色与价值的就是琉璃构件与抱鼓石。其中，抱鼓石上的"泰山奶奶□宫门古一对/嘉靖贰拾八年三月"可以证明在明代嘉靖时期"奶奶庙"的名称已有之，这为理清惠济祠的名称与其历史沿革的探讨提供了最直接的证据。

琉璃构件不仅数量较多，而且保存完好，在淮安地区目前十分少见，充分证明了惠济祠在清代康乾时期是受皇家重视的寺庙，其在清口地区的地位是十分瞩目的。如今，大运河申遗已经成功，惠济祠的地位更加突出，与遗址相关的这批构件是研究曾经建筑形制最好的遗物。因此，加强对它们的保护和收藏显得尤为重要，这不仅为淮安市政府筹建的中国大运河博物馆提供了一批重要的藏品，同时也对今后复建惠济祠能提供重要的参考。

3. 发掘的意义

惠济祠是明清时期古清口地区最为著名的一座寺庙，虽然在历史上曾经遭受到洪水、战乱及人为的毁坏，但遗址整体形态尚且保存较好，对研究明清时期淮安地区的寺庙建筑、宗教文化以及漕运史、水利史、经济史等都有重要的价值。

揭示出的白灰基础、墙体、地面及房屋基础等，对研究清代乾隆时期以及清代早期淮安地区寺庙的建筑布局、风格以及房屋的营造方式和工程技术等诸多问题都具有十分重要的参考价值。

遗址整体范围的确定对今后继续开展考古发掘以及科学保护奠定了基础，同时，也为今后政府部门复原惠济祠以及复建惠济祠遗址公园提供了翔实的依据。

二、高堰关帝庙遗址考古试掘

为了配合京杭大运河申请世界物质文化遗产，淮安市淮阴区高堰关帝庙遗址将会作为一个遗产点进行展示（图六三）。2012年7月，淮安市博物馆接受中国文化遗产研究院和淮安市文物局的委托，对高堰关帝庙遗址进行了考古勘探和试掘，以确定关帝庙遗址的具体位置和分布范围为主要目的，并且弄清楚遗迹、遗物的保存现状，为以后的文化遗产保护规划提供必要的考古支持。

（一）概述

高堰关帝庙，俗称高堰大庙，位于淮安市淮阴区南陈集镇高堰街洪泽湖大堤上（图六四）。始建

[1] 张煦侯著，方宏伟、王信波整理：《淮阴风土记》，方志出版社，2008年。

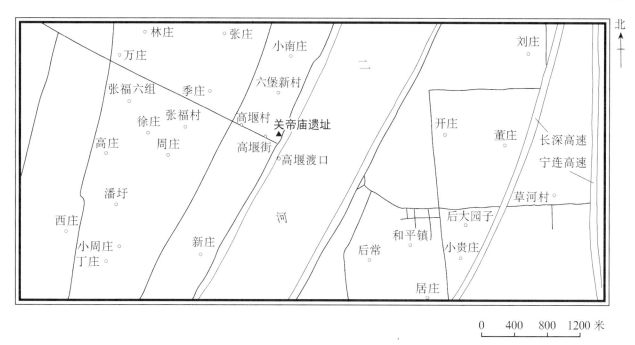

图六三　淮阴区关帝庙遗迹位置示意图

于何时，史料中没有确切记载。有学者提出高堰关帝庙原先是防水瞭望台，后改建为亭，晋时改称为"汉寿亭"，直到宋代以后才改建成关帝庙。根据清代的文献资料记载，原关帝庙分为钟楼、鼓楼、大殿、西廊房等，琉璃瓦屋面，金碧辉煌，门楼上书有"威震湖濡"4个大字。高堰村当地村民黄瑞鹏口传一副原先关帝庙门前的楹联，上联是"师卧龙友子龙龙师龙友"，下联是"兄玄德弟翼德德兄德弟"。大殿中间本有关帝铜像一尊，高约丈余，旁边有关平、周仓、廖化塑像。《续纂山阳县志》卷二[1]中提到："万历间于甘罗城掘得古钱二穴，形如风钟，以铸神像，今所供是，又庙前有铁犀一。"这里提到以古钱铸造的神像应该就是关帝铜像，现已不存。民国《淮阴志征访稿》中有一篇有关于高堰关帝庙的诗词，作者薛超，山阴人，是同治年间甲子恩贡。诗词是："淮阴镇下一里许，荒城寥落河之浒。忽起零星秦制钱，土花剥蚀风锤古。此钱遗失当何时，欲问居人人不知。通神妙喜有灵爽，全身铸入关公祠。钱兮钱兮今已失，行人犹说甘庶子。郑重宣扬战绩多，名传不觉钱能使。"这首词也记述了用甘罗钱铸造关帝庙神像的传说。

至于关帝庙前的铁犀，实为铁牛。今高堰洪泽湖大堤上确有一头铁牛，文献记载清康熙四十年（1701年），河道总督张鹏翮在黄、淮、运河各险工处共分置铁牛16头。现淮安市境内仅存5头，除了高堰这一头外，其他两头在洪泽县，两头在三河闸管理处。高堰铁牛是仅存于洪泽湖大堤原址未作移动的一头铁牛。铁牛镇水迎合了人们祈求根治水患的心愿，实际上它又是一种测水标志。铁牛身长170、宽75、高68厘米，卧伏于一块长方形的铁板之上，双角残缺，脊、腹部各有一个洞。身上锈蚀斑驳，肩胛处的铭文有三分之二已模糊不清。1982年，高堰铁牛被江苏省人民政府公布为省级文物保护单位。

---

[1] 山阳县是清代以前江苏省的一个旧县名。唐代、北宋、南宋为楚州的首县，明、清时期为淮安府的首县。1914年因为与陕西省山阳县同名，改为淮安县，今属淮安市淮阴区。

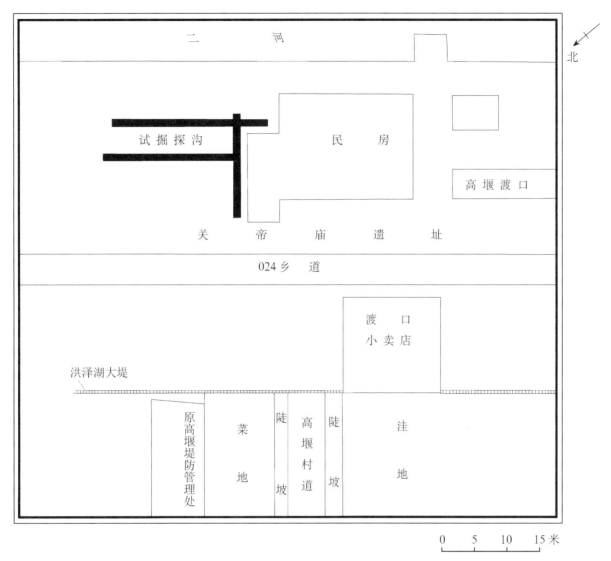

图六四　高堰关帝庙遗址位置图

（二）考古探勘情况

　　采纳中国文化遗产研究院提供的指导意见，以及参考当地村民提供的线索，我们确定了考古钻探的位置。高堰关帝庙遗址位于淮安市淮阴区赵集镇高堰村洪泽湖大堤上，东侧毗邻二河，西侧紧贴024乡道（码头—洪泽）。

　　高堰关帝庙遗址的考古钻探工作开始于2012年7月27日，止于2012年8月13日。具体负责钻探工作的是王军来和刘珠锁两位同志。钻探的地点位于高堰村东侧的洪泽湖大堤上，其南面有民房和渡口。钻探的方法是用探铲（洛阳铲）垂直插入地面，观察土质、土色以及包含物的变化，以判断地下文物的埋藏情况。最先探勘的是距离渡口北侧房屋约10～35米的区域。采用梅花式布控，探勘密度1.5米。此次钻探的是古代建筑基址，经钻探发现，靠近民房的一些地方在距地表0.2～0.7米深有砖石分布。此外，在民房北侧20～25米处也发现有砖石分布。经过约半个月的考古钻探，我们初步确定该遗址的范围为东西25、南北70米。根据这样的钻探信息，参考前人发掘建筑基址的经验，最终决定使用布探沟的方法来揭示关帝庙遗址。

地层堆积

高堰关帝庙遗址的考古发掘工作开始于2012年8月14日，止于2012年8月23日。根据前期的钻探所掌握的文物埋藏信息，本次考古发掘共布3条探沟，分别是TG1～TG3。三条探沟的规格分别是TG1东西25.5、南北2.5米，TG2东西2.5、南北36.6米，TG3东西2.5、南北30.4米。发掘的具体方法采用水平发掘，也就是逐层发掘，发掘灰坑时则采用垂直发掘的方法。

高堰关帝庙毁于抗战时期，之后没有再复建。新中国成立后，关帝庙旧址被改建成高堰乡政府驻址，因此关帝庙遗址遭到很大程度的破坏，这就很好解释为什么在关帝庙遗址的考古发掘中会出土有大量的近现代实物。在地层方面，考古发掘的深度是0.7～1.2米，按照土质、土色以及包含物的变化将底层大致可以划分为3个层位，即第①层为耕土层，第②层为近现代扰土层，第③层为清代至民国时期的文化层（图六五～六七）。

第①层，厚10～55厘米，土色为黄褐色，土质不纯净，包含物有植物根系、现代砖、其他现代杂物。

第②层，厚10～60厘米，其中还可分为许多夹层，均为近现代不同时期、不同用途的扰乱层，例如有的夹层土质纯净、细密，并含有细沙，应当是从二河中翻出的淤泥土。有的夹层含有大量石灰和沙砾，应为现代建筑废料。还有的夹层出土有残缺的琉璃板瓦、琉璃筒瓦、圆瓦当、滴水等建筑构件，也有少许青花瓷片和方孔圆钱发现。青花瓷片的时代有早有晚，早到明清，晚到现代。特别指出，TG3中发现的建筑基址距地表较浅，应该是关帝庙的后大殿基址所在。

第③层，厚10～55厘米，土色为黄褐色，土质较为纯净，包含物有残缺的琉璃瓦、圆瓦当、滴水、脊瓦等建筑构件，也有少量青花瓷片，时代比较统一，应为清代遗物。该层的底部就是关帝庙的建筑基址，尤其TG2中出土的建筑基址明显。

（三）遗迹现象

高堰关帝庙遗址的遗迹现象比较单一，几乎都是建筑遗迹（图六八），可以分为以下几类。

1. 柱础　高堰关帝庙遗址发现的柱础共3座，均为外方内圆的形制，造形简单古朴，没有纹饰。位于TG1、TG2的两座柱础造形和尺寸大致相同，外廓近似于正方形，边长75～77厘米。内圆直径32厘米。TG1西端还有一座柱础，造型与另外两座相同，只是尺寸稍小，外廓边长40、内圆直径25厘米。

2. 墙基　高堰关帝庙遗址的墙基发现于TG2，墙基长30、宽0.6～0.8米。墙基南段保存较好，排砖较为齐整，而且发现墙基底部有木桩支撑，墙基中段散落大量乱砖，乱砖中也有零星木桩发现；墙基北段保存较好，墙基在北端点结束，并向西延伸（彩图一八六）。

3. 大殿台基　高堰关帝庙遗址的大殿台基发现于TG3，距地表浅于TG2中发现的墙基，现存建筑遗迹的形状似"T"形（彩图一八七）。

4. 地基　在TG1中部位置有一个方形砖筑地基，边长1.2～1.25、深0.45米，地基西端连接有3排木桩，木桩腐朽严重（彩图一八八）。

5. 木桩　三条探沟中均有木桩发现，其规律就是埋藏于墙基、地基的下面，起到阻止墙基、地基下沉的作用。TG1西端有三排木桩，范围长3.25、宽0.25米。TG2南端也有三排木桩，在墙基下面，长5.1、宽0.6米，木桩的宽度与墙基宽度相差无几（彩图一八九）。

6. 灶　在TG1中部偏东处发现一处火灶，贴于南壁。火灶内直径0.7米，火灶腔内的红烧土厚5～7厘米。判断此遗迹现象应该是火灶的底部，其上部已经被破坏（彩图一九〇）。

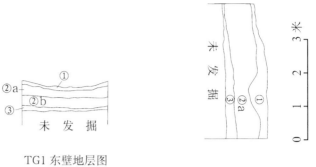

TG1 东壁地层图

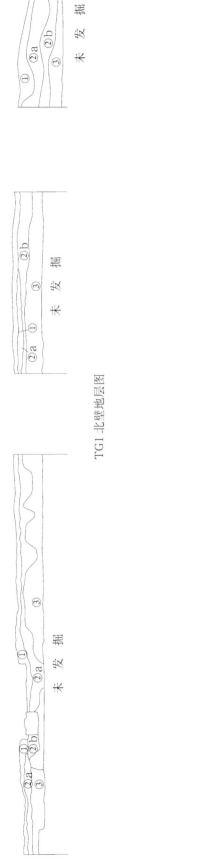

TG1 北壁地层图

图六五　高堰关帝庙遗址 T1 四壁地层图

TG1 南壁地层图

TG1 西壁地层图

① ②a ③ 未发掘
TG2 北壁地层图

未 发 掘　TG2 西壁地层图

① ③ ②a
未 发 掘

① ② b
③ ② a
未 发 掘
TG2 东壁地层图

②a ③
②b ①
未 发 掘
TG2 南壁地层图

① ③ ②b ②a
未 发 掘

① ③ ②a
未 发 掘

0　1　2　3 米

图六六　高堰关帝庙遗址T2四壁地层图

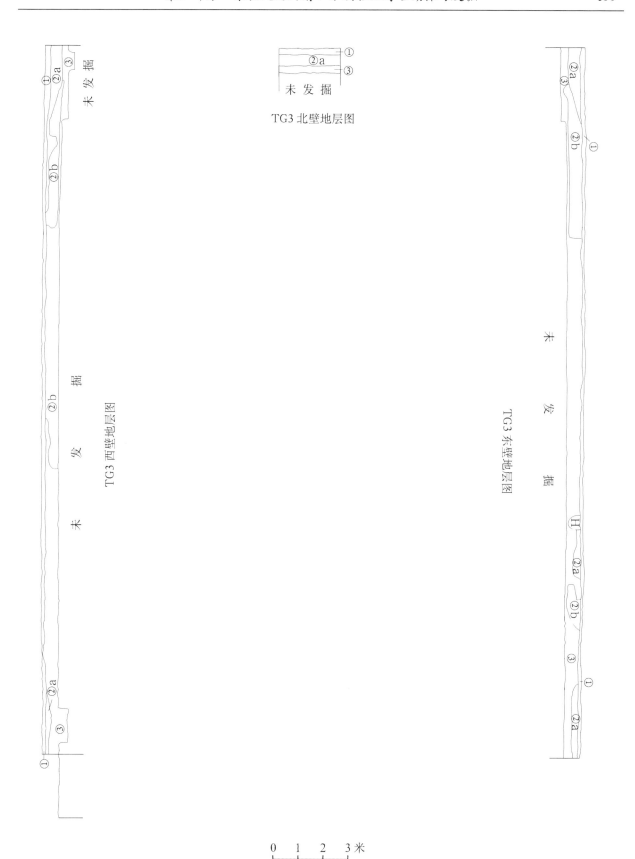

TG3 北壁地层图

TG3 西壁地层图

TG3 东壁地层图

0　1　2　3米

图六七　高堰关帝庙遗址T3北、东、西壁地层图

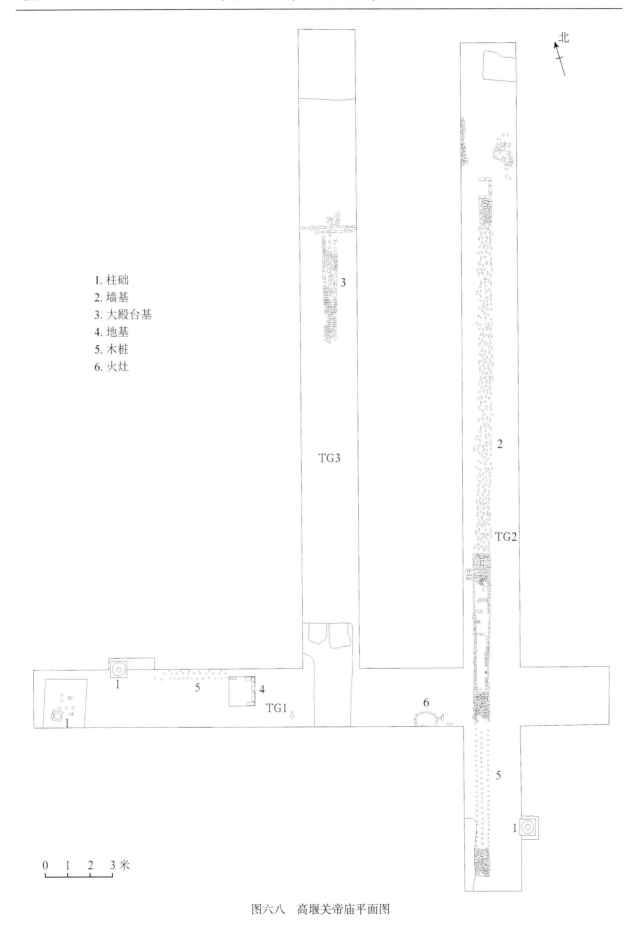

北

1. 柱础
2. 墙基
3. 大殿台基
4. 地基
5. 木桩
6. 火灶

TG3

TG2

TG1

0　1　2　3米

图六八　高堰关帝庙平面图

（四）出土遗物

建筑构件

1. TG1出土建筑构件

TG1共出土建筑构件37件。类别有琉璃脊瓦、琉璃筒瓦、琉璃正脊兽座、琉璃圆瓦当、滴水等。其中，H1出土20件，19件为滴水、1件是琉璃圆瓦当。滴水的花纹均近似浮雕，内容都是花卉。琉璃圆瓦当的纹饰是龙的正面。

标本TG1②：1，琉璃脊瓦，一端残缺，顶部成倒锥形。顶部裸露部分施以黄釉，其余部分不施釉。残长19.4、高8.7、厚3.7厘米（图六九-1：1；彩图一九一-1：1）。

标本TG1②：3，琉璃筒瓦，残缺。瓦唇似舌形。瓦面通体施黄釉，瓦内素面。残长18.2、残宽10.5、厚1.4厘米（图六九-1：4；彩图一九一-1：2）。

标本TG1②：4，琉璃正脊兽座，残缺。内中空，一侧中部有一椭圆形圆孔，长径3.5、短径2.7厘米。暴露部分施以黄釉，现多处黄釉脱落。残长14、高14.2、厚约2厘米（图六九-1：3；彩图一九一-1：3）。

标本TG1H1：2，滴水，顶部残缺。花纹近似浮雕，正中为一朵四瓣花，左右各有两片长叶，左右几乎对称。滴水边缘用双线条将花叶图案包围。残长18.3、残宽8.7、厚约2厘米（图六九-2：1；彩图一九一-1：4）。

标本TG1H1：3，滴水，残缺一角，可复原。残长15.3、宽11.2、厚约2厘米。正中是一朵盛开的牡丹花浮雕，花两侧有叶，左右对称。滴水边缘有两个线条将花叶包围（图六九-2：2；彩图一九一-1：5）。

标本TG1H1：4，滴水，1/3残缺。造型花纹与标本TG1H1：3大致相同。残长11.3、残宽8.3、厚约2厘米（图六九-2：3；彩图一九一-1：6）。

标本TG1H1：5，琉璃圆瓦当，缺一半。直径约14.3、厚2厘米。通体施以黄釉。正面有龙形浮雕，仅残存有龙头和两爪。瓦当外缘有廓，宽约1厘米（图六九-2：4；彩图一九一-1：7）。

2. TG2出土建筑构件

TG2出土建筑构件27件，类别有琉璃板瓦、琉璃脊瓦、花纹砖、圆瓦当、琉璃筒瓦、楔形砖等。

标本TG2②：1，琉璃板瓦，残缺一角。长29.6、宽23.6、厚1.8厘米。瓦面有1/3部分施黄釉，瓦背仅有一些流釉，其余全部素面（图六九-1：7）。

标本TG2②：2，琉璃脊瓦，底部残缺3/4。脊瓦整体为长方形，长22.7、高8、厚3.7厘米。顶部为倒锥形，仅顶部暴露部分施黄釉（图六九-1：2；彩图一九一-1：8）。

标本TG2②：3，花纹砖，残缺。长18、宽7.6、厚3.5厘米。浮雕纹饰以波浪式条纹在中，将砖面分为上下两区，上区有两段小波浪条带，下区有三段小波浪条带（图六九-1：5；彩图一九一-2：1）。

标本TG2②：4，花纹砖，残缺。长19、高7.7、厚4厘米。砖正面是花纹浮雕，内容是一根藤上结有3朵花。砖上下各有一条约1厘米的水平廓（图六九-1：6；彩图一九一-2：2）。

标本TG2②：5，花纹砖，残。残长18、高6.5、厚3.7厘米。浮雕花纹造型简朴，仅有一根贯穿两端的花藤（图六九-2：5；彩图一九一-2：3）。

标本TG2②：6，花纹砖，残。残长11.8、高7.2、厚2.9厘米。浮雕花纹是一根结满花叶的枝藤（图六九-2：6；彩图一九一-2：4）。

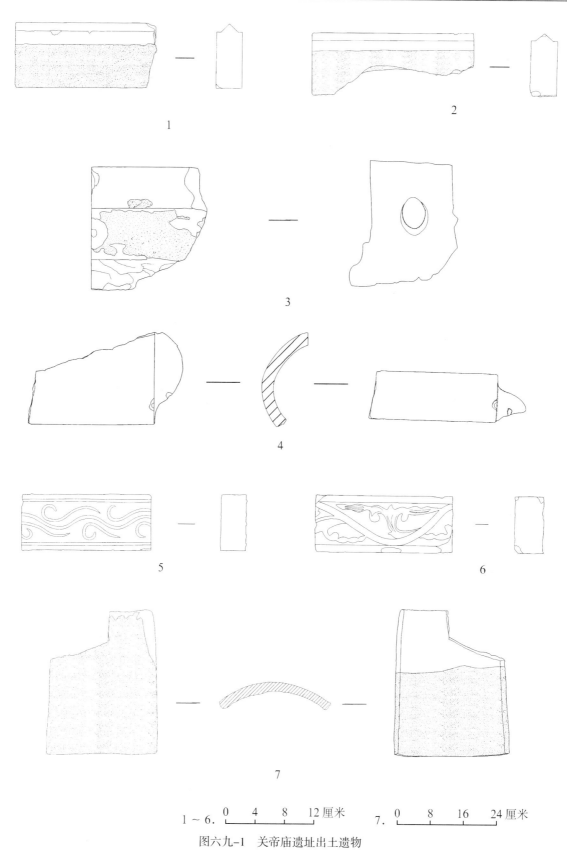

图六九-1　关帝庙遗址出土遗物

1.琉璃脊瓦（标本TG1②：1）　2.琉璃脊瓦（标本TG2②：2）　3.琉璃正脊兽座（标本TG1②：4）　4.琉璃筒瓦（标本TG1②：3）
5.花纹砖（标本TG2②：3）　6.花纹砖（标本TG2②：4）　7.琉璃板瓦（标本TG2②：1）

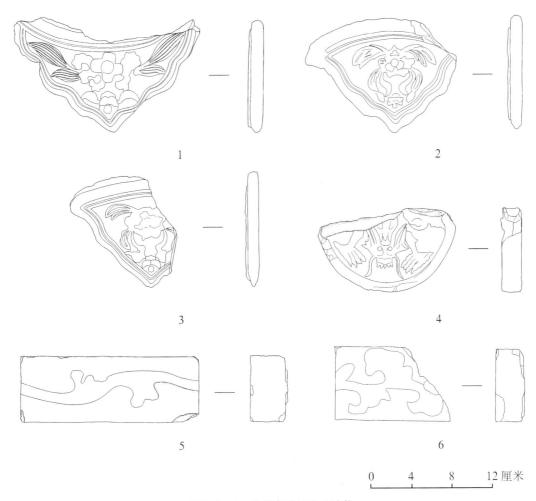

1　　　　　　　　　　　　　2

3　　　　　　　　　　　　　4

5　　　　　　　　　　　　　6

0　　4　　8　　12厘米

图六九-2　关帝庙遗址出土遗物
1. 滴水（标本TG1H1：2）　2. 滴水（标本TG1H1：3）　3. 滴水（标本TG1H1：4）　4. 琉璃圆瓦当（标本TG1H1：5）
5. 花纹砖（标本TG2②：5）　6. 花纹砖（标本TG2②：6）

标本TG2②：7，圆瓦当，保存完好。直径11.7、厚1.9厘米。瓦当中部是虎头纹饰，纹饰直径7.4厘米。虎头上有一"王"字，胡须外射，有36颗凸起谷纹围绕虎头一周（图六九-3：1；彩图一九一-2：5）。

标本TG2②：8，花纹砖，残。残长15、高7.1、厚2.8厘米。浮雕花纹以一朵花为主题，花朵两侧各辅以3条波浪式条纹。砖上下各有一道宽约5厘米的水平廊（图六九-3：3；彩图一九一-2：6）。

标本TG2②：10，琉璃筒瓦，残。残长14.9、宽13.2、厚2.2厘米。瓦身通体施黄釉，瓦唇近似舌形（图六九-3：2；彩图一九一-2：7）。

标本TG2②：11，琉璃筒瓦，残。残长24.7、残宽13.7、厚2厘米。瓦面施黄釉，内侧除有少量流釉外，其余素面。瓦身中部有一个穿孔，直径约1厘米。瓦唇呈波浪形（图六九-3：6；彩图一九一-2：8）。

标本TG2②：12，琉璃筒瓦，残。残长15.4、宽10.2、厚1.8厘米。瓦面施黄釉，部分釉脱落。瓦内素面（图六九-3：5；彩图一九一-3：1）。

标本TG2②：14，楔形砖，保存较为完整。长27、宽13.7、厚3.8厘米。素面（图六九-3：4）。

标本TG2②：15，楔形砖，保存较为完整。造型和尺寸与标本TG2②：14一致（彩图一九一-3：2）。

3. TG3出土建筑构件

TG3出土建筑构件共5件。

标本TG3②：1，琉璃圆瓦当，残缺一多半。直径约13、厚1.9厘米。造型和尺寸与标本TG1H1：5大致。通体施以黄釉。正面有龙形浮雕，仅残存有龙头和两爪。瓦当外缘有廓，宽约1厘米（彩图一九一-3：3）。

标本TG3②：2，琉璃走兽饰件，残。残高10厘米。原本通体施以黄釉，现黄釉大片脱落，仅走兽的翼和羽毛保存有釉（图六九-3：7；彩图一九一-3：4）。

标本TG3②：3，建筑饰件，残缺严重。残余部分似葫芦形，高6厘米（彩图一九一-3：5）。

标本TG3③：1，圆瓦当，残缺严重。与标本TG2②：7造型相同（彩图一九一-3：6）。

陶瓷器

1. TG1出土陶瓷器

TG1共出土陶瓷器6件，有青花瓷碗、紫砂壶、青瓷碗、酱釉瓷器等。

标本TG1②：19，青瓷碗，残，仅存碗底，圈足。足高0.8、足径6.3、足厚0.7厘米。足以上有青釉（彩图一九一-4：1）。

标本TG1②：20，紫砂壶，残，仅存壶流。流的直径2.3～2.7、长9.5、厚0.3～0.5厘米（彩图一九一-4：2）。

标本TG1②：22，酱釉瓷器，残，仅存少许口沿，器形不明（彩图一九一-4：3）。

标本TG1③：8，青花瓷碗，残，仅存碗底，圈足。足高1、足径3.9、瓷片厚0.2～0.4厘米。碗底外侧有窑记，器身有青花图案，残缺不明其状（彩图一九一-4：4）。

2. TG2出土陶瓷器

TG2共出土陶瓷器33件，青花瓷器居多，有少许酱釉瓷器。

标本TG2②：9，青花瓷碗，口沿及腹部残缺，仅存碗底。圈足，底部有窑记。碗内底部绘有青花图案，似一株花草。碗外绘有20株花草，垂直排列，绕碗一周。圈足高1.5、厚0.3、直径7厘米（图六九-4：1；彩图一九一-5：4）。

标本TG2②：13，青花瓷碗，残。保存有底部和1/3口沿，可复原。器高6.5、口沿直径13.4厘米。圈足，高0.9、厚0.4、直径7.2厘米。碗内底部绘有青花图案，似"X"。碗外底部绘有青花窑记，似"目"字（图六九-4：2）。

标本TG2③：1，青花瓷片，口沿。瓷片外单线描绘一株花草，如随风摇曳。瓷片内绘有狭长的植物茎叶，线条舒展，手法娴熟。瓷片厚约0.3厘米（图六九-4：3）。

标本TG2③：2，青花瓷片，口沿。瓷片外绘有蝙蝠、花卉和"囍"字。图案形象生动活泼，寓意福喜临门（图六九-4：4；彩图一九一-4：5）。

标本TG2③：3，青花瓷片，口沿。瓷片外绘有蜜蜂采蜜的青花图案，内素面。厚约0.4厘米（图六九-4：5；彩图一九一-4：6）。

标本TG2③：4，青花瓷碟，口沿及底部。残缺2/3，可复原。经复原，口沿直径11.3、器高1.7厘米。圈足，底部直径5.5、足高0.5、厚0.3厘米。器物内绘有花卉、枝叶等青花图案，画工精致，线条优美。器物底部有窑记，绝大部分残缺，仅残留窑记一角。器外口沿下部用单线条绘有一小草图案（图六九-4：6；彩图一九一-4：7）。

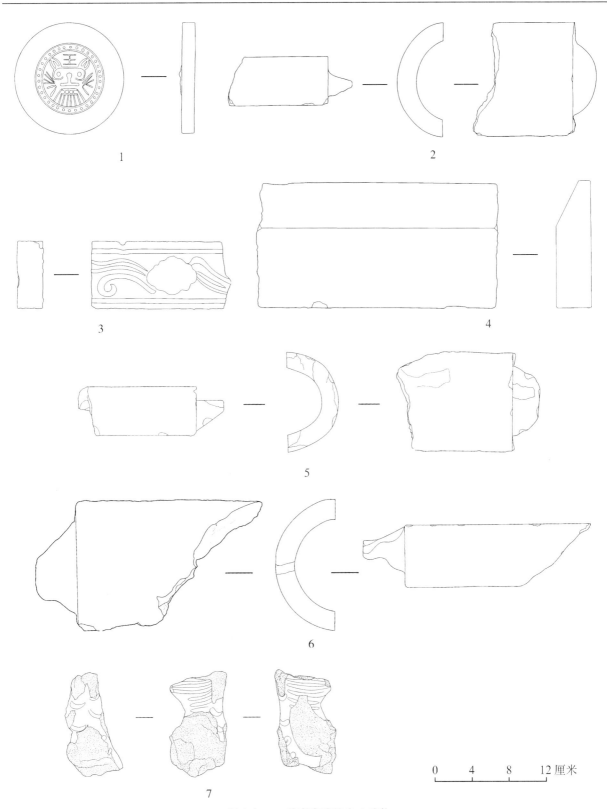

图六九-3　关帝庙遗址出土遗物

1. 圆瓦当（标本TG2②：7）　2. 琉璃筒瓦（标本TG2②：10）　3. 花纹砖（标本TG2②：8）　4. 楔形砖（标本TG2②：14）

5. 琉璃筒瓦（标本TG2②：12）　6. 琉璃筒瓦（标本TG2②：11）　7. 琉璃走兽饰件（标本TG3②：2）

标本TG2③：5，青花瓷碗，口沿残缺，仅残留腹部及底部。器内底部绘有青花图案，似"十"字，又好像交叉的两片叶子。圈足，底部直径7.2、足高0.9、厚0.6厘米。器外底部绘有窑记，似一"自"字（图六九-5：1；彩图一九一-4：8）。

标本TG2③：6，青花瓷片，口沿。瓷片口沿处内外均绘有两条青花细线条。瓷片外绘有花卉图案。瓷片厚约0.3厘米（图六九-5：2；彩图一九一-4：9）。

标本TG2③：7，青花瓷片，口沿。瓷片口沿处外绘有两条青花细线条，内绘有一条宽约0.4厘米的青花粗线条。瓷片外绘有一根枝条和4片叶子。瓷片厚0.4厘米（图六九-5：3）。

标本TG2③：8，酱釉瓷片。瓷片外有印压图案，图案中间是一朵花，花的四周有一圈凸起的圆点围绕。瓷片厚0.3厘米（图六九-5：4）。

3. TG3出土陶瓷片

TG3共出土陶瓷器17件，大多数是瓷器残片，残缺严重以致不能明确器形。

标本TG3②：1，酱釉瓷片。瓷片外有印压图案，图案内容与花卉有关（图六九-5：5；彩图一九一-5：1）。

标本TG3②：7，酱釉瓷器，残缺严重，仅存鋬（彩图一九一-5：2）。

标本TG3②：1，青花瓷碗，残缺严重，仅存碗底少部。足高1.2厘米（彩图一九一-5：3）。

其他遗物

1. 钱币

共出土方孔圆钱20枚。其中，TG1出土7枚、TG2出土13枚。

TG1出土钱币。

标本TG1②：1，方孔圆钱，青铜铸造，锈蚀较少。钱币正面有汉字"康熙通宝"，背面有满、汉文"河"，应为清代河南宝河局铸造。直径2.7、方孔边长0.6厘米。有外廓。

标本TG1②：2，方孔圆钱，红铜铸造，正面锈蚀严重。钱币正面汉字"嘉庆通宝"，背面是满文"宝泉"，应为清代户部宝泉局铸造。直径2.5、方孔边长0.5厘米。有外廓。

标本TG1②：3，方孔圆钱，红铜铸造，正面锈蚀较少。钱币正面有汉字"乾隆通宝"，背面是满文"宝泉"，应为清代户部宝泉局铸造。直径2.6、方孔边长0.5厘米。有外廓。

标本TG1②：4，方孔圆钱，红铜铸造，背面锈蚀严重。边缘残缺。钱币正面有汉字"嘉庆通宝"，背面由于锈蚀严重，字迹不清。直径2.3、方孔边长0.5厘米。有外廓。

标本TG1②：5，方孔圆钱，红铜铸造，正反两面均锈蚀严重。钱币正面有汉字"道光通宝"，背面锈蚀，字迹不清。直径1.9、方孔边长0.6厘米。有外廓。

标本TG1②：6，方孔圆钱，红铜铸造，锈蚀严重。钱币正面有汉字"乾隆通宝"，背面锈蚀严重，字迹不清。直径2.4、方孔边长0.6厘米。有外廓。

TG2出土钱币，绝大多数都锈蚀严重，背面文字迹不清。

标本TG2②：1，方孔圆钱，布满铁锈。钱币正面有汉字"道光通宝"，背面锈蚀严重，字迹不清。直径2.4、方孔边长0.7厘米。有外廓。

标本TG2③：1，方孔圆钱，红铜铸造，正面锈蚀较少。钱币正面有汉字"嘉庆通宝"，背面锈蚀严重，字迹不清。直径1.9、方孔边长0.5厘米。有外廓。

2. 铁钉

共出土3根，均出土于TG2③。

图六九-4　关帝庙遗址出土遗物

1. 青花瓷碗（标本TG2②：9）　2. 青花瓷碗（标本TG2②：13）　3. 青花瓷片（标本TG2③：1）　4. 青花瓷片（标本TG2③：2）

5. 青花瓷片（标本TG2③：3）　6. 青花瓷碟（标本TG2③：4）

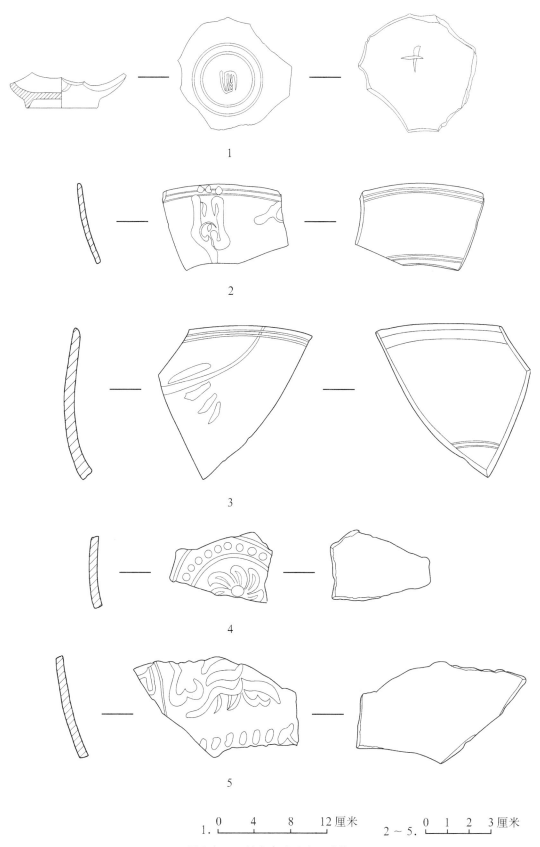

图六九-5　关帝庙遗址出土遗物

1. 青花瓷碗（标本TG2③：5）　2. 青花瓷片（标本TG2③：6）　3. 青花瓷片（标本TG2③：7）　4. 酱釉瓷片（标本TG2③：8）

5. 酱釉瓷片（标本TG3②：1）

标本TG2③：9，铁钉，外部锈蚀严重，形状可辨。长21.4、最大直径1.1厘米（彩图一九一
-5：1）。

标本TG2③：10，铁钉，外部锈蚀严重，形状可辨。长20.5、最大直径1.2厘米（彩图一九一
-5：2）。

标本TG2③：11，铁钉，外部锈蚀严重，形状可辨。长21、最大直径1.2厘米（彩图一九一
-5：3）。

（五）结语

高堰，旧称高家堰，其实就是洪泽湖大堤。高家堰始见于明嘉靖中期以后的史料中。例如，
《明史·河渠志》最早出现"高家堰"的一段记载，是嘉靖三十一年（1552年）九月总河副都御史
曾钧上奏治河方略，他建议"宜暂闭新口，建置闸座，且增筑高家堰长堤，而新庄诸闸瓷石以遏横
流。"明代治河能臣潘季驯所编撰的《河防一览》一书认为，高家堰是东汉陈登所创建，一家之言。
高家堰在明清两代的河防事务中占据着举足轻重的地位。明万历六年（1578年），潘季驯为综合解决
黄河、淮河、运河交汇地区的问题，并有效地治理黄河水患，于是采用"束水攻沙、蓄清敌黄"的治
河方略，最终创建洪泽湖水库，高家堰是洪泽湖水库的主坝。清康熙十六年（1677年），河督靳辅主
持了对高家堰的加固工程。

关于高堰关帝庙遗址的始建年代，史料中缺乏准确的记载，有学者认为其始建于宋代，也有人提
出始建于明代嘉靖至万历年间。清人梁章钜的《楹联续话》记有："孙柳君孝廉<辛庐随笔>云：'前
明嘉靖间，湖州潘时良司空最敬关帝。督南河时，有二蛟为患，公梦帝许助以神力遂斩之。今蛟首一
在高家堰关帝庙中，一藏公家。'"清人赵吉士所著《寄园寄所寄》也有类似的记载："万历间，尚
书潘季驯治河筑高家堰，屡溃。一夕梦赤面长髯者告曰：'吾汉寿亭侯也，河有毒龙是祟，吾念公勤
于王事，当为公斩之。'翌旦，白昼昏晦，风雷交作，河浪掀天。少顷，风雷并息，波面尽赤，得
断蛟二，而堤以就。尚书表其事于朝，天子敕建祠淮上。"虽然假托关帝转世斩杀蛟龙的传说不足为
信，但潘季驯曾在嘉靖四十四年（1565年）至万历二十年（1592年）的二十七年间，四次主持治理黄
河的工作，而且高家堰又是治理黄河的关键区域，所以高堰关帝庙是由潘季驯倡导所始建是较为可信
的。淮安三河闸管理处现保存有一座题有"重修高加堰汉寿亭侯关帝庙碑记"[1]的石碑，碑文绝大
多数清晰可辨。该石碑"康熙壬申年冬余奉命总督河道"[2]立于高家堰关帝庙中。碑文的主要内容与
治水有关，这是因为明清时期"河神已演变为一种人类英雄式的偶像。地方民众把一些为民御灾捍患
和抗洪兴利的功臣尊为河神，即所谓的因治河有功或因治河身亡，之后为大众所神化，最终被官方承
认为治河河神。之后，清代对大王、将军的崇信十分流行，加之官方提倡，具有代表性的是金龙四大
王、黄大王、白大王等层出不穷，且黄河中下游沿岸一带的州县皆为之立庙"[3]。本次考古试掘，
出土遗物的时代绝大多数在清代到民国的区间。经过考古钻探发现在该遗址下面距地表2.5米深还有一
个建筑平面，这可能印证了高堰关帝庙多次重修的传言。据当地居民的口传资料以及淮安地方志的资
料，高堰关帝庙毁于抗日战争时期，后来再没有被重修。

---

[1] 碑文中的"高加堰"就是高家堰，后来被简称为"高堰"。

[2] 康熙壬申年即康熙三十一年（1692年）。

[3] 孙玲：《明代黄河灾难与河神信仰》，青海师范大学硕士学术论文，2013年。

本次对高堰关帝庙遗址的考古试掘，是严格按照中国文化遗产研究院提出的要求进行的。最大收获是弄清楚了高堰关帝庙遗址的分布范围，以及出土数量可观的古代遗迹、遗物。另外，关于高堰关帝庙遗址的建筑布局和建筑方式，一个重要发现就是墙基下面的木桩。关于关帝庙遗址的建筑布局情况，由于本次考古试掘的范围有限，尚不能得出较为全面的结论。

附录

淮阴区高堰洪泽湖大堤水志、石工考古试掘

为了配合京杭大运河申请世界物质文化遗产，以及进一步确认洪泽湖大堤高堰段地下遗产的分布情况，淮安市博物馆受淮安市文物局的委派，负责对洪泽湖大堤高堰段的石工进行试探性发掘，以期能找到传说中水志的具体位置，并作为大运河申遗的一个遗产点。

一、水志概况

高堰位于淮安市区西南，隶属于淮阴区赵集镇。传说中的水志，狭义上讲就是指古代水利工程上的水标尺，也可以称为水则；广义上讲它属于古代水利设施建设和使用制度的一部分。洪泽湖大堤设置水志始于清代，史料记载，乾隆年间，河臣于高堰村关帝庙前设立水志桩，旨在测量洪泽湖的涨落情况。在此之前，在康熙年间洪泽湖其实就已经有了水位记载，《行水金鉴》卷七〇记载："洪泽湖北滚坝一座，长七十丈，由身高六尺八寸。康熙四十五年（1706年）七月十八日开放时，量高堰关帝庙前水深一丈三寸，新石工高出水面三尺七寸，北滚坝外水深六尺九寸，由身过水一寸。每年水大开放验高堰关帝庙前新石工，出水三尺七寸为则。"这说明，在水志作为测量洪泽湖水位的设施之前，北滚坝和高堰新石工墙都曾具备测量洪泽湖水位的功用。

二、探掘地点

关于高堰水志的具体位置，在参照古代文献的同时，还要参考有关学者的专著。例如王英华著《洪泽湖—清口水利枢纽的形成与演变——兼论明清时期以淮安清口为中心的黄淮运治理》，朱兴华、张友明编著的《千年古堰洪泽湖大堤》等文对于高堰水志的具体位置都提供了重要的线索。此外，高堰村村民卢学亮老人声称自己在二十多年前曾亲眼见到水志，根据他提供的具体位置，最终确定了发掘地点。

发掘地点位于高堰村村道与洪泽湖大堤石工墙的交汇处，石工墙的方向为北偏东26°，呈东北—西南走向。周围环境是：其北侧为南北向的024乡道，土路北侧为高堰渡口；南侧为东西向的高堰村村道；西侧为一二层小楼，为原高堰堤防管理处；东侧为一处民房，现为渡口小卖店。

三、探掘过程及发现

发掘工作是揭露埋于村道下面的石工墙，以寻找水志。揭露的石工墙长约22、深约3.7米，发掘出的石工墙共有9层。在发掘过程中，掩埋石工墙的填土土质含沙量较大，土色为深黄色，包含物以现代垃圾为主，有废弃的石条等建筑构件。

石工墙为石条砌成，顺丁结合，犬牙交错（图七〇；彩图一九二）。石工墙不是垂直砌成，而是较低一层比较高一层向西多伸出2～4厘米的距离，使得石工墙形成坡度，更宜保存（图七一）。石条的选料以青石为主，玄武岩次之。发掘的这一段石工墙的石条长110～180、宽27～42、厚38～42厘米。该段石工墙造型稳重，结构坚固。在此之前，2011年3月，淮安市文保所与淮阴区文化广电新闻出版局在中国文化遗产研究院的指导下，曾对本次发掘点的北侧的洪泽湖大堤石工墙进行过发掘，揭露石工墙17层，距地表约7米深，由于地下水位过高，没有发掘至底。

值得注意，此次发掘的这一段石工墙南段上层一部分的条石有现代修筑过的痕迹。该段石工墙

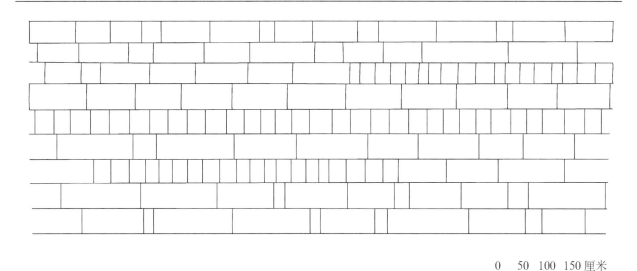

0　50　100　150厘米

图七○　洪泽湖大堤石工墙立面图

的建筑结构大致如此：石工墙的顶层外侧的石条多为南北排列，第二层亦然，第三层南段多为东西排列，第四层为南北排列，第五层和第七层又为东西排列，第八层和第九层多为南北排列。

小结

　　本次考古探掘，旨在寻找高堰洪泽湖大堤石工水志遗存，由于以下原因导致没有发现水志。其一，可能是提供线索的人的认识有误，记错了方位，或者将别的记号误认为水志；其二，可能由于后人在对石工墙的维修中，将残破的水志条石换以新的条石，这样会造成水志的消失；其三，关于水志是以何种方式存在的问题目前尚不明确，究竟是刻于石工墙体上，还是刻在柱、桩上并直插于地下的方式存在，这也是造成本次没有寻找到水志的一个原因。按照中国文化遗产研究院和淮安市文物局的要求，我们完成了对高堰石工水志遗存的探掘工作。虽有缺憾，但对该段洪泽湖大堤石工墙的建筑结构有了初步的了解。我们要积极做好对高堰石工水志遗存的探寻工作，为洪泽湖大堤文化遗产的发现与保护做出更多的努力。

三、文华寺遗址考古调查与勘探

（一）概况

　　文华寺遗址位于淮安市淮阴区码头镇码头村（原二闸村）（参见图一）。遗址西靠里河，西北距惠济祠遗址220米，东距二河240米，南距明远路330米，西距天妃坝100米，东南是清代通济闸遗址（二闸），地理坐标为北纬33°32′54.3″，东经118°56′54.6″（遗址中

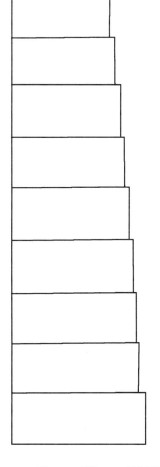

0　50　100　150厘米

图七一　高洪泽湖大堤石工墙剖面图

心区域）。咸丰《清河县志》卷三《建置》记载："在新庄镇，万历年建，嘉庆十六年（1811年）重修。"[1]当地群众又称"龙华寺"，在"文革"时期被毁坏。

遗址在2012年之前保存基本完好，上面是一片农田，在北侧有两座平房。遗址高出周围0.3～0.5米（彩图一九三、一九四）。2012年上旬，淮安市五河口水产科技有限公司投资规划的"淮安市渔业高科技示范园核心区"开始建设，其范围南至明远路，北侧到遗址南缘。之后，淮安市文物局下文将这一区域公布为"文华寺——小里河遗址重要地下文物埋藏区"。2012年底，示范园继续向北扩张，将文华寺遗址挖掉一半，将另一半周围挖成深沟，最后遗址只剩一座类似孤岛的土堆，面积约800平方米。这样，文华寺遗址的整体性与完整性遭到了彻底的破坏。

（二）考古勘探

由于遗址面积较小，此次采取重点勘探的方式，按照1.5米间距布一孔，时间为2011年12月1～20日，历时20天，勘探面积约3000平方米，最深勘探到3米，继续向下有大面积的碎砖和白灰渣混合层，洛阳铲很难打下去，遂停止。这里我们选取不同区域共4处地点的地层进行描述。

（三）地层堆积

中部位置

第①层，耕土层，距地表0～0.3米，浅黄色，土质疏松，出土有植物根系、碎砖、现代垃圾、青花瓷片等。

第②层，灰褐色土层，距地表0.3～1.1米，土质松散，有较多碎砖、瓦片等。

第③层，黄色冲积砂土层，距地表1.1～1.8米，土质十分松散，含水分较大，有石灰渣、碎砖等。

第④层，灰黄色土层，距地表1.8～2.8米，黏性较大，内含木炭屑、较多碎砖等。

第⑤层，灰黄色土层，厚度不详，土色较第④层略深，黏性较大，含木炭屑、碎砖、白灰渣等。

未勘探至生土。

东南区域

第①层，耕土层，距地表0～0.3米，浅黄色，土质疏松，出土有植物根系、碎砖、现代垃圾及青花瓷片等。

第②层，黄砂土层，距地表0.3～1.6米，土质稍硬，颗粒细腻且纯净，无包含物。

第③层，深黄色土层，距地表1.6～2.8米，土质稍硬，含红泥块，有石灰渣、碎砖等。

2.8米以下是生土，土质坚硬，含黑褐色钙质结晶颗粒。

遗址南缘外5米处

第①层，耕土层，距地表0～0.3米，浅黄色，土质疏松，出土有植物根系、碎砖、现代垃圾、青花瓷片等。

第②层，黄砂土层，距地表0.3～1.1米，土质稍硬，颗粒细腻且纯净，无包含物。

第③层，深黄色土层，距地表1.1～1.8米，土质稍硬，含红泥块，有石灰渣、碎砖等。

---

[1]（清）吴棠修、鲁一同纂：（咸丰）《清河县志》，咸丰四年（1854年）刻，同治元年（1862年）补刻，1919年再补刻，中国文化遗产研究院藏。

第④层，灰黄色土层，距地表1.8～2.6米，土质稍硬，黏性较大，内含木炭屑、较多碎砖等。

第⑤层，青灰色淤砂层，距地表2.6～3米，土质稍硬，较为致密，含水分较大，有螺类遗骸、白灰渣及腐烂的植物根系等。

西北区域

第①层，耕土层，距地表0～0.3米，浅黄色，土质疏松，出土有植物根系、碎砖、现代垃圾、青花瓷片等。

第②层，黄砂土层，距地表0.3～1.1米，土质稍硬，颗粒细腻且纯净，无包含物。

第③层，灰褐色砂土层，距地表1.1～2.6米，土质十分松散，有石灰渣、碎砖等。

第④层，青灰色砂土层，距地表2.6～3米，土质稍硬，较为致密，含水分较大，有螺类遗骸、白灰渣及腐烂的植物根系等。

（四）遗迹

遗址整体呈近长方形，东西30、南北70米，面积2100平方米。在西北角有一块区域向外突出。勘探发现的主要遗迹有踩踏面、砖铺地面（图七二）。

踩踏面

位于遗址东北侧，东西4、南北8米，面积32平方米，深0.7～0.9米。踩踏层面厚0.05米。该层面四周均有较多白灰渣、砖块、瓷片等堆积，显然是人类曾经活动过的区域。

砖铺地面

位于遗址西南，东西5、南北1.5米、深1.1米，东北距踩踏面33米。铺砌得较为平整，有可能是一处建筑基址。

（五）散落遗物的调查

我们在遗址周围走访当地群众并进行了实地调查，发现了一些以前属于文华寺的遗物，较为重要的有门墩石、柱础石和抱鼓石等。

门墩石

在遗址西侧50米处一座房子下，作为基础被压在下面，户主名叫于学兵。青石质，一端残缺，一侧可见雕刻有蕉叶纹，长150、厚25厘米，宽度不详（彩图一九五）。

柱础石

在陈斌家，被丢弃在院子角落，稍残，正方体，边长35、高20、鼓镜直径23厘米（彩图一九六）。

抱鼓石

与柱础石放在一起，残缺且表面有很多凹坑，质地和形制与惠济祠出土的相同，高90厘米，下端门枕残断不存。大鼓直径55、厚22厘米（彩图一九七）。

（六）结语

1. 文华寺的价值

文华寺与惠济祠隔里河相望，在历史上同样也是清口地区一座十分重要的寺庙，很多文献中都有

北

踩
踏
面

砖铺地面

0　　　4　　　8　　　12米

图七二　文华寺遗迹勘探总平面图

所提及，如"护城河，旧志文华寺泄水河，原名永济新河……考山阳志载护城河起文华寺入白马湖，康熙间开……"[1]（参见图一七）。河道总督张鹏翮在谈及开挖引河敌黄时谈到，"……应于张福口、裴家二引河空地中间迎湖大溜之处，挑引河一道，宽二十丈，底深一丈会入一河……将烂泥浅会入三汊河。从七里河出文华寺运河，专以济运。"[3]（圣祖仁皇帝实录【三】卷二百二）康熙三十九年（1700年），张鹏翮开三岔引河，引淮水从七里河至文华寺入运河，用以济运。乾隆二年（1737年），高斌自张王庙前开新河后，于文华寺上下建通济、福兴正越四闸。由此可见，文华寺其地，在明代后期至清代前期黄、运、淮三股势力此消彼长，从而导致运河多次改道中，具有非常重要的地标意义，对厘清和鉴定有关水工遗址具有很重要的参考价值[1]。

不论是文华寺周围的淤高，抑或是黄、淮、运三股势力的此消彼长，在考古勘探中是可以找到依据的。例如，在遗址0.3～1.1米深处均发现有一层黄砂土层；而在遗址南缘外和西北2.6～3米深处有一层青灰色淤积层。结合文献舆图与地形地貌我们初步分析，黄砂土系黄河经行或冲击带来的泥沙，而青灰色淤泥有可能是运河与淮水积淀所形成。

2. 现状与勘探的收获

遗址已经被人为破坏了三分之二，其完整性已无从谈起，我们建议在今后可能存在的经济建设中将现在保留下来的三分之一作为重点来保护，最好是将其公布为文物保护单位并竖立文物保护标识牌等。

对文华寺遗址的考古工作尚属首次，虽然只是勘探，但也有所收获。基本确定了遗址的范围和大致的埋藏情况，也发现了几处相对重要的遗迹现象，对其建筑格局、营造方式及其他方面有了初步了解。

曾经的码头镇庙宇林立，香火旺盛，可是保存下来的遗址却寥寥无几。文华寺遗址的工作为今后进一步的考古发掘与复原提供了依据，增加了码头镇庙宇研究领域的新内容，完善了淮安地区寺庙建筑的体系，给政府部门的文物保护与整体规划提供了参考。

第五节　古城址

旧县遗址考古勘探与发掘

（一）概况

旧县遗址位于淮安市淮阴区码头镇旧县村一组至七组境内（参见图一），遗址北缘距京杭大运河约900～1100米（其中距惠民河310～430米），南缘距废黄河约60～80米，遗址南端紧邻黄河北岸缕堤，明远路从遗址南部穿过（彩图一九八）。明远路向南20米是一条东西向的水泥路，沿路南缘分布着密集的房屋、猪圈、厕所、电线杆及其他现代建筑等。明远路以北是成片的农田与茂盛的树林（彩图一九九、二〇〇）。

---

[1] 中国文化遗产研究院：《大运河清口枢纽工程遗产调查与研究》，第293页，文物出版社，2012年。

对旧县遗址的考古工作前后共有三次。第一次是2008年，全国第三次文物普查时，淮阴区文化局对遗址进行了初步的登记。第二次是2010年下半年，在划定淮安市重要地下文物埋藏区时，将其作为第一批保护项目进行登记（划定范围东至旧县村三组中心路，南至黄河大堤，西至旧县村一组西高台，北至旧县斗渠。东西1000、南北800米）。第三次是明远路西延工程，我们借助这次机会对遗址进行了考古勘探。

（二）考古勘探

勘探工作从2012年3月26日开始，至6月8日结束，历时35天。

（三）地层堆积

我们选取西城墙在明远路路基上的一段和其护城河一段的地层来说明。

西城墙

第①层，耕土层，距地表0～0.5米，暗红色淤泥层，土质坚硬，含水分较大，出土有植物根系、现代垃圾、瓷片等。

第②层，灰黄色砂土层，距地表0.5～0.8米，土质松软、细腻，含水分大，无包含物。

第③层，深褐色五花土层，距地表0.8～1.3米，土质坚硬，部分地段出现城墙夯土。

第④层，深褐色五花土层，距地表1.3～1.8米，土质坚硬，夯土层。

第⑤层，深褐色五花土层，距地表1.8～2.8米，土质坚硬，夯土层。

第⑥层，灰色砂土层，距地表2.8～3米，土质较为坚硬，夯土层。

根据勘探和分析，第④～⑥层为城墙夯土。城墙的地层堆积东侧在3.3米以下没有发现青淤泥与黑色淤积，而西侧在3米以下就出现黑色淤泥层并有少量砂土层。因此，3～3.3米之间应该是西城墙的底部。

护城河（西城墙外侧）

第①层，暗红色淤泥层，距地表0～1.5米，土质坚硬，含水分大，出土有植物根系、现代垃圾、瓷片等。

第②层，砂土层，距地表1～2.5米，土质松软、细腻，灰黄色，含水分大，无包含物。

第③层，青灰色淤泥层，距地表2.5～4.3米，土质松散，含水分极大，无包含物。

第④层，黑色淤泥层，距地表4.3～4.5米，土质松散，含水分极大，无包含物。

4.5米以下为生土。

（四）遗迹现象

遗址东西1730、南北470米，面积81万余平方米。调查发现的遗迹有城隍庙，勘探确认的遗迹有西城墙、北城墙、遗址中心区域、护坡、护城河、天妃庙、古河道等（图七三）。

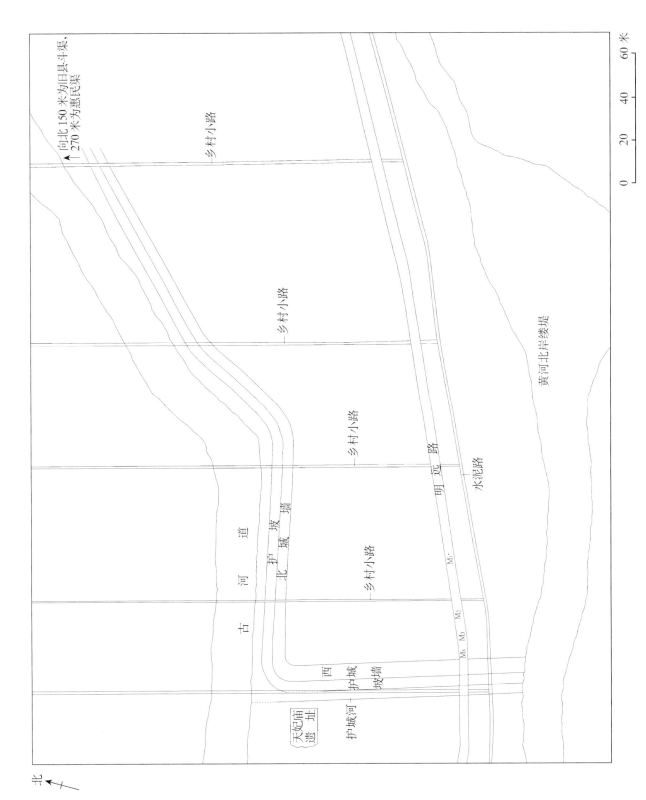

图七三　旧县遗址勘探与发掘总平面示意图

1. 调查遗迹

城隍庙

据当地群众讲述，城隍庙位于六组，城址东侧，在黄河南岸缕堤上，遗址上面是密集的房屋和茂盛的树木及杂草等，看不出明显的建筑基址或其他相关遗迹（彩图二〇一）。

2. 勘探遗迹

西城墙

位于一组境内，长470、宽31米，墙体顶端距现今地表深1.8~2米。墙体经过夯筑，土质十分坚硬，夯土为五花土，夯层厚0.15~0.3米。以明远路为界，南侧部分抵达黄河南岸缕堤，长106米；北侧向北延伸至西高台略向西北倾斜，然后向北延伸，长364米。

北城墙

位于一组至六组境内，长1730、宽20~30米，墙体顶端距现今地表深浅不一，西侧开始位置在距地表1.5~1.8米处，越往东埋藏越深，在距地表2.5~2.7米处。墙体经过夯筑，土质十分坚硬，夯土为五花土，十分杂乱，夯层厚度与西城墙基本相同。与西城墙衔接处为弧形转角，此处墙体宽20米。在二组与三组之间的一段（由起点向东150~180米处）不十分明显，残留墙体很少，初步分析，可能在历史上被人为破坏或者是遭受过水患。在中部位置有一片区域淤泥层堆积十分深厚，约2~3米，初步分析是大清河淤泥所致。在430米处向东北转折并一直向前延伸到六组境内，宽30米。

遗址中心区域

西距西城墙400米，北至明远路北侧，南至黄河北岸缕堤，东到三组与五组之间。该区域东西约600、南北约100米，面积约6万平方米。在距现地表0.2~2米下分布着大面积的砖堆积，有的区域还有比较完整的建筑基址，另外还有大量生活垃圾、陶瓷片等遗物（彩图二〇二）。

另外，在该区域有几个鱼塘，据当地群众回忆，当时在挖鱼塘时出土过旗杆、砖砌墙体和门鼓等遗物。

护坡

沿西、北城墙外一周，由内向外倾斜，宽19米，其功能类似于散水，由土堆积而成，依次是暗红色淤泥层、浅灰色砂土层、深黑色淤泥层。2~2.5米以下为生土层。

护城河

位于护坡之外，环绕西、北城墙一周，宽18.5、深4.5米。

天妃庙

遗址所在的区域当地群众称为"西高台"，位于城址外侧。经过勘探，遗址东距西城墙50米，南距明远路280米，东西约70~80、南北约100米。现遗址地表是一片茂盛的树林和杂草。在距地表1.6~2米处有一个砖铺地面，东西约60米，其形制和用途目前尚不清楚（彩图二〇三）。

古河道

位于北城墙北侧，相距40米。河道宽80米，其走向与北城墙基本保持一致。其地层堆积由西向东逐渐变得深厚，距地表3.5~4.5米处全是深黑色淤泥层。

（五）考古发掘

在明远路路基上共发掘了4座古墓，均是竖穴土坑木棺墓，其中，M1是夫妻合葬墓，其余3座为单棺墓。现将M1的情况介绍如下。

　　M1，墓口距地表1.1～1.8米，墓坑长3、宽2、深0.6米，方向110°。墓内填土为五花土。坑内双棺，左侧棺长2.5、宽0.4～0.5、高0.35米，棺木盖板由3板木板拼接而成。右侧棺长2.6、宽0.35～0.45、高0.35米，棺木盖板由3块木板拼接而成。棺内人骨保存较好，由于水的冲击，比较凌乱。随葬器物有硬陶罐、耳环、簪子等（图七四；彩图二〇四）。

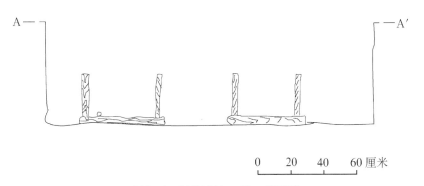

图七四　旧县遗址M1平、剖面图

1、2.硬陶瓶（M1：1、2）　3.银耳环（M1：3）　4.铜簪子（M1：4）

（六）出土遗物

M1出土遗物有陶器、银器、铜器等。其中，两件陶瓶分别位于墓坑前方、棺木外侧，一对银耳环、铜簪子位于左棺内。

1. 硬陶瓶

标本M1：1，小口，窄二层台沿，束颈，鼓腹，小平底。腹部由上至下有数道突棱纹。口径4.3～4.7、底径4.4、高21厘米（图七五：1；彩图二〇五：1）。

标本M1：2，小口，平沿（不甚规整），束颈，鼓腹，小平底。腹部由上至下有数道凸棱纹，器身不甚规整。口径4.8、底径3.2、高15.8厘米（图七五：2；彩图二〇五：2）。

2. 银耳环

标本M1：3，一对，其中一只残缺、一只完好。头端尖状，弯曲成圆形。头端链接一枚蘑菇状小坠。完好者长3.7、宽2.3、直径0.1厘米（图七五：3；彩图二〇五：3）。

3. 铜簪子

标本M1：4，残，头端弯曲。长8.4、宽0.6～1.2、厚0.1厘米。表面锈蚀（图七五：4；彩图二〇五：4）。

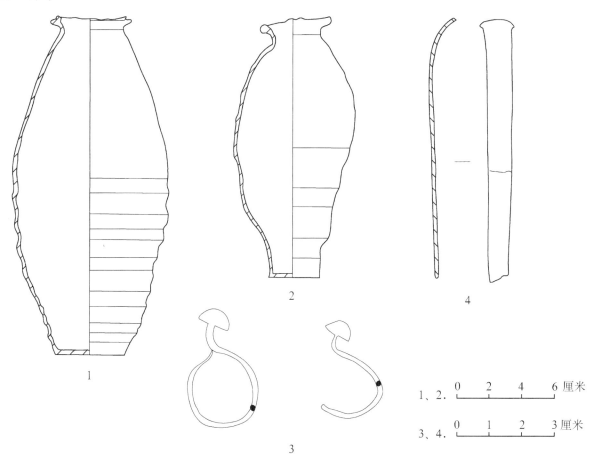

图七五　旧县遗址M1出土器物

1.硬陶瓶（M1：1）　2.硬陶瓶（M1：2）　3.银耳环（M1：3）　4.铜簪子（M1：4）

（七）结语

1. 城址的使用

关于旧县的历史沿革，文献中有比较清楚的描述，咸丰《清河县志》卷三《建置》记载："清河旧县在大清河口，宋咸淳九年（1273年）淮东制置使李庭芝所筑也。元泰定中（1324～1328年）河决城圮，县尹耶律不花请遣于河南岸甘罗城，地僻水恶，居民鲜少。天历元年（1328年），达鲁花赤哈麻再遣小清口之西北而无城。至正十五年（1355年）兵起筑土城，三面周六里有奇。有东西北三门，无雉堞楼橹，因河为池，制度简陋。明季之乱再徙甘罗城，不久复旧入……先是康熙中（1662～1722年）河屡决县益，下垒土为堤障，官署仓库从。上视若井，岁水大至，公私忧悒。乾隆二十五年（1760年）江苏巡抚陈宏谋言河势北趋县益危阽……臣观山阳之清江浦，总河驻节之地……今若移清河县于清江浦，割山阳近浦地归之清江，官商云集，五方杂处……"[1]（图七六）。由此可见，清河县城的使用时间长达400余年。

2. 城北的古河道

位于城北的古河道，考古勘探至4.5米仍不到生土，其堆积基本都是青灰色或青黑色淤砂与淤积层，初步推测可能是一条古河道。

3. 墓葬年代问题

乾隆年间，黄河水患更为严重，乾隆二十五年（1760年）江苏巡抚陈宏谋上书请求迁移清河县治，于是在"乾隆二十六年（1761年）……割山阳近浦十余乡并入清河，是为新县治。"[2]发掘的四座古墓均位于城内，它们应该是在县城迁走废弃后埋葬的，再结合对墓内出土文物的分析，因此，其年代应该晚于乾隆时期。

4. 存在问题与保护意见

此次勘探由于时间有限，只是确定了城址的大概轮廓，诸如东城墙及西、北城墙上的马面、角楼及城门等其他设施均未发现，有待今后进一步的考古工作。

如果说甘罗城是秦汉时期淮安地区城市的起源，那么清河县城则是宋代至清代淮安地区城市发展的一个缩影，其存在以及不断的迁移见证了黄河夺泗夺淮，黄淮交汇，特别是古人们为了治理清口地区不断修筑堤坝、开凿引河、设置各类水工设施等所付出的艰辛，以及这些艰辛中所包含的种种智慧。

旧县遗址是淮安市目前少见的几个大型城址之一，整体保存较好。目前遗址上的现代建筑主要分布在南部边缘位置，新修建的明远路开挖较浅，亦位于南部，而遗址的大部则都在明远路的北边，现在是成片的农田和树林，因此对遗址的影响较小。但是，近些年随着经济建设与城市扩张步伐的加快，旧县遗址已经面临着被逐步蚕食的问题。例如，最近码头镇正在建设的一个名为"淮安国家农业科技园核心区"已经涉及了旧县遗址北城垣的范围。

因此，在今后的工作中，对这类面积较大的城址类遗址应提前做好规划与保护工作，特别是要与当地政府保持信息的畅通，例如，要清楚当地政府建设规划用地的信息，避免在建设过程中发生不必要的矛盾。

---

[1]（清）吴棠修、鲁一同纂：（咸丰）《清河县志》，咸丰四年（1854年）刻，同治元年（1862年）补刻，1919年再补刻，中国文化遗产研究院藏。

[2]同注[1]。

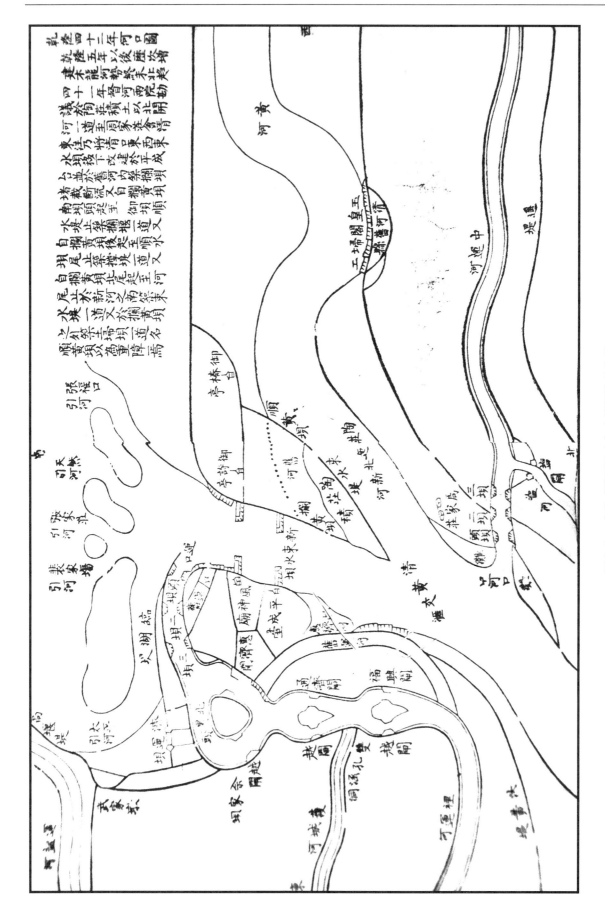

图七六　咸丰《清河县志》中清河县的位置

第六节　其他水工遗迹

木龙遗址考古调查与勘探

（一）概况

"木龙"一词在《辞源》中义项有二：一为木名，二为护堤的木栏，始见于《宋史·河渠志一》："天禧五年（1021年）正月，知滑州陈尧佐以西北水坏，城无外御，筑大堤……复就凿横木，下垂木数条，置水旁以护岸，谓之'木龙'。"[1]本文所述木龙为后者，即陈尧佐初创时用于护岸的工具。

元代贾鲁塞北河口，也曾使用木龙。《元史·河渠志三》记载："若木龙、蚕椽木、麦秸、扶桩、铁叉、铁吊……汲水、贮水等具皆有成数。"[2]

乾隆五年（1740年），为解决黄水南逼清口的问题，高斌"仿宋陈尧佐法，制设木龙二，挑溜北行"[3]。此后木龙还多次应用于治河实践，乾隆六次南巡，曾多次亲临清口，阅视河工木龙，并亲自指示河臣添设改置。

咸丰五年（1855年），黄河由河南铜瓦厢（今河南兰考县境）向北决口，夺山东大清河入海，自此北徙。清口渐渐废弃，木龙在以后的河工文献中也少有提及[4]。

陈尧佐与元代贾鲁所用木龙具体形制已不可考证。此后，李昞于清口所设木龙在形制与功能上都有了很大的进步。据《木龙书》可知，李昞所造木龙全式是其龙身有九层，编扎木龙，每长十丈，宽一丈，九层，计单长九十丈，高六尺五寸三分三厘[5]。

乾隆四年（1739年），试造木龙一架，长三十六丈，附于清口迤上御坝下[6]。乾隆三十年，添扎木龙长五十丈，宽六丈[7]。

乾隆《御制木龙诗》前的序文曰："木龙制如鹿角，枝梧交午其中，编竹为障，置急流中，水径过而沙渐淤。"[8]

清代麟庆所著的《河工器具图说》卷三《抢护》中则有详细描述与木龙全式图[9]（图七七）。

关于木龙的功效与治河实践，历代文献也有不同的记载。如清代陈梦雷在《古今图书集成》卷二二八中记载："木龙能挑水护此岸之堤，而水挑即可刷彼岸之沙，较之下埽开河事半功倍，防河良

---

[1]《宋史》卷九一《河渠志一》，第2264页，中华书局点校本，1976年。

[2]《元史》卷六六《河渠志三》，第1653页，中华书局点校本，1976年。

[3]《清史稿》卷一二六《河渠志》，第3726页，中华书局，1977年。

[4] 水利水电科学研究院《中国水利史稿》编写组编：《中国水利史稿》（下册），水利水电出版社。

[5] 同注[3]。

[6]《南河成案》见《续行水金鉴》卷一一，第243页。

[7] 同注[6]，第351页。

[8]（清乾隆）《清高宗御制诗二集》卷二三，武英殿刊本。

[9]（清）麟庆：《河工器具图说》，清道光十六年（1836年）南河节署刊本，中国水利水电科学院藏。

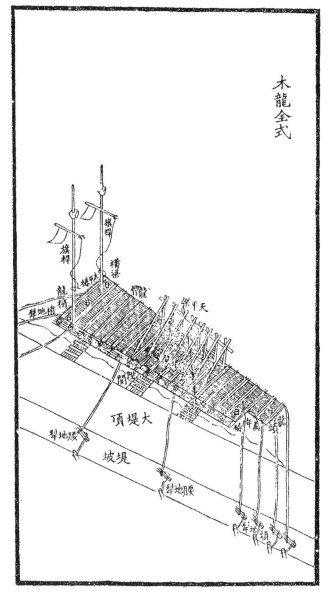

图七七　《河工器具图说》中的木龙全图

法也。"[1]

乾隆四年创设木龙后，黄河大溜，直趋北岸。高斌见木龙治河已有成效，于是在乾隆五年正月，奏请添建，再得到批复后，于是又添设木龙、护盘5架，连同前面的2架，共7架，合力挑刷。

（二）考古调查

在进行勘探之前，我们首先要做好前期的考古调查工作，主要分两个阶段。

第一阶段在室内查阅与木龙有关的历史文献、舆图、近现代学者论文；与地方志专家和市县水利专家进行座谈会，了解木龙可能所在的位置。

第二阶段到实地调查，走访当地群众，看看在历史上，诸如取土烧砖、开挖河道及建房挖地基等活动有无发现木龙的遗迹等。通过以上工作我们的收获如下。

1. 从文献舆图中大概确定了木龙埋藏的位置。咸丰《清河县志》记载："……而其后，大水至引河，仓促无及，于是高斌言有效力。州同李晡者自言能造木龙……斌令晡试造木龙于御坝下。斌以为神，加造二具……"[2]

另外，美国国会图书馆藏乾隆《黄运湖河全图》之《陶庄新河并拦黄顺黄坝图》（美国国会图书馆藏，选自李孝聪拍摄供图）、咸丰《清河县志》中乾隆十年前河口图等舆图中均有清口木龙的位置（图七八；彩图二〇六）。

2. 通过采访码头镇小学退休教师吴清云和码头镇住户孙国华和朱文涛等人得知，韩信故里公园正门前南北向柏油路东侧，与公园大门南缘在一条线上的东西向小水沟向东约100米的地段上，在1967年进行疏浚河道时，挖到大量木桩与埽工，其中，有一排南北向的木桩，总长约35米。每根木桩高约4米，有竖立，有横置。

［1］（清）陈梦雷：《古今图书集成》，上海图书集成铅版印图书局，清光绪三十年（1904年）。
［2］（清）吴棠修、鲁一同纂：（咸丰）《清河县志》，咸丰四年（1854年）刻，同治元年（1862年）补刻，1919年再补刻，中国文化遗产研究院藏。

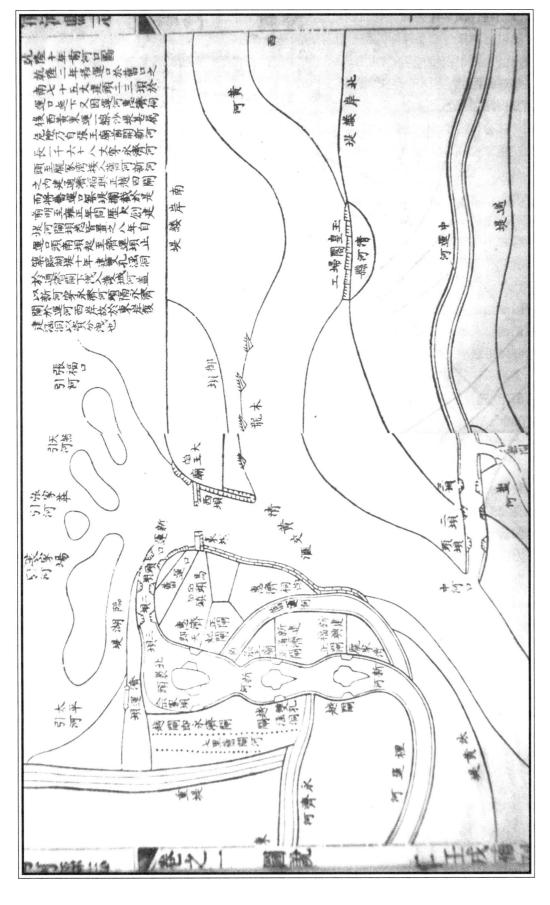

图七八　咸丰《清河县志》中木龙的位置

3. 1998年，在今王顺路西侧，码头镇镇政府大楼斜对面，顺黄坝遗址上，村民建房时就曾挖出一架保存完好的木龙，可惜没有做科学的记录就回填了。

4. 20世纪80年代在今御坝村五六组境内，村民在挖鱼塘时挖出过大量埽工、成排的木桩等遗迹，据年纪较大的老人回忆与1998年在顺黄坝上挖出的木桩十分相似。

5. 2012年，据工人讲，在御坝村的福兴家园小区建设过程中，距现在地表2米深有成排的木桩，也回填。地表暴露了一根残桩，长3.5、直径0.2米，下端尖状。木桩表面很光滑，显然经过人工处理，为杉木。

（三）考古勘探

在前期广泛调查的基础上，我们最后确定的勘探区域有4处，下面按照顺序分别叙述。在勘探过程中，我们严格按照田野考古操作规程进行，在重点区域进行密探，大部分都是用洛阳铲，以便于观察遗址土质土色的埋藏情况。河滩这一带由于泥砂淤积深厚，流动性大，我们用压扦（扦杆）勘探，可以探至7～8米深位。以下按照区域分别记录勘探情况。

1. 范围东到王顺路，南至御坝与顺水堤南侧，西到御坝西侧，北止废黄河南岸。时间为2012年6月29日～7月29日，历时30天。该区域只在坝体北侧发现有埽工分布，没有发现木龙的迹象。

2. 范围东到王顺路，南至废黄河南岸，西到陶闸一组，北止陶闸村二组和三组（彩图二〇七）。时间为2012年7月30日～8月30日，历时30天。该区域为古黄河河滩，面积较大，目前在南面是成片的农田，长满玉米、豆子和麦子等作物；北面现在是台湾柿子园，里面种植着柿子、葡萄及其他果树等。由于该区域勘探地方有限，因此大面积的地方没有勘探，没有发现木龙及其相关遗迹。

3. 范围东到张福河西岸，南至码头镇新政府大楼北侧，西到王顺路，北止明远路南侧，时间为2012年9月1日～10月15日，历时45天。该区域大部分地方也是农田，只能在田埂子上进行勘探，没有发现木龙遗迹。

4. 范围在韩信故里公园东南约50米处（彩图二〇八），南侧为马太路，时间为2011年5月10日～5月31日，历时21天。该区域也是农田，我们在田埂上进行了勘探，发现两根木桩，一根直立，一根与直立木桩捆绑，为横置杉木，距地表深4.5米。木桩位于田埂上，西侧紧靠沟渠，西北距马太路10米。

（四）结语

乾隆时期继承康熙、雍正两帝对黄河治理的基础，对黄淮运交汇的清口地区，其治水的力度与深度皆较前两朝更为提升。作为人工挑水坝的木龙，在导引挑溜、纾解清口黄河倒灌的威胁上曾一度扮演了重要角色，其置放数量最高达到7座的记录。此次对木龙的考古勘探投入的人力、物力及财力较大，但是最后没有发现，总结其原因，有以下几点。

1. 查阅历史文献与舆图，木龙位于黄河南岸、御坝与顺水堤以北陶闸村以南，7架呈东西向排列，2架木龙之间的距离120～240米，其分布范围较大。由于木龙处于清口的关键区域内，黄河在此处激流回旋，极易淤积形成滩涂，即使木龙有挑溜功能，也会被泥砂不断掩埋。1855年，黄河北徙至今，也有100多年，因此，考古勘探不易找到。

2. 此次勘探除第一个区域外，其余三个地方大部分都是农田，我们只能在田埂上勘探，勘探的面积受到限制，如果全部勘探，涉及的青苗赔偿问题巨大，因此，没有勘探的地方目前不能否定有木龙的遗迹。

3. 关于木龙，有的学者认为在此处挑溜结束后会将其拆除，在其他地方设置新的木龙或者建其他闸坝等水利设施，因此在这些区域找不到。

第四部分

结　　语

第一章

近年来京杭大运河清口水利枢纽考古的
主要收获

（一）京杭大运河清口水利枢纽考古的前期收获

淮安运河源远流长，历史遗存灿若星辰。但在20世纪80年代开展的第二次全国文物普查中，由于受各种条件的局限，加之对大运河历史价值认识的不足，却忽略了对此丰厚文化遗产的调查与登录。时至1989年，江苏省文物局在南京召开《中国文物地图集·江苏分册》编撰会议，会上，时任南京博物院院长梁白泉先生率先提出了增设"大运河江苏段史迹图"的建议。会后，淮安对运河沿线地面古迹再次进行专题调查，增补条目40余处，名列江苏运河文物之最。尔后出版的《中国文物地图集·江苏分册》还专设了一幅"淮安附近运河史迹图"，突显出淮安运河之都的历史地位（图七九）。

前期的调查工作还是仅限于地表历史古迹的登录，随着城市建设的迅猛发展，一些埋藏于地下的运河遗迹也不断地显露出来。为此，淮安市文博工作者配合工程建设加强对运河地下文物的勘查与抢救性发掘工作，其重要的考古发现摘录如下：

1991年4～5月，淮阴华能电厂一期工程建设疏浚淮河故道时，在清河区城北乡窑汪村地段发现三艘清代木质沉船，船舱破损，湮没于河床东畔。这三艘沉船皆为装载瓷器的货船，商船覆溺后成捆瓷器散落在河滩泥沙之中，断续连绵数百米。因工程建设紧迫，淮安市博物馆在施工现场仅抢救发掘各类陶瓷器500多件，其中有灯具、罐、虎子、碗、碟、钵、盆、壶、酒杯等及船上停泊的铁锚等遗物，船舱内发现人的遗骸。在附近的活动坝与桂塘地段，以往也发现过古代沉船遗迹，说明自黄河夺淮后，河流湍急，航运险恶。窑汪与桂塘皆为河道的交汇处，沉船覆舟事故多有发生，可以划定这一河段是古代沉船的密集区。

2000年11月，淮安市博物馆配合淮阴三线船闸工程建设，在运河南岸航道扩建工程中，发现一处宋元遗址，暴露面积约5000平方米，文化层堆积深约2米，且有木桩、砖基与瓦砾，发现许多宋代钱币，地层中夹杂有大量的宋元时期瓷器残件。遗址东南与韩信城遗址相邻，与里河故道贯连，结合史料考证，我们初步认为该地段当属宋代乔维岳开通沙河西端的磨盘口遗址。

2002年8月，楚州博物馆在南京博物院及淮安市博物馆的指导下，对旧城改造中发现的总督漕运部院遗址进行发掘。清理出大堂、二堂、大观楼、水井等重要遗迹，遗址下层还发现有宋元时期的建筑遗存。该遗址于2002年10月公布为江苏省文物保护单位，随后建成遗址公园，并在遗址北侧建立了中

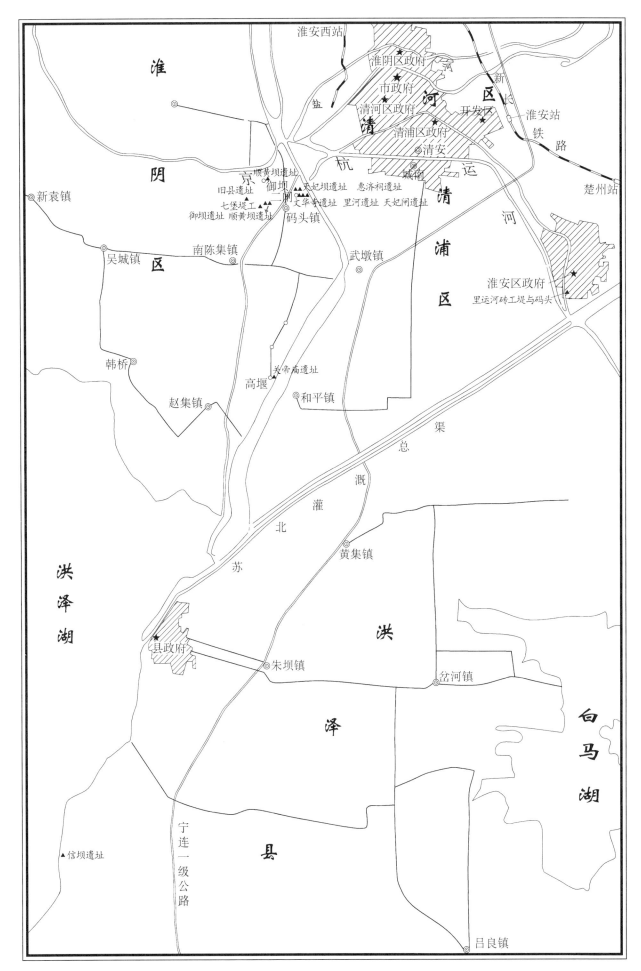

图七九　淮安运河文物点分布图

国漕运博物馆。这些建筑群体的组成，为大运河申遗提供了重要的历史见证。2006年5月，被国家文物局公布为大运河江苏淮安段16个重要节点之一。

2005年与2007年，淮安市博物馆先后两次对清浦区韩信城遗址进行考古勘探，并对内外城垣进行布方发掘，界定城垣的建筑年代为宋元时期。同时采集大量宋代铭文城砖，记有"淮东运司"、"转运司城砖"等。据此，我们对韩信城遗址文化属性有了新的认识，确认该城池应与唐宋时期的运河建置相关，和镇江双井路遗址同属运河线上仓储转运基地。

2006年10月～2007年2月，淮安市博物馆协同南京博物院、楚州博物馆配合南水北调东线一期工程，对里运河淮安段夹河明清墓群、板闸清代粮仓遗址、运东元明清墓地等7处文物点进行考古发掘，为研究淮安明清时期漕运文化提供了一批重要的考古资料。

2008年9月，在河下古镇发现一处元末明初的龙泉窑瓷片埋藏点。经南京博物院与楚州博物馆联合发掘，共收集瓷片标本约22吨，计11万余片。器形多见碗、盏、杯、瓶、壶、炉等，其中有不少专为宫廷烧造之器。这一文物埋藏点的发现，见证了河下古镇是运河沿线繁盛的商贸集散地。

上述六处重要运河遗迹的考古发掘，使我们贴近了运河文化的研究，提高了对运河历史价值的认识，领会到运河遗产是淮安古代文明史发展的重要组成部分。同时，我们也认识到，如何运用考古学的方法与理论去解读大运河两岸的历史印记，是时代赋于我们的职责，是需要我们文博工作者认真思考的问题。

（二）京杭大运河清口水利枢纽遗产点考古调查资料的初步建立

淮安运河遗产点考古调查资料的收集工作可分为前后两个阶段。第一阶段，是从20世纪80年初第二次全国文物普查开始，至2003年南水北调东线工作淮安段文物调查工作的完成。第二阶段是从2007年4月开始实施的第三次全国文物普查，到2009年10月配合大运河申遗对淮安段遗产本体的调查。

第一阶段主要分为三个时期的调查工作。

首期为第二次全国文物普查至编撰《中国文物地图集·江苏分册》时期。该期在完成文物普查的基础上对运河史迹条目再次进行专题调查，共计收录遗产点49处，涉及遗产类别有城址、水利设施遗址、寺庙遗址、碑刻（包括摩崖题刻）、河道、堤坝、闸涵等。但这些遗产点都比较零散，且以公布的各级文物保护单位为主，还有不少保存在地面的碑刻。以上调查资料收录于2008年出版的《中国文物地图集·江苏分册》。

中期为1995～1996年淮安市文博界与史志界联合编撰《淮安金石录》（原名《淮阴金石录》），着重对盱眙第一山公园、宿迁皂河龙王庙、市区清晏园、楚州勺湖碑园、省三河闸管理处、淮阴区码头镇等地点的碑刻遗珍进行拓制，对其碑文加以点校考释。涉及运河文化的碑刻（包括摩崖题刻）共计90余例，其中清康熙、乾隆所书的御制碑有15通。还收录有洪泽湖大堤康熙时期镇水铁犀铭文。这些金石铭刻资料具有重要的历史研究与文物价值，亦有很高的艺术鉴赏价值，以上碑刻拓片资料皆收录于2008年出版的《淮安金石录》。

后期为2003年8月～2004年9月，为配合南水北调东线工程建设，淮安市文博单位协同南京博物院，先后对工程沿线建设范围以及洪泽湖周边蓄水区进行认真细致的文物勘查。重点对里运河两岸、淮阴区码头镇甘罗城遗址、洪泽湖大堤、盱眙泗州城、项王城遗址及明祖陵周边区域进行考古调查。共发现记录文物点68处，其中与运河文化遗产相关的文物点25处，包括城址、船闸、涵洞、码头、船坞、河堤、古建筑群、石刻等。遗产时代跨越隋唐、宋元、明清各期。此次调查为运河遗产的保护及配合工程建设做好勘探发掘工作起到了积极作用。本期的调查资料收录于淮安市博物馆编写的《南水北调东线工程淮安段文物考古调查报告》，考古发掘成果收录于南京博物院2010年编撰的《大运河两岸的历史印记——楚州、高邮考古报告集》。

第二阶段主要为两个时期的调查工作。

前期是从2007年4月～2008年6月，我市以县域为基本单元，开展淮安市第三次全国文物普查第二阶段工作，即对全市境内地上地下不可移动文物进行调查记录。因2006年京杭大运河被列入全国重点文物保护单位，淮安又命名"运河之都"，据此，沿线楚州（今淮安区）、清河、清浦、淮阴、洪泽、盱眙等县区也将调查运河史迹列入重点。经过一年多的实地调查，共计登录运河遗产文物点270余处。楚州区以官衙公署遗址与历史街区、古建筑遗址为主，清河、清浦两区以古码头、船闸、寺庙、仓储、城池、园林遗址见多，淮阴区以河道、堤坝、闸涵等水运工程设施居首，洪泽县以码头、船坞、大堤石工、碑刻等遗存出彩，盱眙县以城址、摩崖石刻占先，这些文物古迹充分体现了淮安运河遗产的多样性、复杂性与特殊性。以上遗产点的普查资料已由淮安市文物局填报、汇总，建立了文物档案数据库。普查成果收录于2010年11月出版的《淮安市第三次全国文物普查新发现》一书（淮安市文物局编），其中，有不少遗产点已公布为文物保护单位，资料编入2012年11月出版的《淮安文物保护单位大全》（淮安市文物局编）。

后期是从2008年8月～2009年10月，中国文化遗产研究院组织7家协作单位，开展了"大运河淮安段遗产本体调查方法研究"。在清口枢纽48平方千米范围内，特别是以淮阴区码头镇、杨庄镇为核心区域，分别调查定位300余处遗迹遗存点，其中登录数量为97处，且有文献、实物、访谈等各种依据可以确认的遗产数量57处。新发现清康熙、乾隆时期运口转水墩各一处，还发现束清坝、济运坝等一些清口枢纽中具有关键作用的水工建筑物遗存。这次调查成果大大提高了对清口枢纽水利工程遗产价值的认识，为此后运河申遗的考古发掘找出了切入点。此期调查资料收录于2012年5月中国文化遗产研究院编著的《大运河清口枢纽工程遗产调查与研究》。

综合上述五个时期的调查资料，证实淮安境内的运河遗产资源是得天独厚的，蕴聚着不同时期的遗迹遗存，它是支撑运河之都的重要物质载体。我们应该分门别类进行整合梳理，建立系统的文物资料档案，为今后文史研究、文化遗产保护、申遗节点展示、大遗址公园建设、旅游发展规划以及考古勘探与发掘提供科学的依据。

（三）清口水利枢纽及相关遗址的考古成果

清口枢纽的考古工作是以淮安市淮阴区码头镇为中心区域，是建立在中国文化遗产研究院前期调查的基础上。起因于2008年秋季淮阴区码头镇境内的明远路建设，因工程涉及全国重点文物保护单位京杭大运河的本体范围，淮安市文物局在接到中国文化遗产研究院《关于建议配合淮阴区明远路建设项目开展考古发掘工作的函》后，随即责承淮安市博物馆进驻工地。从2008年10月～2009年1月对项目范围内通济闸西堤、小里河驳岸堆、关帝庙、天妃坝石工、张福河东西大堤、顺黄坝、黄河故道、御坝等9处与大运河相关遗址进行勘探及抢救性发掘。迨至2011年9月～2013年8月，为配合大运河申遗工作，经国家文物局批准，淮安市博物馆再次对码头境内的运河故道（里河）、天妃坝石工、惠济祠遗址、文华寺遗址、天妃闸及码头遗址、顺黄坝遗址、木龙遗址、顺水堤遗址、御坝及七堡堤工遗址共10处遗产点进行科研性勘探与发掘。期间，我们还对明远路西延工程清河旧县遗址、里运河防洪控制工程唐子巷砖工堤与码头遗址、洪泽湖大堤信坝遗址、高堰关帝庙遗址及水志遗存共5处遗产点进行勘探和发掘。上述共计24处遗产点的考古活动历时5年之久，是淮安市历史上持续时间最长、勘探发掘项目最多、文化性质最为相近、获取成果最为丰硕的时期。现将这5年取得运河考古成果总结如下。

1. 调查成果

这一时期的考古调查主要是集中在清口枢纽码头镇中心地带，围绕着考古项目开展。为熟悉遗产点的地理环境、历史沿革与保存现状，为考古勘探与发掘计划提供线索。我们在码头镇东起二河，西至仲弓，南抵太平，北达中运河约20平方千米范围内进行深入细致的考古调查。我们先后对码头、御坝、泰山、桃园、旧县、太平等村尚存的堤坝、河道闸涵、木龙、城池、寺庙、碑刻等遗址进行寻访复查，涉及的遗产点30余处。在查阅文献史料与考古资料的同时，还走访当地熟知情况的老人，做好采集标本与文字、绘图、摄影记录等工作。遇到疑难问题，我们还多次向北京、南京、淮安的有关领导与专家请教，其中，询问的专家学者有张廷皓、于冰、林留根、苟德麟、季祥猛、范成泰、毛立发、葛以政、徐业龙、许景阳、杜涛等先生，他们都为我们的考古工作提出了许多宝贵意见。通过实地踏勘，我们基本掌握了这一区域运河遗产点的分布位置与地表现状，并初步了解了这些遗迹遗存之间的相互关系与文化性质。码头镇是黄、淮、运水利枢纽地带，境内堤坝纵横交错，闸塘码头星罗棋布，可谓"横看成岭侧成峰，远近高低各不同。"考古工作者不身入其境，一步一个脚印去探寻感知它，就会像盲人摸象一样，知其一不知其二。在调查实践中，我们先后对里河东西二堤、三闸正河与越河大堤、天妃坝、顺清堤、顺黄坝、七堡堤工、御坝及顺水堤等古代堤防进行测量记录，感受到漕船在清口枢纽"从东山到西山，要走三天三"的艰险。我们又对甘罗城遗址、淮阴故城遗址、清河旧县遗址进行勘查，寻找旧迹，感受到千年古镇历史的沧桑，得出码头古邑治所中心随运口由北向南发展，而避黄济运中心由南向北迁移的结论。我们还对码头境内的石刻与建筑构件遗存进行搜集调查，登记散落在民间的碑刻30余件，其中，乾隆重建惠济祠纪事碑、文华寺碑、福兴闸工程碑尤其珍贵。淮安市曲福田市长见报告后，随即做出"请文物部门尽快将碑石妥善保存下来"的批示。

2. 勘探成果

考古勘探是为了解地下古代文化遗存的性质、结构、范围、面积等基本情况而进行的钻探工作。淮安市博物馆聘请专业技工勘探工作起始于2007年韩信城遗址的考古，来自陕西凤翔原秦国都城的技工队伍，具有丰富的考古勘探实践经验，其领军人物是身经百战的刘显谋先生。此后，这支队伍一直协助淮安市博物馆完成淮安境内一项项考古勘探任务。自2008年10月~2013年8月，我们在清口水利枢纽区域内，先后对通济闸西堤、里河故道与驳岸堆、码头关帝庙遗址、文华寺遗址、天妃坝石工、惠济祠遗址、天妃闸遗址、张福河东西大堤（顺清堤）、顺黄坝、御坝、顺水堤、黄河故道与木龙遗址、七堡堤工、三闸遗址运河故道、甘罗城遗址、旧县遗址、高堰关帝庙遗址及石工水志、治淮水准点遗存、洪泽湖大堤信坝遗址18处遗产点进行普通勘探和重点勘探，共计勘探面积39.76万平方米，野外工作日累计666天。通过以上众多的勘探工作，我们对运河文化遗产点地下遗存的分布概况有了基本了解，为发掘点的选定提供了线索。现例举5项勘探成果介绍如下。

（1）天妃坝石工、顺黄坝埽工遗迹范围的界定。

天妃坝石工位于淮安市淮阴区码头镇码头村境内，自"嘉庆十四年（1809年）加高堤工，通行包筑，石工遂于堤内，不可复识矣。"后至20世纪60年代，地方村民组织大规模挖掘，石工已残缺不全。经过勘探，我们寻找到几处保存完整的石工段，共计长约200米。特别是在惠济祠遗址西侧发现保存最长、建筑结构最为完好的一段，长80余米。此外，我们还在惠济祠遗址北侧至二河南岸270米范围内，又勘探到石工与埽工，这些遗存都与天妃坝石工有着内在的联系。

顺黄坝埽工位于御坝村境内，现保存约1100米。我们以明远路南北两侧200多米范围为重点勘探区域，在距地表1.5～3米深发现大量的埽工、石工等遗迹，根据这些遗迹的分布情况，以及它所在黄河故道南岸的位置，可以确认此段为御黄防洪最为险要的工段。我们当即请示淮安市文物局划定保护范围，设立护栏，树立停止建设施工的标牌，抵挡着房地产凶猛地开发。

（2）甘罗城、旧县、小里河重要文物埋藏区的划定。

通过勘探，我们对码头镇境内两处重要城址的四至范围有了界定。甘罗城遗址平面呈椭圆形，四周筑有城垣，南宽北窄，南北560、中宽320米，面积约18万平方米，文化层堆积最深约4米。此处为春秋至汉唐时期的城池遗址，因邗沟的开筑而发展起来的，是淮安城市的发祥地。旧县即清河县治遗址，经勘探发现西城垣、北城垣、护城河、天妃庙及古河道遗迹，确定了城址的中心位置。遗址东西1730、南北470米，面积81万多平方米。因远离市区与镇所，未受城市建设的干扰，原始地貌保存较好。唯有2012年修建的明远路西延工程由遗址中心穿越，破坏了遗址的自然风貌。根据这两处城址的历史价值与文物价值，2010年11月，淮安市文物局将这两处遗址划定为淮安市第一批重要地下文物埋藏区。此外，我们在总结前期勘探的基础上，确认在码头镇二闸村境内有一片重要的文物埋藏区，涉及文华寺、天妃闸、小里河故道、里河石工码头等诸多运河遗址。这些遗址相互关联、聚集一片，形成三角地貌，其北部与与全国重点文物保护单位惠济祠遗址毗邻，是清口枢纽文化遗产的金三角地区。我们于2012年11月10日，向淮安市文物局呈交了《关于淮阴区码头镇文华寺遗址天妃闸遗址小里河遗址急需划定重要地下文物埋藏区的报告》，建议加强对这一区域地下文物的保护，禁止开发建设。

（3）为三闸遗址运河故道的疏浚提供依据。

三闸遗址也是大运河申遗淮安段的重要节点之一，整治与疏浚河道是国家文物局批准的重要项目。因岁月的流失与后期农田平整，现存的惠济闸正、越两道输运河道多有淤塞。为了给疏浚工程提供考古依据，我们对已淤积平整的河段进行勘探复原，了解地下河道的宽度、坡度与深度，掌握原有河道曲直交汇的情况。共计勘探运河故道长780米，勘探面积11700平方米。根据勘探坐标，对运河疏浚地段划线放样，保持河道原来的历史走向，体现出古代水利专家设计三闸水运路线的科学性、合理性与创造性。

（4）厘清了御坝与顺水堤、顺黄坝、七堡堤工之间的关系。

御坝、顺水堤、顺黄坝、七堡堤工皆在淮安市淮阴区码头镇御坝村境内，2003年3月，御坝遗址公布为市级文物保护单位，当时设立的御坝遗址标志牌地点有误，划定的保护范围概念也比较模糊。这一区域堤防众多，明清时期，南望洪泽湖，北御黄河，东接运河，西控黄淮，是处理黄、淮、运水利工程的关键区段。通过勘探，我们首先确定了康熙时期修筑的御坝遗址，即小清口黄淮交汇的咽喉位置，然后厘清了康熙至乾隆时期续筑的顺水堤、顺黄坝及七堡堤工，为遗产点方位确定及相互之间的承袭关系提供了依据。

（5）为惠济祠遗址、顺黄坝、高堰石工、洪泽信坝遗产点保护规划提供了考古支撑。

为了配合中国文化遗产研究院与东南大学建筑设计院编制文物保护规划，我们先后对惠济祠遗址、顺黄坝遗址、高堰石工水志及关帝庙遗址、洪泽湖大堤信坝遗址进行周密的考古勘探。经过勘探，划定了惠济祠遗址东西70、南北180米和顺黄坝遗址东西400、南北200米的保护范围。我们按照国家文物局的批复意见，又对高堰石工及水志遗存、关帝庙遗址，还有洪泽湖大堤信坝遗址进行文物钻探，基本弄清楚这两处遗产点具体位置和分布范围，并掌握了地下遗迹的状况，为上述文化遗产保护规划提供必要的考古支撑。

3. 发掘成果

考古发掘是为了深入了解地下、水下古代文化遗存的结构、布局、性质、文化面貌及内涵而进行的发掘工作。自2008年10月起，我们在清口枢纽区域先后发掘了通济闸西堤、天妃坝石工、张福河东西堤、顺黄坝、天妃闸遗址、小里河故道、御坝、七堡堤工、惠济祠与高堰关帝庙遗址、里运河砖工堤与码头计11处遗产点，共揭示遗址面积4565平方米，累计野外工作675天，取得了可喜的收获。考古学的实质就是运用地层学与类型学对遗迹、遗存年代的考证，复原其历史面貌。经过这些年面广量大的发掘工作，我们圆满完成了国家文物局报批的所有考古发掘项目，揭示出一批重要的运河历史遗存，对地下复杂的遗迹现象做了科学的记录与阐释。现亦例举5个方面的发掘成果报告如下。

（1）对天妃坝等石工、砖工结构的揭示。

我们先后两次对天妃坝石工进行发掘，共揭示长52米，主要集中在惠济祠遗址西侧，皆属结构完整的石工墙。此外，我们还在高堰关帝庙前发掘洪泽湖大堤石工22米。通过发掘，我们对石工结构与砌筑方法有了认识。两地的石工墙修筑规整精细，垒砌条石一般在18层，加之上部的砖工，通体高约7米，石工之下布扎密集的排桩，木桩长3～4、径粗0.1～0.2米。临水面以10：1的坡度逐层砌筑，用糯米石灰浆胶结。此次发掘在清代石工墙内侧还意外发现了明代万历七年（1579年）所建的砖工墙，揭示遗迹面积65平方米。这些不同时期的建筑遗存为历史文献的记载提供了实物佐证。

（2）对顺黄坝埽工水利设施的揭示。

我们先后5次对顺黄坝水工设施进行发掘，共揭示面积约940平方米。5次发掘虽然都以埽工遗迹为主，但所暴露的遗迹现象各有不同。埽工堆积5～10层，厚薄不均，材料亦有不同，总体上以芦苇秸秆为常见。第一发掘点（明远路路基工程）发现埽工与石工相互叠压，石工内发现1万余枚古钱币，其中以清代“康熙通宝”、“乾隆通宝”、“嘉庆通宝”数量最多。第二发掘点（明远路基础工程）埽工遗迹保存最好，铺筑面厚达10层，除保存大量的埽面外，还发现有木桩、篓揽、草绳、石块等。第三发掘点（明远路东北200米）发现埽工5层及大面积碎石护坡。第四发掘点（御坝6组西侧路边）发现大量的木桩，沿坝体排列，应与强固坝体相关。第五发掘点即为申遗展示点，埽工堆积5层，越贴近坝体保存越佳，而接近河床底层部位，因受河水浸蚀埽面材碳化严重。在坝基底边缘与河床交接处堆积大片的碎石坍坡，深约2米。根据地层坍塌的现象，此处为御黄抢险的关键工段。

（3）对惠济祠与关帝庙遗址建筑布局的揭示。

码头惠济祠与高堰关帝庙是清口枢纽两处十分重要的寺庙遗址。明清两朝备受皇家信奉，庙址上皆立有御碑。此次发掘的惠济祠遗址主要是乾隆时期重修惠济祠的建筑基面，发掘面积共计1250平方米，发现山门以北的碑亭、前殿、大殿、篆香楼、回廊、东西墙垣等主要建筑遗迹。根据这些遗迹，我们绘制了惠济祠遗址平面图，对乾隆时期建筑基址进行复原。在发掘过程中，收集建筑构件、瓷器残片及钱币标本700余件，这些文物标本为遗址文化层位的考证及建筑历史风格的鉴别提供了实物佐证。高堰关帝庙遗址发掘是以探沟为主，共布3条探沟，发掘面积共计232平方米。发现柱础、墙基、大殿台基、房基、桩基、炉灶等遗迹，均为清代时期的建筑遗存。探明遗址范围东西25、南北70米，文化层深2.5米，属于不同时代的建筑堆积。遗址出土建筑构件、陶瓷与钱币等标本500余件，其中以大量的黄色琉璃瓦为主，其规格和形制与惠济祠琉璃瓦构件相同，展现出“虽在郊原而有皇居之美”的历史风貌。

（4）对里运河堤坝与河道的揭示。

我们对里运河堤坝与河道的揭示工作有两处，一处位于码头二闸村境内，地处文华寺遗址附近（河道现已淤塞）；一处位于淮安区唐子巷码头地段（现仍为里运河水运航道），两处遗址皆为明永乐时期开筑的河道，具有一脉相承的水运关系。两处遗址各发掘200平方米，其土堤堆积的共同特点是分层夯筑，坝体内布有排桩，迎水面的重要部位亦有石工与埽工设施。因唐子巷西首为淮安古城南门通商口岸，故在里运河东堤增设石工与砖工，还修建石阶码头。根据考古发掘测量，里运河堤坝底宽30～40米，宽窄不一，视河流的曲直走向而定。坝体高4～5米。码头镇河段宽80～90米，唐子巷宽约75米，河床深约5米。古代运河在唐代以前史籍中多称沟渠，说明其河道并不宽阔，这和当时漕船的体积大小有关。《宋史·河渠志》载："元丰六年（1083年）正月戊辰，开龟山运河，二月乙未告成，长五十七里，阔十五丈，深一丈五尺"。一是证明至北宋才有运河之说，二是说明当时开挖的龟山运河宽仅有46、深约4.6米（宋代一尺合30.72厘米），这些文献记载与我们的考古发掘资料相符。在唐子巷河道发掘现场，在河床淤积层中发现有大量宋元时期的陶瓷残件与"崇宁通宝"钱币等。其遗物沉积地点位于河床内侧，从发掘文化层位叠压与内外关系分析，河道最早的通航年代应在北宋时期，此时的河床较窄，至明清时期河道变宽，堤坝不断向外拓展。

（5）对小清口黄泛淤积地层的揭示。

我们对黄泛淤积地层的揭示选定在御坝北缘地段，此隅历史上属于黄淮交汇的小清口区域。我们在黄河故道的南边开挖了一条东西10、南北60米的探方，下挖深5～6米。其南端已接近御坝本体，下挖约3.5米见黑色淤积土；北端河滩下挖5米深处均为黄沙泥淤积，共分23层。探至7米深处仍为淤沙层，且是流沙土质，但土色基本为灰黑色，说明已进入河床底部。在御坝与顺水堤北面、顺黄坝西面为一片开阔的河滩高地，形如半月，东西1050、南北540～780米，据考古勘探可知，此滩地皆为黄泛淤积而成。黄河大溜由西向北弯曲，因康熙至乾隆时期为抵挡黄水而修筑的御坝、顺水堤、顺黄坝、七堡堤工等水利工程，埽外涨成沙滩。加之乾隆时期设置的木龙，使黄溜北趋，"木龙之下，新生沙滩"。南岸的泥沙逐年淤积，先后积淀近百年，南岸涨成沙洲，因而形成了这片宽阔且深厚的滩地，客观上也起到固堤和迫使黄溜北流的作用。在这片滩地内，我们沿黄河故道南岸寻探木龙，尽管采取多种方法，勘探面积达75000平方米，探深3米，部分地段用压钎探至7米，费时60余天，仍未找到木龙遗存。其主要原因有三：一是勘探面积只达到木龙埋藏区域的八分之一，木龙具体位置不能明确；二是勘探深度不够，所用的洛阳铲只能探至3米（其下因含水量增大，土层无法提取）；三是木龙是否在历史上已被拆除，这些问题还有待今后的考古工作去解决。

4. 学术成果

经历了5年之久的运河考古，我们在清口水利枢纽遗产片区取得了多方面的学术成果，概括起来也分为以下五个方面：

（1）搜集了大量的运河遗产考古资料。

在考古勘探方面，记录18处遗产点地下文物埋藏情况工作日志共计33册，记述文字30余万字，绘制勘探遗迹分布图上百幅。在考古发掘方面收集出土遗物小件与标本4000余件、古钱币10000余枚，考古绘图、拓片300余幅，考古摄影照片上千张，填写考古日记700余篇。并以每个考古项目为单元，建立系统的资料档案。这些收藏与记录为运河历史文化的研究提供了珍贵的第一手资料，对运河申遗、编写考古报告、开展课题研究、丰富馆藏文物、充实陈列展览都具有十分重要的现实意义。

（2）为运河遗产保护与展示提供了科学依据。

通过面广量大的考古勘探与发掘工作，我们对清口枢纽遗产点总体布局与功能及部分水利、水运设施遗迹的埋藏情况有了进一步的了解。我们对所调查的遗产点皆做了GPS定位。结合申遗文本对清口水利枢纽重要埋藏点进行科研性发掘，揭示遗存的历史面貌，为运河遗产的保护规划编制和展示工程提供了考古依据。经考古勘探与发掘而设立的运河申遗展示点有总督漕运公署遗址、三闸"U"形河道、惠济祠与天妃坝遗址、顺黄坝遗址、高堰关帝庙遗址与石工墙、洪泽湖大堤周桥大塘与信坝遗址等。这些展示点在运河申遗实地评审中发挥了非常重要的作用，得到联合国教科文世界遗产专家的赞誉。

（3）提高对清口枢纽遗产价值的认识。

以往，我们对运河考古工作是不够重视的，错误地认为这些古代水运工程没有多大的考古价值，特别是明清时期运河史料翔实，可谓汗牛充栋，无需用考古学去补证。经过近几年的考古实践，我们对这一活态的文化遗产有了明确的认识，并产生浓厚的兴趣，感知到运河文化是淮安历史非常重要的组成部分，其内涵博大精深。从春秋时期的邗沟，到隋代的山阳渎以及北宋时期的沙河、洪泽新河、龟山运河，再至明清时期的里运河、中运河等，跨越了中国古代社会2500年的历史，促进了淮安城市的发展与政治、经济、文化的繁荣。而清口枢纽又是淮安运河最为璀璨的明珠，它是黄、淮、运三龙盘争之地，漕运的咽喉，明清两朝皇家耗费了大量的人力、物力和财力，聚集了古代人许多发明与智慧，营造浩繁而庞大的水运水工设施，最终实现"蓄清刷黄、济运保漕"的治水方略。这些超大规模的水利工程体系，集中反映了明清两朝创造性的科技成就，是中国水利工程史上的杰作。我们的考古工作就是要为运河申遗找到历史见证，用这些遗迹遗存来展现运河遗产的真实价值。我们近年发掘的天妃坝、惠济祠、顺黄坝、御坝、七里堤工等遗产，就是大运河清口枢纽最具代表性的工程遗址。

（4）全面完成了申报项目考古报告的编写。

这些年来，我们在开展野外运河考古工作的同时，还搜集查阅大量的文献资料，并与中国文化遗产研究院、南京博物院及淮安市政协文史委、地方志办公室、水利局、运河文化研究中心办公室等单位密切合作，开展学术交流，广泛征求社会各界的意见，了解历史信息，力求把这些历史资料结合到我们的考古实践中去。每当完成一项考古任务，我们就立即进行资料整理，向国家文物局、江苏省文物和淮安市文物局呈交工作报告，对完成考古项目实施情况及存在问题进行汇报。近年来，我们完成了淮安运河考古报告18篇，其中10篇已在《东南文化》与《淮安历史文化研究》上发表，《江苏淮安明远路考古勘探与试掘简报》收录于中国文化遗产研究院编著的《大运河清口枢纽工程遗产调查与研究》。这些考古报告为中国大运河文化遗产的保护与研究增添了新的内容。

（5）运河考古成果位居江苏省前列。

在国家文物局、江苏省文物局和淮安市文物局的大力支持下，在全体考古工作者与技工人员的共同努力下，清口枢纽及相关运河遗迹的考古工作取得了丰硕成果。借助运河申遗的契机，连续数载勘探与发掘29处运河工程遗产点，在江苏考古史上尚属首次，且涉及遗址类别多样，揭示遗迹丰富，充分体现了明清时期水利工程建造技术与治水理念，反映了运河之都淮安运河遗产资源的丰厚性、多样性与独特性。2011年，在苏州召开的江苏省考古年会与2012年在南京召开的江苏省考古工作汇报会，我们对近年来淮安运河考古发现与研究成果作了介绍，得到与会领导和专家的高度评价，我们的工作体验与学术成果可以作为江苏省运河考古借鉴的范例。在发掘期间，全国政协"大运河保护与申遗"调研组、文化部部长蔡武、国家文物局局长励小捷、南京博物院院长龚良等领导和相关工作人员前来清口工地视察。北京、天津、浙江、山东等省市及江苏省内有关单位都来现场参观学习。我们的考古工作还为中国文化遗产研究院、南京博物院、东南大学等科研单位编制保护规划提供支撑。2013年9月22日顺利通过了世界遗产专家姜东辰先生（韩国籍）实地验收。这些考古成果也为2014年中国大运河列入世界文化遗产作出了重要贡献，成为淮安市第一个世界文化遗产。

第二章

京杭大运河清口水利枢纽考古存在的问题

　　运河水利遗存方面的考古，全国目前做的很少，近年来为配合大运河申报世界文化遗产，运河沿线各地零星做了一些考古工作，比如山东南旺分水枢纽工程及龙王庙古建筑群的考古、镇江双井路宋元粮仓的考古、安徽柳孜工程遗址、淮安楚州大运河明代砖工堤考古、南水北调东线工程淮安盱眙泗州城遗址考古等，上述考古项目各有特点，发掘对象性质、结构也完全不同，有古建筑考古、粮仓遗址考古、砖堤遗存考古，也有地下城址考古。淮安清口枢纽的几处文物点如顺黄坝为土质堤坝，木龙为水下木质结构工程，天妃闸则为古涵闸，水利考古类别多，工程复杂，考古面临的情况也千差万别，基本没有可供借鉴和参考的经验和做法。淮安市博物馆近几年来为配合大运河申报世界文化遗产，做了一些考古调查、勘探和发掘工作，虽说工作取得了一系列重大成果，但在考古工作中仍有不少问题值得注意。

1. 调查的准确性

　　清口水利枢纽遗址是一个系统复杂的工程体系，涉及文物门类众多，比如堤、坝、闸、涵洞、土墩、古河道、古码头等，以及由治水保运衍生出来的诸如碑刻、古建筑、镇水铁牛等文物遗存，但现实问题是，绝大部分文物遗存已经在历史上或近现代建设中被毁坏，存世的也已支离破碎。比如，福兴闸在20世纪50年代开挖二河时完全毁坏，惠济祠遗址毁于战火，"文革"期间又被完全拆除，天妃坝石工同样在20世纪被拆砖取石毁坏殆尽，一些碑刻也被敲碎散落各处，在第三次全国文物普查中，我们调查很大一部分是依靠当地年长者或知情者的介绍，在他们的介绍中，往往会有相互争论和矛盾的地方，而在现场又无任何蛛丝马迹作为依据，但考虑到普查的全面性和不放过任何一处线索的原则，我们在调查中，尽量多登录信息，能联上关系的都记录下来。比如有块碑刻，老者记得在什么位置，但此碑已被敲碎，一块已当做基础石建了民房，这块东西我们做了记录，但它是什么内容、尺寸大小等信息我们是一无所知，是不是老者讲到的那块碑我们也无从知晓；又比如天妃坝石工的走向，每个人的说法都不一样，大家凭着几十年的记忆，都在努力证实自己说的是正确的，但通过考古发掘后，其实每个人的说法都不那么准确。诸如上述例子十分多，清口水利枢纽的调查是一件艰难的事情，时空的变换巨大，大部分遗迹已灰飞烟灭或深埋于地下或水下，河道的沧桑变化及治理工作的日积月累，拆建的不断反复，文献记载对有些遗迹点只是一带而过，这些都给调查带来了巨大的困难，也给调查的科学性和准确性带来了挑战，这个问题必须面对，而且要解决还很困难。

2. 考古勘探的局限性

正因为有调查的准确性问题,接下来的考古勘探的问题也就接踵而来,这次考古勘探有两大问题没有解决,第一是文献记载非常清晰的康乾时期的木龙遗存,我们对照文献,寻访当地老者,请教地方水利专家及文史专家,多重努力,花了大量的时间,在文献中提到的地方扩大几倍的范围进行了细致的勘探,很遗憾的是没有发现迹象;同样文史专家十分确定的天妃闸遗址,经过细致勘探,同时也进行了考古发掘,从最后结果看,效果是不理想的。清口枢纽考古勘探具有很大的局限性,第一种就是上述情况,无法找到遗存,这与清口枢纽复杂的水系、水利工程有关,变化大、拆建复建频繁、淤积深等都有可能造成这种局面。第二种则是找到了遗存,但对其信息无法全面掌握。比如天妃坝,通过勘探我们找到了地下残存的一段,但天妃坝的堆筑、结构、层次等情况考古勘探是没法全面了解的;同样的惠济祠遗址,考古勘探大致确定了范围,但其格局、布局、层位没能弄清,因惠济祠从明代始建到抗日战争被毁,重修复修过多次,"文革"又被完全拆除,之后一直有当地村民在此生产和生活,对遗址破坏十分大,考古勘探要想弄清情况简直是不可能完成的任务,后来的考古发掘也证实了考古勘探有不少问题。考古勘探的一些问题不是考古业务人员及钻探人员水平或经验的不足造成的,而是清口水利枢纽特定的自然环境和人文环境造成的,我们以后在此地的工作,考古勘探是先导,是参考,但真正要全面科学弄清遗存面貌,还需要通过考古发掘来解决。

3. 考古发掘面临的问题

上面两点讲述考古调查、勘探都存在一些问题,要解决遗存的一些问题,考古发掘是必不可少的,但通过我们几次的考古发掘工作,我们认为在考古工作中也面临一些问题。通过几次的考古试掘和发掘工作,我们认为水利遗存考古面临的最大问题是解决水的问题,像淮安地区,本身地下水位就十分高,遗存又大部分位于河道旁或河道内,以顺黄坝为例,顺黄坝北侧为废黄河,河道虽已废弃不用,但河水常年不断,与外围二河水位保持一致,在解剖坝体上部时情况还好,越往下土越潮湿,接近水平面时已无法正常挖掘。有了2008年的发掘教训后,后来的几次发掘我们采取的措施是在确定发掘点后,在不破坏遗迹本体的情况下,围绕发掘点深挖做垄沟,根据水涌入情况安放抽水泵不间断排水,这样能保持发掘区干爽。另外一种方式是,在发掘区外造降水井一到两个,原理一样,将涌入或渗入的水排出挖掘区域,确保挖掘区干爽,第一种方法美观程度不如第二种,但造价低,做临时考古工作用比较好;第二种方法工艺稍复杂,但美观,可以将抽水泵、电线等完全掩埋,此方法可以做长期展示用。

雨雪天气对地层剖面的影响是致命的,因顺黄坝坝体土质偏沙性,遇水极易塌方,简单地在剖面上覆盖一层防水塑料薄膜不能解决问题。2013年发掘的一处展示点,其上盖好了展示大棚,地层剖面虽避免了雨水的直接冲刷,但遇大雨天,大棚外两侧的雨水通过地表渗透进来,再向展示区两侧地层渗透,几次造成险情。此种情形只能疏不能堵,要将四面涌来的水引走,后来采取的办法是在大棚两侧屋檐下铺设防水材料,在防水区域外围开深沟,深沟底部低于展示剖面最低处,这样外围四周来的水及屋檐滴下的水都顺深沟流淌走了,从此彻底解决水患。

埽工在揭示过程中,却要注意保湿,因埽工类遗迹长期在水环境中浸泡,出水遇干燥环境(特别是夏天高温情况下),脱水后很快干涸变黑,出土时还是光鲜清晰的迹象不处理就会迅速变得模糊不清,埽工若完全暴露在烈日下,很快枯黑起卷。我们在考古发掘过程中除做好防晒和保湿外,还全程请南京博物院文物保护研究所参与,揭示一片处理一片,待文保人员处理好后再拍照绘图、记录资料,从实践来看,达到了预期的效果。

4. 考古发掘与文物保护的问题

　　考古发掘与文化遗产展示之间同样存在着矛盾和问题，以惠济祠遗址考古为例，我们揭示出乾隆时期的一个层面，发现了砖铺地面、东西回廊、大殿、篆香楼、三清阁以及建筑墙基、踩踏活动面等遗迹现象，刚清理出来的展示效果和考古效果都非常好，但仅仅一个月左右的时间，再到现场的时候，地面已是杂草丛生，砖铺面缝隙、墙基缝内都长满小草，为了迎接检查和验收，我们又得清理一遍，惠济祠遗址因历史上被破坏得很严重，遗迹本身就十分脆弱，遗存量小，反复的清理对砖面、活动面破坏非常大，有些遗迹现象可能就消失了，从我们揭示出遗存到验收结束，我们如此反复地进行了多次清理，而在这一过程中文物保护一直是没有跟上的。另外天妃坝石工于2012年底就已经揭示出来，裸露在外的坝体在严寒条件下风吹雨打、雪覆冰冻，坝体上的砖、石均有开裂、粉化现象，而砖石后面的土质坝体则不断塌陷。文物保护工作的滞后对考古工作、对遗存本体造成了极大的损害，教训是深刻的，在以后工作中一定要汲取。

第三章

淮安在京杭大运河历史上的
地位及作用评价

    对于淮安在大运河历史上的地位及作用评价和研究，历史、水利、航运、商贸、城市、民俗等不同方面的学术界已经取得了大量成果，基本上认为淮安在大运河历史上占据极为重要的地位，曾经在漕运史上发挥过不可估量的历史作用，拥有"运河之都"的美誉。然而，这些大都基于对文献史料的梳理和研究，对于客观存在的运河遗迹的发掘和深入把握并不多。通过近几年的考古工作成果，充实了较多实物资料，结合大量文献记载，对淮安在大运河上的地位及作用的认识则变得越加直观和感性，在一定程度上深化和提高了人们对淮安与大运河的密切关系的理解，相关评价也会变得更趋于历史原貌。

    历史文化名城淮安位于苏北地区，地处黄淮平原和江淮平原，被誉为"漂浮在水面上的土地"，境内水网密布、河湖交错，位于古淮水、泗水的交汇处，历来被古运河缠绕着，千百年来，邗沟、隋唐运河、京杭大运河错综复杂的演变水网，成就了因运河而繁华兴盛的淮安古城历史，运河与淮安城镇发展交融相依、息息相关。运河淮安段属于治水理念悠久、文化渊源深厚、开凿建造较早、至今保护利用功效较大以及古河道、古镇、古街、古桥、古寺等历史遗存和景观较多、特色较为显著的一段。历史上淮安位于京杭大运河中段，这是其独特而关键的地理优势，正因为如此优越的地理环境使得淮安在大运河历史上扮演了重要的角色，后来一度发展为南北漕运的枢纽，起着重要的中心调控作用。然而，其复杂的黄、淮、运关系和九水汇集的水利情势决定了这是京杭大运河中最难治理的区域，而这些问题的解决又是确保京杭大运河南北畅通的关键。对此，明清王朝统治者给予了高度重视，不惜耗费巨资保运安澜。明清两朝的水利专家在清口枢纽遗址所在的码头镇一带设置了数量众多、门类复杂的闸、坝、水门等水工设施，从而科学的解决了这一治水难题。这些问题的解决，理论上，为世界治水事业的发展做出了重要贡献，丰富了人类治水的思想宝库；实践上，为保证国家安定、经济发展发挥了重要作用，至今仍在通航。然而近百年来，随着京杭大运河的衰败，码头镇以及附着于此的众多珍贵的运河文化遗产也日益倾圮废弃，成为研究运河文化的实物资料。

    1. 淮安段运河形成历史悠久，邗沟、隋唐运河、京杭大运河均穿行该地区，使淮安成为中国大运河历史延续全面而又完整之地

    据《尚书·禹贡》之九州贡道中记载，早在春秋时期，淮阴（今淮安地区）就是江淮地区和河淮地区的水运交通要塞。公元前486年，吴王夫差开挖的运河邗沟是大运河最早的一段，向西北至淮安末口入淮河。战国中期，鸿沟水系建成，淮安在沟通江、河、淮、济"四渎"之运河水运中居于枢纽地位[1]。至西汉时期，邗沟专以运盐，淮安地区成为南方粮盐北运的主要通道。隋唐以来，运河山阳渎、通济渠先后流经淮安境内，泗州、楚州与苏州、扬州等城市一起逐渐兴起于运河两岸，并且不断繁荣发展。唐宋时期，楚州（今淮安地区）成为运河航运要津，唐垂拱四年（688年）开通新漕渠，为淮北海盐外运创造了条件。至南宋时期，黄河夺淮，侵占了泗水运道，水系被打乱，水患频繁。淮阴清口成为黄河、淮河、运河的交叉口，为保证漕运正常通行，这一地区修建了一系列的水利工程[2]。元朝京杭大运河开通，明代扩建改造，全线贯通。明朝前期，自淮安城西管家湖至淮河鸭陈口，置板闸、清江闸、福兴闸、新庄闸，四闸扼运河入黄河口门统一管理。明嘉靖以后，泥沙淤积愈加严重，威胁着清口一带，加之清口又是黄淮运的交汇地带，因此更加重视治理该地区由黄河所造成的泥沙淤积。在此期间进行多次治理，直至万历二十四年（1596年），总河杨一魁大举分黄导淮，此次工程对减少洪泽湖的灾害作用明显，但对淮扬运河影响很大。明初永乐年间，设漕运都御使与总兵官各一人驻节淮安。景泰二年（1451年）又设漕运都督于淮安。清代沿袭明制，仍置淮安府，并且在此修建一系列水利工程。顺治元年（1644年）设漕运总督，常驻淮安府。康熙十六年将河道总督移驻淮安府清江浦。可见明清时期，在全国的漕运系统中，淮安居于京杭大运河的首要地位[3]。

2. 淮安段运河是完整的运河水利枢纽系统之地，与山东南旺运河枢纽系统同为最为重要的运河枢纽遗产地，且较后者当更为复杂多变

大运河在历史时期促进了淮安的经济发展，留下了包括水利工程设施、相关管理机构遗存、聚落遗存在内的诸多文化遗迹，涵盖了古堤坝、古码头、涵洞、水闸、堤堰、古渡口、衙署、粮仓、楼阁、寺庙、祠堂、会馆等运河沿线古建筑遗址，相关碑刻和镇水铁牛以及其他河道附属水工及遗迹如木龙遗址、转水墩、埽工、船坞、水关遗迹等，而这些丰富的文化遗迹反过来又向现代人展示了古运河的繁荣。其中与运河有最直接的关系的主要是众多水利工程遗存，主要包括运河运道、运口、堤坝、涵闸、津渡以及相关漕运管理机构等，大多遗迹能够得到确认，如现存的码头U形运河水道走向清晰，遗址景观幽美，风貌特殊。清口水利枢纽体系中的堤、坝、墩、闸、引河等等是一个有机组合复杂的工程格局体系，各自发挥了重要作用。清代在清口修建的顺黄坝和束水坝、御坝成为重要的抵御黄水的水工建筑物，从而保证了运口的安全和漕运、盐运的通畅，如顺黄坝的构筑无疑为工程体系的完善起到了关键性的作用。对顺黄坝、御坝的考古勘探和发掘看，清代构筑堤坝主体极为宏大，埽工发达。淮安清口运河遗产体现了古代东方水利水运工程技术的最高水平，河道、闸坝、堤防、疏浚、维护、水文观测的工程共同组成运口大型水利枢纽，其整体性尤其突出，堪称人类水运水利技术整体的杰出范例。

3. 淮安段运河变迁复杂，治河治水史迹曲折多变，成为运河水工技术和设施富集之地

淮安段运河的核心是清口枢纽，遍布废黄河、淮河、里运河、张福河等较大范围流域，虽然这里的古运道早已废弃，但当年的枢纽工程遗迹保存相对完整，仍然能够反映昔日的规模和功能。淮安地区是京杭运河最重要的关键地段，明清朝廷在清口用力最多、费帑巨大，修筑的水运水利工程设施浩繁，治黄、导淮、济运、通漕、减灾等一系列关键工程设施有机地构成了淮安运口复杂的枢纽工程。

[1] 朱士光：《论历史时期淮安在运河水运中的地位与作用》，《淮阴师范学院学报（哲学社会科学版）》2009年第3期。

[2] 李倩、程杰、徐业龙：《大运河淮安段的修筑及其演进》，《淮安工学院学报》2010年第4期。

[3] 尹钧科：《从大运河漕运与北京的关系看淮安城的历史地位》，《学海》2007年第2期。

近年来，通过多次考古调查和勘探发掘，清口运河枢纽的复杂演变得到一系列新认识，支撑运河畅通的大量水工设施在淮安清口一带涌现，如天妃坝遗址[1]、顺黄坝遗址、御坝遗址、顺水堤遗址、木龙遗址、七堡堤工以及张福河东西河堤等，这些运河遗迹的发现对于水利史、水文地理以及判断相关水工设施的年代，确认古运河河道、运口位置的几经变迁，了解黄河、淮河淤废摆动等方面的研究具有重要意义。天妃坝遗址首次发现明代砖工，对于认识明代天妃坝砖工的建筑材料、砌筑结构等方面提供了第一手资料；同时揭示的清代石工保存完整，结构清晰，为我们全面认识天妃坝石工在清代的建造、修缮及掩埋等一系列问题提供了翔实的资料。顺黄坝遗址发现的埽工遗迹是我国古代水利工程与治河工程技术的一大发明，具有显著的优点，充分体现了古人高超的技艺和杰出的智慧。里运河楚州段明清砖工堤与码头遗址[2]以及小里河古码头的发掘，除砖工、石工外，还发现埽工遗迹，对研究漕运史和中国古代水利工程技术、运河文化提供了有价值的考古资料。淮安清口运河遗产是人类开发利用土地、河流等自然资源的伟大范例工程遗存，自宋初以来的近900年间，清口历经淮河之险、黄河之淤，开发时间之长久，利用环境之复杂，工程建造之精巧，世所罕见[3]。

4. 大运河淮安段因运河而滋生和繁荣了较为密集的古城古镇，这些古城镇与运河关系极为密切

淮安境内因运河而兴的城镇如淮安古城、清河县城（旧城、新城）、清江浦、泗州城、码头镇、河下古镇等一批古城古镇，淮安古城结构独特，晋以前筑有老城，宋在老城外北部增筑新城，明又筑联城，将新老二城联成一体，是我国唯一的由三座城相连的古城。清河旧县遗址的勘探试掘，弄清了城址的范围、结构和布局，该城址是宋至清时期淮安地区城市发展的一个缩影。清河新县城县治所在地清江浦原为明永乐年间平江伯陈瑄开凿的一条运河河道，后发展成地名，因清江浦的特殊地理位置，自1415年开凿清江浦以来，一直作为朝廷的漕运、水利、河道、盐运的枢纽，商贾云集，很快发展为闻名的通商大埠，乾隆二十六年（1761年），清河县城移治清江浦，为配合淮安市北门桥控制工程开展的清河县城北门城墙遗址考古发现的遗迹有条石砌的城墙基础、城墙夯土、间隔墙、城门基址、炮台（疑似）、修筑墙基时的踩踏面（斜坡状护坡）等。城墙现存5层条石，高约2米，砌筑规整宏伟，考古发掘与文献记载基本吻合，它见证了清江浦600年的繁荣昌盛。清河县城的存在以及不断的迁移见证了黄河夺泗入淮、黄淮交汇，特别是饱含了古人为了治理清口地区不断修筑堤坝、开凿引河、设置各类水工设施等所付出的艰辛和隐藏的智慧。泗州城同样因运河而兴，通过几年的考古勘探和发掘，目前已完全弄清城址的范围、布局，发现了东、西、南、北及香华门五处城门，内外两道城墙基础，城内主要街道、古汴河河道、水关、汴泗桥、城内官署、寺庙塔幢如大圣寺、灵瑞塔基址等遗迹，它们见证了历史上廛市繁荣、人文荟萃的名州古城。淮阴区码头镇为历史文化名镇，境内地上地下运河文物遗存丰富，是淮安段运河复杂多变的核心埋藏区域。

5. 淮安是因黄淮运交织而诞生优秀治水治河思想和付诸实践之地

京杭大运河沿线难于治理的区域莫过于山东汶上南旺和江苏淮安清口，前者在于解决北方运河水源和南高北低的"水脊"地理条件下运河航运畅通问题，而后者则主要是如何治理自然河流影响运河通航的问题。淮安清口素有漕运咽喉之称，作为黄、淮、运交织的运口历经800余年，处理一条人工河流同两条自然河流的复杂关系，完全依赖工程手段，各种技术综合使用，频繁兴建关键工程，这在

---

[1] 淮安市博物馆：《江苏淮安天妃坝遗址发掘简报》，《东南文化》2012年第5期。

[2] 淮安市博物馆、楚州区博物馆：《江苏淮安里运河明清砖工堤与码头发掘简报》，《东南文化》2012年第5期。

[3] 张廷皓：《淮安地区运河及相关水利遗产研究》，《中国名城》2008年第3期；张廷皓：《淮安地区京杭运河及相关水利遗产研究初探》，《中国文物报》2009年1月23日第7版。

人类开凿运河的历史上是仅见的。据《清史稿·河渠志二》所载，全国的水利专家和官员"群萃于淮安、清口一隅"，历代著名水利大师规划、设计、营建的工程比比皆是。历史久远的水利枢纽清口曾经施行了三项国际公认的古代世界水利科技创新成果，宋代淮南转运使乔维岳的创造使淮安成为世界最早的箱式船闸诞生地，潘季驯首创的治理多沙河流技术世界领先，至今仍在国内外广泛利用，郭大昌开创了洪汛高水位的堵决技术，这些都是其他任何地方不可比拟的[1]。明清两朝奉行"蓄清刷黄，济运保漕"总体治水思想，明代陈瑄疏凿清江浦河，修筑高家堰，洪泽湖~清口水利枢纽初步确立。乾隆时期继承康熙、雍正两帝对黄河治理的基础，对黄淮运交汇的清口地区，其治水的力度与深度皆较前两朝更为提升。"束水攻沙"、"蓄清刷黄"是潘季驯解决黄河泥沙问题的主要思想，堤坝密集分布成为淮安清口运河枢纽的显著特点。靳辅继承和发展了潘季驯的治水理论与实践，实施了避黄通运、创坦坡、开引河、束清御黄坝、归海归江等工程。另外，采用作为人工挑水坝的木龙，在导引挑溜、纾解清口黄河倒灌的威胁上扮演了重要角色，考古调查与勘探发现了与木龙遗迹极为密切的木桩等遗迹和遗物线索。

6. 淮安因地处京杭大运河中段，这里成为漕运管理发达的中心之地，形成为漕政决策中心和经济调控中心，成为明清两代官方高度重视之地

淮安地处南北要冲，是全国漕粮运输的重要中转站，全国河务重镇和全国的盐务重地，是商旅必经的咽喉要道，处于京杭大运河的关键地段，史称"南北襟喉，江淮要冲"。淮安独特的地理位置使其在大运河历史上处于独特地位，承担了独特的职能，明清两代在淮安设置了漕运总督和河道总督衙门等水利管理机构。清代漕河总督驻节清口，淮安形成了漕运指挥中心、河道治理中心、漕船制造中心、漕粮转运中心、淮北盐集散中心。漕运总督公署遗址、河道总督署遗址、漕运总兵署、淮安府衙、清江浦丰济仓遗址、淮安钞关遗址、淮安榷关遗址、清江漕船厂等大量漕运管理和指挥遗迹散布淮安古城。位于淮安市楚州区淮城镇板闸的清代中期粮仓遗址[2]东西跨运河大堤内外，考古发现了房址、简易粮仓等丰富遗迹，出土陶瓷器种类丰富，对研究明清时期的漕运史、漕粮管理和运河沿岸社会生活的发展变迁提供了宝贵的实物资料，也反映了淮安在大运河历史上的重要作用。另外，康熙、乾隆两帝多次南巡视察，十分关注清口上下的治理，钦定治理河淮运的工程项目，现存的康熙乾隆御碑、乾隆阅河诗碑、圣旨碑、御制重修惠济祠碑、高家堰接筑堤工碑、三河闸历代石刻遗存、洪泽湖大堤之石刻、洪泽湖大堤之碑刻等石刻遗存，无不记述着运河淮安段的重要地位和官府的重视。

7. 大运河淮安沿岸不仅是经济商贸繁荣之地，也属民族资本萌芽地之一，商贾云集，蔚成大规模城镇，成为大运河沿线与杭州、苏州、扬州并称的四大名都之一

淮安在运河城市中具有中心性、首位性和传承性特点，在运河史上誉称运河之都的地位是历史事实，名副其实[3]。淮安约从隋唐时期逐渐从军事重镇转化为经济商贸城镇。淮安作为运河咽喉，处在经济文化大通道的要冲地位，漕运的发展也带来商业的繁荣，淮安段运河沿岸商贸往来频繁，明清时期形成了淮阴驿、清口驿、都梁驿、洪泽驿等重要驿站，外来商人在淮安设立较多会馆，如定阳会馆、浙绍会馆、润州会馆、福建会馆、江宁会馆、四民会馆、新安会馆、镇江会馆和江西会馆等，一些至今残存，淮安商贸经济的繁盛可见一斑。小里河古码头遗址、里运河楚州段明清砖工堤与码头遗

[1] 荀德麟：《在清口地区首创的古代水利科技成果》，《江苏地方志》2012年第6期。

[2] 淮安市博物馆、楚州区博物馆：《江苏淮安里运河明清砖工堤与码头发掘简报》，《东南文化》2012年第5期。

[3] 赵明奇、韩秋红：《运河之都淮安及其历史地位的形成》，《江苏地方志》2006年第4期。

址、里河西堤及东侧天妃闸遗址发掘出土了大量瓷器和一些陶器、钱币及其他生活类文物，是运河之都淮安历史上商业繁华的重要见证。

8. 淮安是运河文化传播和发展的桥梁之地，成为当时的文化辐射中心

运河淮安段文化丰富多彩，接纳了南北而来的外埠文化，也向南去北传输了本土文化，沿岸留下了许多深切记忆。例如，这段运河沿岸民俗文化信仰传播极为繁盛，天妃坝之侧的惠济祠是明清时期古清口地区最为著名的一座寺庙，考古发掘显示，寺院基址保存基本完整，布局清晰。再如小里河古码头遗址东北侧的文华寺经过勘探发掘，基本确定了遗址的范围和大致的埋藏情况。高堰关帝庙遗址的考古试掘，基本弄清了遗址的分布范围。这些庙宇遗址不仅对研究明清时期淮安地区的寺庙建筑、宗教文化以及漕运祭祀活动等都具有重要的价值，同时也是运河沿岸十分重要的标志性建筑。

详细的文献记载和丰富的考古资料有力地支撑着淮安"漕政中心"和"运河之都"的美誉，总督漕运公署遗址、清晏园、丰济仓遗址、清江大闸、淮安钞关遗址、双金闸等大量极具代表性的运河文化遗产成为淮安作为运河中枢的重要见证[1]。从邗沟开凿伊始，到隋唐大运河的山阳渎，再到京杭大运河的江淮运河，淮安境内水系被不断地利用起来，淮安也逐渐成为水运要津进而发展为漕运中枢。漕运为淮安的外运提供了条件，淮盐外运促进了淮安的发展，有"天下盐利淮为上"的说法，明清时期淮安成为盐业中心之一。漕运的兴盛和重要的中枢地位也直接带动了造船业的发展，明清时期的清江船厂成为全国的造船业中心[2]。因此，淮安境内的运河畅通，整个大运河漕运通道才会畅通，南粮北运才会畅通，整个国家的生命线才会得以运转，淮安在大运河历史上扮演的重要角色及其举足轻重的地位是无可取代的。

中国大运河淮安段的保护、传承与利用，正是基于淮安丰厚的历史积淀和繁复的运河遗产，新时期淮安段运河遗产正在不断引起人们的历史记忆并发挥其蕴含的当代作用和遗产功能。中国大运河于2014年6月22日在卡塔尔首都多哈第38届世界遗产大会上成功登录世界文化遗产名录，淮安段作为重要的组成部分，清口枢纽、漕运总督遗址2处遗产区，淮扬运河淮安段河道1段，清口枢纽、双金闸、清江大闸、洪泽湖大堤、总督漕运公署遗址5处遗产点纷纷入选，这充分体现了淮安在大运河中的历史地位，也证明了淮安运河遗产的重要价值。历史上尤其是明清时期，淮安因运河兴盛繁荣而催生城市发展鼎盛，成为当时大运河沿线的漕运指挥、河道治理、漕船制造、粮食储备、淮北食盐集散等五大中心，当今的淮安段大运河仍然发挥着通航、调水、防洪、灌溉等多重功能，是国家南水北调、北煤南运的主通道，也是江苏经济发展的水运大动脉，有江苏航运"半壁江山"之称，是一段运输繁忙、鲜活发展的运河段落。随着大运河申报世界遗产的成功、运河历史考古研究的不断深入，清口水利枢纽遗址——天妃坝石工堤、顺黄坝遗址、惠济祠遗址和码头镇古运河河道以及洪泽湖大堤周桥大塘、信坝、高堰等遗产点保护规划和展示利用，淮安在大运河历史上的地位和作用将不断深入挖掘，必将积极带动淮安城市经济、文化、旅游的不断发展，进一步提升淮安的城市形象和知名度，实现运河遗产保护与城乡经济文化发展的共赢。

综观历史，淮安因大运河的兴盛畅通而繁荣发展，淮安也为大运河的持续繁盛提供了城镇特有的保障条件，京杭大运河的至今通航，注定新时期的淮安依然是运河沿线最具活力的城市之一。大运河淮安段的历代经营，无论运河治理、漕运管理，还是经济文化交流与城镇发展等多个方面，淮安地区

[1] 李倩、董记：《大运河申遗见证淮安运河之都地位——写在第六个"中国文化遗产日"来临之际》，《淮安日报》2011年6月9日第A03版。

[2] 李倩、程杰、徐业龙：《淮安运河文化遗产现状调查和价值评估》，《淮阴师范学院学报》2010年第5期。

当属中国大运河历史的一个最好缩影和真实写照，在见证中国大运河兴衰历史的广大地域中，淮安应当是极具代表性的一个区域。淮安古今运河杂糅共存，不仅拥有纷繁多变的古运河遗存，更有仍在利用的活态运河，可以说淮安是研究中国大运河历史的最好地区之一，可誉之为一座浓缩了的中国大运河博物馆活标本。通过这几年的考古工作，有效掌握了本段大运河遗产分布范围、构成体系、建造工艺、埋藏状况以及所蕴含的其他历史信息，对深入研究大运河遗产构成和水工技术成就具有极大的推动作用，相信随着今后更多考古工作的开展，对淮安在大运河历史上的地位及作用的认识会越来越走向深入。

第四章

京杭大运河清口水利枢纽遗产的
特点及其文化价值

淮安，一座位于江苏北部的历史文化名城。淮阴是这座城市的故称，秦始皇统一六国后，便在全国范围内推行郡县制，淮阴始被置县。淮阴一称，因为其地望处于淮河之阴，黄、淮、运、沂、沭、颖、涡、濉、泗、汴、洪泽等河流、湖泊交汇于此，可以说淮阴是一座飘在水上的城市。淮安的众多河流、湖泊中，大运河水利系统功能多样，她肩负着漕河运输、防洪泄流、蓄水灌溉等多重功能。本文从历史沿革、地理位置、独特职能、国家工程等方面总结淮安大运河的特点。

1. 历史悠久、源远流长（历史沿革）

淮安运河遗产历史悠久、源远流长。早在春秋时期，吴王夫差为了入主中原，于是下令开凿了连接长江和淮河的运河，是为邗沟。邗沟南起邗城（今属扬州），北经广武湖、陆阳湖、樊梁湖（今属高邮）等一系列湖泊，然后折向东北，入射阳湖，再向西北经山阳（今属淮安）北的末口入淮河。随后1000多年的时间里，邗沟始终是连通江、淮的一条重要水上通道，历朝历代的统治者对其反复的修缮和扩建。无论怎样修缮和扩建，淮安在邗沟的运河体系中一直都占有重要地位。吴王夫差开凿邗沟的初衷是为了军事进攻的便利，运河因为这种单一职能而产生，后来随着中国经济重心的变化其功能也随之发生了衍生。

隋文帝杨坚建立隋朝后，很快又灭了南陈和西梁，从而结束了自西晋末年五胡乱中原后200余年的大分裂。隋朝定都大兴（今西安），又设东都洛阳。当时中国的统治重心在北方，但是经济重心早在六朝时期就已经转移到了南方的江淮地区。为了将南方的物资运输到北方，而且还可以有效的控制南方地区的门阀世族，先是隋文帝下令对邗沟进行改造和修缮。隋开皇七年（587年），隋文帝开山阳渎[1]。山阳渎基本上是遵循了春秋时吴王夫差所开邗沟的渠线，经由山阳（即今淮安市淮安区）至广陵（今扬州市）。后来隋炀帝当上皇帝后，于大业元年（605年）下令开凿洛阳到淮安约1000千米的通济渠。这样，通济渠、山阳渎以及江南运河[2]就沟通了黄河、淮河及长江流域，真正形成了连接南北的水上交通线路。

---

［1］李倩、程杰、徐业龙：《淮安运河文化遗产现状调查和价值评估》，《淮阴师范学院学报》2010年第5期。

［2］李倩、董记：《大运河申遗见证淮安运河之都地位——写在第六个"中国文化遗产日"来临之际》，《淮安日报》2011年6月9日第A03版。

　　元朝建立以后，定都大都（今北京），政治中心的改变直接影响了大运河的改造。为了将江淮地区的财富直接运输到大都，而不再绕道洛阳，元朝先后开挖了洛州河和会通河。又将天津至淮安之间的天然河道和湖泊连接起来，再与山阳渎和江南运河相连接，直达杭州。又开凿了从台儿庄至淮安的中运河、淮安到瓜州（今江苏省长江北岸、扬州市南面）的里运河，元朝对大运河的改造在规模上是空前的，对后世明清两朝经济发展的影响是深远的，明清时期发达的漕运很大程度上得益于元朝对大运河的改造。

　　明朝建立之初，对大运河的改造不多，继续延用元朝大运河。《明史·河渠志》记载："明成祖肇建北京，转漕东南，水陆兼挽，仍元人之旧，参用海运。"明朝中叶到清朝前期，在山东微山湖的夏镇（今微山县）至清江浦（今淮安）间，进行了黄运分离的开伽口运河、通济新河、中河等运河工程，并在江淮之间开挖月河，进行了湖漕分离的工程。可以说现在大运河的格局是在这一时期确立的。

　　清朝中后期，由于国势渐衰，太平天国运动兴起，再加上西方列强对中国的野蛮侵略，大运河在动乱中逐渐衰落。咸丰三年（1853年）后，太平天国政权占据南京和安徽沿江一带10余年，运河漕运被迫中断。咸丰五年（1855年），黄河铜瓦厢决口改道，大运河山东段逐渐淤废，从此南北漕运慢慢改为海运。光绪三十年（1904年），漕运总督也被撤废。进入20世纪以后，中国的铁路交通开始发展，铁路运输逐渐替代了漕运。至此，大运河及沿线城市的地位一落千丈。

　　新中国成立后，国家对大运河进行了大规模整修，使其重新发挥航运、灌溉、防洪和排涝的多种作用，部分河段也进行了拓宽加深，裁弯取直。新建了许多现代化码头和船闸，航运条件有所改善，季节性的通航里程已达1100多千米。2002年，大运河被纳入了"南水北调"三线工程之一，京杭大运河成为中国南水北调东线工程的重要环节和通道，通过它，长江下游的水得以送到北方地区缺水的山东和河北等地。

2. 南北襟喉，江淮要冲（地理位置）

　　淮安地处黄淮平原，西接洪泽湖，东邻黄海，北有废黄河，南有白马湖，纵贯南北的大运河和横亘东西的苏北灌溉总渠相交于淮安城南。这些河流湖泊中，对淮安历史影响最大的莫过于大运河。淮安在各历史阶段的大运河体系中都扮演着十分重要的角色。早在吴王夫差开邗沟时，淮安就是邗沟入淮河的河口。隋炀帝开大运河，淮安又是扬州至洛阳的中转口岸。唐代经淮安转运的漕粮最多时一年达到400万石，而北宋则增加到500～600万石，甚至800万石[1]。元朝时，淮安在大运河体系中处于中心地位，是控制大运河南北交通的重要枢纽。明清时期，淮安大运河经济动脉中的地位达到顶峰，中央政府为更有效地管理漕运和治水事宜，特派出漕运总督、河道总督等官员专驻淮安。这都与淮安处于黄、淮、运交汇的位置有关，也最难治理。淮安位于我国南北自然分界线秦岭～淮河一线上。这条分界线同时也是小麦和水稻种植区的分界线、长江流域和黄河流域的分界线。淮安连接南北，通贯东西，可谓"南北襟喉，江淮要冲"[2]。

3. 束水攻沙、蓄清敌黄（治河方略）

　　大运河功能是多方面的，除了有漕粮运输、其他的物资运输和客运外，还有防洪泄流的功能。"黄河侵泗、夺淮是清口成为国家治运中心的主因"[3]。明清时期，由于黄河夺淮，淮河下游河道淤

　　［1］沈兴大：《七省咽喉——淮安》，《水利天地》1988年第6期。
　　［2］董抟霄：《淮安议》。
　　［3］季祥猛、范成泰、朱兴华等：《古清口的兴盛与变迁》，《中国水利》2008年第8期。

高，导致淮安清口地区河水宣泄不畅，影响正常的漕运。淮安清口又是大运河的咽喉，所以在清口地区采用何种方式治理水患就尤为关键。明清两朝，有效地治理清口水利枢纽的治河能臣当推潘季驯。

潘季驯，明朝乌程（今浙江湖州）人，自嘉靖四十四年（1565年）~万历十九年（1591年），先后四次奉命总理河道，治理黄、淮、运河有27年。著有《河防一览》、《两河经略》等著作，是我国古代著名的治水能臣。

明嘉靖四十四年，嘉靖皇帝"乃命朱衡为工部尚书兼理河漕，又以潘季驯为金都御史总理河道。"[1]朱衡和潘季驯在治河理念上存在分歧，朱衡主张开凿新河。而潘季驯则考虑"劳费不赀"，主张修缮旧河道以泄流。最终嘉靖皇帝采纳了朱衡的治河方略，起初治河效果卓有成效，"于是黄水不东侵，漕道通而沛流断矣"[2]。但是，后来水患继续肆虐，潘季驯出任总理河道时，治河官吏6年6换，始终没有相对稳妥的治河办法。明万历六年（1578年），潘季驯第三次出任总理河道，他吸取了前两次治河失败的教训，总结了前人治河的成功经验，并亲对水患灾区进行实地考察。提出了"束水攻沙、蓄清敌黄"的治河方略。潘季驯认为："使黄、淮力全，涓滴悉趋于海，则力强且专，下流之积沙自去，海不浚而辟，河不挑而深，所谓固堤即以导河，导河即以浚海也。"[3]"修复陈瑄故迹，高筑南北两堤，以断两河之内灌，则淮、扬昏垫可免。塞黄浦口，筑宝应堤，浚东关等浅，修五闸，复五坝，则淮南运道无虞。坚塞桃源以下崔镇口诸决，则全河可归故道。黄、淮既无旁决，并驱入海，则沙随水刷，海口自复，而桃、清浅阻，又不足言。此以水治水之法也。若夫爬捞之说，仅可行诸闸河，前入屡试无功，徒费工料。"[4]具体做法就是在历代修筑的塘堰基础上加筑土石堤坝，拦蓄淮河之水，用高水位的淮河水冲刷清口以下黄、淮、运共用河床的泥沙，并以淮河水及时给运河补充水量[5]。

"束水攻沙、蓄清敌黄"是潘季驯治河方略的核心。"束水攻沙"的关键是修筑堤坝以约束河水，提高水位和流速，冲刷河道淤积，从而达到防洪流、保漕运的目的。"蓄清敌黄"一反明朝前期的"治河保漕"原则而将保漕寓于黄、淮的治理当中[6]。在明朝前期，保漕一直是官方治河的主要目的，这种理念过于被动。而潘季驯所倡导的治河方略则以主动治河为首要目标，将保漕涵盖于治河中。首先，想要徐邳河段不再决口，就要确保黄河下游河道畅通，这就要靠淮河水从清口而出以刷黄。与此同时，淮河水也不会再对运河造成何患，不再向东宣泄，而是侵入黄河，一举两得。

4. 避黄引淮、刷黄济运（治河方略）

清朝康熙时期，以靳辅为代表的历届河督继承和发展了潘季驯的治河理念，在此基础上采用综合措施，"避黄引淮、刷黄济运"。大运河在淮安清口与黄淮交汇，黄沙淤积会造成淮水成患于清口。靳辅的对策就是避开黄河，引淮河水入淮扬运河，既为淮河找到一条宣泄出路，又借淮水冲沙防淤，确保淮河水畅通无阻，又能刷黄济运。

靳辅，康熙十六年（1677年）至二十六年（1687年）间连续10年出任河道总督，主持治理黄、

[1]《明史·河渠志》。

[2]同注[1]。

[3]同注[1]。

[4]陈瑄（1365~1433年），明代武官、水利家，督漕运，理漕河30年。明永乐十三年，陈瑄主持开凿清江浦，自淮安城西管家湖，凿渠二十里，并导湖水入淮河，筑四闸以时宣泄。又缘湖十里筑堤引舟，由是漕舟直达于黄河。载《明史·河渠志》。

[5]陆岗：《淮安的水利之最及其水文化特色》，《江苏城市规划》2009年第11期。

[6]中国文化遗产研究院：《大运河清口枢纽工程遗产调查与研究》，文物出版社，2012年。

淮、运河。著有《靳文襄公奏疏》、《治河方略》等，是清朝著名的治河能臣。

康熙十六年，康熙皇帝任命安徽巡抚靳辅为河道总督。靳辅上任之初，便上疏康熙皇帝应该大修河道，并称："臣目见河沙无日不积，河身无日不加高，若不大修治，不特洪泽湖渐成陆地，将南而运河，东而清江浦以下，淤沙日甚，行见三面壅遏，而河无去路，势必冲突内溃，河南、山东俱有沦胥沈溺之忧，彼时虽费千万金钱，亦难剋期补救。"[1]靳辅为治理清口，制定了八项治河策略：一为取土筑堤，使河宽深；二为开清口及烂泥浅引河，使得引淮刷黄；三为加筑高家堰堤岸；四为次第堵塞周桥闸至翟家坝决口34处；五为深挑清口至清水潭运道，增培东西两堤；六为向淮扬田及商船货物征纳修河银；七为裁并河员以专责成；八为按里设兵，画堤分守[2]。对于靳辅的治河方略，康熙皇帝几乎全部准许。

在得到康熙皇帝的支持后，靳辅立马主持整治河务。首先，组织挑挖清口、烂泥浅引河四条，疏浚清口至云梯关河道，创筑关外束水堤一万八千余丈。然后堵塞了家冈、武家墩大决口16处，又修筑了兰阳、中牟、仪封、商丘月堤及虞城周家堤。康熙十七年（1678年），创建王家营、张家庄减水坝两座，修筑周桥翟坝堤二十五里，加培高家堰长堤。堵塞山阳、清口、安东三县黄河两岸及湖堰、大小决口。康熙十八年（1679年），在黄河南岸营建砀山毛城铺减水石坝，在黄河北岸营建大谷山减水石坝，以杀上流水势。康熙二十年（1681年），堵塞溃决5年的杨家庄决口，增建高邮南北滚水坝8座，修建徐州长樊大坝外月堤一千六百八十九丈。通过靳辅的综合治理，此时的洪泽湖规模进一步扩大，古泗州城也随之沉入湖底，洪泽湖成为了一个巨大的水库，使得黄河于康熙二十二年（1683年）回归故道。康熙二十三年（1684年），康熙皇帝"南巡阅河，赐诗褒美"。康熙二十五年（1686年），靳辅"以运道经黄河，风涛险恶，自骆马湖凿渠，历宿迁、桃源至清河仲家庄出口，名曰中河。粮船北上，出清口后，行黄河数里，即入中河，直达张庄运口，以避黄河百八十里之险。议者多谓辅此功不在明陈瑄凿清口下。"[3]

以避黄引淮的思想治理河患，是康乾时期主流的治河理念。正是这样，江淮地区经济持续发展，国家的经济命脉保持畅通无阻，淮安清口水利枢纽的格局也最终形成。

5. 机构进驻、设立榷关（国家机关）

明清时期的大运河是沟通国家南北经济的大动脉，漕粮运输是大运河的最主要职能。明朝建立之初，对于运输到京师的漕粮数量并无定额。至成化八年（1472年），始定漕运定额为每年400万石。其中，来自山东、河南的"北粮"为75.56万石，来自南直隶、浙江、江西、湖广等地的"南粮"为324.44万石，再加上民运部分及损耗部分，年漕运粮储达518万余石[4]。清朝入关之后，于顺治二年（1645年），户部即奏定"每岁额征漕粮四百万石"[5]，其中绝大多数的漕粮依然是来自江南、浙江、江西、湖广等地。淮安作为这条漕运通道上的一个中转站，受到了中央政府的重视。除了淮安是全国漕粮运输的重要中转站、全国河务重镇之外，还有一个重要原因就是淮安也是全国的盐务重地。明清两代，淮安是全国盐业中心之一，当时，淮安府境内有10多处盐场。淮安城西北的河下镇（今属淮安市淮安区）、西坝、涟水县、淮安区、淮阴区都有食盐的集散中心和盐业管理机构。淮盐质量属上品，产量亦居全国首列，有"天下盐利淮为上"之说。

---

[1]《清史稿·河渠志》。
[2]同注［1］。
[3]同注［1］。
[4]《明会典》卷二七《会计三·漕运》、《明史·食货志》。
[5]《清史稿·食货志》。

明初永乐年间，中央政府在淮安设漕运都御史与总兵官，主持漕运，"凡湖广、江西、浙江、江南之粮艘，衔尾而至山阳，经漕督盘查，以次出运河。虽山东、河南粮艘不经此地，亦皆遥禀戒约，故漕政通乎七省，而山阳实咽喉要地"[1]。明景泰二年（1451年），又"设漕运总督于淮安"[2]。清朝入关后，漕运制度沿袭明朝，于顺治元年（1644年）便设置主管漕运的最高长官漕运总督（官秩从一品），不驻北京，而是长驻淮安府[3]。与此同时，清朝政府又设置负责河道治理的最高军政长官河道总督，简称"总河"。"总河"于顺治元年（1644年）先驻山东济宁，又于康熙十六年（1677年）移驻淮安府清江浦。雍正七年（1729年），河道总督改为总督江南河道，驻清江浦[4]。由此可见，明、清时期在管理京杭大运河之漕运与黄河、淮河、运河治理工作中，淮安居于沿京杭大运河各府州首位[5]。

榷关制度明清时期国家的一项重要经济制度，它是由中央政府所设置，对过往关卡的船只、商品征税的一个专门机构，主要设在大运河、长江、沿海等的交通枢纽处。明朝的榷关称之为"钞关"，清晚期称为"常关"。随着明清时期淮安运河漕盐运输业的繁荣，淮安榷关所征税收是国家财政收入的重要来源。淮安地处南北要冲，是商旅必经的咽喉要道，为设立榷关提供了有利的地理位置。《续纂淮关统志》中记载"淮城西北十二里，即明平江伯陈瑄开挑运河所建四闸之一也，面湖背海，左江右河，镇居其中，为南北舟车之要道，故于此设关焉"。淮安榷关管辖范围大体包括今淮安、盐城、连云港、宿迁、徐州等省辖市的28个县区，覆盖面积约4万平方千米[6]。清朝中后期，随着海运的崛起，以及铁路交通的开发，榷关制度慢慢衰落。淮安商品流通量大幅下降，加之绕道偷税的现象也十分严重。直到民国时期，国民政府财政部实行货物就厂征收统税，取消内地关卡，淮安榷关也随之被裁撤。

探究淮安大运河的文化价值，需要从两方面考虑，即物质文化价值和非物质文化价值。先谈物质文化价值。首先，淮安大运河枢纽系统属于珍贵的古代文化遗产，这个庞大的水利枢纽有许多古代文化遗产存世，例如惠济祠遗址、御黄坝遗址、天妃闸遗址、张福河西堤遗址、洪泽湖大堤遗址、七堡石工遗址、小里河遗址等。其次，古代官方的水利管理机构也是重要的文化遗产，例如明清两朝在淮安设置的漕运总督和河道总督衙门。这些古代文化遗产需要得到妥善的保护、展示和传承。

淮安大运河的非物质文化价值涵盖多方面，体现在水利文化、漕运文化、宗教文化、商业文化、漕盐文化、驿传文化、榷关文化等[7]。

从职能方面考虑，水利文化、漕运文化和漕盐文化是淮安大运河非物质文化价值的核心体现。淮安清口是明清时期防洪泄流的关键地区，同时也是漕粮、盐运、济运的咽喉地区。这三个文化内涵汇集了明清两朝多少治水明君、能臣的智慧和心血，是宝贵的非物质文化遗产的杰出代表。

从思想认知方面考虑，宗教文化、商业文化是淮安大运河非物质文化价值的灵魂所在。京杭运河曾是中国古代历史上政治、经济、文化的大动脉和生命线，是现存的人类重要的线性文化遗产之一，

［1］（清光绪）《淮安府志·漕运》。

［2］《明史·食货志》。

［3］《清史稿》卷一百十六《职官志三》。

［4］同注［3］。

［5］朱士光：《论历史时期淮安在运河水运中的地位与作用》，《淮阴师范学院学报（哲学社会科学版）》2009年第3期。

［6］荀德麟：《明清时期的淮安榷关》，《江苏地方志》2012年第3期。

［7］季祥猛：《淮安：运河之都的人文价值》，《中国名城》2008年S1期。

　　丰富多彩的民俗信仰及其历史遗产是运河文化内涵的重要组成部分[1]。大运河沿线分布有不少天妃信仰遗址，例如淮安市淮阴区码头镇的惠济祠就供奉有天妃。此外，大运河沿线还有许多镇水神兽，例如淮安高家堰洪泽湖大堤堤岸上的镇水铁牛、关帝庙等。

　　从行政方略方面考虑，驿传文化、榷关文化是大运河非物质文化价值的重要内涵。淮安曾设立有淮阴驿、清口驿等一级要冲。淮安榷关是明清时期大运河沿线的重要税关之一，直接反映了明清时期国家的税收制度，具有很高的研究价值。

---

　　[1] 王元林：《京杭大运河镇水神兽类民俗信仰及其遗址调查》，《中国文物科学研究》2012年第1期。

附录一

京杭大运河清口水利枢纽文献汇编

（一）古代文献

1. 正史中关于大运河清口枢纽大事记

黄河

嘉靖三十一年九月，河决徐州房村集至邳州新安，运道淤阻五十里。总河副都御史曾钧上治河方略，乃浚房村至双沟、曲头，筑徐州高庙至邳州沂河。又言："刘伶台至赤晏庙凡八十里，乃黄河下流，淤沙壅塞，疏浚宜先。次则草湾老黄河口，冲激淹没安东一县，亦当急筑，更筑长堤矶嘴以备冲激。又三里沟新河口视旧口水高六尺，开旧口有沙淤之患，而为害稍轻；开新口未免淹没之虞，而漕舟颇便。宜暂闭新口，建置闸座，且增筑高家堰长堤，而新庄诸闸瓷石以遏横流。"帝命侍郎吴鹏振灾户，而悉从钧奏。（《明史·河渠志》）

隆庆六年是岁，御史吴从宪言："淮安而上清河而下，正淮、泗、河、海冲流之会。河潦内出，海潮逆流，停蓄移时，沙泥旋聚，以故日就壅塞。宜以春夏时浚治，则下流疏畅，泛溢自平。"帝即命衡与漕臣勘议。（《明史·河渠志》）

万历元年，河决房村，筑堤洼子头至秦沟口。明年，给事中郑岳言："运道自茶城至淮安五百余里，自嘉靖四十四年河水大发，淮口出水之际，海沙渐淤，今且高与山等。自淮而上，河流不迅，泥水愈淤。于是邳州浅，房村决，吕、梁二洪平，茶城倒流，皆坐此也。今不治海口之沙，乃日筑徐、沛间堤岸，桃、宿而下，听其所之。民之为鱼，未有已时也。"因献宋李公义、王令图浚川爬法。命河臣勘奏，从其所言。而是年秋，淮、河并溢。明年八月河决砀山及邵家口、曹家庄、韩登家口而北，淮亦决高家堰而东，徐、邳、淮南北漂没千里。自此桃、清上下河道淤塞，漕艘梗阻者数年，淮、扬多水患矣。总河都御史傅希挚改筑砀山月堤，暂留三口为泄水之路。其冬，并塞之。（《明史·河渠志》）

万历四年，管理南河工部郎中施天麟言："淮、泗之水不下清口而下山阳，从黄浦口入海。浦口不能尽泄，浸淫高、宝邵伯诸湖，而湖堤尽没，则以淮、泗本不入湖，而今入湖故也。淮、泗之入湖者，又缘清口向未淤塞，而今淤塞故也。清口之淤塞者，又缘黄河淤塞日高，淮水不得不让河而南徙也。盖淮水并力敌黄，胜负或亦相半，自高家堰废坏，而清口内通济桥、朱家等口淮水内灌，于是淮、泗之力分，而黄河得以全力制其敝，此清口所以独淤于今岁也。下流既淤，则上流不得不决。

……至高家堰、朱家等口，宜及时筑塞，使淮、泗并力足以敌黄，则淮水之故道可复，高、宝之大患可减。若兴、盐海口堙塞，亦宜大加疏浚。而湖堤多建减水大闸，堤下多开支河。要未有不先黄河而可以治淮，亦未有不疏通淮水而可以固堤者也。"事下河漕诸臣会议。淮之出清口也，以黄水由老黄河奔注，而老黄河久淤，未几复塞，淮水仍涨溢。（《明史·河渠志》）

万历六年夏，季驯与督漕侍郎江一麟相度水势，言："黄水入徐，历邳、宿、桃、清，至清口会淮而东入海。淮水自洛及凤，历盱、泗，至清口会河而东入海。此两河故道也。元漕江南粟，则由扬州直北庙湾入海，未尝溯淮。陈瑄始堤管家诸湖，通淮为运道。虑淮水涨溢，则筑高家堰堤以捍之，起武家墩，经大、小涧至阜宁湖，而淮不东侵。又虑黄河涨溢，则堤新城北以捍之，起清江浦，沿钵池山、柳浦湾迤东，而黄不南侵。其后，堤岸渐倾，水从高堰决入，淮郡遂同鱼鳖。……故为今计，惟修复陈瑄故迹，高筑南北两堤，以断两河之内灌，则淮、扬昏垫可免。塞黄浦口，筑宝应堤，浚东关等浅，修五闸，复五坝，则淮南运道无虞。坚塞桃源以下崔镇口诸决，则全河可归故道。黄、淮既无旁决，并驱入海，则沙随水刷，海口自复，而桃、清浅阻，又不足言。此以水治水之法也。若夫爬捞之说，仅可行诸闸河，前人屡试无功，徒费工料。"（《明史·河渠志》）

万历七年十月，两河工成，赉季驯、一麟银币，而遣给事中尹瑾勘实。八年春进季驯太子太保工部尚书，荫一子。一麟等迁擢有差。是役也，筑高家堰堤六十余里，归仁集堤四十余里，柳浦湾堤东西七十余里，塞崔镇等决口百三十，筑徐、睢、邳、宿、桃、清两岸遥堤五万六千余丈，砀、丰大坝各一道，徐、沛、丰、砀缕堤百四十余里，建崔镇、徐升、季泰、三义减水石坝四座，迁通济闸于甘罗城南，淮、扬间堤坝无不修筑，费帑金五十六万有奇。其秋擢季驯南京兵部尚书。季驯又请复新集至小浮桥故道，给事中王道成、河南巡抚周鉴等不可而止。自桂芳、季驯时罢总河不设，其后但以督漕兼理河道。高堰初筑，清口方畅，流连数年，河道无大患。（《明史·河渠志》）

万历二十年三月，季驯将去，条上辨惑者六事，力言河不两行，新河不当开，支渠不当浚。又著书曰河防一览，大旨在筑堤障河，束水归漕；筑堰障淮，逼淮注黄。以清刷浊，沙随水去。合则流急，急则荡涤而河深；分则流缓，缓则停滞而沙积。上流既急，则海口自辟而无待于开。其治堤之法，有缕堤以束其流，有遥堤以宽其势，有滚水坝以泄其怒。法甚详，言甚辩。然当是时，水势横溃，徐、泗、淮、扬间无岁不受患，祖陵被水。季驯谓当自消，已而不验。于是季驯言诎，而分黄导淮之议由此起矣。（《明史·河渠志》）

万历二十三年，又决高邮中堤及高家堰、高良涧，而水患益急矣。（《明史·河渠志》）

万历二十六年春，从杨光训等议，撤鈇，命一魁兼管漕运。六月，召一魁掌部事，命刘东星为工部侍郎，总理河漕。（《明史·河渠志》）

崇祯六年，盐城民徐瑞等言其状。帝悯之，命议罚河曹官。而是时，总河朱光祚方议开高堰三闸。（《明史·河渠志》）

康熙元年七月，河势既逆入清口，又挟睢、湖诸水自决口入，与洪泽湖连，直趋高堰，冲决翟家坝，流成大涧九，淮阳自是岁以灾告。（《清史稿·河渠志》）

康熙六年冬，命明珠等相视海口，开天妃、石闼、白驹等闸，毁白驹奸民闭闸碑。（《清史稿·河渠志》）

康熙八年，决清河三汊口，又决清水潭。副都御史马绍曾、巡盐御史李棠交章劾茂勋不职，罢之，以罗多为河道总督。（《清史稿·河渠志》）

康熙九年，决曹县牛市屯，又决单县谯楼寺，灌清河县治。是岁五月暴风雨，淮、黄并溢，撞卸高堰石工六十余段，冲决五丈余，高、宝等湖受淮、黄合力之涨，高堰几塌，淮阳岌岌可虞。（《清

史稿·河渠志》)

康熙十五年夏，久雨，河倒灌洪泽湖，高堰不能支，决口三十四。（《清史稿·河渠志》）

康熙十六年，以安徽巡抚靳辅为河督，靳辅因分列大修事宜八：曰取土筑堤，使河宽深；曰开清口及烂泥浅引河，使得引淮刷黄；曰加筑高家堰堤岸；曰周桥闸至翟家坝决口三十四，须次第堵塞；曰深挑清口至清水潭运道，增培东西两堤；曰淮扬田及商船货物，酌纳修河银；曰裁并河员以专责成；曰按里设兵，画堤分守。廷议以军务未竣，大修募夫多，宜暂停。疏再上，惟改运土用夫为车运，余悉如所请。于是各工并举。大挑清口、烂泥浅引河四，及清口至云梯关河道，创筑关外束水堤万八千余丈，塞于家冈、武家墩大决口十六，又筑兰阳、中牟、仪封、商丘月堤及虞城周家堤。明年，创建王家营、张家庄减水坝二，筑周桥翟坝堤二十五里，加培高家堰长堤，山、清、安三县黄河两岸及湖堰，大小决口尽塞。（《清史稿·河渠志》）

康熙二十三年，上南巡阅河，赐诗褒美。（《清史稿·河渠志》）

康熙二十七年，御史郭琇劾辅治河无绩，内外臣工亦交章论之，乃停筑重堤，免辅官，以闽浙总督王新命代之，仍督修下河，镌在丰级，以学士凯音布代之。（《清史稿·河渠志》）

康熙二十八年，上南巡，阅高家堰，谓诸臣曰："此堤颇坚固，然亦不可无减水坝以防水大冲决。但靳辅欲于旧堤外更筑重堤，实属无益。"并以辅于险工修挑水坝，令水势回缓，甚善。车驾还京，复其官。（《清史稿·河渠志》）

康熙三十八年春，上南巡，临视高家堰等堤，谓诸臣曰："治河上策，惟以深浚河身为要。河底浚深，则洪泽湖水直达黄河，兴化、盐城等七州县无汛滥之患，田产自然涸出。若不治源，治流终无裨益。今黄、淮交会之口过于径直，应将河、淮之堤各迤东湾曲拓筑，使之斜行会流，则黄不致倒灌矣。"（《清史稿·河渠志》）

康熙四十一年，上谓永定河石堤甚有益，欲推行黄河两岸，自徐州至清口皆修石堤。（《清史稿·河渠志》）

雍正十年，增修高堰石堤成。（《清史稿·河渠志》）

乾隆五年，黄溜仍南逼清口，仿宋陈尧佐法，制设木龙二，挑溜北行。（《清史稿·河渠志》）

乾隆六年，完颜伟虑引河不就，于清口迤西、黄河南岸设木龙挑溜北走，引河之议遂寝。（《清史稿·河渠志》）

乾隆十八年九月，决铜山张家马路，冲塌内堤、缕越堤二百余丈，南注灵、虹诸邑，入洪泽湖，夺淮而下。（《清史稿·河渠志》）

乾隆二十二年二月，上南巡至天妃闸阅木龙。（《清史稿·河渠志》）

乾隆三十年，上南巡，祭河神，阅清口东坝木龙惠济闸。（《清史稿·河渠志》）

乾隆三十九年八月，决南河老坝口，大溜由山子湖下注马家荡、射阳湖入海，板闸、淮安俱被淹没，寻塞。（《清史稿·河渠志》）

乾隆四十一年，嗣爵言黄水倒灌洪湖、运河，清口挑挖引河恐于事无济。会内迁，萨载署南总河，上命偕江南总督高晋勘议。晋等言："臣晋在工二十余年，历经倒灌。惟有将清口通湖引河挑挖，使得畅流，汇黄东注，并力刷沙，则黄河不濬自深，海口不疏自治，补偏救弊，惟此一法。"又言："清口西所建木龙，原冀排溜北趋，刷陶庄积土，使黄不逼清。但骤难尽刷，宜于陶庄积土之北开一引河，使黄离清口较远，至周家庄会清东注，不惟可免倒灌，淤沙渐可攻刷，即圩堰亦资稳固，所谓治淮即以治黄也。"（《清史稿·河渠志》）

乾隆四十二年二月，引河成。上喜成此钜工，一劳永逸，可废数百年藉清敌黄之说，饬建河神庙

于新口石坝，自制文记之。（《清史稿·河渠志》）

乾隆四十六年五月，决睢宁魏家庄，大溜注洪泽湖。（《清史稿·河渠志》）

嘉庆元年六月，决丰汛六堡，刷开运河余家庄堤，水由丰、沛北注山东金乡、鱼台，漾入昭阳、微山各湖，穿入运河，漫溢两岸，江苏山阳、清河多被淹。（《清史稿·河渠志》）

嘉庆十年闰六月，两江总督铁保言："河防之病，有谓海口不利者，有谓洪湖淤垫者，有谓河身高仰者。此三说皆可勿论。惟宜专力于清口，大修各闸坝，借湖水刷沙而河治。湖水有路入黄，不虞壅滞，而湖亦治。"上嘉其言明晰扼要。"至谓清水敌黄，所争在高下不在深浅，所论固是，但湖不深，焉能多蓄？是必蓄深然后力能敌黄。俟大汛后，会商南河总督徐端，迅将高堰五坝，及各闸坝支河，酌量施工。"时有议由王营减坝改河经六塘河入海者，铁保偕南河总督戴均元上言："新河堤长四百里，中段漫水甚广，急难施工，必须二三年之久，约费三四百万。堵筑减坝，不过二三月，费只二百余万。且旧河有故道可寻，施工较易。"上从之。（《清史稿·河渠志》）

嘉庆十三年二月，陈家浦塞。铁保等请复毛城铺石坝、王营减坝，培两岸大堤，接筑云梯关外长堤，及培高堰、山盱堤后土坡。（《清史稿·河渠志》）

嘉庆十四年冬，筑高堰碎石坦坡。（《清史稿·河渠志》）

嘉庆十五年十一月，大风激浪，决山盱属仁、义、智三坝砖石堤三千余丈，及高堰属砖石堤千七百余丈。端启高邮车逻大坝及下游归江各闸坝，并先堵仁、智坝以泄水势。时璥养病家居，上垂询办法。璥言义坝应一律堵筑，高堰石工尤须于明年大汛前修竣。上嘉所论切要。未几，仁、义、智三坝及马港俱塞，河归正道入海。（《清史稿·河渠志》）

道光四年十一月，大风，决高堰十三堡，山盱周桥之息浪菴坏石堤万一千余丈，夺文浩职，以严烺督南河，遣尚书文孚、汪廷珍驰勘。（《清史稿·河渠志》）

咸丰十一年六月，省南河总督，及淮扬、淮海、丰北、萧南、宿南、宿北、桃南、桃北各道，改置淮扬徐海兵备道，兼辖河务。（《清史稿·河渠志》）

同治七年六月，决荥泽十堡，又漫武陟赵樊村，水势下注颍、寿入洪泽湖。（《清史稿·河渠志》）

光绪十三年八月，决郑州，夺溜由贾鲁河入淮，直注洪泽湖。户部尚书翁同龢、工部尚书潘祖荫同上言："我朝顺、康以来，北决者十九，南决者十一。况淮无经行之渠，黄入淮安有归宿之地？下流不得宣泄，上游必将复决，决则仍入东境，山东之患仍未能弭。至黄水南注，有二大患、五可虑。黄注洪泽，而淮口淤垫，久不通水，仅张福口引河，阔不过数丈，大溜东注，以运河为尾闾，仅恃东堤为护，已岌岌可危。今忽加一黄河，必不能保。大患一。洪泽淤垫，高家堰久不可恃，黄河势悍，入湖后难保不立时塌卸。不东冲里下河，即南灌扬州，江、淮、河、汉并而为一，东南大局，何堪设想！大患二。里下河为产米之区，万一被淹，漕米何从措办？可虑一。即令漕米如故，或因黄挟沙垫运，不能浮送。或因积水漫溢，纤道无存，漕艘停滞。且山东本借黄济运，黄既远去，沂、汶微弱，水从何出？河运必废。可虑二。两淮盐场，胥在范公堤东。范堤不保，盐场淹没，国课何从微纳？可虑三。颍、寿、徐、海，好勇斗狠，小民荡析，难保不生事端。可虑四。黄汛合淮，势不能局于湖潴，必别寻入海之道，横流猝至，江乡居民莫保旦夕。可虑五。至入湖之水，亦须早筹宣泄。里下河地势，西北俯、东南仰，宜顺其就下之势，由兴化以北，历朦胧、傅家坞入旧河，避云梯关淤沙，北潴大通口，入潮河以达淮河，海口则取径直，形势便，经费亦不过钜。"上命江督曾国荃、漕督卢士杰筹议。（《清史稿·河渠志》）

运河

明成祖肇建北京，转漕东南，水陆兼挽，仍元人之旧，参用海运。逮会通河开，海陆并罢。南极江口，北尽大通桥，运道三千余里。综而计之，自昌平神山泉诸水，汇贯都城，过大通桥，东至通州入白河者，大通河也。自通州而南至直沽，会卫河入海者，白河也。自临清而北至直沽，会白河入海者，卫水也。自汶上南旺分流，北经张秋至临清，会卫河，南至济宁天井闸，会泗、沂、洸三水者，汶水也。自济宁出天井闸，与汶合流，至南阳新河，旧出茶城，会黄、沁后出夏镇，循迦河达直口，入黄济运者，泗、洸、小沂河及山东泉水也。自茶城秦沟，南历徐、吕，浮邳，会大沂河，至清河县入淮后，从直河口抵清口者，黄河水也。自清口而南，至于瓜、仪者，淮、扬诸湖水也。过此则长江矣。长江以南，则松、苏、浙江运道也。淮、扬至京口以南之河，通谓之转运河，而由瓜、仪达淮安者，又谓之南河，由黄河达丰、沛曰中河，由山东达天津曰北河，由天津达张家湾曰通济河，而总名曰漕河。（《明史·河渠志》）

河漕者，即黄河。上自茶城与会通河会，下至清口与淮河会。其道有三：中路曰浊河，北路曰银河，南路曰符离河。南近陵，北近运，惟中路去陵远，于运有济。而河流迁徙不常，上流苦溃，下流苦淤。运道自南而北，出清口，经桃、宿，溯二洪，入镇口，陟险五百余里。自二洪以上，河与漕不相涉也。至迦河开而二洪避，董沟辟而直河淤，运道之资河者二百六十里而止，董沟以上，河又无病于漕也。（《明史·河渠志》）

湖漕者，由淮安抵扬州三百七十里，地卑积水，汇为泽国。山阳则有管家、射阳，宝应则有白马、氾光，高邮则有石臼、甓社、武安、邵伯诸湖。仰受上流之水，傍接诸山之源，巨浸连亘，由五塘以达于江。虑淮东侵，筑高家堰拒其上流，筑王简、张福二堤御其分泄。虑淮侵而漕败，开淮安永济、高邮康济、宝应弘济三月河以通舟。至扬子湾东，则分二道：一由仪真通江口，以漕上江湖广、江西；一由瓜洲通西江嘴，以漕下江两浙。本非河道，专取诸湖之水，故曰湖漕。太祖初起大军北伐，开蹋场口、耐牢坡，通漕以饷梁、晋。定都应天，运道通利：江西、湖广之粟，浮江直下；浙西、吴中之粟，由转运河；凤、泗之粟，浮淮；河南、山东之粟，下黄河。尝由开封运粟，溯河达渭，以给陕西，用海运以饷辽卒，有事于西北者甚鲜。淮、扬之间，筑高邮湖堤二十余里，开宝应倚湖直渠四十里，筑堤护之。（《明史·河渠志》）

二省及江、浙之米皆由江以入，至淮安新城，盘五坝过淮。仁、义二坝在东门外东北，礼、智、信三坝在西门外西北，皆自城南引水抵坝口，其外即淮河。（《明史·河渠志》）

清江浦者，直淮城西，永乐二年尝一修闸。其口淤塞，则漕船由二坝，官民商船由三坝入淮，挽输甚劳苦。（《明史·河渠志》）

永乐十三年五月，工成。缘西湖筑堤亘十里以引舟。淮口置四闸，曰移风、清江、福兴、新庄。以时启闭，严其禁。并浚仪真、瓜洲河以通江湖，凿吕梁、百步二洪石以平水势，开泰州白塔河以达大江。筑高邮河堤，堤内凿渠四十里。（《明史·河渠志》）

成化二十一年敕工部侍郎杜谦浚运道，自通州至淮、扬，会山东、河南抚按相度经理。（《明史·河渠志》）

（隆庆三年）时淮水涨溢，自清河至淮安城西淤三十余里，决礼、信二坝出海，宝应湖堤多坏。（《明史·河渠志》）

万历元年，总河侍郎万恭言："清江浦河六十里，陈瑄浚至天妃祠东，注于黄河。运艘出天妃口入黄穿清特半饷耳。后黄涨，逆注入口，清遂多淤。议者不制天妃口而遽塞之，令淮水勿与黄值。开新河以接淮河，曰'接清流勿接浊流，可不淤也'。不知黄河非安流之水，伏秋盛发，则西拥淮流数十里，并灌新开河。彼天妃口，一黄水之淤耳。今淮、黄会于新闸开河口，是二淤也。防一淤，生二淤，又生淮、黄交会之浅。岁役丁夫千百，浚治方毕，水过复合。又使运艘迂八里浅滞而始达于清河，孰与出天妃口者之便且利？请建天妃闸，俾漕船直达清河。运尽而黄水盛发，则闭闸绝黄，水落则启天妃闸以利商船。新河口勿浚可也。"。乃建天妃庙口石闸。（《明史·河渠志》）

万历三年二月，总河都御史傅希挚请开泇河以避黄险，不果行。希挚又请浚梁山以下，与茶城互用，淤旧则通新而挑旧，淤新则通旧而挑新，筑坝断流，常通其一以备不虞。诏从所请。工未成，而河决崔镇，淮决高家堰，高邮湖决清水潭、丁志等口，淮城几没。知府邵元哲开菊花潭，以泄淮安、高、宝三城之水，东方刍米少通。（《明史·河渠志》）

万历四年，元哲修筑淮安长堤，又疏盐城石口下流入海。（《明史·河渠志》）

万历六年，总理河漕都御史潘季驯筑高家堰，及清江浦柳浦湾以东加筑礼、智二坝，修宝应、黄清等八浅堤，高、宝减水闸四，又拆新庄闸而改建通济闸于甘罗城南。（《明史·河渠志》）

万历十五年，督漕侍郎杨一魁请修高家堰以保上流，砌范家口以制旁决，疏草湾以杀河势，修礼坝以保新城。（《明史·河渠志》）

天启元年，淮、黄涨溢，决里河王公祠，淮安知府宋统殷、山阳知县练国事力塞之。（天启）三年秋，外河复决数口，寻塞。是年冬，浚永济新河。自凌云翼开是河，未几而闭。总河都御史刘士忠尝开坝以济运，已复塞。而淮安正河三十年未浚。故议先挑新河，通运船回空，乃浚正河，自许家闸至惠济祠长千四百余丈，复建通济月河小闸，运船皆由正河，新河复闭。（《明史·河渠志》）

崇祯二年，淮安苏家嘴、新沟大坝并决，没山、盐、高、泰民田。（崇祯）五年，又决建义北坝。（《明史·河渠志》）

夫黄河南行，淮先受病，淮病而运亦病。由是治河、导淮、济运三策，群萃于淮安、清口一隅，施工之勤，糜帑之钜，人民田庐之频岁受灾，未有甚于此者。盖清口一隅，意在蓄清敌黄。然淮强固可刷黄，而过盛则运堤莫保，淮弱末由济运，黄流又有倒灌之虞，非若白漕、卫漕仅从事疏淤塞决，闸漕、湖漕但期蓄泄得宜而已。（《清史稿·河渠志》）

康熙十六年，以靳辅为河督。辅言："……又运河自清口至清水潭，长约二百三十里，因黄内灌，河底淤高，居民日患沈溺，运艘每苦阻梗。请敕下各抚臣，将本年应运漕粮，务于明年三月内尽数过淮。俟粮艘过完，即封闭通济闸坝，督集人夫，将运河大为挑浚，面宽十一丈，底宽三丈，深丈二尺，日役夫三万四千七百有奇，三百日竣工。并堵塞清水潭、大潭湾决口六，及翟家坝至武家墩一带决口，需帑九十八万有奇。……向因河身淤垫，阻滞盘剥，艰苦万端。若清口一律浚深，则船可畅行，省费甚多。因令量输所省之费，作治河之用，请俟运河浚深，船艘通行，凡过往货物船，分别徵纳剥浅银数分，一年停止。"均允行。（《清史稿·河渠志》）

康熙十七年，靳辅言："运河既议挑深，若不束淮入河济运，仍容黄流内灌，不久复淤。请于高堰堤工单薄处，帮修坦坡，为久远卫堤计。"均如所议行。（《清史稿·河渠志》）

康熙十八年，决山阳戚家桥，随塞。（《清史稿·河渠志》）

康熙二十三年，上南巡阅河，至清口，以运口水紧，令添建石闸于清河运口。（《清史稿·河渠志》）

康熙二十五年，（靳）辅以运道经黄河，风涛险恶，自骆马湖凿渠，历宿迁、桃源至清河仲家庄出口，名曰中河。粮船北上，出清口后，行黄河数里，即入中河，直达张庄运口，以避黄河百八十里之险。议者多谓辅此功不在明陈瑄凿清口下。（《清史稿·河渠志》）

康熙二十七年，复遣尚书张玉书、图纳，左都御史马齐等往视，亦称中河安流，舟楫甚便。但逼近黄流，不便展宽，而里运河及骆马湖之水俱入此河，窄恐难容，应于萧家渡、杨家庄、新庄各建减坝，俾水大可宣泄；仲家闸口大直恐倒灌，应向东南斜挑以避黄流。诏俟临阅时定夺。是岁大雨，中河决，淹清河民田数千顷。（《清史稿·河渠志》）

康熙三十九年，上以清口日淤，恐误粮艘，海道运津又极艰险，拟以沙船载粮，自江下海，至黄河入海之口，运入中河，则海运不远。下河督张鹏翮筹议。鹏翮言运河决口已塞，清水又已引出，粮船当可畅达。若改载沙船，雇募水手，徒滋靡费。且由江入海，从黄河海口入中河，风涛不测，实属难行。从之。初，河督于成龙以中河南逼黄河，难以筑堤，乃自桃源盛家道口至清河，弃中河下段，改凿六十里，名曰新中河。至是，鹏翮见新中河浅狭，且盛家道口河头湾曲，挽运不顺，因于三义坝筑拦河堤，截用旧中河上段、新中河下段合为一河，重加修濬，运道称便。（《清史稿·河渠志》）

康熙四十年，以湖口清水已出，宜筹节宣之法，允鹏翮请，于张福口、裴家场二引河间，再开引河一，合力敌黄。若黄涨在粮艘已过，堵拦黄坝，使不得倒灌；涨在行船时，闭裴家场引河口，引清水入三汊河至文华寺济运。是岁建中河口南岸石闸。（《清史稿·河渠志》）

乾隆二年，大挑淮、扬运河，自运口至瓜洲三百余里。（《清史稿·河渠志》）

乾隆四年，黄仍灌运，论者多谓新开运口所致，特命大学士鄂尔泰相度。旋言："运口直对清口，湖水由裴家场引河东北直趋清口，入运之水仍系回流平缓；惟新口外挑水坝稍短，清水盛旺，或恐溜宽，宜再筑长坝，不必仍旧开口。惟旧河直捷，新河纡曲，今新建闸坝未开，漕船应行旧河，以利挽运。新河于天妃闸下重建通济、福兴二闸，随时启闭。每岁漕船过后，河水充溢，则开放新河以分水势，湖水涨溢，则闭旧河及新河闸以待水消，庶新旧两河可以交用。"（《清史稿·河渠志》）

乾隆二十七年，挑德州西方菴对岸引河，自魏家庄至新河头，长四十丈，建筑齐家庄挑溜埽坝，接筑清口东西坝，修李家务石闸。（《清史稿·河渠志》）

乾隆五十一年，运河盛涨，致淮安迤下东岸泾河泄水石闸墙蛰底翻，难资启闭。越五年，山阳、宝应士民修复之。（《清史稿·河渠志》）

嘉庆十四年，时淮、扬运河三百余里浅阻，两淮盐政阿克当阿请俟九月内漕船过竣，堵闭清江三坝，筑坝断流，自清江至瓜洲分段挑濬。（《清史稿·河渠志》）

道光五年，新授两江总督琦善言："臣抵清江，即赴运河及济运、束清各坝逐加履勘。自借黄济运以来，运河底高一丈数尺，两滩积淤宽厚，中泓如线。向来河面宽三四十丈者，今只宽十丈至五六丈不等，河底深丈五六尺者，今只存水三四尺，并有深不及五寸者。舟只在在胶浅，进退俱难。济运坝所蓄湖水虽渐滋长，水头下注不过三寸，未能畅注。淮安三十余里皆然，高、宝以上之运河全赖湖水，其情大可想见。请饬河、漕二臣将河面淤垫处展挑宽深，再放湖水，藉资挽送，以期不误北上期限。……自御黄坝堵闭，运河淤垫不复增高，而洪湖清水蓄至丈余，各船可资浮送，不敢冒昧挑濬。工费至省在百万外，玉庭等罄其所有，断无如许家资。更可虑者，欲濬运河，必先堵束清坝，阻绝来源，而后可以涸底挑办。现湖水下注湍急，束清坝外跌塘甚深，又系清水，不能挂淤闭气。设正事兴挑，而束清坝臕开，则工废半途，费归虚掷。请停止里、扬运河挑工，以免草率而节靡费。"允之。（《清史稿·河渠志》）

同治五年，决清水潭。（《清史稿·河渠志》）

淮河

淮水源出桐柏山，东南经随州，复北折过桐柏东，历信阳、确山、罗山、正阳、息、光山、固始、阜阳、霍丘、颍上，所挟支水合而东注，达正阳关。其下有沙河、东西淝河、洛河、洱河、芡河、天河，俱入于淮。过凤阳，又有涡河、漴河、东西濠及漴、浍、沱、潼诸水，俱汇淮而注洪泽湖。又东北，径清河、山阳、安东，由云梯关入海。径行湖北、河南、安徽、江苏四省，千有七百余里，淮固不为害也。自北宋黄河南徙，夺淮渎下游而入海，于是淮受其病。淮病而入淮诸水泛溢四出，江、安两省无不病。夫下壅则上溃，水性实然，故治河即所以治淮，而治淮莫先于治河。有清一代，经营于淮、黄交汇之区，致力綦勤，糜帑尤钜。迨咸丰中，铜瓦厢决，黄流北徙，宋、元来河道为之一变。然河徙淤留，导淮之举又乌容已。今于淮流之源委分合，及清口之蓄泄，洪泽湖之堰坝工筑，皆备列焉。（《清史稿·河渠志》）

康熙六七年间，淮大涨，冲溃古沟、翟家墩，由高、宝诸湖直射运河，决清水潭，又溢武家墩、高良涧，清口湮而黄流上溃。十五年，淮又大涨，合睢湖诸水并力东激，高良涧板工决口二十六，高堰石工决口七，涓滴不出清口。黄又乘高四溃，一入洪泽湖，由高堰决口会淮，并归清水潭，下流益淤垫。总河靳辅言："洪泽下流，自高堰西至清口约二十里，原系汪洋巨浸，为全淮会黄之所。自淮东决、黄内灌，一带湖身渐成平陆，止存宽十余丈、深五六尺至一二尺之小河，淤沙万顷，挑濬甚难。惟有于两旁离水二十丈许，各挑引河一，俾分头冲刷，庶淮河下注，可以冲辟淤泥，径奔清口，会黄刷沙，而无阻滞散漫之虞。"辅又言："下流既治，淮可直行会黄刷沙，但临湖一带堤岸，除决口外，无不残缺单薄，危险堪虞。板工固易坏，即石工之倾圮亦不可胜数。惟堤下系土坦坡，虽遇大水不易冲，今求费省工坚，惟有于堤外近湖处挑土帮筑坦坡。每堤一丈，筑坦坡宽五尺，密布草根草子其上，俟其长茂，则土益坚。至高堰石工，亦宜帮筑坦坡，埋石工于内，更为坚稳，较之用板用石用埽，可省二十一万有奇，且免冲激颓卸之患。自周家闸历古沟、唐埂至翟家坝南，估计筑三十二里之堤，并堵此原冲成之九河，及高良涧、高家堰、武家墩大小决口三十四，需费七十万五千有奇，皆系用埽，不过三年，悉皆朽坏。臣斟酌变通，除镶边裹头必须用埽，余俱宜密下排椿，多加板缆，用蒲包裹土，绳絷而填之，费可省半，而坚久过之。今拟改下埽为包土，仍筑坦坡。"制可。（《清史稿·河渠志》）

康熙十八年，大濬清口、烂泥浅、裴家场、帅家庄引河，使淮水全出清口，会黄东下。（《清史稿·河渠志》）

康熙三十九年，张鹏翮为总河，尽塞之，使淮无所漏，悉归清口；又开张福、裴家场、张家庄、烂泥浅、三岔及天然、天赐引河七，导淮以刷清口；又以清口引河宽仅三十余丈，不足畅泄全湖之水，加开宽阔。于是十余年断绝之清流，一旦奋涌而出，淮高于黄者尺余。（《清史稿·河渠志》）

康熙四十年，筑高堰大堤。（《清史稿·河渠志》）

康熙四十四年，圣祖南巡，阅高堰堤工，诏于三坝下濬河筑堤，束水入高邮、邵伯诸湖。（《清史稿·河渠志》）

康熙四十六年，上南巡阅河，谕曰："详勘溜淮套地势甚高，虽开凿成河，亦不能直达清口。且所立标杆多在坟上，若依此开河，不独坏田庐，甚至毁坟冢，何必多此一事。今欲开溜淮套，必凿山穿岭，不独断难成功，且恐汛水泛溢，不浸入洪湖，必冲决运河。"命撤去标杆，并遣阿山、鹏翮等有差。上又谓："明代淮、黄与今迥异。明代淮弱，故有倒灌之虞。今则淮强黄弱。与其开溜淮套无益之河，不若于洪湖出水处再行挑濬宽深，使清水愈加畅流，为利不浅。"（《清史稿·河渠志》）

康熙四十九年，加长御黄西坝工程，从河督赵世显请也。（《清史稿·河渠志》）

雍正元年，重建清口东西束水坝于风神庙前以蓄清，各长二十余丈。（《清史稿·河渠志》）

雍正三年，总河齐苏勒因朱家海冲决，湖底沙淤，恐高堰难保，改低三坝门槛一尺五寸以洩湖水，而救一时之急。不知水愈落，淮愈不得出，致力微不能敌黄，连年倒灌，分溜直趋。李卫颇非之。先是高堰石工未能一律坚厚。（《清史稿·河渠志》）

雍正十年秋，高堰石工成。（《清史稿·河渠志》）

乾隆二年，用总河高斌言，饬疏濬毛城铺迤下河道，经徐、萧、睢、宿、灵、虹各州县，至泗州之安门陡河，纡曲六百余里，以达洪湖，出清口，而淮扬京员夏之芳等言其不便。（《清史稿·河渠志》）

乾隆四年，高宗以高堰三坝既改低，过岸之水足泄，用大学士鄂尔泰言，永禁开放天然二坝。（《清史稿·河渠志》）

乾隆五年秋，西风大暴，湖浪汹涌，高堰汛第八堡旧堤撞击，倒卸十四段，旋修补之。（《清史稿·河渠志》）

乾隆十六年，上以天然坝乃高堰尾闾，盛涨辄开，下游州县悉被其患，命立石永禁开放。并用斌言，于三坝外增建智、信二坝，以资宣泄。（《清史稿·河渠志》）

乾隆二十二年，以湖水出清口，赖东西二坝堵束，并力刷黄，湖水过大，奔溢五坝，亦恐为下河患。因定制五坝过水一寸，东坝开宽二丈，以此递增，泐石东坝。（《清史稿·河渠志》）

乾隆二十七年，上言：“江南滨湖之区，每遇大汛，霖潦堪虞，洪泽一湖，尤为橐籥关键。为泽国计安全，莫如广疏清口，为及今第一要义。现在高堰五坝高于水面七尺有奇，清口口门见宽三十丈，当即依此酌定成算。将来两坝水增长至一尺，拆宽清口十丈，水递长，口递宽，以此为率。”是年六月，五坝水志逾一尺。河督高晋遵旨拆宽清口十丈，宣泄甚畅。（《清史稿·河渠志》）

乾隆三十四年，上恐高堰五坝顶封土障水，不足当风浪，命酌加石工。高晋等言其不便，乃增用柴柳。（《清史稿·河渠志》）

乾隆四十年，大修堰、盱各坝及临河砖石工。先是上以清口倒灌，诏循康熙中张鹏翮所开陶庄引河旧迹挑挖，导黄使北，遣鄂尔泰偕斌往勘，以汛水骤至而止。旋完颜伟继斌为河督，虑引河不易就，乃用斌议，自清口迤西，设木龙挑溜北趋，而陶庄终不敢议。（《清史稿·河渠志》）

乾隆四十一年，上乃决意开之。于是清口东西坝基移下百六十丈之平成台，筑拦黄坝百三十丈，并于陶庄迤北开引河，使黄离清口较远，清水畅流，有力攻刷淤沙。（《清史稿·河渠志》）

乾隆四十二年二月，引河成，黄流直注周家庄，会清东下，清口免倒灌之患者近十年。（《清史稿·河渠志》）

乾隆五十年，洪湖旱涸，黄流淤及清口，命河南巡抚毕沅祭淮渎，疏贾鲁、惠济诸河流以助清，湖水仍不出，黄复内灌。上欲开毛城铺、王家营减坝，下大学士阿桂等议。阿桂言：“欲治清口之病，必去老坝工以下之淤，尤当掣低黄水，使清水畅出攻沙，不劳自治。”于是闭张福口四引河，浚通湖支河，蓄清水至七尺以上，治开王营坝减泄黄水，尽启诸河，出清口涤沙，修清口兜水坝，易名束清坝。复移下惠济祠前之东西束水坝三百丈于福神巷前，加长东坝以御黄，缩短西坝以出清，易名御黄坝。（《清史稿·河渠志》）

嘉庆元年，湖水弱，清低于黄者丈余，淮遏不出。淮涨则开山盱五坝、吴城七堡，黄涨或减水入湖，以救清口之倒灌。（《清史稿·河渠志》）

嘉庆八年，黄流入海不畅，直注洪泽湖。七月，淮涨，高堰危甚，开信、义两坝泄水。西风大作，坏仁、智两坝，淮南奔清口。河督徐端陈河工数事：一，外河厅之方家马头及三老坝为淮、扬保障，宜填护碎石；一，义坝宜堵筑；一，仁、智、礼、信四坝残损宜拆修。廷议如所请。上恐四坝同修，清水过泄，命次第举行。（《清史稿·河渠志》）

道光二年，增修高堰石工。（《清史稿·河渠志》）

道光四年冬，河涨，洪泽湖蓄水至丈七尺，尚低于黄尺许，高堰十三堡堤顶被大水掣动，山盱周

桥之息浪菴亦过水八九尺，各坝均有坍损。（《清史稿·河渠志》）

道光五年春，从文孚等议，改湖堤土坦坡为碎石，于仁、义、礼旧坝处所各增建石滚坝，以防异涨。（《清史稿·河渠志》）

道光八年，上以御黄坝上下积淤丈余，清水不能多蓄，御黄坝终不可开，下南总河张井等筹议。（《清史稿·河渠志》）

道光十二年，移建信坝于夏家桥。（《清史稿·河渠志》）

道光二十一年，河决祥符，夺溜注洪泽湖，而江潮盛涨，又复顶托，因拆展御黄、束清及礼、智、仁各坝，并启放车逻等坝，以泄湖水。（《清史稿·河渠志》）

道光二十三年，河决中牟，全溜下注洪泽湖，高堰石工掣卸四千余丈，先后拆展束清、御黄、智、信各坝，并启放顺清、礼、义等河，金湾旧坝及东西湾坝同时并启，减水入江。（《清史稿·河渠志》）

同治八年，江督马新贻濬张福口引河，淮遂由清口达运。嗣又挑杨庄以下之淤黄河，以泄中运河盛涨。（《清史稿·河渠志》）

（二）关于淮安及清口的古代诗词

早渡淮

（隋）杨广

平淮既淼淼，晓雾复霏霏。

淮甸未分色，泱漭共晨晖。

晴霞转孤屿，锦帆出长圻。

潮鱼时跃浪，沙禽鸣欲飞。

会待高秋晓，愁因逝水归。

杨广（569～618年），即隋炀帝，隋文帝杨坚次子。即位后迁都洛阳，并以洛阳为中心，开凿北通涿郡（今北京），南达余杭（今杭州）的大运河，发动征高丽战争等，后又组织大规模的南巡等，导致大规模农民起义，后在江都（今扬州）为其部下宇文化及等缢死。

早发淮口望盱眙

（唐）骆宾王

养蒙分四渎，习坎奠三荆。

徙帝留余地，封王表旧城。

岸昏涵蜃气，潮满应鸡声。

洲迥连沙净，川虚积溜鸣。

一朝从捧檄，千里倦悬旌。

背流桐柏远，逗浦木兰轻。

小山迷隐路，大块切劳生。

惟有贞心在，独映寒潭清。

骆宾王（约619～约687年），唐婺州义乌（今浙江义乌）人。曾任临海丞。后随徐敬业起兵反对武则天，他撰写檄文，武则天见后大加称赏，认为遗漏如此人才，乃宰相之过。徐敬业兵败后，骆下落不明。他与王勃、卢照邻、杨炯以诗文齐名，合称"唐初四杰"。有《骆宾王文集》。

漂母岸

（唐）崔国辅

泗水入淮处，南边古岸存。

秦时有漂母，于此饭王孙。

王孙初未遇，寄食何足论。

后为楚王来，誓欲答母恩。

事迹遗在此，徒伤千载魂。

茫茫水中渚，上有一孤墩。

遥望不可到，苍苍烟树昏。

几年崩冢色，每日落潮痕。

古地多埋圮，时哉不敢言。

向夕泪沾裳，遂宿芦洲村。

崔国辅，生卒年、字号不详。唐代诗人，吴郡人，开元十四年（726年）进士，曾任许昌令、左辅（补）阙、集贤院直学士、礼部郎中，后贬为竟陵司马。

泊舟盱眙

（唐）常建

泊舟淮水次，霜降夕流清。

夜久潮侵岸，天寒月近城。

平沙依雁宿，候馆听鸡鸣。

乡国云霄外，谁堪羁旅情？

常建，生卒年不详。唐代诗人，长安人，唐开元十五年进士。仕途不得意，遂放浪诗酒，与王昌龄、张偾同隐。曾任盱眙县尉，天宝间卒。其诗多为五言，兴旨幽远。有《常建集》。

淮阴书怀寄王宋城

（唐）李白

沙墩至梁苑，二十五长亭。

大舶夹双橹，中流鹅鹳鸣。

云天扫空碧，川岳涵余清。

飞凫从西来，适与佳兴并。

眷言王乔舄，婉恋故人情。

复此亲懿会，而增交道荣。

沿回且不定，飘忽怅徂征。

暝投淮阴宿，欣得漂母迎。

斗酒烹黄鸡，一餐感素诚。

予为楚壮士，不是鲁诸生。

有德必报之，千金耻为轻。

缅书羁孤意，远寄棹歌声。

李白（701～762年），字太白，号青莲居士，祖籍陇西成纪，其先代隋朝末年流寓西域，李白就诞生在中亚碎叶。到长安时，大诗人贺知章大加赏识，称之为"谪仙人"。天宝元年被召入京。安史乱后，他参加永王璘的幕府，后永王璘失败，他受到牵连，被流放夜郎，行至巫山，遇赦得还。61岁时卒于当涂（今安徽马鞍山）。有《李太白集》。

涟水题樊氏水亭

（唐）高适

涟上非所趣，偶为事务迁。

经时驻归棹，日夕对平川。

莫论行子愁，且得主人贤。

亭上酒初熟，厨中鱼每鲜。

自说宦游来，因之居住偏。

煮盐沧海曲，种稻长淮边。

四时常晏如，百口无饥年。

菱芋藩篱下，渔樵耳目前。

异乡少朋从，我行复迍邅。

向不逢此君，孤舟已言旋。

明日又分首，风涛还渺然。

高适（700～765年），唐渤海蓨人，玄宗时举有道科，曾任封丘县尉，后累官至蜀、彭二州刺史，左散骑常侍。有《高常侍集》，其边塞诗和岑参齐名，并称"高岑"。

洪泽馆

（唐）皇甫冉

底事洪泽壁，空留黄绢词。

年年淮水上，行客不胜悲。

清明日渔子沟寄赵员外裴补阙

（唐）皇甫冉

欲逐淮潮上，暂停渔子沟。

相望知不见，终是屡回头。

皇甫冉（717～770年），字茂政，润州丹阳人。唐天宝十五年（756年）进士，历官无锡尉、左金吾兵曹、左拾遗、补阙等职。与刘长卿等友善，有《皇甫冉诗集》三卷。

经漂母墓

（唐）刘长卿

昔贤怀一饭，兹事已千秋。

古墓樵人识，前朝楚水流。

渚萍行客荐，山木杜鹃愁。

春草茫茫绿，王孙旧此游。

刘长卿（约726～约786年），字文房，唐诗人，河间（今河北省河间）人。唐天宝进士，曾为长洲县尉，官终随州（今属湖北省）刺史。其诗风格简淡，长于五言，称"五言长城"。有《刘随州集》。

宿淮浦忆司空文明

（唐）李端

愁心一倍长离忧，夜思千重忆旧游。

秦地故人成远梦，楚天凉雨在孤舟。

诸溪近海潮皆应，独树边淮叶尽流。

别恨转深何处写，前程唯有一登楼。

李端（约743～782年），字正己，赵州（今河北省赵县）人。唐大历进士，授秘书省校书郎，后为杭州司马。约卒于贞元初，为"大历十才子"之一。有《李端诗集》三卷。

宿淮阴作

（唐）陈羽

秋灯点点淮阴市，楚客联樯宿淮水。

夜深风起鱼鳖腥，韩信祠前明月里。

陈羽，生卒年不详。江东人，唐贞元八年（792年）进士，与韩愈、王涯等共为龙虎榜，后官东宫尉佐。《全唐诗》存其诗一卷。

送僧澄观

（唐）韩愈

浮屠西来何施为，扰扰四海争奔驰。

构楼架阁切星汉，夸雄斗丽止者谁。

僧伽后出淮泗上，势到众佛尤恢奇。

越商胡贾脱身罪，珪璧满船宁计资。

清淮无波平如席，栏柱倾扶半天赤。

火烧水转扫地空，突兀便高三百尺。

影沉潭底龙惊遁，当昼无云跨虚碧。

借问经营本何人，道人澄观名籍籍。

愈昔从军大梁下，往来满屋贤豪者。

皆言澄观虽僧徒，公才吏用当今无。

后从徐州辟书至，纷纷过客何由记。

人言澄观乃诗人，一座竞吟诗句新。

向风长叹不可见，我欲收敛加冠巾。

洛阳穷秋厌穷独，丁丁啄门疑啄木。

有僧来访呼使前，伏犀插脑高颊颧。

惜哉已老无所及，坐睨神骨空潜然。

临淮太守初到郡，远遣州民送音问。

好奇赏俊直难逢，去去为致思从容。

韩愈（768～824年），字退之，唐哲学家、文学家、诗人，河南河阳（今河南孟县南）人。贞元八年（792年）进士，官监察御史、刑部侍郎。文学上他是古文运动的倡导者，被尊为"唐宋八大家"之首。其诗风奇崛雄伟，力求新警，善铺陈，好发言论，对宋诗影响颇大。有《昌黎先生集》。

楚州开元寺北院枸杞临井繁茂可观群贤赋诗因以继和

（唐）刘禹锡

僧房药树依寒井，井有香泉树有灵。

翠黛叶生笼石甃，殷红子熟照铜瓶。

枝繁本是仙人杖，根老新成瑞犬形。

上品功能甘露味，还知一勺可延龄。

淮阴行（五首）

（唐）刘禹锡

其 一

簇簇淮阴市，竹楼缘岸上。

好日起樯竿，乌飞惊五两。

其 二

今日转船头，金乌指西北。

烟波与春草，千里同一色。

其 三

船头大铜镮，摩挲光阵阵。

早早使风来，沙头一眼认。

其 四

何物令侬羡？羡郎船尾燕。

衔泥趁樯竿，宿食长相见。

其 五

隔浦望行船，头昂尾幰幰。

无奈晚来时，清淮春浪软。

韩信庙

（唐）刘禹锡

将略兵机命世雄，仓黄锺室叹良弓。

遂令后代登坛者，每一寻思怕立功。

刘禹锡（772～842年），字梦得，洛阳（今河南洛阳）人，一作彭城（今江苏徐州）人。贞元九年（793年）进士，官至检校礼部尚书兼太子宾客，世称刘宾客。其诗通俗清新，晚年与白居易唱和甚多，并称"刘白"。有《刘宾客集》。

渡 淮

（唐）白居易

淮水东南阔，无风渡亦难。

孤烟生乍直，远树望多圆。

春浪棹声急，夕阳帆影残。

清流宜映月，今夜重吟看。

赠楚州郭使君

（唐）白居易

淮水东南第一州，山围雉堞月当楼。

黄金印绶悬腰底，白雪歌诗落笔头。

笑看儿童骑竹马，醉携宾客上仙舟。

当家美事堆身上，何啻林宗与细侯。

白居易（772～846年），字乐天，唐代大诗人，其先为太原人，后徙下邽。唐贞元中进士，任左赞善大夫时，因得罪权贵，贬为江州司马，后历任杭、苏两州刺史，官至刑部尚书、太子少傅。其诗语言通俗，于民生困苦多所反映。有《白氏长庆集》。

夜到泗州酬崔使君

（唐）陆畅

徐城洪尽到淮头，月里山河见泗州。

闻道泗滨清庙磬，雅声今在谢家楼。

陆畅，生卒年不详。唐元和元年（806年）进士，为皇太子僚属，后官凤翔少尹。《全唐诗》存其诗一卷。

清河泛舟

（唐）薛能

都人层立似山丘，坐啸将军拥棹游。

绕郭烟波浮泗水，一船丝竹载凉州。

城中睹望皆丹臒，旗里惊飞尽白鸥。

儒将不须夸郄縠，未闻诗句解风流。

薛能（817？～880年？），字太拙，汾州人。唐会昌六年（846年）进士，官至工部尚书。为政严察，绝私竭。癖于诗，政暇日赋一章，有《江山集》、《许昌集》。

至洪泽

（南宋）杨万里

今宵合过山阳驿，泊船问来是洪泽。

都梁到此只一程，却费一宵兼两日。

正缘夜来到犊头，打头风起浪不休。

舟人相贺已入港，不怕淮河更风浪。

老夫摇手且低声，惊心犹恐淮神听。

急呼津吏催开闸，津吏叉手不敢答。

早潮已落水入淮，晚潮未来闸不开。

细问晚潮何时来？更待玉虫缀金钗。

杨万里（1127～1206年），字廷秀，号诚斋先生，南宋诗人，吉州吉水（今属江西省）人。绍兴二十四年（1154年）进士，曾任秘书监、宝谟阁学士等。主张抗金，诗与尤袤、范成大、陆游齐名，称"中兴四大家"或"南宋四家"。其诗以构思新巧，语言通俗明畅而自成一家，时称为杨诚斋体，有《诚斋集》。

小清口

（南宋）文天祥

乍见惊胡妇，相嗟遇楚兵。

北来鸿雁密，南去骆驼轻。

芳草中原路，斜阳故国情。

明朝五十里，错认武陵行。

文天祥（1236～1283年），字宋瑞，一字履善，号文山，南宋大臣、诗人，吉州庐陵（今属江西省）人。宋宝祐四年（1256年）状元，官至右丞相。1278年在广东五坡岭兵败被俘、拒降，1279年被押送至元大都（今属北京市），迭经威胁利诱，始终不屈，1283年被害。被俘后所作诗歌，题名"指南录"，堪称诗史。遗著有《文山先生全集》。

清河道中

（元）赵孟頫

扬舲清河流，开篷素秋晓。

斓斑被崖花，委蛇顺流藻。

天清去雁高，野阔行人小。

故园归有期，客愁净如扫。

　　赵孟頫（1254～1322年），字子昂，号松雪道人、水精宫道人，元书画家、文学家，湖州（今浙江湖州）人。宋宗室，入元后，官至翰林学士承旨，封魏国公。工书法，世称"赵体"，擅画山水、木石、花竹、人马，十分精致，开创元代新画风，诗文有《松雪斋集》。

发淮安

（明）杨基

舟行日已晡，帆影动樯乌。

河伯抛钱祭，风神酹酒呼。

红怜瓜似蜜，白爱芡如珠。

且就篙师醉，何妨问远途。

　　杨基（1326～1378年），字孟载，号眉庵，原籍乐山，生长吴中，曾入张士诚幕，明初官山西按察使，后削职，谪为输作，卒于工所。工诗书画，与高启、张羽、徐贲齐名，称"吴中四杰"，有《眉庵集》1卷。

清　口

（明）张　羽

豁达两河口，前与黄河通。

高岸忽斗折，清淮汇其中。

甘罗城在南，韩信城在东。

一为秦人英，一为汉家雄。

　　张羽（1333～1385年），元末明初人，字来仪，改字附凤，浔阳（今九江）人。为安定书院山长，征至京都授太常司丞。有《静居集》。

淮安览古

（明）姚广孝

襟吴带楚客多游，壮丽东南第一州。

屏列江山随地转，练铺淮水际天浮。

城头鼓动惊乌鹊，坝口帆开起白鸥。

胯下英雄今不见，淡烟斜日使人愁。

　　姚广孝（1335～1418年），明苏州长洲治（今苏州）人，名道衍，字斯道。17岁出家为僧，洪武中从燕王（后为明成祖）到北平，为心腹谋士。惠帝削藩，他劝燕王起兵，并为筹划军事。成祖即位，复姓，赐名广孝，授太子少师。参与编修《永乐大典》、《太祖实录》，工诗文，有《姚少师集》等。

清口驿

（明）胡俨

夜渡清口驿，寥寥犬吠幽。

人家散墟落，舟楫倚汀洲。

薄雾浮空起，长河带水流。

悲歌何处发？不觉动离愁。

胡俨（1360~1443年），字若思，号颐庵，江西南昌人。洪武末以举人授华亭教谕，永乐初擢翰林院检讨，官至太子宾客兼国子监祭酒。纂修《太祖实录》、《永乐大典》皆为总裁官，有《颐庵集》。

钵池山

（明）杨茂

沧海桑田几变更，仙山不共劫灰平。

鬼神尚护烧丹灶，天地常留飞舄名。

瑶草舞风当槛绿，玉泉过雨绕池青。

步虚凌逐烟霞散，惟听琅琅梵语声。

杨茂，生卒年不详，沅湘人。天顺五年（1461年）以都督同知任漕运参将，天顺八年升任漕运总兵官，镇守淮安。博通书史，善大字，工诗，有《掇锦集》。

题寄寄亭

（明）李东阳

寄寄亭中寄此身，此身真作寄中人。

离心落雁同千里，倦眼开花又一春。

楚地山川南北会，汉槎风月往来频。

他年石上看名姓，都是东曹奉使臣。

李东阳（1447年~1516），字宾之，号西涯，茶陵（今湖南茶陵县）人。天顺甲申进士，官至吏部尚书、华盖殿大学士。为茶陵诗派的首要作家，有《怀麓堂集》

平河桥

（明）吴承恩

短篷倦傍河桥泊，独对青旗枕臂眠。

日落牛蓑归牧笛，潮来鱼米集商船。

绕篱野菜平临水，隔岸村炊互起烟。

会向此中谋二顷，闲揸藜杖听鸣蝉。

吴承恩（1500~1582年），字汝忠，号射阳山人，淮安府山阳县（今淮安）人。博学，工诗文。嘉靖二十三年被录为岁贡生，曾任长兴县丞。有《射阳先生存稿》，以其所著之神话小说《西游记》闻名世界。又撰有《禹鼎志》，已散佚。

河堤工成

（明）王典

东注江淮万里遥，年年交涨乱南条。

莫言排决烦人力，且喜平城壮圣朝。

白马沉波吴练远，苍龙蜕骨楚氛消。

万家烟火层城暮，爱听乡人击壤谣。

王典，生卒年不详，字尧载，号龙淮，淮安府山阳县人。万历四年举人，官乐清县。少时与归有光、瞿景淳齐名，诗文高古，一时推为钜手。遗集散佚，仅存诗数十篇。

清江浦

（明）方尚祖

高台纵目思悠悠，排注当年胜迹留。

树绕淮阴堤外路，风连清口驿前舟。

晴烟暖簇人家集，刍挽均输上国筹。

最是襟喉南北处，关梁日夜驶洪流。

方尚祖，生卒年不详，莆田人，举人。明天启二年（1622年）任东河船政同知，驻清江浦。

甘罗城

（明）于奕正

是否甘罗宅，淮流万古经。

说行因赵地，拜赐自秦庭。

断碣磨新翠，余钱带旧青。

维舟上荒阜，岸草昼冥冥。

于奕正，生卒年不详，字司直，宛平人，崇祯诸生，有《帝京景物略》、《天下金石志》。

悯　水

（明）张养重

高堰如城水如贼，年年防水水莫测。

丙辰五月雨十日，波撼长隄守不得。

洪水倒注势可骇，桑麻到处成沧海。

蛟龙得意占民居，饱餐人肉甘于醢。

尸骸遍野谁人收？数口牵绳逐乱流。

自料偕亡无计脱，骨肉尚冀同一邱。

间有巢林与升屋，或存或坠俱枵腹。

不食三日亦饿死，性命悬丝更惨酷。

昔闻此水高于城，城廓人民昼夜惊。

古人烟祀沈仓壁，郡门投楔洪流平。

谁云此事绝新奇，厌胜之术古有之。

圣贤捍御大灾患，堤防疏导能先期。

呜呼！

城廓人民尔莫舞，而今四境无干土。

皇天夺尔衣食资，饥寒侧目皆豺虎。

张养重（1617～1684年），字斗瞻，号虞山，晚号椰冠道人，山阳人。崇祯间诸生，入清不仕，与里人靳应昇、阎修龄以诗唱和。晚益贫，客游南北，抵燕云，涉琼海而归。有《古调堂集》。

文通塔

（明）李挺秀

谁支瓦砾上于天？传说仙人自昔年。

多少废兴增太息，傍城依旧护朝烟。

李挺秀，生卒年不详，字颖升，山阳人，明代诸生。有《惕介山盘存稿》。

富陵湖市

（明）汤调鼎

汉武秦皇久劫灰，那知湖市见蓬莱。

三山恍惚生鳌背，百雉分明绕鹿胎。

水墨云中林蟿翠，霏微烟里画图开。

地灵咫尺神仙岛，金掌何须接露台。

汤调鼎，生卒年不详，字右军，号旨庵，南清河县人。明崇祯六年（1633）举人，顺治四年（1647年）进士，官至澧州知州。有《兹堂诗文集》等。

清江闸

（清）吴伟业

岸束穿流怒，帆迟几日程。

石高三板浸，鼓急万夫争。

善事监河吏，愁逢横海兵。

我非名利客，岁晚肃宵征。

吴伟业（1609~1672年），清初诗人。字骏公，号梅村，太仓人。明崇祯进士，官左庶子，弘光朝任少詹事，入清后官至祭酒，明亡后诗多激楚苍凉之音。也工词曲书画，有《梅村家藏稿》等。

平江伯祠

（清）丁大来

元勋崇庙祀，历世叹长公。

功业存疏凿，香烟重典章。

水流新日月，人拜旧冠裳。

明德依然是，丹青半夕阳。

通济闸

（清）丁大来

水门人力建，奇险亦云稀。

壁束雷霆斗，天垂组练飞。

鱼龙空欲上，舟楫复何依。

惯习怜漕卒，年年向帝畿。

丁大来，生卒年不详，字载夫，号龙骧，淮安府山阳县人。崇祯癸酉年（1633年）岁贡，清时官长泰令，改望江县教谕，安庆推官。有《龙骧遗诗》行世。

清江浦

（清）顾炎武

此地接邳徐，平江故迹余。

开天成祖代，转漕北京初。

闸下三春尽，湖存数尺潴。

舳舻通国命，仓廪恃军储。

陵谷天行变，山川物态疏。

黄流侵内地，清口失新渠。

米麦江淮贵，金钱帑藏虚。

苍生稀土著，赤地少耰锄。

庙食思封券，河防重玺书。

路旁看父老，指点问舟车。

顾炎武（1613～1682年），初名绛，字忠清，自署蒋山佣。明亡后改名炎武，字宁人，号亭林，江苏昆山人。明诸生，参加抗清活动，入清不仕。著有《天下郡国利病书》、《日知录》、《肇域志》等。

由清江浦至出口

（清）王摅

烟树微茫离楚城，漕渠一线怒流争。

人行江北花看少，天过淮南月厌明。

渡口孤逢芳草色，舟前古庙浊河声。

山长水远三千里，无限乡思望国情。

王摅（1635～1699年），字虹友，号汲园，太仓人。一身抗节不仕，穷愁以没。著有《步檐集》、《芦中集》。

天妃闸

（清）吴廷祯

断堰锁崔嵬，奔流下石隈。

势吞淮甸尽，声撼海门开。

水气晴吹雨，天风夕送雷。

扣舷惊险绝，谁是济川才？

吴廷桢，生卒年不详，字山抢，江苏长洲人。清康熙癸未（1703年）特赐进士，官翰林院学士。有《南村诗》。

阅中河作

（清）爱新觉罗·弘历

驻辇过中河，朱栏俯绿波。

群歌漕运利，永赖圣谟多。

继述夫何有，遵循敢更过。

省方得知要，遑复论其他。

爱新觉罗·弘历（1711～1799年），即清高宗，年号"乾隆"。其在位期间，六下江南，巡视运河，曾写下过万首诗词。本诗写于乾隆十六年（1751年），清高宗南巡至淮安杨庄，创作了这首诗。

阅中河

（清）爱新觉罗·弘历

源远复流长，因清资刷黄。

睿谟千载颂，圣泽万年庆。

永利风帆旅，常输天庾粮。

平成期善守，未敢事更张。

这首诗创作于清乾隆二十二年。

仲春上浣阅中河作

（清）爱新觉罗·弘历

汶水分南北，皇都转漕资。

酌中河性顺，利后圣谟垂。

已是阅三度，无能替一辞。

守成无所勉，靡不讵惟斯。

这首诗创作于清乾隆二十六年。

阅中河作

（清）爱新觉罗·弘历

东西昔屡更，惟此协中行。

圣制利千古，时迻仰大成。

黄河南汇近，汶水北分清。

拟命溯洄访，详观济运情。

这首诗创作于乾隆三十年。

阅中河

（清）爱新觉罗·弘历

中河酌中定，圣制古谁过。

五度经临熟，万年利赖多。

进舟斯有待，策马此无讹。

节相欲更置，寻思未易么。

这首诗创作于清乾隆四十五年。

（三）关于淮安大运河的古代地图辑录

1. 周铮：《潘季驯河防一览图》，曹婉如、郑锡煌、黄盛璋等编《中国古代地图集（明代卷）》，文物出版社，1994年，第96～100页。

2. 孙国清：《石刻，〈黄河图说〉》，《地图》2006年第5期，第114页。

3. 《南河图说》，北京图书馆善本特藏部舆图组编《舆图要录》，第302页，北京图书出版社，1997年。

4. 刘天和：《问水集》（附黄河图说），《中国水利珍本丛书》第1辑第3种，中国水利工程学会，1936年2月。

5. 中国测绘科学研究院：《中华古地图珍品选集》，第87页石刻拓片《黄河图说》、第108～109页石刻《全河图》拓片、第112～113页彩绘《河防一览图》、第116页《黄淮河流故道入海图》、第117页《黄淮不循故道海口淤垫图》、第162～166页《黄河图》、第203～205页《京杭道里图》，哈尔滨地图出版社，1998年。

6. 曹婉如、郑锡煌、黄盛璋、钮仲勋、任金城等：《中国古代地图集（明代卷）》，图25《淮安府图》、图68《两淮地区府州县图册》、图43《乾坤一统海防全图》、图247《淮南水利总图》，文物出版社，1995年。

7. 靳辅、周洽：《黄河图》，台北故宫博物院图书文献处藏，康熙二十八年（1689年）前。

8. 《京杭运河全图》，镇江博物馆藏，约康熙二十八年（1689年）。

9. 《运河图》，英国图书馆藏，康熙四十一年（1702年）。

10. 张鹏翮：《运河全图》，《水道寻往——天津图书馆藏清代舆图选》，中国人民大学出版社，2007年。

11. 张鹏翮：《黄河全图》，《水道寻往——天津图书馆藏清代舆图选》，中国人民大学出版社，2007年。

12. 《王石谷全黄图》，选自李孝聪《欧洲收藏部分中文古地图叙录》，第38页，北京国际文化出版公司，1996年。

13. 《运河全图》，美国纽约大都会博物馆藏，康熙四十九年至六十一年（1710～1732年）。

14. 《黄运河全图》，选自李孝聪：《欧洲收藏部分中文古地图叙录》，第34页，北京国际文化出版公司，1996年。

15. 麟庆：《康熙十五年后河口图》，《黄运河口古今图说》，道光二十年（1840年）刊本，美国国会图书馆藏。

16. 《运河全图》，美国佛利尔美术馆藏。

17. 张鹏翮：《淮河全图》，《治河全书》，天津古籍出版社，2007年。

18. 王石谷绘：《康熙南巡图》。

19. 张霭生：《黄河全图》，选自陈潢：《河防述言》，四库全书本。

20. 《乾隆黄河下游闸坝图》，选自李孝聪：《美国国会图书馆藏中文古地图叙录》，第140页。

21. 《黄河南河图》，选自李孝聪：《美国国会图书馆藏中文古地图叙录》，第141～142页。

22. 《江南河工图》，中国第一历史档案馆藏，乾隆三十年（1765年）。

23. 《江苏南河图》，选自李孝聪：《欧洲收藏部分中文古地图叙录》，第39页，北京国际文化出版公司，1996年。

24. 《江苏南河图》，伦敦英国皇家地理协会藏，乾隆三十三年至四十一年（1768～1776年）。

25. 《黄运湖河全图》，李孝聪：《美国国会图书馆藏中文古地图叙录》，第140～141页。

26. 高晋：《黄运湖河全图》，《钦定南巡盛典》卷五二《河防》。

27. 聂崇正：《清徐扬南巡纪道图卷》，《收藏家》1995年第5期。

28. 靳侯：《徐扬和他的南巡纪道图卷》，《收藏家》2004年第11期。

29. 《南巡行宫图》，选自李孝聪《欧洲收藏部分中文古地图叙录》，第78～79页，北京国际文化出版公司，1996年。

30. 汪德：《江南水利河道地形水势修防图说》，中国国家图书馆藏。

31. 《黄运河交汇图》，选自李孝聪：《欧洲收藏部分中文古地图叙录》，第41页，北京国际文化出版公司，1996年。

32. 《江苏南河图》，选自李孝聪：《欧洲收藏部分中文古地图叙录》，第42～43页，北京国际文化出版公司，1996年。

33. 《江苏南河图》，选自李孝聪：《欧洲收藏部分中文古地图叙录》，第44页，北京国际文化出版公司，1996年。

34. 《南河图》，意大利国家地理学会藏。

35. 《黄运湖河庚子图说》二卷，中国科学院图书馆藏。

36. 《四省运河水利泉源河道总图》，选自李孝聪：《欧洲收藏部分中文古地图叙录》，第134

页，北京国际文化出版公司，1996年。

37.《六省黄河工程埽坝河道全图》，选自李孝聪：《美国国会图书馆藏中文古地图叙录》，第153页。

38.麟庆：《黄河发源入海图卷》，选自《黄运河口古今图说》，道光二十年（1840年）刊本，美国国会图书馆藏。

39.《淮扬水道图》，选自李孝聪：《欧洲收藏部分中文古地图叙录》，第46～47页，北京国际文化出版公司，1996年。

40.冯道立：《淮扬水利图说》，选自凌申：《冯道立与他的〈淮扬水利图说〉》，《地图》2001年第2期。

41.祝补斋：《淮扬水利全图》，中国国家图书馆藏。

42.《两淮盐场及四省行盐图》，美国国会图书馆藏。

43.《江苏盐河图》，选自李孝聪：《欧洲收藏部分中文古地图叙录》，第45页，北京国际文化出版公司，1996年。

44.《八省运河泉源水利情形图》，选自《济宁档案馆藏集珍》，2005年4月。

45.《八省运河泉源水利情形图》，中国国家图书馆藏。

46.《全漕运道图》，选自李孝聪：《美国国会图书馆藏中文古地图叙录》，第137页。

47.《全漕运道图》，中国国家图书馆藏。

48.国家基础地理信息中心、中国地图出版社：《清代京杭运河全图》，中国地图出版社，2004年。

附录二

京杭大运河清口水利枢纽研究成果汇编

专著、论文集、论文集论文

1. 郭树：《洪泽湖两百年的水位》，《水利史研究室五十周年学术论文集》，水利电力出版社，1986年。

2. 景存义：《洪泽湖的形成与演变》，《淮河水利史论文集》，1987年。

3. 王大庆：《清乾隆朝黄淮下游地区的祭河与祀神》，载《第二届淮河文化研讨会论文集》，第二届淮河文化研讨会，2003年。

4. 荀德麟：《洪泽湖志》，方志出版社，2004年。

5. "运河之都——淮安"全国学术研讨会组委会：《运河之都——淮安全国学术研讨会论文集》，中国书籍出版社，2007年。

6. 李孝聪、席会东：《淮安运河图考》，中国书籍出版社，2008年。

7. 王英华：《洪泽湖——清口水利枢纽的形成与演变》，中国书籍出版社，2008年。

8. 关翔、陶珊：《植根地方水文化的淮安水利枢纽》，《首届中国水文化论坛优秀论文集》，首届中国水文化论坛，2009年11月13日会议。

9. 张卫东：《洪泽湖水库的修建——17世纪及以前的洪泽湖水利》，南京大学出版社，2009年。

10. 于冰：《运河枢纽综合调查方法的集成——以淮安清口运河枢纽工程为例》，《第五届中国大运河文化节大运河保护与申请高峰论坛论文集》，2009年。

11. 奚雪松：《历史舆图与现代空间信息技术结合方法在大运河遗产判别中的运用——以大运河江苏淮安段明清清口枢纽为例》，《第五届中国大运河文化节大运河保护与申请高峰论坛论文集》，2009年。

12. 中国文化遗产研究院：《大运河清口枢纽工程遗产调查与研究》，文物出版社，2012年。

13. 于冰、顾军、丁见祥、奚雪松：《大运河淮安段遗产本体调查方法研究（社会科学专辑 I）——考古调查与文献研究》，文物出版社，2013年。

学位论文

1. 陶敏：《明清淮安漕运与地方社会》，北京师范大学硕士学位论文，2008年。

2. 胡强：《基于多时相遥感数据的清口地区河道演变研究》，南昌大学硕士学位论文，2008年。

3. 王欣：《淮安清口地区堤坝景观研究》，北京大学硕士学位论文，2009年。

4. 成颖：《淮安清口地区运河遗产破坏风险评价研究》，北京大学硕士学位论文，2009年。

5. 王萌萌：《大运河淮安段景观格局演变研究》，北京大学硕士学位论文，2009年。

6. 杨冬冬：《水文学视野下的京杭大运河景观格局考证与研究》，天津大学博士论文，2012年。

7. 乔娜：《清口枢纽水工遗产保护研究》，西安建筑科技大学硕士论文，2012年。

论文

1. 萧开瀛：《说洪泽湖》，《水利》1931年第1期。

2. 鞠继武：《洪泽湖的水域形态及其形成和演化》，《南京师范学院学报（自然科学版）》1962年第4期。

3. 王质彬：《明清大运河兴废与黄河关系考》，《人民黄河》1983年第6期。

4. 沈兴大：《七省咽喉——淮安》，《水利天地》1988年第6期。

5. 邹逸麟：《淮河下游南北运口变迁和城镇兴衰》，《历史地理》第六辑，上海人民出版社，1988年。

6. 王万新：《大运河淮安——江都段输水损失初步分析》，《江苏水利》1999年第2期。

7. 施春生：《清代中后期淮安水运业的兴衰》，《档案与建设》2000年第3期。

8. 陈琳：《明代泗州城考》，《历史地理》第1辑，上海人民出版社，2001年。

9. 万福建：《水走淮安》，《治淮》2002年第3期。

10. 潘杰、池源：《大运河和淮安的兴衰》，《中国水利报》，2002年12月28日。

11. 荀德麟：《运河之都的形成及其嬗替》，《江苏地方志》2006年第4期。

12. 杨乃运、李晔：《水城淮安，与康熙同行》，《旅游》2006年第6期。

13. 赵明奇、韩秋红：《运河之都淮安及其历史地位的形成》，《江苏地方志》2006年第4期。

14. 沈旸、王卫清：《大运河兴衰与清代淮安的会馆建设》，《南方建筑》2006年第9期。

15. 阮仪三、朱晓明、王建波：《运河踏察——大运河江苏、山东段历史城镇遗产调研初探》，《同济大学学报（社会科学版）》2007年第1期。

16. 尹钧科：《从大运河漕运与北京的关系看淮安城的历史地位》，《学海》2007年第2期。

17. 卫爱玲：《清波如画　安流若飞——京杭运河淮安段发展纪实》，《水利发展研究》2007年第4期。

18. 董世永、熊娟、王征：《挖掘一般史迹型历史文化名城中的"亮点"——以江苏淮安为例》，《小城镇建设》2007年第4期。

19. 高寿仙：《漕盐转运与明代淮安城镇经济的发展》，《学海》2007年第2期。

20. 朱晓明、阮仪三：《长江以北"京杭大运河"古镇调查研究》，《城市与区域规划研究》2008年第3期。

21. 姜晓云：《淮安与"南船北马"》，《淮阴师范学院学报（哲学社会科学版）》2008年第1期。

22. 季祥猛、范成泰、朱兴华、戴甫青：《古清口的兴盛与变迁》，《中国水利》2008年第8期。

23. 季祥猛：《淮安:运河之都的人文价值》，《中国名城》2008年S1期。

24. 张强：《漕运与淮安》，《东南大学学报（哲学社会科学版）》2008年第4期。

25. 王耀：《清代京杭大运河全图初探》，《故宫博物院院刊》2008年第2期。

26. 倪玉平、荀德麟：《明清时期的全国漕运中枢淮安》，中国书籍出版社，2008年。

27. 张强：《漕运与淮安》，《东南大学学报（哲学社会科学版）》2008年第4期。

28. 朱士光：《论历史时期淮安在运河水运中的地位与作用》，《淮阴师范学院学报（哲学社会科学版）》2009年第3期。

29. 顾建国、马婷婷：《大运河名物考察》，《淮阴师范学院学报（哲学社会科学版）》2009年第1期。

30. 张廷皓：《淮安地区京杭运河及相关水利遗产研究初探》，《中国文物报》，2009年1月23日。

31. 成颖：《淮安清口地区运河遗产破坏风险评价》，《中国文物报》，2009年8月14日。

32. 王娜、李雪红：《元明清运河演变与城市发展互动关系研究——以江苏省淮安市为例》，《淮阴工学院学报》2009年第4期。

33. 张廷皓：《淮安清口：运口文化的独特见证》，《社会科学报》2009年11月5日。

34. 徐业龙：《论淮安清口惠济祠的妈祖信仰及其遗产价值》，《莆田学院学报》2010年第6期。

35. 李倩、程杰、徐业龙：《大运河淮安段的修筑及其演进》，《淮阴工学院学报》2010年第4期。

36. 沈伟丽：《里运河研究文献综述》，《文教资料》2010年第34期。

37. 李倩、程杰、徐业龙：《淮安运河文化遗产现状调查和价值评估》，《淮阴师范学院学报（哲学社会科学版）》2010年第5期。

38. 王欣：《淮安清口地区堤坝景观研究》，《中国文物报》2010年2月5日。

39. 奚雪松、秦建明、俞孔坚：《历史舆图与现代空间信息技术在大运河遗产判别中的运用——以大运河明清清口枢纽为例》，《地域研究与开发》2010年第5期。

40. 徐业龙、奚敏：《申遗背景下淮安运河文化遗产保护与利用研究》，《淮阴工学院学报》2011年第6期。

41. 卞金彪：《淮安水利枢纽的文化简析与提升思考》，《江苏水利》2011年第8期。

42. 李倩、董记：《大运河申遗见证淮安运河之都地位》，《淮安日报》2011年6月9日。

43. 奚敏：《文化线路视角下的淮安漕运文化》，《牡丹江大学学报》2011年第11期。

44. 曹慧敏：《淮安利用运河遗产建设城市大文化的现状及对策》，《淮阴师范学院教育科学论坛》2012年第2期。

45. 李倩：《大运河淮安段文化遗产地位解读》，《淮阴工学院学报》2012年第2期。

46. 刘德伟：《"运河之都"融入"海洋时代"——京杭大运河申报世界文化遗产对淮安发展影响的调查报告》，《民间文化论坛》2012年第2期。

47. 殷振兴：《明清时期淮安清口水利治理初探——以顺黄坝为例》，《东南文化》2012年第5期。

48. 谢友宁、窦慧玲、盛志伟：《江苏水工遗产现状、问题及保护与利用策略研究》，《东南文化》2012年第5期。

49. 尹增淮等：《江苏淮安天妃坝遗址发掘简报》，《东南文化》2012年第5期。

50. 刘光亮等：《江苏淮安里运河明清砖工堤与码头发掘简报》，《东南文化》2012年第5期。

51. 丁小红、周彬：《康熙首次南巡与淮安》，《档案与建设》2012年第11期。

52. 张春宇：《淮安地区与京杭大运河相关的石刻研究与保护》，《江苏教育学院学报（社会科学）》2012年第1期。

53. 田军：《江苏省淮安市历史文化遗产的保护与利用》，《天津城市建设学院学报》2012年第2期。

54. 荀德麟：《明清时期的淮安榷关》，《江苏地方志》2012年第3期。

55. 贾珺：《明代淮安府及其所辖州县城市形态与构成要素浅析》，《建筑史》2012年第2期。

56. 徐业龙：《淮安运河文化遗产历史价值解读》，《淮阴工学院学报》2012年第4期。

57. 蒿美玲：《高家堰略论——以"蓄清刷黄"理论下的"两河关键"为视角》，《淮阴师范学院教育科学论坛》012年Z2期。

58. 潘如亚、汪永平：《淮安楚州区里运河明清砖工堤保护方案》，《江苏建筑》2012年第2期。

59. 殷振兴：《明清时期淮安清口水利治理初探——以顺黄坝为例》，《东南文化》2012年第5期。

60. 胡梦飞：《明清时期苏北运河区域水神信仰初探——以淮安地区为例》，《九江学院学报（社会科学版）》2013年第1期。

61. 张强：《京杭大运河淮安段文化遗产保护与利用研究》，《南京师大学报（社会科学版）》2013年第2期。

62. 郑民德：《漕运与国脉:略论明代的淮安常盈仓》，《武汉理工大学学报（社会科学版）》2013年第2期。

63. 荀德麟：《淮阴故城考略》，《江苏地方志》2013年第3期。

64. 石永民:《大运河考察记之淮安》，《杭州（生活品质版）》2013年第3期。

65. 荀德麟：《秦淮阴故城和荀羡筑淮阴城考》，《淮阴工学院学报》2013年第4期。

66. 季祥猛、范成泰：《大运河成就淮安的古风今韵》，《中国文化报》2013年6月20日。

67. 郑自海：《明朝大运河重启与天妃信仰的传播》，《中国文物报》2013年6月20日。

68. 姜浩峰：《淮安，水上城市的复兴》，《新民周刊》2013年第3期。

69. 贾珺：《灵祠巍焕，飞阁凌空——淮安府清河县惠济祠历史、格局、祀神及御园仿建始末考略》，《中国建筑史论汇刊》2013年第1期。

70. 黄艾禾：《淮安的逝水年华》，《中国新闻周刊》2013年第32期。

后 记

　　望着厚厚的书稿，成堆的图纸，在国家文物局、中国文化遗产研究院、江苏省文物局、南京博物院、淮安市文物局等各级领导、专家的关心、指导和支持下，凝结了淮安市博物馆各位同仁心血的《京杭大运河清口水利枢纽考古报告》终于问世了。五年的考古调查、勘探和发掘，期间酸甜苦辣，个中滋味唯有考古工作者能体会到，面对考古工作中的诸如经费紧张、遗址面貌复杂、地下水位高造成地层易塌方难保存、文物保护措施滞后、缺少水利考古方面的经验等种种困难，我们在困难中摸索前行，在困难中不断进步，幸好我们有一支能吃苦、能战斗、有激情的考古团队，正是有了大家的齐心协力、团结互助，我们才有了今天的收获，我们的工作才得到了国际古迹遗址理事会验收专家组及国家文物局有关领导的高度赞扬和肯定，这不是某个人的成果，它是集体智慧的结晶！

　　本报告是集体合作的成果，各章节撰稿人员如下。

总统稿：孙玉军、王剑、胡兵

撰稿：

第一部分　概述

　　第一章　地理位置及自然、人文环境　　　　　　　　　　　　　胡兵、王剑

　　第二章　历史沿革及现状

　　　　第一节　京杭运河淮安段的变迁及其演进过程　　　　　　　刘光亮、胡兵

　　　　第二节　清口的历史沿革及现状　　　　　　　　　　　　　胡兵、王剑

　　　　第三节　清口水利枢纽工程的规划思想　　　　　　李艳梅、祁小东、胡锦文

　　第三章　考古发掘缘起与经过　　　　　　　　　　　　　　　　王剑、胡兵

第二部分　京杭大运河清口水利枢纽考古调查

　　第一章　概述　　　　　　　　　　　　　　　　　　　　　　　胡兵、刘光亮

　　第二章　调查成果　　　　　　　　　　　　　　　　　　　　　刘光亮、胡兵

第三部分　京杭大运河清口水利枢纽考古勘探与发掘

　　第一章　概况　　　　　　　　　　　　　　　　　　　　　孙玉军、王剑

　　第二章　考古勘探与发掘成果

　　　　第一节　古河道

　　　　　　里河遗址考古勘探与发掘　　　　　　　　　　　　　胡兵、祁小东

　　在考古工作期间，全国政协"大运河保护与申遗"调研组、文化部部长蔡武、国家文物局局长励小捷等国家、省、市各级领导、专家多次亲临考古现场视察指导，对我们的工作给予了大力的支持和帮助，在此一并感谢！

　　在考古发掘和资料整理过程中，中国文化遗产研究院于冰、王元林两位研究员多次前来指导，对我们的工作给予了极大的支持和帮助，并提出了很多宝贵的意见，在此表示感谢！

　　在整个工作过程中，淮安市博物馆参与其中的各位同仁迎难而上、兢兢业业、分工协作，圆满完成了各自负责的工作，来自陕西宝鸡的技工师傅们，迎寒冬、战酷暑、日出而作、日落而息，为考古调查、勘探和发掘工作付出了大量的心血。他们为中国大运河成功申报世界文化遗产及本书的出版都作出了重要的贡献，在此致谢！

　　文物出版社对本书的出版给予了大力支持，在此表示衷心的感谢！

彩

图

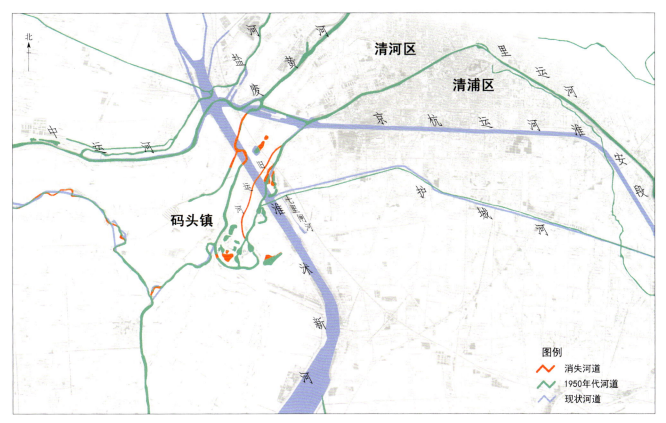

0　8　16千米　彩图一　清口地区河道图

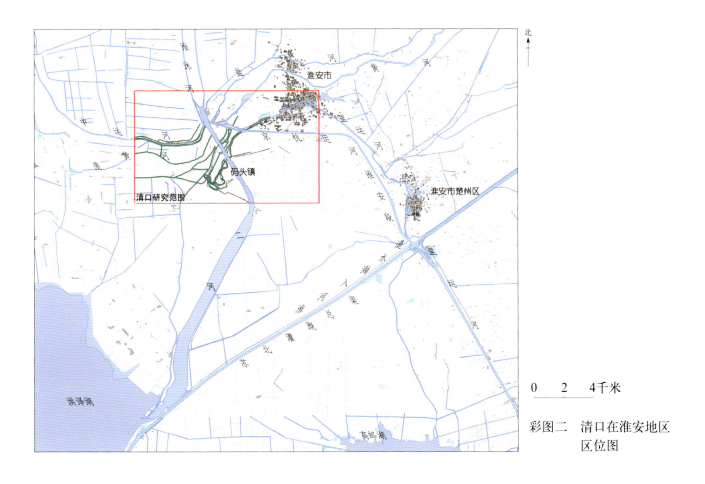

0　2　4千米

彩图二　清口在淮安地区
　　　　区位图

287

彩图三　里运河（刘光亮　拍摄）

彩图四　中运河（许景阳　拍摄）

彩图五　盐河淮阴区城区段
　　　　（许景阳　拍摄）

彩图六　张福河码头镇段
　　　　（许景阳　拍摄）

彩图七　废黄河淮安市区段
　　　　（许景阳　拍摄）

彩图八　清江浦文渠（刘光亮　拍摄）

彩图九　堡工村废黄河大堤（许景阳　拍摄）

彩图一〇　仲庄堤工（许景阳　拍摄）

彩图一一　王营减水坝遗址（许景阳　拍摄）

彩图一二　汤城工遗址（刘光亮　拍摄）

彩图一三　洪泽湖大堤石工（许景阳　拍摄）

彩图一四　里运河砖工堤（刘光亮　拍摄）

彩图一五　古运河石堤（陈冬　供图）

彩图一六　里运河石驳岸（刘光亮　拍摄）

彩图一七　竹络坝（刘光亮　拍摄）

彩图一八　中运河三百六十丈越堤（许景阳 拍摄）

彩图一九　乾隆新大墩（许景阳 拍摄）

彩图二〇 烟墩埠工遗址

彩图二一 堂子巷码头（刘光亮 拍摄）

彩图二二　河下御码头（陈冬　供图）

彩图二三　石码头（刘光亮　拍摄）

彩图二四　龟山码头（裴安年　供图）

彩图二五　水渡口遗址（刘光亮　拍摄）

彩图二六　矶心闸（陈冬 供图）

彩图二七　龙光闸（陈冬　供图，右上为桥上题字）

彩图二八　清江大闸（刘光亮　拍摄）

彩图二九　清江大闸正闸（刘光亮　拍摄）

彩图三〇　清江大闸越闸（刘光亮　拍摄）

彩图三一　通济闸正闸闸塘（胡兵　拍摄）

彩图三二　双金闸（许景阳　拍摄）

彩图三三　瑶河闸（许景阳　拍摄）

彩图三四　盐闸（许景阳　拍摄）

彩图三五　兴文上闸石洞（刘光亮　拍摄）

彩图三六　大运河月堤涵洞（许景阳　拍摄）

彩图三七　码头太平涵洞（许景阳　拍摄）

彩图三八 惠济越闸涵洞（许景阳 拍摄）

彩图三九 末口屯船坞遗址（刘光亮 拍摄）

彩图四〇　西坝老船塘（许景阳　拍摄）

彩图四一　周桥船坞（裴安年　供图）

彩图四二　清江浦东水关（刘光亮　拍摄）

彩图四三　大口子遗址（刘光亮　拍摄）

彩图四四　龙窝塘遗址（许景阳 拍摄）

彩图四五　周桥大塘（裴安年 供图）

彩图四六　高家堰铁牛
（许景阳　拍摄）

彩图四七　高家堰铁牛铭文
（许景阳　拍摄）

彩图四八　总督漕运部院遗址（陈冬　供图）

彩图四九　淮安府衙（陈冬　供图）

彩图五〇　淮安钞关遗址（陈冬 供图）

彩图五一　流均口旧址

彩图五二 江南河道总督部院旧址（刘光亮 拍摄）

彩图五三　清晏园（刘光亮　拍摄）

彩图五四　丰济仓遗址（刘光亮　拍摄）

彩图五五　镇淮楼（陈冬　供图）

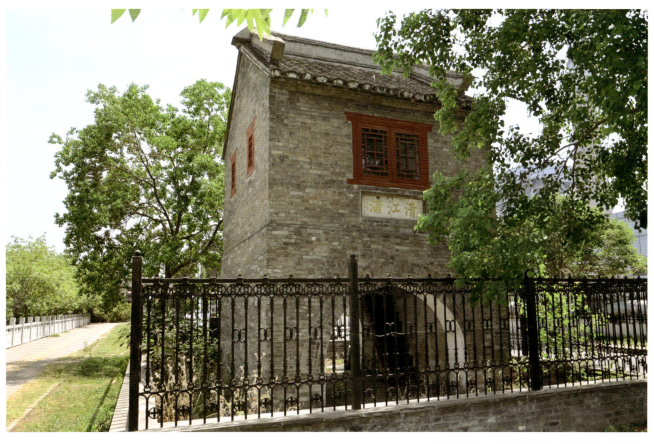

彩图五六　清江浦楼（刘光亮　拍摄）

彩图五七　文通塔

彩图五八　河下清真寺

彩图六一　清江浦文庙大成殿

彩图六二　慈云禅寺

彩图六三　江宁会馆

彩图六四　河下古镇

彩图六五　码头官巷

彩图六六　清江浦城墙遗址（刘光亮 拍摄）

彩图六七　古末口遗址（陈冬 供图）

彩图六八　大清口遗址（许景阳 拍摄）

彩图六九　康熙题雪作须眉

彩图七〇　乾隆赐杨锡绂诗御碑

彩图七一　乾隆五年赐高斌碑

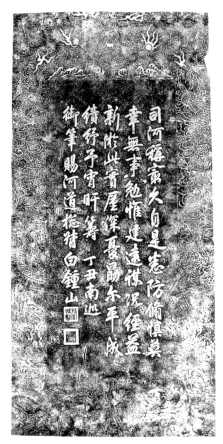

彩图七二　乾隆赐白钟山诗碑　　　　彩图七三　乾隆赐高晋碑　　　　彩图七四　乾隆赐李奉翰碑

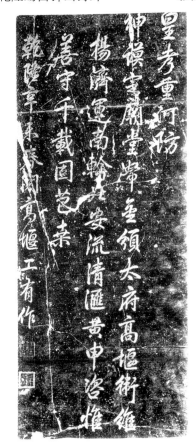

彩图七五　乾隆南巡诗碑

彩图七六　重修福兴闸碑

彩图七七　洪泽湖大堤礼坝补建石工碑

彩图七八 "清口灵运
碑记"碑

彩图七九　示河头碑

彩图八〇　乾隆阅河诗碑

彩图八一　泰山村乾隆碑

彩图八二　洪泽湖大堤莲笙三戟石刻（裴安年　供图）

彩图八三　洪泽湖大堤柿蒂纹石刻（裴安年　供图）

彩图八四　里河遗址发掘前地面情况（由南向北摄）

彩图八五　里河遗址上新建的鱼塘（由南向北摄）

彩图八六　里河遗址东堤K1北壁地层（由南向北摄）

彩图八七　里河遗址K1内的木桩（由北向南摄）

2．青花碗底（K1⑪：1）

3．青釉灯（K1⑤：1）

1．木桩（K1：1）

4．红陶罐残片（K1⑥：1）

彩图八八　里河遗址出土遗物

彩图八九　天妃坝遗址2008年发掘现场

彩图九〇　天妃坝遗址2008TG1西壁地层（由东北向西南摄）

彩图九一　天妃坝遗址2008TG2南壁地层（由西南向东北摄）

彩图九二　天妃坝遗址2011TG1西壁地层（由东向西摄）

彩图九三　天妃坝遗址2011TG1东壁地层（由西北向东南摄）

彩图九四　2011年发掘的天妃坝石工与砖工相对位置（由南向北摄）

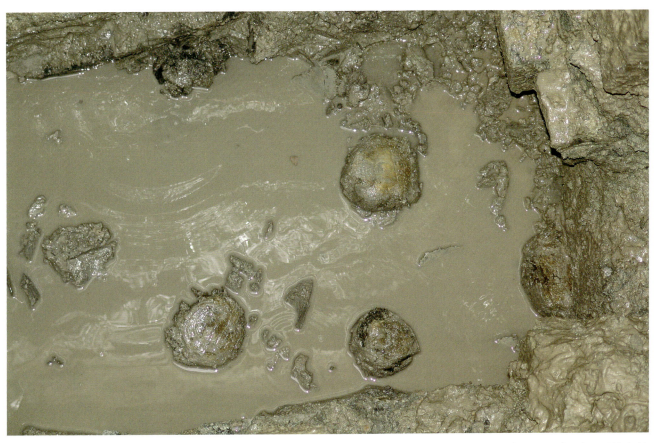

彩图九五　天妃坝遗址2008年石工下的木桩

彩图九六　天妃坝遗址2011TG1内石工全景（由北向南摄）

彩图九七　天妃坝遗址条石上斜痕锔钏槽与打磨光滑的边缘

彩图九八　天妃坝遗址锔钏槽特写

彩图一〇〇　天妃坝遗址周围房屋上带"成"文字砖

彩图一〇一　天妃坝遗址周围房屋上带"元"文字砖

彩图九九　天妃坝遗址带"钦工"文字砖

彩图一〇二　天妃坝遗址周围房屋上带"古□"文字砖

彩图一〇三　天妃坝遗址2011TG2内砖工全景（由北向南摄）

彩图一〇四　天妃坝遗址2011TG2内砖工全景（由西向东摄）

彩图一〇五 天妃坝遗址砖工第一部分结构特写

彩图一〇六 天妃坝遗址砖工第一部分西侧剖视（由西北向东南摄）

彩图一〇七　天妃坝遗址砖工连接第一部分与第二部分的砖墙（由北向南摄）

彩图一〇八　天妃坝遗址砖工第三部分西侧剖视（由西向东摄）

彩图一〇九　天妃坝遗址砖工第三部分砖上的草木灰

彩图一一〇　天妃坝遗址2011TG3内的石工与砖工（由南向北摄）

彩图一一一　天妃坝遗址北侧堤坝地面情况

1. 吻残件（TG2⑤∶3）

2. 勾头（TG2⑥∶5）

3. 滴水（TG2⑥∶6）

彩图一一二　天妃坝遗址2011年出土琉璃构件

1. 青花碗（TG1⑤：1）

2. 青花碗（TG2⑦：1）

3-1. 青花盘（TG2⑥：1）

3-2. 青花盘（TG2⑥：1）底部纹饰

4-1. 青花盘（TG2⑥：2）

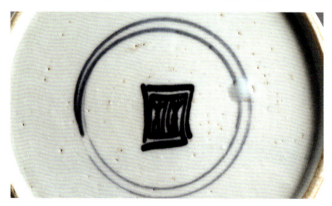

4-2. 青花盘（TG2⑥：2）底部纹饰

5. 象棋子（TG1⑦：1）

6. 青花花盆（TG2⑥：3）残底

彩图一一三-1　天妃坝遗址2011年出土遗物

1．青花盒（TG2⑥：4）

2．青花盒盖（TG1②：2）

3-1．青釉碗（TG1④：1）

3-2．青釉碗（TG1④：1）底部款

4．豆青釉勺子（TG1③：1）

5-1．仿哥釉盘（TG2⑤：1）

5-2．仿哥釉盘（TG2⑤：1）底部

彩图一一三-2　天妃坝遗址2011年出土遗物

347

1. 仿哥釉瓶（TG2⑤：2）

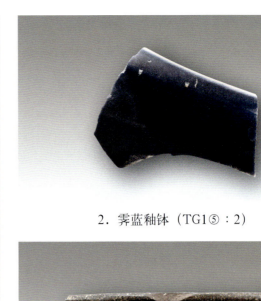

2. 霁蓝釉钵（TG1⑤：2）

3. 酱釉罐（H1①：1）

4. 绿釉花盆（TG1②：1）

5. 酱釉缸（TG2②：1）

彩图一一三-3　天妃坝遗址2011年出土遗物

彩图一一四　存世的一段顺黄坝（由东向西拍摄）

彩图一一五　顺黄坝2009TG5坝体上部地层堆积情形

彩图一一六　顺黄坝2012TG1内的碎石护坦（由东向西摄）

彩图一一七　顺黄坝2012TG1埽工层及碎石护坦（由南向北摄）

彩图一一八　顺黄坝遗址埽层及木桩

1. 青釉碗（标本TG1①：1）

2. 白瓷碗（标本TG1⑦：1）

3. 霁蓝釉碗（标本TG1⑧：1）

4. 青花盘（标本TG1②：1）

5-1. 紫砂壶残片（标本TG1⑥：1）

5-2. 紫砂壶残片（标本TG1⑥：1）款

彩图一一九-1　顺黄坝遗址出土器物

1. 青花盒盖（标本TG1⑤：1）

3. 骨器（标本TG1⑤：2）

2. 仿哥釉钵（标本TG1④：1）

4. 铁器（标本TG1③：1）

彩图一一九-2　顺黄坝遗址出土器物

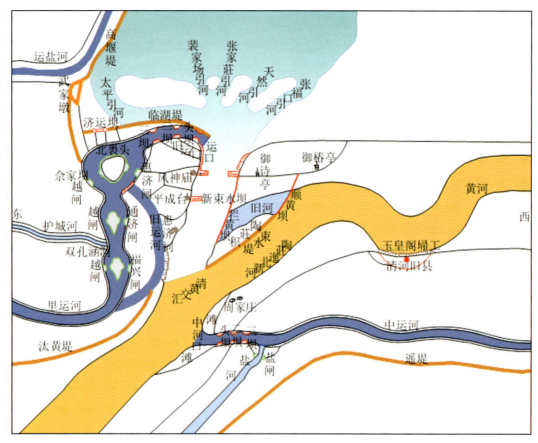

彩图一二〇　乾隆四十二年河口图

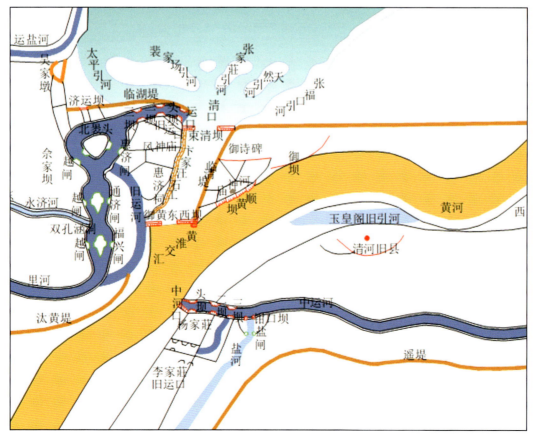

彩图一二一　乾隆五十一年前河口图

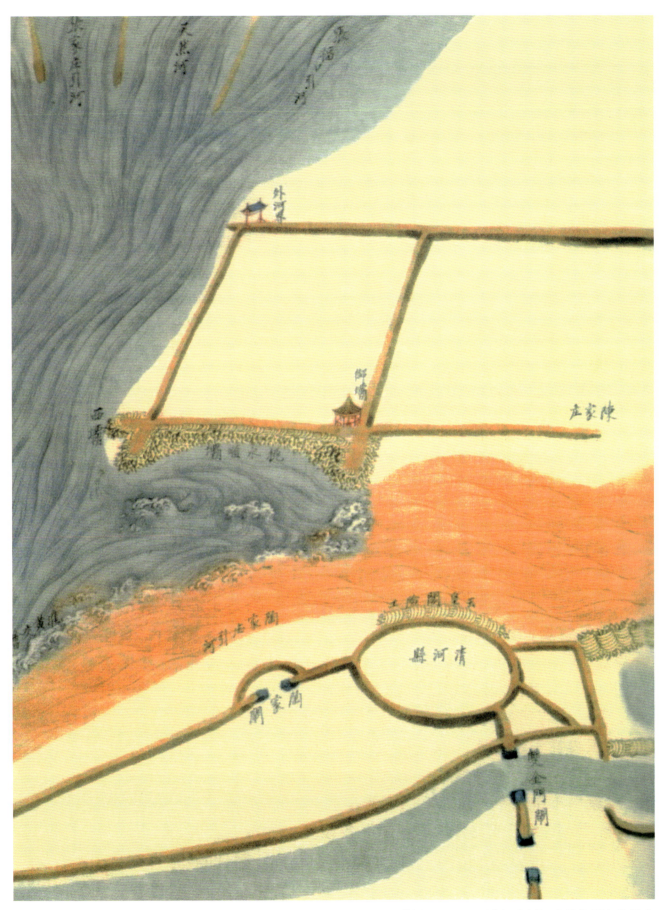

彩图一二二　《黄河全图》中的御坝与御桩亭

彩图一二三　御坝堤坝现状（由西北向东南摄）

彩图一二四　御坝发掘前地面情况（由南向北摄）

彩图一二五　御坝遗址2012TG1北壁地层（由南向北摄）

彩图一二六　御坝遗址TG1南壁地层（由北向南摄）

彩图一二七　御坝堤坝东北侧的河滩（由东向西摄）

彩图一二八　顺水坝堤坝北侧缓坡（由南向北摄）

彩图一二九　顺水坝堤坝上的水泥路（由东向西摄）

彩图一三〇　七堡堤工北侧的废黄河（由东向西摄）

彩图一三一　七堡堤工现状（由北向南摄）

彩图一三二　七堡堤工2012TG1北壁地层（由南向北摄）

彩图一三三　七堡堤工2012TG1南壁地层（由北向南摄）

彩图一三四　七堡堤工2012TG1内的石工（由南向北摄）

彩图一三五　七堡堤石工石块特写

彩图一三六　信坝遗址勘探现场

彩图一三七　信坝翼墙下的木桩

彩图一三八　里运河东堤发掘现场

彩图一三九　里运河砖工堤（码头北侧）

彩图一四〇　里运河砖工堤（码头南侧）

彩图一四一　里运河砖工堤（TG2）

1.“工”（石上）

2.“工”（砖上）

3.“江都窑户朱宾”

彩图一四二　里运河砖石工铭文和符号

4. "三"　　　　　　　5. "十"　　　　　6. "邙窑"（砖上）

7. "元文"（石上）

8. "○"（砖上）

彩图一四三　里运河码头（由东向西俯视）

彩图一四四　里运河码头（由西向东摄）

彩图一四五　里运河码头外侧的木桩

彩图一四六　里运河缠绕固定码头外侧木桩的竹编绳具

彩图一四七　里运河通上东堤及码头石阶

彩图一四八　里运河砖工堤外侧TG2发现的埽工遗迹

彩图一四九　里运河砖工堤外侧TG2发现的埽工遗迹（局部）

1．灰陶小罐

2．褐彩花草纹瓷碗

3．青花碟

4．青花碗

5．青花小酒碗

6．白瓷杯

7．青花小罐

彩图一五〇　里运河河道出土陶瓷器

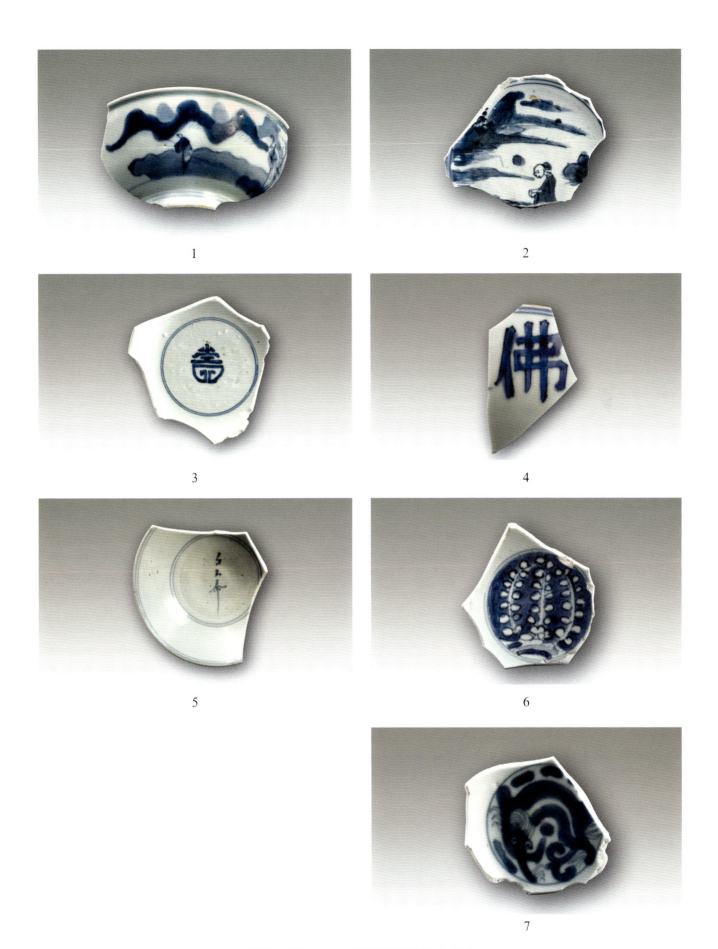

1   2

3   4

5   6

7

彩图一五一－1 里运河河道出土瓷片

1

2

3

4

5

6

7

彩图一五一－2　里运河河道出土瓷片

1

2

3

4

5

6

7

彩图一五一-3　里运河河道出土瓷片

1. 开元通宝

2. 熙宁重宝

3. 元丰通宝

4. 元祐通宝

5. 圣宋元宝

6. 崇宁通宝（1）

7. 崇宁通宝（2）

8. 崇宁通宝（3）

9. 崇宁通宝（4）

彩图一五二-1　里运河河道内出土钱币

1. 崇宁重宝（1）

3. 崇宁重宝（3）

2. 崇宁重宝（2）

4. 崇宁重宝（4）

5. 大观通宝

6. 政和通宝

7. 崇祯通宝

8. 康熙通宝

9. 乾隆通宝

彩图一五二-2　里运河河道内出土钱币

1．骨簪

2．铜烟袋

3．铜簪

4．铁钩

5．铁篙头

彩图一五三　里运河河道出土骨、铜、铁器

6. 铁篙

9. 铁叉

7. 铁锚爪

8. 菜刀

10. 铁铲

彩图一五四　天妃闸遗址发掘前地面情况（由东北向西南摄）

彩图一五五　天妃闸遗址2011T2北壁地层（由南向北摄）

彩图一五六　天妃闸遗址2011T2东壁地层（由西向东摄）

彩图一五七　天妃闸遗址探方发掘全景（由北向南摄）

彩图一五八　天妃闸遗址T1内散落的条石

彩图一五九　天妃闸遗址T2内成排的木桩

1. 青花碗（T2⑩：1）

2-1. 青花花觚（T1⑩：1）

2-2. 青花花觚（T1⑩：1）

3. 青花盘（T1⑨：1）

4. 青花盏（T1⑤：5）

5. 青花盘（T1⑨：2）

彩图一六〇-1　天妃闸遗址出土遗物

1. 佛像（T1⑪：1）

2. 青花碟（T2⑦：2）

3. 青花勺子（T1①：1）

4. 青花笔筒（T1⑧：2）

5. 青花瓶（T2⑦：4）

6. 青花鸟食罐（T2①：1）

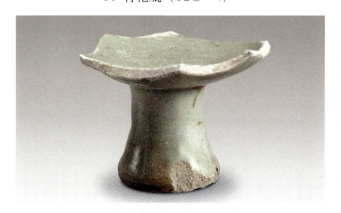

7. 青釉高足杯（T1⑥：1）

8. 青釉碗（T2②：3）

彩图一六〇-2　天妃闸遗址出土遗物

1. 仿哥釉笔筒（T1⑧：1）

2. 白釉瓶（T1②：1）

3. 白釉碗（T2②：1）及内底纹饰

4. 粉彩盒（T2③：1）

5. 霁蓝釉碗（T1⑩：2）

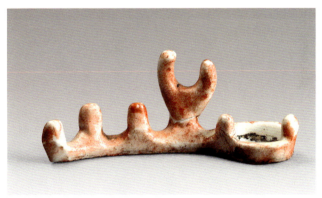

6. 红釉笔架（T1⑤：3）

7-1. 红釉碗（T2⑩：2）

7-2. 红釉碗（T2⑩：2）碗底

彩图一六〇-3　天妃闸遗址出土遗物

1. 红陶钵（T1③：1）

2. 酱釉盆（T1②：2）残片

3. 酱釉罐（T2⑦：1）

4. 酱釉虎子（T2⑦：3）

5. 紫砂器盖（T1⑦：1）

6. 紫砂壶（T2③：4）

彩图一六〇-4　天妃闸遗址出土遗物

1-1. 砚台（T1⑤：1）　　　　　　　　1-2. 砚台（T1⑤：1）

3. 水晶镇纸（T1⑤：2）

2. 笔杆（T1⑤：4）

彩图一六〇-5　天妃闸遗址出土遗物

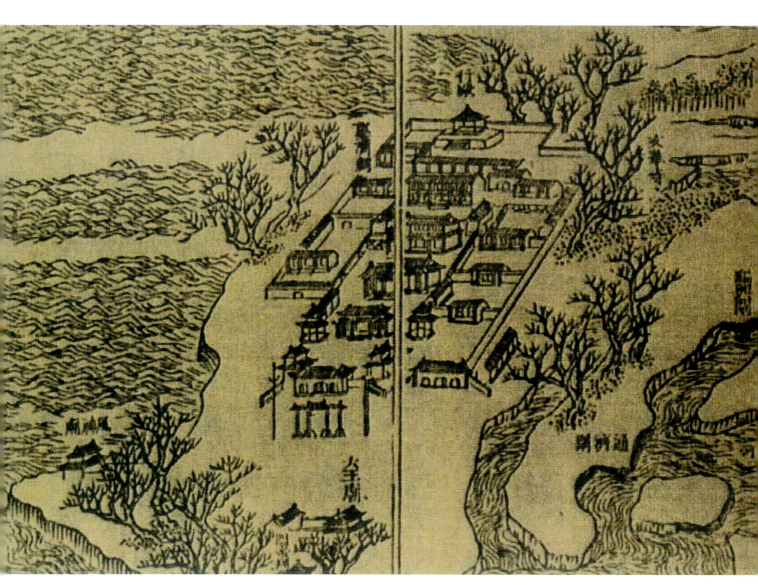

彩图一六一　乾隆《南巡盛典》中惠济祠全图

彩图一六二　惠济祠遗址发掘前地面情况（一）

彩图一六三　惠济祠遗址发掘前地面情况（二）

彩图一六四　惠济祠遗址发掘前地面情况（三）

彩图一六五　惠济祠遗址发掘前地面情况（四）

彩图一六六　惠济祠遗址俯瞰（由西向东摄）

彩图一六七　惠济祠遗址1号建筑基址全景（由东向西摄）

彩图一六八　惠济祠遗址1号建筑基址残存的东墙（由南向北摄）

彩图一六九　惠济祠遗址1号建筑基址西墙条石基础

彩图一七〇　惠济祠遗址1号建筑基址后檐磉墩（由南向北摄）

彩图一七一　惠济祠遗址1号建筑基址台阶（由南向北摄）

彩图一七二　惠济祠遗址1号建筑基址台阶（由西向东摄）

彩图一七三　惠济祠遗址1号建筑基址台阶北侧方形铺地砖（由东南向西北摄）

彩图一七四　惠济祠遗址2号建筑基址北侧墙体（由北向南摄）

彩图一七五　惠济祠遗址2号建筑基址北侧墙体（由南向北摄）

彩图一七六　惠济祠遗址5号建筑基址（由东南向西北摄）

彩图一七七　惠济祠遗址东甬路（由南向北摄）

彩图一七八　惠济祠遗址东甬路与3号甬路连接处（由北向南摄）

彩图一七九　惠济祠遗址东甬路北端条石（由西向东摄）

彩图一八〇　惠济祠遗址西甬路（由南向北摄）

彩图一八一　惠济祠遗址院落铺地砖

彩图一八二　惠济祠遗址御碑基础正面（由北向南摄）

彩图一八三　惠济祠遗址御碑基础侧面（由东向西摄）

1．正吻构件（T0104③：1）

2-1．走兽（T0203③：2）正面

2-2．走兽（T0203③：2）侧面

3．筒瓦（T0104③：2）

4．板瓦（T0203②：1）

5．筒瓦（T0202②：1）

6．勾头（T0301②：2）

彩图一八四-1　惠济祠遗址出土遗物

1. 青花碗（T0103②∶1）

2-1. 青花盘（T0203③∶1）内侧

2-2. 青花盘（T0203③∶1）外底

3. 青花勺子（T0305①∶1）

4. 青花器盖（T0202②∶2）

5-1. 青花碗（T0206③∶1）内侧

5-2. 青花碗（T0206③∶1）外底

6. 青花盒（T0306①∶1）

彩图一八四-2　惠济祠遗址出土遗物

1. 青釉钵（T0306②：1）

2. 粉彩盘（T0104①：1）

3. 霁蓝釉捉手（T0207②：1）

4. 哥釉青花瓶（T0304①：1）

5. 酱釉瓶（T0307①：1）

6. 绿釉器底座（T0206③：2）

彩图一八四-3　惠济祠遗址出土遗物

1．正吻（采1）

2．正吻构件（采2）

3-1．脊筒背面（采2）

3-2．脊筒正面（采3）

4．板瓦（采4）

5．筒瓦（采5）

6．勾头（采6）

7．琉璃滴水（采7）

彩图一八五-1　惠济祠遗址采集遗物

1. 琉璃滴水（采8）

2-1. 脊筒（采9）背面

2-2. 脊筒（采9）正面

3. 筒瓦（采10）

4. 滴水（采11）

5. 脊兽残件（采12）

6. 脊兽残件（采13）

彩图一八五-2　惠济祠遗址采集遗物

1-1. 青花碗（采14）内侧

1-2. 青花碗（采14）外底

3. 青花碗（采16）

2-1. 青花碗（采15）外壁

2-2. 青花碗（采15）内底

4. 青花盒（采17）

5-1. 青花盘底（采19）内侧

5-2. 青花盘底（采19）外底

6. 青花碗（采18）

7. 青花勺子（采20）

8. 青花香炉（采21）

9. 霁蓝釉碗（采22）

彩图一八五-3　惠济祠遗址采集遗物

1-1. 粉彩碗（采23）内侧

1-2. 粉彩碗（采23）外底

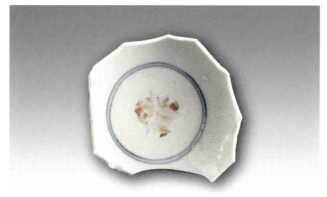

2-1. 粉彩碗（采24）内侧

2-2. 粉彩碗（采24）外侧

3. 白釉碗（采25）

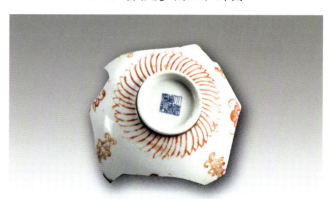

4. 红釉碗（采26）

5. 酱釉器盖（采27）

6. 紫砂壶流（采28）

彩图一八五-4　惠济祠遗址出土遗物

1. 柱础石（采29）

2. 柱础石（采30）

3. 套柱（采31）

4. 抱鼓石（采32）

5. 抱鼓石（采33）

彩图一八五-5　惠济祠遗址出土遗物

彩图一八六　高堰关帝庙遗址出土墙基

彩图一八七　高堰关帝庙遗址出土大殿台基

彩图一八八　高堰关帝庙遗址出土地基

彩图一八九　高堰关帝庙遗址出土木桩

彩图一九〇　高堰关帝庙遗址出土灶

1. 琉璃脊瓦（标本TG1②：1）

2. 琉璃筒瓦（标本TG1②：3）

3. 琉璃正脊兽座（标本TG1②：4）

4. 滴水（标本TG1H1：2）

5. 滴水（标本TG1H1：3）

6. 滴水（标本TG1H1：4）

7. 琉璃圆瓦当（标本TG1H1：5）

8. 琉璃脊瓦（标本TG2②：2）

彩图一九一－1　关帝庙遗址出土遗物

1. 花纹砖（标本TG2②：3）

2. 花纹砖（标本TG2②：4）

3. 花纹砖（标本TG2②：5）

4. 花纹砖（标本TG2②：6）

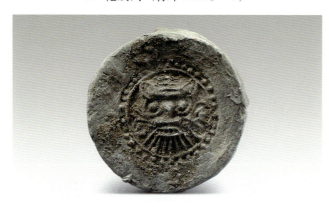

5. 圆瓦当（标本TG2②：7）

6. 花纹砖（标本TG2②：8）

7. 琉璃筒瓦（标本TG2②：10）

8. 琉璃筒瓦（标本TG2②：11）

彩图一九一--2　关帝庙遗址出土遗物

1. 琉璃筒瓦（标本TG2②：12）

2. 楔形砖（标本TG2②：15）

3. 琉璃圆瓦当（标本TG3②：1）

4. 琉璃走兽饰件（标本TG3②：2）

5. 建筑饰件（标本TG3②：3）

6. 圆瓦当（标本TG3③：1）

彩图一九一－3　关帝庙遗址出土遗物

1．青瓷碗（标本TG1②：19）

2．紫砂壶（标本TG1②：20）

3．酱釉瓷器（标本TG1②：22）

4．青花瓷碗（标本TG1③：8）

5．青花瓷片（标本TG2③：2）

6．青花瓷片（标本TG2③：3）

7．青花瓷碟（标本TG2③：4）

8．青花瓷碗（标本TG2③：5）

9．青花瓷片（标本TG2③：6）

彩图一九一－4　关帝庙遗址出土遗物

1. 酱釉瓷片（标本TG3②：1）

2. 酱釉瓷器（标本TG3②：7）残片

3. 青花瓷碗（标本TG3②：1）

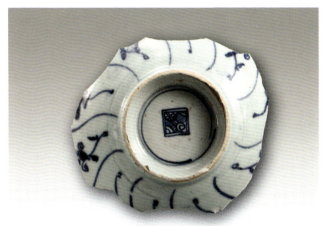

4. 青花瓷碗（标本TG2②：9）

5. 铁钉（标本TG2③：9）

6. 铁钉（标本TG2③：10）

7. 铁钉（标本TG2③：11）

彩图一九一－5　关帝庙遗址出土遗物

彩图一九二　洪泽湖大堤石工局部

彩图一九三　文华寺遗址（由南向北摄）

彩图一九四 文华寺遗址现状（由西向东摄）

彩图一九五 文华寺遗址压在房屋下的门墩

彩图一九六　文华寺遗址散落在院内的柱础石

彩图一九七　文华寺遗址散落在院内的抱鼓石

彩图一九八　旧县遗址明远路路基（由东向西摄）

彩图一九九　旧县遗址（由东南向西北摄）

彩图二○○　旧县遗址（由南向北摄）

彩图二○一　旧县城隍庙遗址现状（由北向南摄）

彩图二〇二　旧县遗址中心区域地表暴露的建筑基址

彩图二〇三　旧县天妃庙遗址所在地（由南向北摄）

彩图二〇四　旧县遗址M1棺木出土情况

1. 硬陶瓶（M1∶1）

2. 硬陶瓶（M1∶2）

3. 银耳环（M1∶3）

4. 铜簪子（M1∶4）

彩图二〇五　旧县遗址M1出土器物

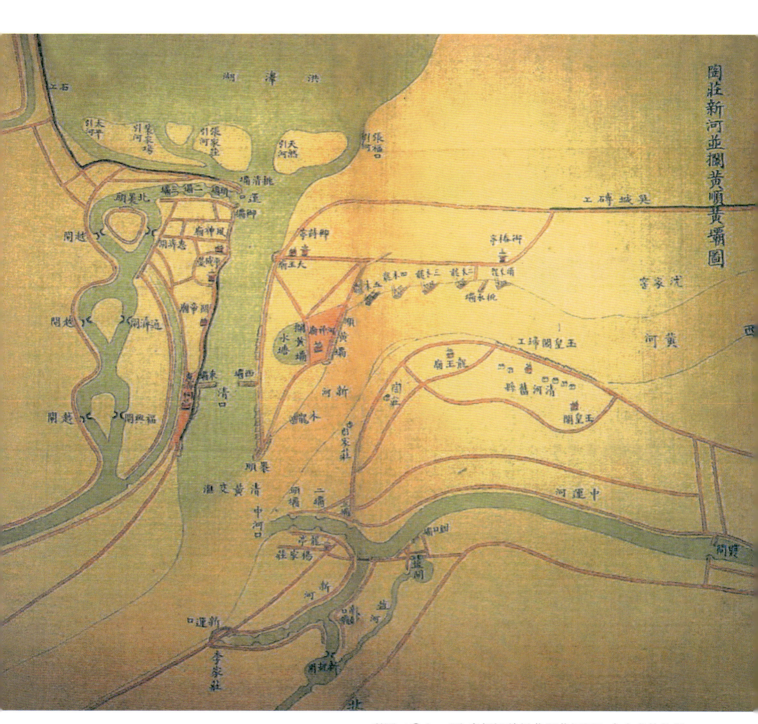

彩图二〇六　《陶庄新河并拦黄顺黄坝图》中木龙的位置

彩图二〇七　旧遗址第二勘探区域地面情况

彩图二〇八　旧遗址第四勘探区域地面情况